新质生产力

创新中国的时代引擎

陈 劲 著

中国大百科全书出版社

图书在版编目（CIP）数据

新质生产力：创新中国的时代引擎 / 陈劲著.
北京：中国大百科全书出版社，2024.8. -- ISBN 978-
7-5202-1595-4

Ⅰ．F124.3

中国国家版本馆CIP数据核字第2024E0E696号

出 版 人：刘祚臣
策 划 人：蒋丽君
责任编辑：杜晓冉
责任校对：张恒丽
封面设计：仙境设计
责任印制：李宝丰
出版发行：中国大百科全书出版社
地　　址：北京阜成门北大街 17 号
邮政编码：100037
电　　话：010-88390718
印　　制：河北鑫玉鸿程印刷有限公司
字　　数：380 千字
印　　张：24.5
开　　本：787 毫米 ×1092 毫米 1/16
版　　次：2024 年 8 月第 1 版
印　　次：2024 年 8 月第 1 次印刷
书　　号：978-7-5202-1595-4
定　　价：78.00 元

序言

2024 年 4 月，中共中央政治局召开会议指出，"当前和今后一个时期是以中国式现代化全面推进强国建设、民族复兴伟业的关键时期"，"推动生产关系和生产力、上层建筑和经济基础、国家治理和社会发展更好相适应，为中国式现代化提供强大动力和制度保障"。这意味着，中国式现代化的实现需要进一步解放生产力并推动经济社会高质量发展。立足创新驱动发展的时代情境，加快形成新质生产力成为增强发展新动能、推动国家加速实施创新驱动发展战略、实现高质量发展的内在要求和关键着力点，是推进中国式现代化进程、实现科技强国战略目标的时代引擎。

"新质生产力是创新起主导作用，摆脱传统经济增长方式、生产力发展路径，具有高科技、高效能、高质量特征，符合新发展理念的先进生产力质态。它由技术革命性突破、生产要素创新性配置、产业深度转型升级而催生，以劳动者、劳动资料、劳动对象及其优化组合的跃升为基本内涵，以全要素生产率大幅提升为核心标志，特点是创新，关键在质优，本质是先进生产力。"从2023 年 9 月习近平总书记在黑龙江考察时提出"新质生产力"，到在中央经济工作会议上强调"发展新质生产力"，到中央政治局集体学习时作出系统阐述，再到 2024 年 3 月参加江苏代表团审议时强调因地制宜发展新质生产力，习近平总书记关于发展新质生产力的一系列重要论述、一系列重大部署，深刻回答了"什么是新质生产力、为什么要发展新质生产力、怎样发展新质生产力"的重大理论和实践问题。其中，新质生产力以其丰富的先进质态内涵，进一步明确了创新对于推进中国式现代化进程、实现科技强国战略目标的关键作用。正如习近平总书记指出，"科技创新能够催生新产业、新模式、新动能，是发展新质生产力的核心要素"。

党的十八大以来，以习近平同志为核心的党中央坚持把创新摆在中国现代化建设全局中的核心地位，把科技自立自强作为国家发展的战略支撑，推进以科技创新为核心的全面创新。党的二十大进一步强调，"坚持创新在我国现代化建设全局中的核心地位"，"加快实施创新驱动发展战略"。习近平总书记在二十届中央政治局第十一次集体学习时进一步指出，要"大力推进科技创新"，"以科技创新推动产业创新"，"着力推进发展方式创新"，"扎实推进体制机制创新"，"深化人才工作机制创新"。

《新质生产力：创新中国的时代引擎》紧紧围绕习近平总书记对科技创新的重要论述、党的二十大精神，将科学的理论分析与中国国情和成功实践相结合，用通俗易懂的语言阐明新时代中国创新的实施背景、基本任务和关键举措，旨在系统展现新时代中国创新发展概貌的同时，具体诠释创新驱动新质生产力发展的路径和成效。

全书细分 26 个创新主题，每个主题均包括新时代以来习近平总书记的系列重要讲话、国内外发展趋势和理论分析、中国的成功实践、未来发展展望 4 个部分。各主题主要涵盖新时代科技创新的战略演进与底层逻辑、新时代科技创新战略布局的重点领域、新时代科技创新战略的落地实施载体与支撑要素以及新时代科技创新战略的未来进路。具体而言，从新时代我国科技创新的战略演进看，创新驱动发展战略逐步迈向建设世界科技创新强国的创新引领战略，科技自立自强成为我国建设世界科技强国征程中的主要战略目标。从科技创新的底层逻辑看，新时代中国科技创新的底层逻辑和思想源泉在于以人民为中心，以满足人民需求为逻辑起点，以实现人民发展为最终目标，人民需求是新时代中国科技创新的思想与实践源泉。从新时代科技创新的战略布局看，布局重点是农业科技创新、乡村振兴与反贫困创新、新型城镇化与科技创新、创新驱动发展下的制造业创新能力提升、绿色发展理念下的科技创新与生态文明、碳中和下的新能源战略、双循环新发展格局下的科技创新战略、公共卫生领域的公共创新战略、国际化进程中"一带一路"与科技创新等多领域、全方位的创新战略局部领域。从新时代科技创新战略的落地实施载体与支撑要素看，新时代中国科技创新战略的实施主要依托创新型领军企业、新型研究型大学和一流科研院所，以及国家战略科技理论与构建创新联合体等多种形式、多种组织模式和多种组织载体，且需要科技金融、战略型创新人才、中华优秀传统文化等要素进行系统支撑，并依托新型举国体制实现新时代科技创新战略的传导落地。从新时代科技创新战略的未来进路看，新时代中国科技创新的未来战略进路在于打造世界科创中心，系统实现科技自立自强，最终构建人类命运共同体。

本书的价值在于采取"理论＋案例"的双元融合模式，系统总结了新时代中国创新的基本思想、基本理论与实践进展，有利于读者深入了解创新驱动新质生产力发展的新进展、新趋势。本书不仅注重理性分析，而且关注发展现状及国际国内对比，兼具思想性、前沿性和实践性。

本书的撰写得到了教育部人文社会科学重点研究基地——清华大学技术创新研究中心师生的大力支持，其中有杨智慧、朱子钦、阳镇、尹西明、吴庆前、刘海兵、李振东、于飞、刘畅、韩令晖、王伟楠、王璐瑶、段勇倩、范昭瑞、董巍、李佳雪、张月遥、钱菱潇、郭梦溪、国容毓等。

由于对新时代新发展特征的理解尚处于学习过程中，对全球科技创新的规律探索也不够充分，期待广大读者对本书提出批评与建议。

2024 年 6 月 16 日

目录

序言

从创新驱动到创新引领：实现科技自立自强

惟创新者进，惟创新者强，惟创新者胜。推进新质生产力发展必须继续做好创新这篇大文章。2023 年 1 月，习近平总书记在二十届中央政治局第十一次集体学习时指出，"新质生产力主要由技术革命性突破催生而成。科技创新能够催生新产业、新模式、新动能，是发展新质生产力的核心要素"。这就要求我们积极抢占科技制高点，以技术创新带动全面创新，加快实现高水平科技自立自强。

一、创新引领发展全局

党的十八大以来，以习近平同志为核心的党中央高度重视科技创新，始终把创新摆在国家发展全局的核心位置。习近平总书记多次在重要讲话中强调创新的重要性，"创新是引领发展的第一动力"这一重大理论创新成果被写入党的十九大报告和新修订的党章，创新正成为中国发展的强劲动力。2020 年 10 月 29 日，党的十九届五中全会通过《中共中央关于制定国民经济和社会发展第十四个五年规划和二〇三五年远景目标的建议》（以下简称《建议》）。《建议》提出，"坚持创新在我国现代化建设全局中的核心地位，把科技自立自强作为国家发展的战略支撑"。2021 年国务院《政府工作报告》也指出，"依靠创新推动实体经济高质量发展，培育壮大新动能。促进科技创新与实体经济深度融合，更好发挥创新驱动发展作用"。党的二十大报告进一步提出，"加快实施创新驱动发展战略"，"加快实现高水平科技自立自强"。

将创新作为引领发展的第一动力，将科技创新作为当前和今后较长时期引领全球经济发展的主要动能，符合新发展阶段的客观要求。

第一，创新驱动发展作用显著。2022 年我国全社会研发经费支出首次突破

3 万亿元人民币，总量稳居世界第二，研发投入强度首次突破 2.5%，基础研究投入比重连续 4 年超过 6%[1]。一批关键核心技术攻关取得突破，国家战略科技力量建设迈出新步伐，战略性新兴产业发展壮大，"科技冬奥"保障北京冬奥会高质量办赛、高水平参赛，科研攻关为全国疫情防控取得重大决定性胜利作出重要贡献。可以说，我国科技实力跃升，我国整体创新能力大幅提升，在全球创新版图的影响力显著增强，我国已进入创新型国家行列，创新驱动发展已具备发力加速的基础。

第二，以高质量创新引领高质量发展，是破解当前经济发展深层次矛盾和问题的必然选择，也是加快转变经济发展方式、优化经济结构、转换增长动力、全面提高发展质量和效益的重要抓手。面对严峻复杂的国际形势，艰巨繁重的国内改革发展稳定任务，我国经济发展和竞争的外部环境存在很多困难，以参与中低层次分工为主的出口导向型经济发展模式显然具有不可持续性。只有以"扩大内需"作为战略基点，由国内市场主导国民经济循环，才能使我国经济发展更为稳定和可持续。目前阻碍国内大循环畅通的最根本矛盾是供给与需求的矛盾。创新则是形成新发展格局的关键要素。以技术创新为例，通过技术创新来培育新兴产业，催生新的经济增长点，加快发展现代服务业，相应创造出新的就业岗位，从而创造出新的需求并提升消费层级。以创新驱动、高质量供给创造需求，需求又牵引供给，如此才能激发国内大循环的活力，使循环有效转动。此外，新发展格局不是封闭的国内大循环，而是国内国际两个循环彼此依存、相互促进。技术创新不仅有助于解决国内大循环和供需不匹配的深层矛盾，而且有利于增强我国在国际市场上的竞争力。首先，技术创新能够加速形成我国工业制成品的比较优势，有效打破西方国家的技术封锁，加强我国经济安全的保障。其次，技术创新能够提升我国参与世界分工的层次，有助于深入和扩大与世界其他经济体的交流和联系，形成互补合作，并有利于高效补齐资源、要素、人才等方面的短板和不足，促进国内大循环的顺畅运转。

从传统的要素驱动到效率驱动再到创新驱动，进而到以高质量创新引领高质量发展，创新在我国未来发展蓝图中占据着决胜制高点。只有发挥创新的支

---

[1] 科技部：2022 年全社会研发经费首次突破 3 万亿元 [N]. 中国青年报（客户端），2023-02-24.

撑引领作用，才能更好地加快现代产业体系发展，推动经济体系优化升级。这也是"建设制造强国、质量强国、网络强国、数字中国，推进产业基础高级化、产业链现代化，提高经济质量效益和核心竞争力"的关键，与推动高质量发展形成衔接和推动。以高质量创新引领高质量发展的一个重要方面，就是用科技创新为产业赋能，推动产业向高端化、绿色化、智能化、融合化方向发展。"高端化"要求加强基础研究、增强产业共性关键技术的联合攻关能力和加强科技成果的转移转化，在高端装备制造、生物医药、新材料、新能源、节能环保等战略性新兴产业等领域形成国际竞争力。"绿色化"要求在产业发展中贯彻"绿水青山就是金山银山"理念，降低单位 GDP 能耗，提高资源利用效率，让我们的经济发展更加清洁、更加高效。"智能化"要求充分运用大数据、云计算、人工智能等为代表的新一代信息技术，推动产业的智能化、数字化转型。"融合化"要求既要实现新兴产业的"从无到有"，也要实现传统产业的"从有到好"，有力提升产业融合创新水平[1]。

二、国内外现状与趋势分析

充分了解当前的国内外环境和所处的发展阶段，是理解政策导向和国家发展路径的前提。《建议》指出，"当前和今后一个时期，我国发展仍然处于重要战略机遇期，但机遇和挑战都有新的发展变化"，"全党要统筹中华民族伟大复兴战略全局和世界百年未有之大变局，深刻认识我国社会主要矛盾变化带来的新特征新要求，深刻认识错综复杂的国际环境带来的新矛盾新挑战"。这为我们精准认识和理解当前和今后一个时期我国发展环境面临的深刻复杂变化提供了科学指引。

（一）外部环境：世界百年未有之大变局

从外部环境来看，"新一轮科技革命和产业变革深入发展，国际力量对比深刻调整，和平与发展仍然是时代主题，人类命运共同体理念深入人心，同时

1　陈劲. 发挥创新驱动的作用 [N]. 人民日报，2020-06-24（05）.

国际环境日趋复杂，不稳定性不确定性明显增加"。

1．新型冠状病毒感染疫情对全球经济社会运行造成巨大冲击

自 2020 年初到 2022 年底，新型冠状病毒感染疫情在全球蔓延，导致各国经济遭受重创，生产活动、贸易和人员往来近乎停滞，产业链濒临断裂，劳动力失业和消费减少。为此，美欧经济体采取了史无前例的扩张性财政货币政策，避免了经济衰退，但也导致通胀快速攀升。其间，俄乌冲突爆发进一步推升通胀，进而引发了全球地缘政治格局演变。进入 2023 年，随着全球疫情逐渐平息，全球贸易和人员交往开始恢复，后疫情时代正式来临。

2．全球秩序加速变革

随着经济实力的变化，国际体系与世界力量对比的"东升西降""新升老降"的趋势明显。世界权力开始向非西方世界转移扩散，一大批新兴经济体和发展中国家群体性崛起，世界经济中心向亚太转移。百年来西方国家主导国际政治的情况正在发生根本性改变，美国与盟国关系跌入第二次世界大战之后低点，越来越多的美国盟国正试图走上战略自主道路。新型全球政治经济秩序正在加速形成[1]。

3．全球供应链重构

随着国际形势日益复杂，全球供应链呈现本土化、区域化、逆全球化特征，以美国为代表的西方国家正加快供应链"去中国化"。据 USITC（美国国际贸易委员会）数据计算，美国自华商品进口占比从 2017 年 21.6% 快速下降到 2022 年的 16.3%，份额由东盟、加拿大和欧盟填补。2023 年上半年，美国自华商品进口份额进一步降至 13.3%，低于欧盟、墨西哥和加拿大，中国成为美国进口的第四大来源地。受此影响，外商对华投资下滑比较明显。按照商务部数据，2023 年 1—7 月实际使用外资金额累计同比下跌 9.8%[2]。

4．新兴科技领域的竞争或封锁与反封锁更加激烈

未来，为谋求在新一轮国际科技竞争中的主导权，世界主要大国在以下新兴科技领域的竞争或封锁与反封锁更加激烈：一是以 5G 为代表的新一代信息

1　陈昌盛，许伟，兰宗敏，等．"十四五"时期我国发展内外部环境研究 [J]. 管理世界，2020（10）：1-14、40、15.

2　沈建光．把脉后疫情时代 中国经济发展新机遇 [N]. 中国信息报，2023-10-13.

通信技术；二是以高速运算能力为特征的量子计算及其与其他技术的融合；三是人工智能及其与其他技术的融合；四是以基因工程为代表的现代生物技术；五是以深空探测为代表的航天科技。与此同时，科技强国与弱国之间的科技鸿沟将继续加宽加深[1]。

（二）内部环境：我国社会主要矛盾变化带来的新特征、新要求

习近平总书记在党的十九大报告中指出，"我国社会主要矛盾已经转化为人民日益增长的美好生活需要和不平衡不充分的发展之间的矛盾"。进入新时代，我国社会主要矛盾发生转化，发展中的矛盾和问题集中体现在发展质量上。这就要求我们必须把发展质量问题摆在更为突出的位置，着力提升发展质量和效益。习近平总书记强调："高质量发展就是体现新发展理念的发展，是经济发展从'有没有'转向'好不好'。"[2]党的二十大报告进一步指出，"高质量发展是全面建设社会主义现代化国家的首要任务"，"必须完整、准确、全面贯彻新发展理念"。新发展理念是管全局、管根本、管长远的导向。推动高质量发展是遵循经济发展规律、保持经济持续健康发展的必然要求，是适应我国社会主要矛盾变化和全面建成小康社会、全面建设社会主义现代化国家的必然要求。经济发展规律表明，一个国家进入工业化中后期，只有实现发展方式从规模速度型转向质量效益型，才能顺利完成工业化、实现现代化。进入高质量发展阶段，我国需求条件、要素条件和潜在增长率发生重要变化，需要更加注重发展质量和效益的提升。只有大力提高发展质量，才能解决好我国社会主要矛盾，以更加平衡、更加充分的发展满足人民日益增长的美好生活需要。

我国仍处于并将长期处于社会主义初级阶段，仍然是世界上最大的发展中国家，发展仍然是中国共产党执政兴国的第一要务。无论是实现人民群众对美好生活的向往的奋斗目标，还是破解"发展起来以后的问题"，抑或是跨过"进一步发展绕不开的坎"，都需要牢牢把握社会主要矛盾变化带来的新特征、新要求，迎难而上、奋勇前进。

1　张宇燕. "十四五"期间我国的外部环境及影响 [N]. 中国社会科学报，2020-11-11.

2　习近平. 奋力谱写新时代湖北发展新篇章 [N]. 人民日报海外版，2018-04-30.

党的十九届五中全会系统深入地分析了我国转向高质量发展阶段后的优势和短板，强调指出：一方面，"我国已转向高质量发展阶段，制度优势显著，治理效能提升，经济长期向好，物质基础雄厚，人力资源丰富，市场空间广阔，发展韧性强劲，社会大局稳定，继续发展具有多方面优势和条件"；另一方面，"我国发展不平衡不充分问题仍然突出，重点领域关键环节改革任务仍然艰巨，创新能力不适应高质量发展要求，农业基础还不稳固，城乡区域发展和收入分配差距较大，生态环保任重道远，民生保障存在短板，社会治理还有弱项"[1]。

三、中国的成功实践

党的十八大以来，在以习近平同志为核心的党中央的领导下，我国经济持续健康发展，经济结构持续优化，重大科技成果持续涌现，一些前沿领域开始进入并跑、领跑阶段，科技实力正在从量的积累迈向质的飞跃、从点的突破迈向系统能力提升，已成功进入创新型国家行列，为跻身创新型国家前列、建成世界科技强国奠定了坚实基础。

（一）科技创新整体实力显著增强

基础研究是科学技术发展的根基，反映了一个国家的原始创新能力。"十三五"时期，中央财政对基础研究经费投入增长了 1 倍。2020 年我国基础研究经费投入占全社会研发总经费投入的比重首次超过 6%，年均增幅达到 16.9%。进入"十四五"时期，2022 年我国基础研究经费达到 1951 亿元，占全社会研发经费比重提升至 6.3%。企业创新主体地位进一步增强：高新技术企业从 2012 年的 3.9 万家增长至 2022 年的 40 万家，贡献了全国企业 68% 的研发投入；2022 年企业研发投入占全社会研发投入的比重已超过 75%，762 家企业进入全球企业研发投入 2500 强[2]。

1　摘自《中共中央关于制定国民经济和社会发展第十四个五年规划和二〇三五年远景目标的建议》。

2　https://www.gov.cn/xinwen/2023-02-24/content_5743191.htm?eqid=84bf8eec00044b5300000006645cbacc

经过多年努力，中国基础研究整体水平和国际影响力大幅提升。我国的国内发明专利授权量连续多年位居世界首位，PCT 国际专利申请量跃居世界首位。中国成为全球高质量科技论文第二大贡献国，在材料科学、化学、工程技术、数学、物理学等 12 个学科，中国高水平学术论文被引次数进入世界前两位。引用排名前千分之一的世界热点论文占全球总量的 41.7%，高被引论文占 27.3%。我国不仅是国际前沿创新的重要参与者，也成为解决全球问题的重要贡献者 [1]。同时，中国持续推进建设了 500 多家国家重点实验室，布局了 13 个国家应用数学研究中心，优化调整形成了 20 个国家科学数据中心、31 个国家生物种质和实验材料资源库、98 个国家野外科学观测研究站。这些科研基础条件和基础设施建设，为国家科学研究奠定了很好的基础。

根据 2023 年 9 月世界知识产权组织发布的《2023 年全球创新指数报告》：我国创新指数位居世界第 12 位，中国是前 30 名中唯一的中等收入经济体；中国首次成为拥有跻身前 100 名的科技集群数量最多（24 个）的经济体，超过该数量与去年持平的美国（21 个）[2]。

（二）重大创新成果竞相涌现，科技与经济社会深度融合

我国着力加强基础研究和关键核心技术攻关，科技实力进一步增强，战略性领域攻克了一批"卡脖子"关键核心技术，有力保障了国家相关重大工程的组织实施。化学、材料、物理以及一些工程类学科整体水平进入国际先进行列；量子信息、铁基超导、中微子、干细胞、脑科学等基础研究领域取得一批具有国际影响力的原创成果，在若干重要领域发挥创新引领作用；高性能装备、智能机器人、激光制造等重点产业关键核心技术实现突破；"嫦娥四号"首登月背，北斗导航全球组网，大型客机 C919 首飞成功，"悟空""墨子"等系列科学实验卫星成功发射，500 米口径球面射电望远镜（FAST）、散裂中子源等一批国之重器相继建成运行。同时，科技与经济社会的深度融合，支撑引领高质量发展取得新成效。5G 移动通信、超级计算、特高压输电等产业技术创

1　https://www.gov.cn/xinwen/2023-02/24/content_5743191.htm?eqid=84bf8eec00044b530000
00006645cbacc

2　https://www.wipo.int/pressroom/zh/articles/2023/article_0011.html

新取得重大突破，有力促进了相关产业转型升级和新兴产业发展；"复兴号"高铁投入运营，港珠澳大桥正式通车，人工智能、大数据、区块链、5G等新兴技术加快场景应用。面向人民生命健康，科技创新为疾病防治、公共卫生、应对人口老龄化提供更加精准而全面的支撑。科技创新的渗透性、扩散性、颠覆性作用充分显现，深深融入经济社会发展各个领域和百姓生活方方面面，大大提高了我国的发展质量和持久动力，并为中国式现代化创造更加广阔的新愿景、带来更加美好的新期待[1]。

（三）创新能力建设成效显著

"十三五"时期，我国启动了首批国家实验室建设任务，到2020年，科技部对外公布的国家重点实验室数量已接近700个。中国科学院深入实施"率先行动"计划，全面完成第一阶段目标任务，总体创新能力和国际影响力不断增强，在"自然指数"排名中连续8年位列全球科教机构首位。高等院校加快推进"双一流"建设，科研水平和人才培养能力进一步提升。企业技术创新主体地位不断增强，涌现出一大批具有国际影响力的创新型领军企业和科技型中小企业。大众创业、万众创新深入推进，各类众创空间、新型研发机构大量涌现，创新创业在全社会蔚然成风。

（四）科技人才队伍规模扩大，人才结构进一步优化

我国深入推进人才管理体制改革，持续完善科技人才计划体系，积极创新人才培养模式，深化科教融合，加强科教协同育人，培育和引进了一大批战略科技人才、科技领军人才、高技能人才、创新型企业家和优秀青年科技人才，为创新型国家的建设提供了强大的人才储备。我国研发人员全时当量由2012年的324.7万人年提高到2022年的635.4万人年，稳居世界首位[2]；一批领军人才和创新团队加快涌现，青年科技人才逐步成为科研主力军；建立了以创新能力、质量贡献为导向的人才评价体系，探索引入国际同行评价；推动建立了

1　https://www.gov.cn/xinwen/2023-02/24/content_5743191.htm?eqid=84bf8eec00044b5300000006645cbacc

2　报告发布！我国稳居世界首位[N].科技日报，2023-12-15.

工作许可、人才签证、永久居留转换衔接机制，开展外国高端人才服务一卡通试点[1]。

（五）科技体制改革向纵深推进，创新生态进一步优化

按照中共中央、国务院关于深化科技体制改革的总体部署，持续优化整合科技计划布局，深入推进国家科技管理机构改革，完成创新驱动发展顶层设计，科技体制改革主体架构基本建立，计划管理、成果转化、资源共享、评价奖励、收入分配等改革取得实质进展。具体而言：深化"放管服"改革；实行以增加知识价值为导向的分配政策；深化院士制度改革；推进科技"三评"（项目评审、人才评价、机构评估）改革；实施清理"四唯"（唯论文、唯职称、唯学历、唯奖项）专项行动；开展科研人员职务、科技成果所有权或长期使用权试点；设立科创板、成果转化引导基金、众创空间等为创新创业创造了良好环境；完善国家科技创新决策咨询制度；加强作风学风建设，建立健全科研领域失信联合惩戒机制等[2]。通过一系列改革"组合拳"，科技创新的基础制度和政策体系更加完善，科技创新治理能力和法治化水平明显提高，为国家创新体系整体效能的提升提供了有力制度保障。

（六）科技创新空间布局持续优化

党的十八大以来，我国加快构建具有全球影响力的科技创新高地和驱动高质量发展的核心引擎，积极培育打造原始创新的重要策源地。北京、上海、粤港澳大湾区国际科技创新中心建设深入推进，北京怀柔、上海张江、安徽合肥等综合性国家科学中心建设也全面启动。同时，我国还深入开展全面创新改革试验并总结推广试点经验，大力提升国家自主创新示范区（简称"自创区"）、国家高新区的创新能力，加快推进创新型省份和创新型城市建设，以实现重点区域创新能力的加快提升，并通过打造创新的区域高地，引领带动其他区域加快实现创新发展[3]。以国家自创区和高新区为例，据统计，截至 2023 年 2 月，现

---

1 刘垠. 这组数据告诉你，我国创新型国家建设取得重大进展 [N]. 科技日报，2020-10-21.
2 http://www.gov.cn/xinwen/2020-10/21/content_5553081.htm?gov.
3 白春礼. 为建设创新型国家砥砺奋进 [N]. 人民日报，2020-09-29.

有的 23 家国家自创区和 177 家国家高新区全面落实"又高又新"的要求，发挥出重要的示范引领作用，加快了高水平创新资源集聚，高成长企业不断涌现。数据显示，国家高新区园区生产总值从 2012 年的 5.4 万亿元增长至 2021 年的 15.3 万亿元，增长 2.8 倍；占我国国内生产总值（GDP）的比重从 2012 年的 10.1% 增长至 2021 年的 13.4%，提高了 3.3 个百分点，2022 年高新区、自创区贡献了占全国 13.6% 的 GDP；国家高新区 R&D 经费占全国企业研发投入近一半，企业拥有的发明专利有效量占全国的比重接近一半，拥有国家级创新平台也接近全国的一半；国家高新区汇聚超过 1/3 的科技型中小型企业、1/3 的高新企业和 2/3 的科创板企业。同时，高端产业持续壮大。比如，北京中关村 ICT 产业规模占全国 17%，"长三角" 36 个高新区的生物医药产业规模超过全国一半，珠三角自创区催生了先进材料等一批万亿级产业集群[1]。

（七）全方位融入全球创新网络

党的十八大以来，我国积极融入全球创新网络，形成了全方位、多层次、广领域的科技开放合作格局；进一步加强政府间创新合作对话，深入实施科技合作伙伴计划；国家重点研发计划对港澳开放；国际大科学计划和大科学工程稳步推进，"一带一路"科技创新行动计划深入实施[2]。截至 2023 年 6 月，我国已同 152 个国家和 32 个国际组织签署 200 余份共建"一带一路"合作文件，形成 3000 多个合作项目，参加了超过 200 个国际组织和多边机制，构建起全方位、多层次、广领域的科技开放合作新格局。深入实施"一带一路"科技创新行动计划，积极推进科技人文交流、共建联合实验室、科技园区合作和技术转移中心建设。截至 2023 年年底，我国发起的"一带一路"国际科学组织联盟（ANSO）的成员和组织机构已到 78 家，覆盖欧洲、亚洲、南美洲、大洋洲、非洲的 48 个国家和地区，发起了"泛第三极环境研究""数字一带一路"等国际科学计划，与沿线国家建立了多领域、多层次、多渠道的交流合作机制。我国主动设置全球性科技创新议题，积极参与公共卫生、清洁能源等全球创新治理，深度参与了近 60 个国际大科学计划和大科学工程，如国际热核聚

1　https://www.gov.cn/xinwen/2023-02-24/content_5743191.htm

2　http://www.gov.cn/xinwen/2020-10-21/content_5553081.htm?gov

变实验堆（ITER）、平方公里阵列射电望远镜（SKA）等 [1]。

四、未来发展展望

2020年，党的十九届五中全会提出了到2035年基本实现社会主义现代化远景目标，其中首要目标是"我国经济实力、科技实力、综合国力将大幅跃升，经济总量和城乡居民人均收入将再迈上新的大台阶，关键核心技术实现重大突破，进入创新型国家前列"。这进一步凸显了创新在现代化建设全局中的核心地位以及创新引领发展的"牛鼻子"角色。

党的二十大报告进一步指出，要"完善科技创新体系"，"坚持创新在我国现代化建设全局中的核心地位"。我们要锚定2035年基本实现社会主义现代化远景目标和创新型国家建设中长期战略目标，结合"十四五"时期我国面临的国际发展环境和国内发展条件的深刻变化，加快推动中国创新发展战略从市场需求驱动为主的模仿与追赶，转向关键核心技术突破和原始创新供给为主、市场需求牵引为辅的全新战略，努力超越追赶实现引领。具体而言，在2020—2035年这一转折时期，尤其是"十四五"时期，在"百年未有之大变局"和党中央提出的推动形成"国内大循环为主体、国内国际双循环相互促进"新发展格局的新时代新形势下，中国亟须坚持"四个面向"，锚定2035年基本实现社会主义现代化远景目标，深入推进以技术创新为核心的全面整合式创新，加快实现关键核心技术重大突破，培育世界一流企业，建设世界科技创新强国，以新质生产力全面塑造新时代新发展优势。

（一）以创新引领发展为主导战略，加快以技术创新为核心的全面整合式创新

新时代新发展格局下，中国更需要进一步坚定创新自信，坚持创新在经济社会发展全局中的核心地位，充分发挥创新对经济社会高质量发展的引领性作用。以前瞻性、全局性、战略性和整体性的系统观，加快推进以技术创新为核心的全面整合式创新，坚定不移地走好中国特色自主创新道路，塑造更多依靠

---

1 《"一带一路"十周年：回顾、展望与多边化发展建议》报告

创新驱动、更多发挥先发优势的引领型发展。

（二）建设适应新时代新发展格局的新型国家创新生态体系

建设适应新时代新发展格局的新型国家创新生态体系，必须直面对外开放新阶段的国内外挑战，加快提升国企尤其是中央企业的创新活力和创新效率，形成国有企业和民营企业共生共创、大企业与中小企业高效协同发展的新生态，为建设面向未来的世界科技创新强国、创造更加美好的世界提供持久的动力源。其基本内涵是发挥中国哲学和文化中的整体思维、系统思维和全局思维，整合国内集中力量办大事的制度优势和开放共赢的全球资源优势，发挥国企在重大科技攻关、重大基础研究领域与战略性新兴产业的创新投入、平台协同和应用领航的角色，强化企业在科技创新的主体地位，由科研院校与企业组成促进创新的"双引擎"。其基本构成是强大的基础研究和核心技术供给体系，更为科学持续的企业创新体系，具有强大竞争力的产业创新体系，高度协同的区域创新体系，通识教育与学科交叉相互促进的教育创新体系，以《区域全面经济伙伴关系协定》（RECP）、"一带一路"为代表的多边和全球性开放合作体系。其特色是在强化以企业为核心主体的国家创新生态体系基础上，进一步打造以央企为龙头、国企为主力军、民营企业为生力军，大中小企业融通创新，国企民企多维、多领域协同推进产业融合发展，建立健全区域间创新合作机制，打造区域创新共同体，进而全面持续地提升国家创新生态体系的整体效能，催生持续的重大创新。

（三）优化国家科研体系，强化国家战略科技力量

优化国家科研体系，强化国家战略科技力量，需要从国家、产业、企业三个层面同步推进。国家层面，需要在科技前沿重点领域建设一批重大基础研究实验室，实施一批具有前瞻性、战略性的国家重大科技项目，着重提升国家基础研究和前沿战略科研能力。产业层面，要构建解决产业共性技术难题的高水平产业研究所，突出采用公共性、开放性、基础性和多元性的以社会效益为主的运作模式，创建以原创性研究、关键核心应用技术的突破为核心，集技术扩散、系统集成、公共技术服务于一体的高水平产业研究所，打造覆盖重点产业

和领域的创新公地。企业层面，要进一步调整和优化建设国家工程研究中心，强化国家工程研究中心在交叉学科研究、产教合作和技术转移方面的重要作用。在此基础上，还要完善协同创新机制，促使创新资源优化协调，不断完善现代科研和创新制度体系，加速颠覆性技术突破，进而持续赋能强化国家战略科技力量和关键核心技术供给。

（四）发挥新型举国体制优势，持续提升企业技术创新能力

习近平总书记在会见探月工程"嫦娥四号"任务参研参试人员代表时表示，"瞄准战略性、基础性、前沿性领域，坚持补齐短板、跟踪发展、超前布局同步推进，努力实现关键核心技术重大突破"，再次强调科技创新的重要意义，既指明了突破核心技术的努力方向，也阐述了如何实现目标的方法路径。能够集中力量办大事，是我们的制度优势，也是在科技创新领域实现超前布局的制度和体系基础[1]。在此基础上，需要着力增强企业创新主体地位和主导作用，因为中国持续的创新崛起和科技自立自强，关键是一批能够掌握关键核心技术的科技型企业的集群式崛起，核心则是不断提升中国企业的自主创新能力。当前，全球新一轮科技革命和产业变革同我国经济优化升级交汇融合，中国的科技企业第一次和世界站在同一条起跑线上，完全可以在这次浪潮中实现更多科技突破。实际上，既发挥集中力量办大事的制度优势，又发挥企业主体和市场调节的作用，推进大中小企业、国有企业和民营企业的融通创新，这其实也是"发挥市场经济条件下新型举国体制优势"的题中应有之义。党的二十大报告指出，"以国家战略需求为导向，集聚力量进行原创性引领性科技攻关，坚决打赢关键核心技术攻坚战。加快实施一批具有战略性全局性前瞻性的国家重大科技项目，增强自主创新能力"。"十四五"时期乃至更长时期内提升企业技术创新能力，要坚持问题导向，强化需求牵引，突出能力建设，破除体制障碍，加强宏观统筹，着力完善以企业为主体、产学研深度融合、大中小企业与各类主体融通创新的创新体系，强化创新创业服务及支撑体系建设，全面提升企业创新体系效能，发挥新型举国体制的优势，探索实施和完善创新型领军企业工

1 尹西明，陈劲，苗争鸣. 发挥新型举国体制优势 全面提升生物安全治理能力 [N]. 科技日报，2020-07-10（005）.

程、创新联合体工程和共性技术平台工程。在企业技术创新能力提升工程实施过程中，由国家集中力量进行基础研究、攻关重大课题，企业分散决策实现多元尝试、增加微观活力，就能形成突破核心技术和持续提升企业技术创新能力的强大合力。

（五）建设新型研究型大学，发挥一流高校支撑引领性作用

新时代新发展格局下，要以建设新型研究型大学为抓手，全面优化高校科研布局。第一，要加快形成基础研究、应用基础研究、产业技术开发和成果转化的完整创新链，形成全面系统的高校创新体系。第二，要重点鼓励高校遵循科学规律，面向科学前沿和国家需求，发挥有组织的科研和自由探索的优势，做大做强基础研究和应用基础研究，加强基础研究和前沿科技的探索，提升从0到1的原创能力。第三，要以高校科技治理和治理能力现代化为要求，提升高校有组织科研和集成攻关能力，充分发挥其在国家重大科技计划中的牵头作用，形成有生命力的国家战略科技力量，着力攻关产业核心技术。第四，要强化使命导向、需求导向和问题导向，推动高校科技创新与经济社会发展实际需求相结合，深入推进科技成果转移转化，打造高校企业创新双引擎；深化校地合作，引导和鼓励高校主动服务地方发展，为地方优势产业、战略性新兴产业乃至未来产业发展提供强大的智力支撑，持续支撑企业、产业、区域和国家自主创新能力提升。

（六）激发人才创新活力，培育适应新时代新发展格局的高层次创新人才

党的二十大报告指出，"深入实施人才强国战略"，"坚持尊重劳动、尊重知识、尊重人才、尊重创造"，"完善人才战略布局"，"着力形成人才国际竞争的比较优势"。培育适应新时代新发展格局的高层次创新人才，要求：第一，树立"以人为本"的人才观念和"人才是第一资源"的创新资源观。第二，高度重视高层次创新人才规划工作，加快实施国家级高层次创新人才培养工程，设立人才特区和特殊人才政策，提供具有国际竞争力和吸引力的环境条件，拓宽高层次创新人才开放式培养渠道，加强战略性科学家引进和培养，充分发挥其战略咨询和规划决策引领能力。第三，进一步推进人事改革，建立能够攻坚

克难、敢打硬仗的稳定战略性科研团队，培养一大批具有高创新能力和家国情怀的高层次专家团队，以中青年高层次创新人才为培养主体，培养一批具有创新活力的中青年科学家，造就一批具有世界一流水平的顶级科学家人才和工程型人才。第四，以国家重大战略、关键领域和社会重大需求为重点，积极调整学科布局，通过"强基计划"和研究生改革培养一批国家战略科技人才后备军；同时着力培养具有历史使命感和社会责任心，富有创新精神和实践能力的各类创新型、应用型、复合型战略后备优秀人才。

（七）营造创新友好型金融体系，以多层次资本市场赋能创新发展

建立创新友好型金融体系和多层次资本市场，要建立健全相应的法律法规，创造良好的外部环境和改革制度，培育适应社会主义市场经济规律的，有利于加速技术创新和成果的转化，能将经济部门推进技术进步与金融部门保障支持有机结合的经济运行体系。对此，首先要为风险投资发展营造良好的制度和法律环境。其次要培养风险投资专业人才，营造有利于风险投资产业发展的文化，在此基础上，建立多层次资本市场，包括主板市场、中小企业板市场、创业板市场以及产权交易市场，协调主板、中小企业板、创业板、科创板和区域股权交易市场的市场定位和职能分工，建立多层次资本市场转板和合作对接机制，提高资本市场效率，引导我国高新技术产业发展、产业结构调整和技术创新体系建设。最后也要稳步对外开放，加快资本市场高水平对外开放，广泛开展国际交流与合作，不断提高资本市场的国际化水平和服务能力。

（八）弘扬创新文化，营造包容创新的社会环境

党的二十大报告指出，要"激发全民族文化创新创造活力，增强实现中华民族伟大复兴的精神力量"。新时代新发展格局下，在制度创新和技术创新的基础上，既要坚定文化自信，充分发挥整体观、系统观、和谐观、人本主义等中华优秀传统文化对创新的指导价值，弘扬中华优秀传统文化中的创新精神，也要充分汲取全球范围内多元文明的文化成果，营造包容创新的文化体系和社会环境，将集体主义价值观同尊重个体创造力和批判性思考、科学管理等思想相结合，弘扬新时代科学家精神、企业家精神和工匠精神，持续完善和巩固新

型举国体制的文化基础。此外，中国的企业家和经济管理学者肩负着提炼推广"中国式创新模式""中国创新经验"的转型使命[1]，更肩负着同西方创新文化与创新理论对话、共建全球创新时代新型创新理论体系的使命[2]。这也是我国引领和助力科技创新强国建设、培育世界一流企业，推动全球包容性增长和建设人类命运共同体的内在要求[3]。

（九）以科技创新引领未来产业发展

未来产业是以新一代信息技术、新材料、新能源、新装备、生物技术等与工业技术交叉融合为驱动，代表新一轮科技革命和产业革命的发展方向，支撑未来经济增长的主导性产业，影响未来发展方向的先导性产业，决定未来产业竞争能力的前瞻性产业，对生产生活影响巨大、对经济社会具有全局带动和重大引领作用。新一轮科技革命和产业变革与我国加快转变经济发展方式形成历史性交汇，国际国内产业分工格局正在重塑，特别是"两个一百年"奋斗目标的提出，都对我国抢占未来产业发展制高点、培育竞争新优势提出了更高要求。

1. 瞄准战略高度和理论体系的全面领先

我国应抓住百年未有之大变局的历史机遇，通过设立专题研究项目群等方式加强中国特色社会主义未来产业发展的理论创新和理论体系建设，在坚持科技自立自强和维护产业安全的前提下，加快打破西方发展观影响下国与国之间利益对立的思维，以紧密团结发展中国家为起点，探索促进全人类共同繁荣富裕的未来产业的内涵、特征和演化路径，构建能够推动人类命运共同体建设的中国特色社会主义未来产业理论体系，从根本上实现对美战略高度的全面超越。

2. 组织实施未来产业孵化与加速计划

首先，推进未来产业孵化的矩阵式布局。以"现有产业未来化"和"未来技术产业化"为抓手，围绕"优中培精""有中育新"和"无中生有"三大路

1 苏敬勤，高昕. 情境视角下"中国式创新"的进路研究 [J]. 管理学报，2019，16（1）：9-16.

2 陈劲，尹西明. 范式跃迁视角下第四代管理学的兴起、特征与使命 [J]. 管理学报，2019，16（1）：1-8.

3 陈劲，尹西明，阳镇. 新时代科技创新强国建设的战略思考 [J]. 科学与管理，2020，40（6）：1-5.

径，重点培育未来农业、未来装备、未来材料、未来能源、未来信息、未来服务六大未来产业重点领域，全力构建主导性、先导性、前瞻性三层培育体系，着力形成"6×3"未来产业发展矩阵。其次，分阶段稳步实现未来产业发展目标。立足国情，面向世界，锚定 2035 年和 2050 年远景目标，综合考虑未来产业国内外发展趋势，通过实施"非均衡发展"战略，抢占发展制高点、培育竞争新优势，力争实现"十四五"夯实基础，15 年形成体系，30 年全面发展的目标。

3. 布局一批国家未来产业技术研究院

首先，强化顶层设计和组织保障，加快启动国家未来产业领导机构、战略研究机构和未来产业技术研究院建设，具体包括深化管理体制改革、强化战略研究能力等。其次，加大体制机制创新力度，将国家未来产业研究院打造为未来产业发展的原始策源地。例如，支持开展各类先行先试，在北京、上海、广东等地率先建设国家未来产业技术研究院；促进数字化、智能化驱动的开放创新，以平台化战略打造未来产业技术研究院，为各类创新主体特别是中小企业提供高质量软硬件支撑，加大科研基础软硬件及其生态体系的国产化扶持力度；重点完善问题和需求导向的评价激励体系，为复合型、创新型科技人才成长提供适宜环境；探索建立基于信用和底线思维的治理体系，加快形成高效的全要素一体化配置能力。

人民需求是创新之源

　　坚持以人民为中心的发展思想，是习近平新时代中国特色社会主义思想的主线。习近平总书记在党的十九大报告中强调，"必须坚持以人民为中心的发展思想"，"把人民对美好生活的向往作为奋斗目标，依靠人民创造历史伟业"。党的二十大报告再次强调，"坚持以人民为中心的发展思想"，"必须坚持在发展中保障和改善民生，鼓励共同奋斗创造美好生活，不断实现人民对美好生活的向往"，"要实现好、维护好、发展好最广大人民根本利益，紧紧抓住人民最关心最直接最现实的利益问题"。新时代加强科技创新同样要坚持以人民为中心的价值理念，这是马克思主义科技思想的根本立场和鲜明特色。习近平总书记指出，"科技是国之利器，国家赖之以强，企业赖之以赢，人民生活赖之以好。中国要强，中国人民生活要好，必须有强大科技"[1]。新时代科技创新坚持以人民为中心的价值理念，从根本上回答了"为谁创新"的问题，是新时代科技创新思想的本质特征。

一、科技创新的人民中心论

　　中国共产党自诞生之日起，就把马克思主义鲜明地写在自己的旗帜上。中国共产党成立100多年以来，无论身处顺境还是逆境，始终坚持全心全意为人民服务的根本宗旨和实现好、维护好、发展好最广大人民根本利益的初心和使命。

　　中国共产党成立100多年以来，一直高度重视科技创新，始终坚持以人民为中心的发展思想。党执政以来，把科技的发展创新作为党治国理政的核心内

1　http://www.xinhuanet.com/politics/2016-05/30/c_1118956522.htm

容，与国家的发展进步、经济社会发展变革、国防力量保障升级紧密结合。

1949年10月1日，中华人民共和国成立。彼时，我国科技建设百废待兴，科技发展急需重要思想指导。1956年是中国现代科技发展史上具有里程碑意义的一年，党中央提出了"向科学进军"的口号。毛泽东同志指出："我国人民应该有一个远大的规划，要在几十年内，努力改变我国在经济上和科学文化上的落后状况，迅速达到世界上的先进水平。"[1]从此，中国的科学事业发展规划被提上了日程。"向科学进军"的重要口号以及发展科学技术的"12年规划"和"10年规划"开启了党中央领导科学技术创新发展思想指导和顶层设计的宏大篇章，许多重大科技突破应运而生。"两弹一星"作为中华人民共和国成立以来最具代表性的科技成就，与国家的发展息息相关，对国防工作起了决定性作用，打破了核大国对中国的核压迫，保护了中国的国家安全，也为我国航空航天事业从追赶走向引领打下了坚实基础。

改革开放以来，党中央进一步重视科技发展。邓小平同志提出了"科学技术是第一生产力"的重要论断，明确了科学技术必须为振兴经济服务、促进科技成果商品化，为科技成果转化以及高新技术产业发展奠定政策基础。江泽民同志提出实施"科教兴国"的战略。科教兴国，是指"全面落实科学技术是第一生产力的思想，坚持教育为本，把科技和教育摆在经济、社会发展的重要位置，增强国家的科技实力及向现实生产力转化的能力，提高全民族的科技文化素质，把经济建设转移到依靠科技进步和提高劳动者素质的轨道上来，加速实现国家的繁荣昌盛"。作为"三个代表"重要思想的重要组成部分，科技逐步被明确为经济社会全面发展的关键因素。在此基础上，党中央提出了走中国特色自主创新道路、建设创新型国家的重要战略决策。胡锦涛同志强调："坚持走中国特色自主创新道路，为建设创新型国家而努力奋斗，进一步开创全面建设小康社会、加快推进社会主义现代化的新局面。"

党的十八大以来，我们党明确要坚持创新驱动发展，把科技自立自强作为国家发展的战略支撑，坚持"四个面向"，深入实施科教兴国战略、人才强国战略、创新驱动发展战略，完善国家创新体系，加快建设科技强国。在这一过

1　http://news.sciencenet.cn/htmlnews/2016/6/348608.shtml?id=348608

程中，我们党着眼社会主要矛盾变化，始终把满足人民日益增长的美好生活需要作为科技创新的落脚点，坚持科技惠民、科技利民、科技富民，确保科技在保障人民健康、维护人民安全、惠及人民生活、促进人民发展等方面发挥关键作用，使科技成果更多更公平惠及全体人民，不断满足人民的美好生活需要。

习近平总书记曾深刻指出："要加大科技惠及民生力度，推动科技创新同民生紧密结合"[1]；"人民的需要和呼唤，是科技进步和创新的时代声音"[2]；"要把满足人民对美好生活的向往作为科技创新的落脚点，把惠民、利民、富民、改善民生作为科技创新的重要方向"[3]。在党的十九大报告中，习近平总书记在"过去五年的工作和历史性变革"部分指出："深入贯彻以人民为中心的发展思想，一大批惠民举措落地实施，人民获得感显著增强"。在党的二十大报告中，习近平总书记在"过去五年的工作和新时代十年的伟大变革"部分进一步指出，"深入贯彻以人民为中心的发展思想"，并再次强调"必须坚持人民至上，……，站稳人民立场、把握人民愿望、尊重人民创造、集中人民智慧"。科技创新的人民中心论，强调把以人民为中心贯彻到科技创新活动之中，做到发展为了人民、发展依靠人民、发展成果由人民共享，更好增进人民福祉，更好发展中国特色社会主义事业。这些重要论述彰显了我们党始终坚持以人民为中心的价值追求和执政为民的责任担当。

二、国内外现状与趋势分析

基于对生产者创新缺陷的深刻剖析，近年来创新的大众化思潮正快速兴起和发展，而通过结合中国情境，人民创新这一后熊彼特时代的创新范式正冉冉升起。

1　http://cpc.people.com.cn/xuexi/n1/2016/0531/c385476-28398570-4.html

2　习近平. 为建设世界科技强国而奋斗——在全国科技创新大会、两院院士大会、中国科协第九次全国代表大会上的讲话 [N]. 人民日报，2016-06-01（02）.

3　习近平. 在中国科学院第十九次院士大会、中国工程院第十四次院士大会上的讲话 [N]. 人民日报，2018-05-29（02）.

（一）从精英事业到开放式创新的积极探索

美国麻省理工学院的冯·希伯尔教授于 1988 年提出的民主化创新和用户创新理论[1]，超越了少数精英企业家是创新源泉的单一封闭模式，鲜明地提出企业外部的用户可能成为创新源泉。虽然企业的内部研发部门都是由行业专家和精英组成，但是他们依然需要广泛地获取组织边界之外散布在不同大脑当中的隐性知识，这就极大推进了创新大众化思潮的发展。以冯·希伯尔为代表的后熊彼特主义的核心要义是，必须把对创新主体的定义从生产者及其周边群体扩展到广泛的社会群体，关注通过开放合作而形成由社群组织起来的群众或者用户自由创新的新型创新活动，从而激发全社会创新的活力，实现经济发展和社会福利创造的同步实现。

后熊彼特主义的核心思想是重视用户的创新活动。在冯·希伯尔研究的启发下，加利福尼亚大学伯克利分校的亨利·切丝布鲁夫教授提出了开放式创新的概念和创新范式[2]。开放式创新强调企业同时利用内部和外部的创新资源实现技术创新过程，形成要素资源相互补充的企业创新生态系统[3]。通过在创新链的各个阶段与多元合作伙伴的多角度动态合作，企业内部技术的商业化可以通过内部和外部途径共同实现。企业可以通过开放式创新打破创新边界，同时汇聚来源于企业内部或外部的创新思想。这些创新思想在研究或发展的过程中会通过知识的流动、人员的流动或专利权转让扩散到企业外部，有些与企业当前经营业务不匹配的研究项目可能会在新的场景和市场中被挖掘出巨大价值，进而可能通过外部途径使之商业化。在制度环境完善等条件的保障下，企业将有动力通过许可协议、短期合伙和其他安排分享其知识财产，并且能够在其他公司利用这些技术的过程中实现自身利益。

国际上已经有许多开放式创新的成功先例，帮助很多著名企业取得了持续的竞争优势[4]。宝洁公司通过"联系与开发"的全新创新模式与世界各地的组织

1　HIPPEL E von. Democratizing innovation [M]. The MiT Press, 2006.
2　CHESBROUGH H, VANHAVERBEKE W, WEST J.Open innovation: researching a new paradigm[M]. Oxford University Press, 2006.
3　陈劲. 企业创新生态系统论 [M]. 北京：科学出版社，2017.
4　陈劲，郑刚. 创新管理：赢得持续竞争优势 [M]. 3 版. 北京：北京大学出版社，2016.

合作，向全球搜寻技术创新来源，通过与公司外部的连接获得了 35% 的创新思想。世界领先的制药企业美国默克公司，过去相当长一段时期内只重视内部研发投资，但自 2000 年起开启了开放式创新之路，正是因为它深刻认识到了"在全世界的生物医学研究中，默克只占了 1%。为了利用另外的 99%，我们必须积极地与大学、研究机构和世界各地的企业联系，以便把最好的技术和最有发展前途的新产品引入默克"。

现代开源软件所创造的经济与社会福利，表明那些分散在人群当中的知识能产生巨大的创新潜能。人民创新的提出进一步推进了创新大众化的研究，将创新研究的主体从企业、专家和行业精英的狭窄视角中解放出来，聚焦于拥有"黏性"知识的广泛人民群体，以社会中的广泛群体为主体，以开放协作式社群为组织形式，以创造公共物品和增加社会福利为目的，不断推进人民群众创新的自我实现与科技创新的公共化进程。

（二）坚持以人民为中心的科技发展道路

习近平总书记强调，道路问题是关系党的事业兴衰成败第一位的问题，道路就是党的生命。坚持以人民为中心是党的十九大确立的新时代坚持和发展中国特色社会主义的基本方略。科技事业处于国家发展全局的核心位置，必须坚持以人民为中心的发展道路。认真学习贯彻习近平总书记系列重要讲话精神，需要回答好"为了什么""依靠什么""实现什么""防范什么"这 4 个关键问题，以确保科技事业始终遵循正确的政治方向和发展道路。

坚持以人民为中心的科技发展道路需要把握 3 个原则：一是科技创新要为了人民；二是科技创新要依靠人民；三是科技创新成果要为人民所共享。

科技发展的最终目的是为了人民。要大力发扬为人民服务的孺子牛精神，落实以人民为中心的发展思想，解决好"为谁干"的问题。在西方发展观的影响下，近代以来，科技发展长期聚焦于推动经济增长、升级产业结构、创造个人财富。这种状况需要尽快改变，否则，以市场、效率和生产力发展为驱动的技术变革会越来越强烈地冲击人类社会的价值体系，甚至脱离人性、伦理、道德的约束，带来一个被数据、算法和机器统治的世界，造成人的价值观被不断扭曲、弱势群体的基本权益被不断蚕食的危险局面。坚持正确的政治方向和发展道路，坚持科技发展始终体现党和人民的意志、维护最广大人民的根本利益，坚持科技成果更多、更公平惠及全体人民，是确保科技事业始终服务于人的全面发展以及人类社会的可持续发展的根本前提。

科技发展的根本动力应来自人民。长期以来，科技创新被教育资源和创新资源分配不平衡等问题封闭成了"精英事业"，且"贵族化"的趋势日益明显，甚至可能发展成为少数人服务的工具。在马太效应的作用下，科技事业和人民群众之间的壁垒持续加大。人民的心声得不到倾听，人民的创新智慧、能力和潜力得不到挖掘，人民的利益将成为无源之水。习近平总书记深刻指出，中国人民是具有伟大创造精神的人民。紧紧依靠人民，充分发挥人民在科技事业中的主体作用，尊重人民首创精神，为了人民干事创业，依靠人民干事创业，是坚持以人民为中心的科技发展道路的根本要求。

推动经济社会更平衡、更充分发展是新时代科技发展要实现的关键目标。"要深度参与全球科技治理，贡献中国智慧，着力推动构建人类命运共同体。"习近平总书记站在人类历史发展进程的高度，以宏大的全球视野和战略思维，指引我们发展科学技术不仅要为中国人民谋幸福，也要为人类进步事业做贡献，和世界各国一起应对共同挑战，推动全球范围平衡发展。让科技创新推动经济社会更平衡更充分发展，造福全中国人民乃至全人类，是推进科技发展必须树立的崇高目标。只有牢固树立起以人民为中心的创新发展观，科技创新事业才会始终沿着满足人民对美好生活向往的正确方向与道路不断前进，造福全世界人民，造福子孙后代。具体来看，应强化创新过程中的战略驱动、顶层设计、中长期发展导向，树立蕴含全局观、统筹观、平衡观与和平观的整合式创新思想，基于东方文化整体和谐的价值追求和新时代中国特色社会主义制度的优越性，兼顾西方文化的价值追求，在科技事业中践行面向世界的群众路线，同时构建与城市创新系统互融、互通、互补的乡村创新系统，以此推动全球区域和城乡区域协调发展，为建设促进平衡充分发展的社会主义现代化经济体系提供强劲牵引。

树立防范化解重大风险的底线思维，确保科技发展的安全和稳定，是实现好、维护好、发展好人民利益的根本前提。党的十八大以来，习近平总书记多次在重大会议上专门强调要增强忧患意识、防范风险挑战。他指出，科技领域安全是国家安全的重要组成部分。要强化事关国家安全和经济社会发展全局的重大科技任务的统筹组织，强化国家战略科技力量建设。要加快科技安全预警监测体系建设，围绕人工智能、基因编辑、医疗诊断、自动驾驶、无人机、服务机器人等领域，加快推进相关立法工作。在推进科技风险管理体系建设的过程中要着眼于4个关键问题：一是要加强人民参与，充分体现人民的意志。二是要推动国家科技治理现代化，超越层级管理的思路和方法，以全覆盖、科学化、精细化、法制化监督管理重大科技项目立项、科技成果转移转化与科技情报为抓手，确保科技创新活动开放而有序地开展。三是要切实加强国家科技伦理委员会的作用，通过设立科技创新风险评估及管理学科并建立相关人才队伍，实现对科技风险的精确分析、评估和统筹管理。四是要运用底线思维，着手打造科技创新资源的统筹精细化管理体系，确保对能源等核心创新资源的掌控力，从源头上建立牢固的安全防线。

三、中国的成功实践

（一）科技创新为国家安全发展筑牢根基

党的十八大以来，在习近平总书记关于新时代科技创新重要论述的指引下，在以习近平同志为核心的党中央的正确领导下，中国科技创新发展不断增速，科技自立自强加快推进，我国已进入创新型国家行列。

一是基础研究和原始创新取得重要进展。基础研究整体实力显著加强，化学、材料、物理、工程等学科整体水平明显提升。在量子信息、干细胞、脑科学等前沿方向上取得一批重大原创成果。一批重大基础研究任务被成功组织。"嫦娥五号"实现地外天体采样返回，"天问一号"开启火星探测，"怀柔一号"引力波暴高能电磁对应体全天监测器卫星成功发射，"慧眼号"直接测量到迄今宇宙最强磁场，500米口径球面射电望远镜首次发现毫秒脉冲星，新一代"人造太阳"首次放电，"雪龙2号"首航南极，76个光子的量子计算原型机"九章"、62比特可编程超导量子计算原型机"祖冲之号"成功问世。散裂中子源等一批具有国际一流水平的重大科技基础设施通过验收。

二是战略高技术领域取得了新跨越。在深海、深空、深地、深蓝等领域积极抢占科技制高点。"海斗一号"完成万米海试，"奋斗者"号载人潜水器在马里亚纳海沟成功坐底；北斗卫星导航系统全面开通，中国空间站"天和"核心舱成功发射，"长征五号"遥三运载火箭成功发射；世界最强流深地核天体物理加速器成功出束；"神威·太湖之光"超级计算机首次实现千万核心并行第一性原理计算模拟，"墨子号"实现无中继千公里级量子密钥分发；"国和一号"和"华龙一号"三代核电技术取得新突破。

三是高端产业取得新突破。C919大飞机已开启常态化运营，时速600千米高速磁浮试验样车成功试跑，最大直径盾构机顺利始发。北京大兴国际机场正式投运，港珠澳大桥开通运营。智能制造取得长足进步，人工智能、数字经济蓬勃发展，图像识别、语音识别走在全球前列，5G移动通信技术率先实现规模化应用。新能源汽车加快发展。消费级无人机占据一半以上的全球市场。甲醇制烯烃技术持续创新带动了我国煤制烯烃产业快速发展。

四是民生科技领域取得显著成效。医用重离子加速器、磁共振、彩超、CT等高端医疗装备国产化替代取得重大进展。运用科技手段构建精准扶贫新模式，为贫困地区培育科技产业、培养科技人才，科技在打赢脱贫攻坚战中发挥了重要作用。煤炭清洁高效燃烧、钢铁多污染物超低排放控制等多项关键技术推广应用，促进了空气质量改善。

五是国防科技创新取得重大成就。国防科技有力支撑重大武器装备研制发展，首艘国产航母下水，第五代战机歼-20正式服役。东风-17弹道导弹研制成功，我国在高超音速武器方面走在前列。

（二）众创空间为人民创新提供广阔舞台

人民创新不能依靠单一的技术投入或要素投入，而是一个需要教育、科技、政策、制度和网络建设等协同促进的复杂过程，需要应用整合式创新思维，从科技创新、制度和管理创新、公共空间、网络平台与中介组织创新等多个方面入手，推进人民创新综合水平的提升。近年来，我国高度重视众创空间建设。根据《中华人民共和国2023年国民经济和社会发展统计公报》，截至2023年末，国家备案众创空间达到2376家。通过充分发挥社会力量作用，有效利用国家自主创新示范区、国家高新区、应用创新园区、科技企业孵化器、高校和科研院所的有利条件，着力发挥政策集成效应，推动形成各种与创新相关的主体要素[1]和非主体要素[2]、地理要素与时空要素，协调各要素之间关系的制度、政策、文化相互依存、相互作用的社会经济系统，实现创新与创业相结合、线上与线下相结合、孵化与投资相结合，为创新创业者提供良好的工作空间、网络空间、社交空间和资源共享空间。

北京、上海、广州、深圳、杭州、成都等创新创业氛围较为活跃的地区，都顺应人民创新、用户创新、开放创新、协同创新、融通创新等新范式，涌现了一大批各具特色的众创空间，如北京的创客空间、上海的新车间、深圳的柴火创客空间等。上海的新车间是为硬件高手、电子艺术家、设计达人、自主制作爱好者等提供包括实验空间和基础设备等条件的开放式社区。在这里，人们不仅可与志趣相投的人一起拆装各种产品，还可共同实施设计和落实想法。为了更好地服务创新人员，新车间会定期举办包括编程、嵌入式系统、电子装备和机器人等各类主题的研讨会和培训班。此外，新车间还是一个融资和管理平台，可以支持人们实现自己作品和项目的商业化落地。深圳的柴火创客空间基于"众人拾柴火焰高"的核心理念，为创新人员提供原型开发设备、电子开发设备、机械加工设备等硬件条件，以及跨界融合、自由开放的协作环境，致力于将有潜力的创意孵化成为产品。柴火创客空间拥有开源硬件、Linux及嵌入式开发、物联网、绿色能源、城市农场等多个主题，并不断丰富服务内容。

四、未来发展展望

（一）人民创新蔚然成风

中国的创新发展离不开人民的伟大力量。2019年国务院《政府工作报告》指出，要大力优化创新生态，调动各类创新主体积极性。党的二十大报告指出，"尊重人民首创精神，坚持一切为了人民、一切依靠人民"。人民创新强化了社会力量在创新中的重要作用。人民创新的目的在于提升真正的财富，直接作用于创新最终的服务单元。

---

1 创新的主体和组织机构，包括人民群众、基层政府和自治组织、中小企业等。
2 创新所需要的物质、资源条件。

人民创新在中国的创新发展中具有广阔的空间。社会主义的优越性决定了中国企业存在的目的不应仅仅是追求商业利益，而是必须将国家和人民的利益作为自身发展的重要目标。在中国，人民创新的主体可以是企业或企业中的公共部门，这些公共部门不以追求商业利益为目的，而以增进人民福祉作为发展动力；人民创新的主体还可以是企业外部的个人、家庭，甚至其他企业中的公共部门等。

人民创新的创新主体较为广泛，其创新治理也是一个非常重要的课题。面对众多的创新主体，传统的制度并不能有效地管理人民创新活动，创新公地则为人民创新提供了广阔平台。人民创新体系不仅仅需要聚集来自政府、企业及社会的创新者，还应具备人民创新所需的必要知识、信息等创新资源。这些创新资源一般由体系中的创新者投入、资源投入之后具有非竞争性和非排他性，可以服务于每一个个体。由此可见，人民创新体系中的资源具备公共事物的一些性质。公共事物是指与公共相关的事物，即除了私人物品之外的所有物品，根据竞争性和排他性可以分为纯公共物品、公共池塘资源和俱乐部物品。随着对公共事物研究的深入，研究者发现信息和知识也具备公共事物的一些特点，于是逐渐出现了信息公地和学习公地的概念。信息公地旨在促进新技术融入教学、学习和研究，是一个访问、收集、组织、分析、管理、创建、记录和传递信息的新途径。学习公地则是在信息公地的基础上发展而来的，是指由学术机构或为了学术目的而建立的，聚集各种知识、信息及人力和社会资源的环境。对于创新而言，尤其是创新初期，由于创新资源具有非竞争性和排他性，这一部分资源应该如何管理成为一个重要的课题。由此，借鉴信息公地和学习公地的概念，可以发展出创新公地的概念。创新公地通过一套合作规则体系，可以促进信息共享，最大限度地提高机会发现的可能性，在高度不确定性的条件下，将分布式信息、知识和其他投入汇集到创新中，为人民创新体系注入强大动能。

（二）中国理念普惠全球

在西方发展观的影响下，全球科技发展长期主要服务于推动经济增长、升级产业结构、创造个人财富。以市场和效率为驱动的技术变革正加速冲击人类的价值体系和社会结构，一个被数据、算法和机器统治的世界已初具雏形，甚至已经出现"无用阶层"等充满偏见的概念大行其道的现象。这些现象的本质是在资本主义的固化立场和静态思维下对人和人际关系的极度物化，其隐含的前提是生产资料私有化、教育资源差异化、科技事业精英化、发展权利贵族化，其根本问题是不能用发展的眼光看待生产力与生产关系的辩证关系。如果不能真正树立马克思主义理论指导下的科技发展观，不以实现人的价值和自由解放作为根本目标，科技创新很可能沦为少数人制造鸿沟、控制世界的工具，导致越来越多的人实质上成为"无用"而不自知的弱势群体。因此，科技发展本身并不会导致所谓的"无用阶层"，问题的本质是科技发展在资本主义主导下无法服务每个人的自由全面发展，这反而会将多数人困在低级的恐惧与欲望中得不到解放甚至走入歧途，进而严重阻碍人类整体向更高阶段发展。

我国应抓住百年未有之大变局的历史机遇，加强中国特色社会主义未来科技发展的理论创新和理论体系建设，通过深刻解读"中国模式"、总结升华"中国经验"、系统提炼"中国理论"，加快推动党的理论和学术理论全面深度融合，以全球视野构建马克思主义理论指导下的、符合中国实践需求和人类命运共同体建设需求的学术理论体系，从根源上解决同西方理论体系之间的深层次矛盾，在坚持科技自立自强和维护产业安全的前提下，加快打破西方发展观影响下国与国之间利益对立的思维，以紧密团结发展中国家为起点，探索促进全人类共同繁荣富裕的未来科技和未来产业的内涵、特征和演化路径，构建能够推动人类命运共同体建设的中国特色社会主义未来创新理论体系。在此基础上，要以全球视野推进以人民为中心的发展思想深入人心，向世界人民发出坚持群众路线的时代强音，让"以人为本""合作共赢""世界人民大团结"的科技发展理念逐渐在世界范围内深入人心。

农业创新是立国之本

自古以来，中华民族的发展与农业发展相伴而生。据《周易·系辞下》记载："包牺氏没，神农氏作，斲木为耜，揉木为耒，耒耨之利，以教天下，盖取诸《益》。"我国幅员辽阔、人口众多，农业是我国作为人口大国的安身立命之本，是国民经济的重要组成部分。进入新时代，党和国家关注的重点依旧是农业增效、农村繁荣、农民富裕、农耕文化传承。党的二十大报告指出，"加快建设农业强国，扎实推动乡村产业、人才、文化、生态、组织振兴"。为了更好地适应新时代与新形势，焕发农村经济活力、提高农民生活水平、实现农业农村现代化，需要将创新理论应用在农业之中，通过以科技自主创新为核心的全面创新，实现农业创新，推动中国农业发展的不断转型，确保全球人口大国的粮食安全，延续中华民族的文化传统与瑰丽文明。

一、农业创新的重要性

（一）贯彻历年中央一号文件精神

党中央自1982年开始发布关于"三农"的中央一号文件，专题部署农业农村农民发展问题。回顾历年中央一号文件，我国农业发展始终贯彻"促进农民增收、增进农民福祉"这一主线，先后开展土地改革、家庭联产承包责任制、取消农业税、推进农业供给侧结构性改革等多项政策，解决不同历史时期农业发展的问题。

党的十八大以来，我国进入新的历史阶段。2016年的中央一号文件要求推进农业供给侧结构性改革，标志着中国农业农村发展思路的重大转变。文件提出在确保农业生产能力、农民增收、农村稳定3条底线的基础上，把改善供给结构、提高供给质量作为主攻方向，实现由注重数量增长向更加注重质量要求转变、由生产导向向消费导向转变、由政府直接干预价格向市场决定价格转变、由单纯粮食安全战略向多重战略目标转变，从而达到优化农业结构、提高农业市场竞争力、加快农业体制机制创新、实现农业可持续发展的总体目标。

2021年的中央一号文件从总体要求、实现巩固拓展脱贫攻坚成果同乡村振兴有效衔接、加快推进农业现代化、大力实施乡村建设行动和加强党对"三农"工作的全面领导5个方面出发，提出到2025年，农业农村现代化取得重要进展等重要目标。2022年的中央一号文件提出，大力推进种源等农业关键核心技术攻关，提升农机装备研发应用水平，强化现代农业基础支撑。2023年的中央一号文件提出，强化科技创新和制度创新，强化农业科技和装备支撑，推动农业关键核心技术攻关。2024年的中央一号文件提出，优化农业科技创新战略布局，支持重大创新平台建设。由此可见，通过以科技自主创新为核心的全面创新实现农业创新，是对历年中央一号文件精神贯彻的重要体现。

科技创新是农业高质量发展的动力，更是全面推进乡村振兴的内在要求。农业作为国民经济的基础，实现高质量发展，必须依靠科技创新突破资源环境约束，拓展发展空间，提高发展质量，抢占国际农业竞争制高点。正如习近平总书记在《加快建设农业强国 推进农业农村现代化》一文中指出的，"我们的资源就那么多，超大规模市场对农产品的需求又不断增长，现在比以往任何时候都更加需要重视和依靠农业科技创新"，"要紧盯世界农业科技前沿，大力提升我国农业科技水平，加快实现高水平农业科技自立自强"[1]。

（二）国家粮食安全战略的重要保障

粮食安全是"国之大者"。党的十八大以来，以习近平同志为核心的党中央高度重视国家粮食安全，始终把解决好十几亿人口的吃饭问题，作为治国理政的头等大事，加快推进农业农村现代化，实施国家粮食安全战略，坚持藏粮于地、藏粮于技，实行最严格的耕地保护制度，推动种业科技自立自强、种源自主可控。

在国家粮食安全战略实施的背后，需要以农业创新作为重要基础，农业科

1　习近平. 加快建设农业强国 推进农业农村现代化 [J]. 求是，2023（6）.

技自立自强是实现农业强国的必由之路，是保障国家粮食安全的关键所在，是加快推进农业农村现代化、全面推进乡村振兴的重要举措。习近平总书记指出，"建设农业强国，利器在科技，关键靠改革。必须协同推进科技创新和制度创新，开辟新领域新赛道，塑造新动能新优势，加快实现量的突破和质的跃升"。党的二十大擘画了以中国式现代化全面推进中华民族伟大复兴的宏伟蓝图，并首次提出加快建设农业强国。2023 年中央一号文件锚定加快建设农业强国目标，释放出加快建设农业强国的强烈信号。而建设农业强国，全面推进乡村振兴，需要向科技创新要动力、要活力，不断增强农业科技创新驱动力，实现科技赋能农业，用农业科技来武装农业。

（三）建设中国特色现代化农业道路

建设农业强国，基本要求是实现农业现代化[1]。1985 年中华人民共和国第一次出现了农村消费占全国绝对比重的态势，农村社会商品零售总额占全国的 64%。2002 年科技部、财政部、中央机构编制委员会办公室《关于农业部等九个部门所属科研机构改革方案的批复》中指出，当前，我国发展进入新阶段，要更多地依靠科技创新和进步建设中国特色现代化农业道路。2013 年，习近平总书记在山东考察时强调，"解决好'三农'问题，根本在于深化改革，走中国特色现代化农业道路"[2]。2023 年，中央一号文件更是指出，"举全党全社会之力全面推进乡村振兴，加快农业农村现代化"。回顾我国农业现代化之路，自改革开放以来，主要通过体制改革和惠农政策推动，极大地提高了农村农民的生产积极性与生产力。

建设中国特色现代化农业道路具有重要的战略意义。2015 年，习近平总书记在中共中央政治局第二十二次集体学习时提到，"要加快推进农业现代化，夯实农业基础地位，确保国家粮食安全，提高农民收入水平。要加快建立现代农业产业体系，延伸农业产业链、价值链，促进一二三产业交叉融合"。实现农业现代化的关键便是农业科技创新。习近平总书记指出，"农业出路在现代化，农业现代化关键在科技进步。我们必须比以往任何时候都更加重视和依靠

1　习近平. 加快建设农业强国 推进农业农村现代化 [J]. 求是，2023（6）.

2　http://www.xinhuanet.com/politics/2015-12-29/c_1117601781.htm

农业科技进步，走内涵式发展道路。矛盾和问题是科技创新的导向。要适时调整农业技术进步路线，加强农业科技人才队伍建设，培养新型职业农民"。通过农业创新"给农业插上科技的翅膀，按照增产增效并重、良种良法配套、农机农艺结合、生产生态协调的原则，促进农业技术集成化、劳动过程机械化、生产经营信息化、安全环保法治化，加快构建适应高产、优质、高效、生态、安全农业发展要求的技术体系"。

二、国内外现状与趋势分析

（一）国外发达国家农业创新现状与趋势

与其他领域的创新相比，农业领域的创新具有更突出的公共物品属性，因此国家和政府在农业科技创新中扮演了重要的角色。以美国、日本和荷兰3个高农业科技创新水平的国家为例，政府在农业科研体系中承担主导作用。如美国农业部所属科研机构主要承担国家级的重大项目，日本的国立研究机构是主要的新技术开发事业力量，荷兰政府成立专门机构负责农业科技研究和推广[1]。除此之外，农业创新还具有更高的复杂性、更长的周期性、更多样的区域性、更明显的季节性等特征。从美国、德国、荷兰、以色列和日本这5个不同类型农业发达国家的农业创新实践，我们可以看到国外农业创新趋势。

美国是传统的农业科技强国，由农业部所属、各州所属以及私人企业所属的农业科研机构与大学，共同构成了科研任务与重点互补的高效运作的农业科技创新体系。在这一过程中，政府通过制定合理有效的农业政策，引导产学研高度结合，构建高效的科技推广与应用体系，并不断完善法律制度，营造良好的农业科技创新环境。如先后陆续颁布《莫里尔法案》《哈奇法案》《史密斯—利佛法案》《全国农业研究、推广和教育政策法》《食品、环保与能源法案》和《农业法案》等，不断推进美国科研与推广主体及经费激励机制的改革与完善。美国农业科技创新的另一项重大优势，便是在农业科技成果转化与应用方面建立了由国家、州和县三个层面构成的"教育、研究、推广"三位一体的美国农

1　王建明. 发达国家农业科研与推广模式及启示 [J]. 农业科技管理，2010，29（01）：48-51.

业科技推广体系。其中，州推广站的站长由当地大学的农学院院长兼任，以紧密联系各机构，推动了农业"教育、研究和推广"一体化工作的高效运行。最后，在农业科技国际合作方面，美国农业部下设海外农业局（FAS）专门负责收集、分析和发布关于全球供求形势、贸易趋势、市场机遇等信息，为美国农产品在国际市场寻求贸易机会，确保美国农产品在国际市场上的竞争优势。

德国拥有雄厚的工业基础，2015年在工业4.0的基础上提出农业4.0[1]，即利用互联网、物联网、大数据等现代信息技术，实现农业全产业链的集约化和协同化，打破农业的资源限制，实现农业产业智能化、精准化和高标准化，农民职业化和富庶化，农村生态化和城镇化。在农业产业智能化、精准化和高标准化方面，德国通过先进的遥感技术、地理信息系统和应用卫星系统实现土地面积、自然环境等基础信息数据的智能获取，实现了农业产业智能化与精准化；通过室内计算机控制大型农业机械精准完成播种、施肥、投料饲喂等工作，在节约人工的同时，通过数据的实时采集与分析，实现实时监测与防控；政府整体推进农产品的生产、加工、流通等所有环节，形成系统、完整、高度协同的产业体系，实现农业全产业链协同化。在农民职业化和富庶化方面，德国的农业4.0时代，农民需要经过系统教育或严格的职业培训、选修相关课程，通过考核后才具有从事农业生产的资格。在职业化农民的经营下，德国农业生产多功能化特征明显，种粮农民除了可提供粮食、食物外，还可利用条件发展生物能源、再生原料等产业，多渠道增加农民经济收益，实现了富庶化。在农村生态化和城镇化方面，德国农业生产全过程坚持绿色、循环、生态，如采用轮作和间作、无抗饲养、限制单位面积畜禽饲养数量等举措，实现了人与自然、人与人、人与社会的和谐共生，塑造了许多充满人文氛围的乡村风光，使乡村成为居住和休闲旅游的宜人场所。

荷兰的农业创新突破口是农业的经营主体，即家庭农场。家庭农场是具有较强活力的"细胞"，可以分为专业型家庭农场和混合型家庭农场两类。前者比重超过了90%，指专门生产某一类农产品的家庭农场，具体可分为大田种植业家庭农场、园艺业家庭农场、畜禽养殖业家庭农场等；后者指兼营大田种

1　肖红利，王斯佳，许振宝，等．德国农业4.0发展经验对中国农业发展的启示[J]．农业展望，2019，15（12）：117-120、124．

植业和畜禽养殖业，且经营规模不大的家庭农场[1]。家庭农场具有农产品生产高度专业化、经营规模日益扩大化、经营土地自有化、劳动力家庭成员化、经营组织合作社一体化、生产方式集约化和生态化、农场收入来源多元化等经营特征。生产高度专业化是荷兰家庭农场的突出特点，使荷兰农业形成了"合作社一体化产业链组织模式"，合作社是该组织模式的核心和主导，是家庭农场主自愿自发组成的商业自治组织，它不以营利为目标，其存在价值是全力保障社员家庭农场的经济利益；而公司的作用是收购、加工和销售家庭农场所生产的农产品，以提高农产品附加值。在这一组织基础上，荷兰成为世界农产品净出口额的"世界冠军"，实现了农产品出口率世界第一、土地生产率世界第一、设施农业世界一流，创造了举世瞩目的"农业奇迹"。

以色列在水土资源匮乏的自然条件约束下，高效利用水土资源，发展绿色农业，短短几十年迈入世界农业最发达的国家行列。以水资源的开发与利用为例，以色列政府以科技为引领解决干旱缺水、耕地有限等问题。在著名的滴灌技术之外，以色列在水土资源的利用上法律先行，1999 年制定了"大规模海水淡化计划"，以期缓解淡水的供需矛盾。根据该计划，截至 2025 年，海水淡化水将占全国淡水需求量的 28.5%，生活用水的 70%；截至 2050 年，海水淡化水将占全国淡水需求量的 41%，生活用水的 100%[2]。除此之外，以色列还对地下咸水进行淡化，其中约 35% 用于工业水，余下的部分主要用于农业，包括鱼塘用水和灌溉。除了"开源"，以色列政府也很重视"节流"，投入大量资金进行废水循环的建设工程。2018 年，以色列的污水回收利用率高达 75%，跃居全球第一。近年来，以色列又发展了物联网水肥一体化技术，实现了用水、用肥和用药的自动化控制。

日本与我国同为亚洲国家，在自然条件、人多地少、小农经营历史悠久等方面具有共同特点[3]，但在农业研究机构体系、运行机制等方面也存在很大的差

1　肖卫东，杜志雄.荷兰家庭农场为何能创造世界农业奇迹 [J].中国合作经济，2017（08）：16-19.

2　易小燕，吴勇，尹昌斌，等.以色列水土资源高效利用经验对我国农业绿色发展的启示 [J].中国农业资源与区划，2018，39（10）：37-42、77.

3　许珍珍，赵晓峰.日本小规模农业的发展经验及启示 [J].世界农业，2019（06）：85-90、97、119.

别。日本政府在农业科技创新发展过程中的主导作用明显[1]，一方面，政府对农业生产、加工和技术创新等产业发展全过程进行督导与集中管理，并建立健全相应咨询机制，突出了行政指导。另一方面，政府通过制定和实施相关的产业政策与规划，对农业技术创新进行引领和推动，采取税收、融资等优惠政策，促进农业技术创新与农业科技成果的应用和推广。在政府的主导下，日本的农业科技创新体系结构完整，国立、公立和私立的研究机构分布比例合理；科技教育体系完善，涵盖了初中阶段的实践教育、高中阶段和大学阶段的专业教育；运行机制高效协同，从科研机构到科普部门，再到农民群体，实现了科技成果的有效转化与推广，健全了日本的农业人才队伍。

（二）我国农业科技创新体系的建设

现阶段，我国农业科技创新需要面向国内的农业现代化建设和面向国际的农业科技竞争两大历史性战略任务开展建设。一方面是通过农业科技现代化实现农业现代化，加强农业与科技的融合。2020 年，习近平总书记在吉林考察时强调，"科研人员要把论文写在大地上，让农民用最好的技术种出最好的粮食"，"要积极扶持家庭农场、农民合作社等新型农业经营主体，鼓励各地因地制宜探索不同的专业合作社模式"[2]。另一方面是在战略必争的基础和前沿技术领域开展科研创新，加强农业科技创新和推广，夯实粮食安全基础，延伸农业产业链，着力发展高附加值、高品质农产品，提高农业综合素质、效益、竞争力，提高农业国际竞争力。

农业科技创新体系的建设需要适应现代农业发展规律，由农业科技创新主体和创新要素综合集成，包括了农业科技创新主体、农业科技创新环境、农业科技创新成果与应用、农业科技创新国际合作等多个方面，涵盖现代农业科技研发体系、农业科技成果转化体系、新型农业科技推广与服务体系和农业科技创新人才培养体系[3]，是一个服务现代农业发展、通过推动农业科技进步实现生

1　李平，刘智君，王维薇. 中日农业科技创新体系建设的比较分析 [J]. 农村经济与科技，2018，29（21）：1-3、28.

2　把保障粮食安全放在突出位置 [N]. 人民日报，2020-07-26（01）.

3　王雅鹏，吕明，范俊楠，等. 我国现代农业科技创新体系构建：特征、现实困境与优化路径 [J]. 农业现代化研究，2015，36（02）：161-167.

产力与生产关系变革的综合系统，体现了农业创新是以科技自主创新为核心的全面创新，需要兼顾生产力的解放与生产关系的改善。

1. 重视农业科技对建设现代农业的支撑与引领作用

为尽快提升我国农业科技自主创新能力，巩固和提高农业综合生产能力，增强农业科技对建设现代农业的支撑与引领作用，推进社会主义新农村建设和创新型国家建设，2007 年由农业部、科学技术部牵头，财政部、国家发展和改革委员会、人事部、水利部、教育部、国家林业局和中央机构编制委员会办公室共同编制了《国家农业科技创新体系建设方案》（以下简称《方案》），提出了国家农业科技创新体系建设方案，以加快农业科技条件建设和人才队伍培养，改善农业科研机构和涉农高校的设施和条件，不断提升农业科技自主创新能力，为现代农业和社会主义新农村建设提供科技支撑。

在《方案》中，提出以"科学布局，优化资源，创新机制，提升能力"为总体思路，以服务现代农业和社会主义新农村建设为根本宗旨，以深化农业科研体制改革为动力，以提高科技持续创新能力和效率为核心，以整合资源和创新机制为手段，以食物安全、生态安全和农民增收为重大任务，从知识创新、技术创新、成果推广和产品创制四个方面进行系统设计，逐步建成由国家农业技术创新基地、区域性农业科研中心、试验站和企业农业科技研发中心为主组成的开放式的国家农业科技创新体系，为农业科技整体实力率先进入世界前列和建设创新型国家奠定基础。

2024 年中央一号文件进一步指出，"强化农业科技支撑。优化农业科技创新战略布局，支持重大创新平台建设。加快推进种业振兴行动，完善联合研发和应用协作机制，加大种源关键核心技术攻关，加快选育推广生产急需的自主优良品种。开展重大品种研发推广应用一体化试点。推动生物育种产业化扩面提速。大力实施农机装备补短板行动，完善农机购置与应用补贴政策，开辟急需适用农机鉴定'绿色通道'。加强基层农技推广体系条件建设，强化公益性服务功能"。

通过发挥农业科技在现代农业建设中的支撑与引领作用，以创新建设机制、完善运行和管理机制、建立新型评价机制和建立成果快速转化机制为机制保障，实现国家食物安全、生物安全、生态环境安全的保障，以及农业增效，加速农业信息化、标准化和机械化，促进农民增收。

2. 建设国家农业科技创新与集成示范基地

为了进一步充分发挥科技资源聚集优势，推进农业科技体制和机制创新，并为培育新型职业农民和推动美丽乡村发展提供重要支撑，2017 年农业部办公厅对国家农业科技创新与集成示范基地的建设工作提出部署[1]，积极推动农业科技创新、促进农业科技成果快速转化应用，切实保障国家粮食安全。

创新基地以形成科学研究试验田、技术示范样板田、职业农民观摩田、生态农业模式田和农业决策参考田为建设目标，通过建立健全创新基地运行的五大机制：建立以产业需求为导向、政府择优委托的科研选题机制；建立以首席专家为创新基地主要负责人的业务指导机制；建立以"政府 + 基地 + 专家（农技员）+ 企业（新型经营主体）+ 农民"模式为主的农技推广服务机制；建立以支撑产业发展、促进农民增收为主要评价指标的绩效管理机制；建立以政府引导性支持和社会多元化投入相结合的自我发展机制，更好地落实创新基地各项重点建设任务。

3. 推进国家农业科技创新联盟建设

随着我国农业科技创新体系建设的不断完善和农业发展实际需要的不断变化，为深化农业科技体制改革与机制创新、深度推进产学研一体化，进一步科学配置农业科技创新资源，培育农业农村发展新动能和支撑引领乡村振兴的重要平台和载体，2014 年 12 月 22 日农业农村部主导成立了国家农业科技创新联盟。2016 年 12 月 20 日，国家农业科技创新联盟工作会议在北京召开。时任农业部部长韩长赋出席会议并强调，坚持不懈加快推进国家农业科技创新联盟建设。自国家农业科技创新联盟成立以来，国家和地方政府积极引导农业技术转移向需求导向转变，国家农业科技创新联盟紧紧围绕乡村振兴战略、农业绿色发展、农业高质量发展、农业供给侧结构性改革和创新驱动发展等重大战略，让市场在我国农业技术转移中发挥决定性作用，以机制创新带动协同攻关，一定程度上激发了农业科技创新主体的技术转移活力，促进了科技创新。

2020 年农业农村部办公厅对国家农业科技创新联盟的建设提出指导意见[2]，

1　http://www.moa.gov.cn/nybgb/2014/djiuq/201712/t20171219_6111413.htm

2　http://www.gov.cn/zhengce/zhengceku/2020-07/01/content_5523110.htm

国家农业科技创新联盟建设迈上新台阶。意见指出，国家农业科技创新联盟的建设，以产业问题和市场需求为导向，围绕产业链布局联盟创新链，以联盟实体化、一体化等方式集聚科研院校、企业等各类创新主体力量，形成全产业链、全要素、全过程集成创新和转化应用的格局。

在主体方面，充分发挥企业、科研院所、农业经营主体的协同发展优势，通过多方齐力参与，优势互补。如发挥企业在联盟主攻目标、组织实施、研发投入、成果转化等各环节的主导作用；依托科研院所源头科技创新、基础条件平台和人才智力支撑，并积极鼓励新型农业经营主体参与成果推广应用，形成各方面支持、多学科协同、全链条联合的产业科技协同创新机制。

作为立国之本，农业科技创新领域的独立自主与自力更生尤为重要。因此，在国家农业科技创新联盟建设的过程中，重视加强引导激励，促进内生发展。通过研发突破质量兴农、效益兴农的重大关键技术，实现产业质量效益的提升；通过创建不同区域农业绿色发展技术体系，形成一批可复制可推广的应用模式并进行定点示范与推广应用，实现区域农业农村可持续发展；通过打造共建共享平台，提升农业种质、信息、大数据等科技资源全国"一盘棋"的共建共享效率，充分发挥联盟学科交叉、成果集成、人才集中的优势，提供"一体化"综合技术解决方案。

三、中国的成功实践

（一）培育农业科技创新人才

中华人民共和国成立初期，百业待兴，如何解决数亿人的吃饭问题，是当时农业发展急需解决的问题，这离不开一大批农业科学家的贡献。初期，俞大绂、汤佩松、戴芳澜等一大批农业学人，他们或从全国各地汇聚北京，或从海外跋涉归来，建立了中国第一所全国性的农业高等学府——北京农业大学，植物病理学、小麦育种学、土壤学、农业化学等现代农业学科由此奠基。为了保障我国粮食安全，让全国人民吃饱饭、吃好饭，"杂交水稻之父"袁隆平致力于杂交水稻技术研究、应用和推广，发明"三系法"籼型杂交水稻，研究出"两系法"杂交水稻，创建了超级杂交稻技术体系，实现了杂交稻比常规稻增产 20% 左右，每年增产的粮食可多养活 7000 万人的技术突破，在中华人民共和国成立 70 周年之际，袁隆平被授予"共和国勋章"。除了袁隆平之外，创造了北纬 43°–53° 水稻种植"双千"奇迹的徐一戎，将昔日北大荒变成了"北大仓"；杂交水稻育种专家、中国科学院院士谢华安培育的再生稻，头茬高产甚至可以达到每亩 1600 斤，再生可以达到四五百斤，实现了再生稻在中国农业生产上的突破；河南农业大学教授郭天财为"让大家每天都能吃上白面馍"付出了 40 年的心血，创造了河南小麦高产栽培技术体系，首创小麦/夏玉米万亩连片亩产超吨半粮（亩产 3049 斤）……这些农业科学家通过农业科技创新，实实在在地"藏粮于技"，大大提高了人民的生活水平，对社会的稳定起到至关重要的作用，为确保我国粮食安全和世界粮食供给做出卓越贡献。根据国家统计局公布的全国粮食生产数据，2022 年我国粮食总产量达到 1.37 万亿斤，创下历史新高，连续 8 年保持在 1.3 万亿斤以上[1]。

除了群星闪耀的一位又一位农业科学家，我国也非常重视农业科研人才的培养。50 位首席科学家、1370 位岗位科学家、1252 位综合试验站站长，这是国家现代农业产业技术体系自 2007 年启动后，发展 8 年的专家阵容。这一专家阵容的设置按照全国一盘棋的思路，50 个体系瞄准 50 类主要农产品，每类主要农产品都根据产业链环节划分为遗传育种、病虫害防控、栽培、机械化与设施设备、产后处理与加工、产业经济 6 个领域，建立了从产地到餐桌、从生产到消费、从研发到市场的现代农业产业技术体系[2]。首席科学家岗位、科学家岗位和综合试验站站长的岗位伴随我国现代农业产业的发展需要不断进行增补。如为进一步促进土壤污染治理、农业智能化发展，农业农村部办公厅于 2019 年公示了参与相关体系工作的新增遴选 55 位岗位科学家。2021 年，为加强"十四五"现代农业产业技术体系建设，打造国家农业产业科技战略力量，支撑农业农村高质量发展，农业农村部科技教育司增补了 11 位首席科学家候选人和 215 位岗位科学家候选人。农业农村部一方面依托农业科技创新工程、科

1　2022 年全国粮食产量稳中有增 连续 8 年稳定在 1.3 万亿斤以上 [N]. 人民日报，2022-12-14（01）.

2　李丽颖. 现代农业的强力引擎——党的十八大以来农业科技创新发展综述 [N]. 农民日报，2017-09-15.

技专项、基本科研业务费等，加大农业科技创新领军人才、青年骨干人才和创新团队建设。组织实施农业科研杰出人才培养计划，先后于 2011 年、2012 年、2015 年评选产生了 300 名农业科研杰出人才，累计投入财政资金 3 亿元。经过 10 年培养，截至 2020 年，在全国建立起一支 6000 多人的学科专业布局合理、整体素质较高、自主创新能力较强的高层次农业科研人才队伍。另一方面，注重农业科技人才的引进来和走出去，加强国际农业科研人才队伍建设。"十三五"时期，农业农村部遴选派出 120 位农业科研杰出人才赴国外研修；全国农科院系统累计派出科技人员 800 人次，赴国外开展为期半年以上的深造。截至 2020 年 9 月，全国农科院系统中有 220 多人在国际学术组织担任高级职务。依托外专局引智专项，引进 370 多位外国专家来华工作。全国农科院系统单位累计引进外国科学家超过 600 人次。其中有 7 名外国专家获得"中国政府友谊奖"[1]。

（二）发挥企业在农业科技创新中的作用

企业是技术创新的重要主体，农业企业是农业生产经营活动的重要力量。为提升企业自主创新能力、解决农业科技与经济脱节问题的迫切任务、引导企业积极开展农业科技创新、大力提升企业自主创新能力和在国际市场上的竞争能力，2013 年农业部对促进企业开展农业科技创新进行部署[2]，通过提升企业在农业科技创新中的地位、引导和支持企业主持或参与承担农业科技项目、支持企业建立高水平研发机构、建立农业科技资源开放共享机制、提升对企业知识产权的保护和管理水平、促进农业科技人才资源的合理配置、鼓励和引导企业开展农业技术服务等多种政策途径，充分利用社会力量和财政金融政策支持企业开展农业科技创新。

种业被视为农业的"芯片"。2011 年国务院印发的《关于加快推进现代农作物种业发展的意见》指出，我国是农业生产大国和用种大国，农作物种业是国家战略性、基础性核心产业，是促进农业长期稳定发展、保障国家粮食安全的根本。在种业发展中，要坚持企业主体地位，充分发挥企业在商业化育种、成果转化与应用等方面的主导作用。内蒙古蒙草生态环境（集团）股份有限公

1　http://www.moa.gov.cn/govpublic/KJJYS/202009/t20200929_6353606.htm

2　http://www.moa.gov.cn/nybgb/2013/derq/201712/t20171219_6111682.htm

司（以下简称为"蒙草"）便是企业发挥在农业科技创新中主体作用的杰出代表。蒙草作为中国草原生态修复的引领者、国内唯一以驯化本土植物用于生态修复的上市企业，依托"种质资源＋大数据平台"，完成了阿拉善荒漠化治理、乌拉盖草原沙化草地修复、科尔沁沙地治理等荒漠化治理项目。蒙草利用大数据平台收集了荒漠地区土样、水样、植物种子和植物样本等涉及气候、水资源、土壤及地理构造的生态本底数据，通过将生态大数据结合卫星遥感影像数据进行判读，实现对地区的土壤类型、退化情况和利用现状的系统分析，进而能够精准选择耐旱、抗风沙、抗逆性较强的荒漠植物进行引种驯化，并针对该地区的濒危植物，通过人工组培的方式，实现植物种苗快速扩繁以及荒漠化防治、沙化草原修复和沙地治理。在"大数据"的指导下，截至2021年8月，蒙草累计完成山体、草原、盐碱地、制种基地生态修复总面积近3000万亩。除了建立生态修复大数据平台，蒙草还在种质方面进行农业科技创新，通过向国家种质资源库、中国科学院种质资源库学习种质资源管理，向中国科学院和内蒙古农业大学学习样本保存与标本制作，建立了属于自己的种质资源库——"小草诺亚方舟"，根据功能与储存种子类型分为不同温度的短期、中期、长期库，将种子活性有效延长至50—100年。在大数据及种质资源库的助力下，蒙草建立了200余项生态修复技术标准，包含绿地节水、城镇周边荒废土地植被恢复、露天煤矿排土场植被恢复、退化草地修复、草原生态牧场管理、沙化草地治理等国家、行业、地方、企业技术标准。蒙草探索出的农业科技创新的市场化、产业化和精准化之路更是走向了国际[1]，现已在新加坡、蒙古、俄罗斯、阿联酋等国家和地区建立起生态修复科研及草种业合作关系。

国有企业是农业科技创新的重要主体之一。中粮集团作为我国最大的粮油食品企业，在农业产业化过程中通过增强自主研发能力、加快科技成果应用和推广、完善农业技术服务等，将先进的农业技术引入农业生产，推进了农业科技与农业经济的融合。中粮集团携手中国农业科学院打造了中国首个世界级都市农场——中粮智慧农场。中粮智慧农场坚持农业科技高精尖和农业休闲高品位的理念，打造引领示范、创新研发、推广转化功能于一体的现代都市农业示

---

1 高俊刚.蒙草"种质资源＋大数据"体系精准治理荒漠化[J].内蒙古林业，2019（8）：14-16.

范中心，是中粮集团通过农业科技创新为我国农业现代化建设贡献力量的一个缩影。作为北京农业生态谷的一部分，中粮智慧农场的固定资产投资约 3.8 亿元，占据农业生态谷的核心区位。中粮智慧农场汇集了国内外最先进的 27 项农业种植科技，集智能化、自动化、工厂化于一体，被认为是中国首个世界级城市农场。为了减少农作物对能源的消耗，该农场的蔬菜种植无须土壤，不仅能够平面种植，也可以立体垂直的种植，从而节约土地资源 80%。农场的垂直农业种植系统、漂浮栽培系统、自动苗床细叶菜种植系统、温室精准控制系统和人工补光系统都达到了国际领先水平，成为农业创业、惠农利农、销售推广和交流研发的重要农业科技创新平台。

同样，新希望集团作为中国最大的民营农牧企业，通过农业科技创新已形成农牧食品、乳品快销、智慧城乡、地产文旅、化工资源、生态环保、医疗健康、金融投资八大产业板块，拥有世界第二、中国第一的饲料产能，中国第一的禽肉加工处理能力。在不断发展的过程中，新希望集团努力突破农业关键技术，实现了从传统生产型企业向科技创新型企业的升级。在育种方面，新希望集团与中国农业科学院历时 5 年，历经 6 个代际，成功培育"中新北京鸭"，打破了国外肉鸭品种垄断的现状，实现了自主知识产权的建立。在养殖方面，2019 年新希望集团在乡村振兴报告中对其智慧养殖 3S 超级猪场方案进行了介绍，包括 Safe（安全可追溯）、Smart（智能化）和 Superjumbo（超级聚落化），探索了"现代养殖＋循环经济＋生态环保"的三结合模式，通过农业科技创新实现了智慧养殖、智慧管理和智慧生态，并打通了从数字化智慧养猪到云端面向中小养殖户输出领先养殖技术，再到生猪线上交易平台的"猪生态大平台"产业链。2021 年，新希望集团在北京平谷建设的"5S 智能猪场"中，新增Science（科学）与 Save（节能）养殖理念，围绕"科学、安全、智能、节能、聚落化"的 5S 理念，不断体现智慧农业发展的方向和实践。在饲料方面，新希望集团在饲料减抗、无抗技术、氮磷低排放技术、生物发酵技术等方面进行攻关，通过研发绿色饲料，从源头促农业高效环保发展。除了自主创新，新希望集团还兼收并蓄、吸收引进，进行全球化产学研，组建了美国波士顿研究院和饲养研究院、养猪研究院、养禽研究院、食品研究院、智慧城乡研究院五大产业技术研究院。在基础研究之外，它积极与澳大利亚、北美洲等领先企业和科研院所合作。例如，2015 年 5 月 6 日，新希望乳业与新西兰皇家农科院在新西兰汉密尔顿花园签署战略合作协议，双方在乳业健康与营养方面初步达成中国消费者蛋白过敏体质研究、加热处理对乳制品营养价值的影响研究、无添加及功能性乳品的研发等 4 个方向的合作。截至 2023 年年底，新希望集团承担了百余项国家和省市级重点研发项目，获得 7 项国家科技进步二等奖和 21 项省部级科技奖项，目前拥有农牧行业最强大的数据库和世界一流的检测网络，并通过 SHE（安全环保体系）实现了全产业链安全的全程监控，已成为农业科技创新的领军企业。

四、未来发展展望

（一）从农业大国到农业强国

习近平总书记指出，"要围绕推进新型工业化和加快建设制造强国、质量强国、网络强国、数字中国和农业强国等战略任务，科学布局科技创新、产业创新"。[1]科技创新是推进农业农村现代化的根本动力。我国要建设农业强国、提升国际竞争力均离不开科技创新的有力驱动，加强农业科技创新、深化农业与科技融合具有重要的现实意义。

实现农业与科技融合，需要从要素资源配置、主体活力激发、产业链完善等多个方面共同融合，并非农业与科技的简单结合，而是科技作为核心投入要素融入农业生产的过程，通过科技创新，实现农业的内生增长，增强农业的竞争力。通过推进多主体协同攻关，农业企业、科研机构之间探索形成以利益联结为纽带的协同攻关模式，实现农业与科技深度合作、利润合理共享。将科技创新服务于农业生产全链条，以关键核心技术为突破口和主攻方向，以科技与种业融合、科技与农业生产融合、科技与产业服务融合、科技与生态融合为路径，通过农业与科技融合，不断提升农业全产业链水平。

党的十九大报告明确提出"确保国家粮食安全，把中国人的饭碗牢牢端在自己手中"。党的二十大报告进一步强调，"全方位夯实粮食安全根基"，"牢牢

1　加快发展新质生产力　扎实推进高质量发展 [N]. 人民日报，2024-02-02（01）.

守住十八亿亩耕地红线……，确保中国人的饭碗牢牢端在自己手中"。客观上就要求中国国内农产品供给能力与供给效率的提升。从国内来看，中国幅员辽阔，各地区农业发展模式、现代化路径差异较大，要深度参与全球农业价值链的重塑，必须更加深入地掌握中国内部农业竞争力的空间分布规律，强化对整体及各区域农业竞争力时空演变规律的认知，剖析其形成的机制以及制约各地区农业竞争力提升的关键因素，为全面提升中国农业竞争力提供理论支撑。

目前，中国仍处于传统农业向现代农业转换的过渡阶段，要实现农业的现代化和高质量发展，必须适应时代发展的要求，用人工智能等前沿科技去改造中国农业，实现农业的转型升级。为此，需要加快农业人工智能技术的研发和攻关，大力推进人工智能在农业中的应用，发展智慧农业、精细农业，不断提高农业的自动化和智能化水平，为中国农业的转型升级和提质增效注入强劲动力。

（二）未来农业

从传统农业向现代农业的转变过程，就是将工业要素投入农业来替代传统要素的过程。主要表现为以机械作业替代畜力和手工作业；以有机肥投入要素替代化肥等工业投入要素；依靠科学知识和实验的农业替代依靠经验的农业；以专业化的商品性农业替代产品自产自销为主的自给性农业。在德国拜耳公司《农业与食品的未来》报告中指出，农业需要创新，因为明天的挑战不能用过去的方法来解决。为了提高农业的效率和可持续性，数字解决方案、作物保护和现代育种方法以及对小农户的有针对性支持，都将在这个过程中发挥重要作用。根据杂志 Nature 刊发的文章《未来农业》，一场由机器人技术和传感技术的进步所引领的农业技术革命将颠覆现代农业实践。

人工智能作为新一轮产业革命的引擎，对各个产业都具有较强的渗透性和融合力。利用人工智能改造传统农业，不仅是解决农业劳动力不足的重要选择，也是提升农产品质量与效益的有效途径，更是时代发展的必然要求。人工智能作为一种全新的要素，具有通用型技术的基础设施外溢性特征，不仅能融合于资本、劳动要素中加强其功能与效用，还能重塑生产，极大地升级农业技术，增强农业与第二、第三产业的融合，提高农产品质量，从而推动农业产业升级。

发达国家的农业模式主要有 3 种：一是以美国、加拿大、澳大利亚等国为代表的农业机械化模式，首要目的是提高劳动生产率。二是以日本、荷兰、以色列等国为代表的生物技术化模式，首要目的是提高土地产出率。三是以法国、德国等国为代表的农业机械化和生物技术化兼顾模式。无论采取哪种农业模式，各国都进入了以机械化、良种化、化学化、电气化、信息化等为主要内容的全面农业现代化。

未来5年，发展精确农业，需要将信息化与数据化应用到农业生产全过程。精确农业是一种现代化的农业生产方式，它将现代信息技术与农学、地理学、生态学、土壤学、植物生理学等基础学科有机地结合起来。将农田划分为一个个小区（每平方米或每百平方米为一个小区）或地块，在农作物从种植、田间管理，直至最终收获的全过程中，运用3S技术实时地获取每个小区的土壤、作物生长及疫病信息，诊断作物空间上差异的原因，并对不同地块制定有针对性的农作措施，定位、定量、定时地在每一个小区上进行精准的灌溉、施肥、喷药，以求达到最大限度地提高水肥和药的利用效率。

未来15年，发展循环农业、低碳农业成为必然趋势。循环农业是一种环境友好型的农作方式，也是能够带来较好社会效益、经济效益和生态效益的农业模式。国外已经发展出了多种循环农业模式，如物质再利用模式、减少资源投入模式、废弃物资源化模式等。发展循环农业能够促进农作物系统中各种农业资源的高效流动与利用，如秸秆还田、用有机肥替代化肥、利用生物相克防治病虫害、农牧结合、废弃物综合利用等，实现节能减排与农民增收的目标。低碳农业是一种尽量减少各种资源的投入、减少碳排放的农业模式，是可持续发展的农业。发展低碳农业主要是通过合理且更有效率的使用化肥、节水灌溉、节能耕作等，实现节肥、节药、节水、节能的目的。

未来30年，现代农业产业的发展趋势将融合科学性与人文性，通过发展转基因技术提高育种品质、发展数字耕地等技术，以养活迅速增长的世界人口，同时确保尽可能好地保护稀少的自然资源，并面对干旱和洪水等日益极端的气象灾害、可耕地有限以及饮食习惯的改变等多重复杂、不确定因素。

创新驱动与中国反贫困

通过创新实现反贫困，是全面贯彻党的十九届五中全会精神提出的"坚持创新在我国现代化建设全局中的核心地位"、实现联合国可持续发展目标、推动全球包容性增长的内在要求，是实现我国乡村振兴的重要基础和核心内容之一，也是践行习近平新时代中国特色社会主义思想、决胜全面建成小康社会和全面建设社会主义现代化强国的必然要求。

一、创新驱动中国反贫困伟大事业

摆脱贫困是实现共同富裕和全面建成小康社会的必然要求[1]，也是实现人的全面发展的首要前提。尽管 2020 年全球遭遇新型冠状病毒感染疫情冲击，但是我国依然如期完成了新时代脱贫攻坚的目标任务，提前 10 年完成了联合国《2030 年可持续发展议程》的减贫目标，充分彰显改革开放 40 余年来尤其是党的十八大以来中国在反贫困事业上取得的举世瞩目的成效。正如 2021 年 2 月 25 日习近平总书记在全国脱贫攻坚总结表彰大会上庄严宣告"我国脱贫攻坚战取得了全面胜利"，并首次提出"中国特色反贫困理论"，揭示了中国脱贫攻坚战的制胜法宝，即"我们立足我国国情，把握减贫规律，出台一系列超常规政策举措，构建了一整套行之有效的政策体系、工作体系、制度体系，走出了一条中国特色减贫道路，形成了中国特色反贫困理论"[2]。正如党的二十大报告指出的，"我们经过接续奋斗，实现了小康这个中华民族的千年梦想"，"打赢了人类历史上规模最大的脱贫攻坚战"，"历史性地解决了绝对贫困问题，为全球减贫事业作出了重大贡献"。

1　习近平. 摆脱贫困 [M]. 福州：福建人民出版社，1992.
2　习近平. 在全国脱贫攻坚总结表彰大会上的讲话 [N]. 人民日报，2021-02-26.

二、国内外反贫困创新实践与理论探索

根据世界银行的报告：在国际政府间组织和非政府间组织的共同努力下，全球反贫困事业取得了长足进展，全球极端贫困人口下降到 2015 年的 7 亿人，占全球人口的比例首次低于 10%；其中，中国对全球反贫困的贡献率超过 70%（UNCTAD，2016）。根据国家统计局的数据：我国农村贫困人口由改革开放初期的 7.7 亿持续且快速下降到 2017 年年底的接近 3000 万人；"十二五"期间（2012—2017）累计减贫 6853 万人，消除绝对贫困人口 2/3 以上，年均减贫超过 1300 万人，贫困发生率从 2012 年的 10.2% 下降到 2017 年的 3.1%。更令世人瞩目的是，从 2012 年党的十八大到 2020 年的 8 年时间里，我国脱贫攻坚战取得了全面胜利。习近平总书记在全国脱贫攻坚总结表彰大会上的讲话中指出："现行标准下 9899 万农村贫困人口全部脱贫，832 个贫困县全部摘帽，12.8 万个贫困村全部出列，区域性整体贫困得到解决，完成了消除绝对贫困的艰巨任务，创造了又一个彪炳史册的人间奇迹！"

然而，全球经济增速放缓、贸易保护主义抬头、区域性冲突加剧、气候变暖、全球新型冠状病毒感染疫情暴发给人民生命健康与财产带来威胁，使得全球范围内反贫困面临前所未有的挑战，联合国将"终结贫困"（No Poverty）确立为 2030 年可持续发展议程的首要目标。

中国特色社会主义进入新时代，城乡发展不平衡是我国社会主要矛盾的突出体现之一，而城乡发展不平衡的一个代表性现象就是农村贫困发生率高、脱贫致富的资源不平衡、机会不均等。针对新时代主要矛盾的变化和扶贫攻坚的新任务，党的十九大明确提出"实施乡村振兴战略"，2018 年中央一号文件进一步强调"乡村振兴，摆脱贫困是前提"。随着我国经济发展进入新常态，深度贫困地区生存环境恶劣、致贫原因复杂、基础设施和公共服务缺口大，已经实现整体脱贫的地区和群众的返贫风险大、社群资源禀赋和发展瓶颈凸显。

在这一背景下，需要从中国国家治理的逻辑和改革开放以来积累的中国反贫困经验出发，加快推进反贫困的理论创新和政策与治理模式创新，才能充分提炼和总结中国特色精准扶贫政策、梳理中国 2020 年现行贫困标准下贫困人

口全部脱贫重大目标实现的减贫经验，并有效应对 2020 年后反贫困工作面临的乡村创新能力不足、转型性次生贫困以及相对贫困等挑战。通过创新推动反贫困，是实施国家创新驱动发展战略的内在要求，也是贯彻落实习近平总书记扶贫开发战略思想、推动乡村振兴和包容性增长的重要途径，对我国决胜全面建成小康社会，实现贫困人口和贫困地区的全面、绿色、可持续发展具有重大价值。

陈劲、尹西明等[1, 2]针对现有反贫困理论的发展与不足，顺应创新研究的趋势，在反贫困理论中引入创新研究，正式提出"反贫困创新"（anti-poverty innovation）这一理论。理论方面，这不但对促进创新经济学与反贫困研究的对话具有重要理论意义，而且能够有效回应创新研究面临的新挑战，同时促进发展经济学和创新经济学的发展。实践方面，此举将促进创新发展驱动战略的贯彻落实，并通过科技创新和科技成果转移转化赋能贫困人口和金字塔底层人群的生产与发展，实现可持续的反贫困。

反贫困创新是深入贯彻创新驱动发展战略，推动科技、教育、金融和社会治理创新相结合的重要举措，也是加快建设乡村创新系统、推进精准扶贫和乡村振兴战略，解决新时代我国经济社会发展主要矛盾的关键所在，更是促进国际合作、建设负责任大国和推动全球可持续发展的重要途径。

具体而言，反贫困创新是以反贫困为核心目标而开展的一系列创新活动和制度安排，既包括科技、教育、金融等要素创新，也包括制度创新、社会创业和跨边界协同等过程创新。反贫困创新是多元主体围绕反贫困这一核心目标，利用各类创新要素和创新模式协同参与反贫困的复杂和动态过程。反贫困创新以发展经济学、组织社会学和创新经济学相关理论为基础，兼具发展经济学的简化分析思想和创新经济学的动态演变思想，同时吸收了组织社会学中的制度设计思想，主张从系统论和整合思维的视角来看待、发展和应用反贫困创新。

中国反贫困的伟大事业，尤其是党的十八大以来的脱贫攻坚实践探索，是

1　陈劲，尹西明，赵闯，等.反贫困创新：源起、概念与框架[J].吉林大学社会科学学报，2018（5）：33-44.

2　陈劲，尹西明，赵闯.反贫困创新的理论基础、路径模型与中国经验[J].天津社会科学，2018（4）：106-113.

党带领全体人民持续创新、持续开展反贫困创新实践和取得突破性成就的过程。脱贫攻坚伟大斗争，锻造形成了"上下同心、尽锐出战、精准务实、开拓创新、攻坚克难、不负人民"的脱贫攻坚精神。党的十八大以来，党中央鲜明提出，"全面建成小康社会最艰巨最繁重的任务在农村特别是在贫困地区，没有农村的小康特别是没有贫困地区的小康，就没有全面建成小康社会"；"贫穷不是社会主义，如果贫困地区长期贫困，面貌长期得不到改变，群众生活水平长期得不到明显提高，那就没有体现我国社会主义制度的优越性，那也不是社会主义，必须时不我待抓好脱贫攻坚工作"。2012年年底，党的十八大召开后不久，党中央就突出强调，"小康不小康，关键看老乡，关键在贫困的老乡能不能脱贫"，承诺"决不能落下一个贫困地区、一个贫困群众"，拉开了新时代脱贫攻坚的序幕。2013年，党中央提出精准扶贫理念，创新扶贫工作机制。2015年，党中央召开扶贫开发工作会议，提出实现脱贫攻坚目标的总体要求，实行扶持对象、项目安排、资金使用、措施到户、因村派人、脱贫成效"六个精准"，实行发展生产脱贫、易地搬迁脱贫、生态补偿脱贫、发展教育脱贫、社会保障兜底"五个一批"，发出打赢脱贫攻坚战的总攻令。2017年，党的十九大把精准脱贫作为三大攻坚战之一进行全面部署，锚定全面建成小康社会目标，聚力攻克深度贫困堡垒，决战决胜脱贫攻坚。2020年，为有力应对新型冠状病毒感染疫情和特大洪涝灾情带来的影响，党中央要求全党全国以更大的决心、更强的力度，做好"加试题"、打好收官战，信心百倍向着脱贫攻坚的最后胜利进军[1]。从2012年到2020年的8年间，党中央把脱贫攻坚摆在治国理政的突出位置，党和人民披荆斩棘、栉风沐雨，不断攻克贫中之贫、坚中之坚，脱贫攻坚取得了历史性成就。

三、中国的成功实践——反贫困创新的实现路径

反贫困创新是一个包含多个要素和复杂机制、多维绩效的动态过程。本节从中国反贫困的探索与经验出发，结合现有反贫困的理论研究趋势，提供一个

---

1 习近平.在全国脱贫攻坚总结表彰大会上的讲话 [N].人民日报，2021-02-26.

反贫困创新的系统框架，简要阐述反贫困创新从"要素"到"过程"再到"绩效"的动态过程（如图4-1）。有别于传统的反贫困理论与政策，反贫困创新关注的重点不是科技、教育、金融等要素的简单投入，而是将这些投入要素与制度创新、社会创业以及跨边界协同的过程要素相结合，促进技术资本、人力资本、金融资本在金字塔底层群体中自由流动的有机过程，从传统的"大水漫灌"和"输血式"扶贫，向精准有效的"造血式"和"赋能式"发展转型，加速贫困人口能力增长和社群生态提升。

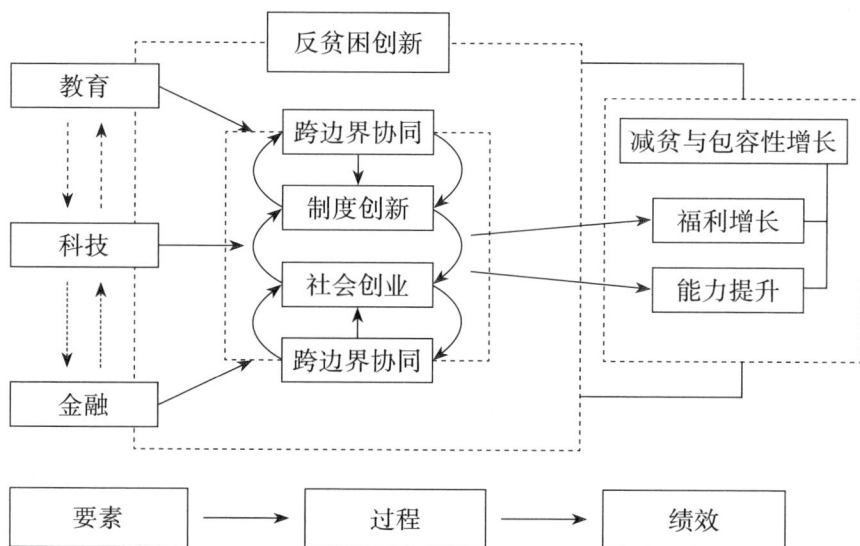

图4-1　反贫困创新的动态过程

（一）科技驱动：技术创新与知识扩散驱动"造血式"扶贫

科技创新是发展的第一驱动力，不仅指科技创新在获取新技术、取得新突破方面的价值，也包含科技创新成果的转化应用以及知识扩散对区域和国家经济发展、贫困人口能力提升的重要作用，尤其是共性科技的扩散对发展中国家的重要价值。已有研究表明，技术创新及其知识扩散对充分利用创新的正外部性[1]，通过"涓滴效应""科技下乡"等扩散模式惠及低收入人群和发展中国

1　ANDERGASSEN R, NARDINI F, RICOTTILLI M.Innovation diffusion, general purpose technologies and economic growth[J].Structural Change and Economic Dynamics, 2017, 40: 72-80.

家具有重要的反贫困价值。将互联网为代表的信息通信技术作为共性技术，不但有效促进了中国电子商务、快递物流等行业的创新发展，而且有效突破了地理区域对技术扩散的限制，在促进农村电子商务、建设乡村创新生态系统、加快科技成果转化以及普及农业科技创新成果方面的效果日益显著[1]。但需要注意的是，以企业为主体的技术创新的逐利性以及技术转移的市场化机制可能存在向富人群体和市场机制完善的发达地区扩散的趋势，对反贫困可能存在挤出效应，这就需要以政府和政府间组织为代表的公共部门参与者发挥创新政策的激励作用，弥补市场失灵带来的马太效应和创新资源分布不均、创新成果无法惠及贫困人口等问题。技术创新成果向贫困地区的转移和消化需要借助可获取的金融资本以及人力资本的提升才能有效完成，这一过程必须依靠教育、金融等要素创新以及管理模式变革和跨边界协同。未来也需要进一步引入和应用包括区块链、人工智能、农业机器人、智慧物流等新技术和新商业模式，加快农业科技创新和创新成果扩散应用的步伐，提高科技创新贫困地区发展的贡献率。

例如，以袁隆平为代表的中国农业育种专家对杂交水稻的培育方法长期探索，实现了从"三系法"到"两系法"再到"超级稻"的突破，这一被誉为"中国第五大发明"的杂交水稻研究，不但为中国的粮食安全和农民增收、反贫困做出了重大贡献，同时也通过技术转让、许可和国际推广，为解决世界范围内的粮食短缺做出了重大贡献。此外，以青蒿素为代表的中国医药科技的重大突破，对防治疟疾等传染性疾病、维护世界人民健康和反贫困做出了巨大贡献。

（二）教育革新：提升人力资本，促进权利扶贫

教育是促进知识传播、提升人力资本、解决能力与主观贫困和促进贫困地区自我发展的最有效途径之一[2]，教育扶贫在精准扶贫中也具有基础性、先导性和持续性作用。教育资源在城乡之间、发达地区与欠发达地区的不均衡分布是提高贫困人口受教育程度的重要挑战。这一方面要求公共部门加大对农村地区

1　王介勇，陈玉福，严茂超.我国精准扶贫政策及其创新路径研究 [J].中国科学院院刊，2016（3）：289-295.

2　左停，杨雨鑫.重塑贫困认知：主观贫困研究框架及其对当前中国反贫困的启示 [J].贵州社会科学，2013（9）：43-49.

教育资源和财政的投入，另一方面也对科技和知识的传播、帮扶模式提出了更高的要求。信息通信技术基础设施的建设和移动互联网的普及，催生了慕课（MOOC）等大规模在线开放课程和开源的教育培训社区——它们对于提高教育资源的跨区域流动性、降低教育资源的接触门槛以及边际成本具有划时代的意义。同时，推动教育政策改革和大学教育改革，促进农村贫困地区和贫困家庭通过教育获得阶层流动和人力资本提升的更多机会与权利，通过教育模式创新和社区创业的方式促进高等学校和发达地区硬件和软件资源向贫困地区的师生群体共享，也是促进基础教育和职业教育发展的重要途径。

以清华大学推出的全球第一个中文慕课平台——"学堂在线"为例。"学堂在线"于 2013 年上线正式运营，贯彻"以创新推进在线教育，以在线推进教育创新"的使命，与国际顶尖名校合作，引进精品课程并在线免费开放给注册用户。"学堂在线"联合清华大学、云南省共建高校慕课平台，为当地输送优质教育资源，助力西部高校课程建设与发展，同时与联合国教科文组织国际工程科技知识中心和国际工程教育中心合作推进面向非洲学习者的工程教育，推动全球范围内的教育资源共享。2018 年 3 月 7 日，"学堂在线"的注册用户超过 1000 万，课程门数超过 1300 门，选课门次突破 1800 万，覆盖了全球 209 个国家和地区的用户。"学堂在线"通过技术和模式创新助推教育改革，极大地降低了贫困地区接触优质教育资源的门槛，提高了教学和学习效率，为知识经济时代的知识资本应用和贫困人口能力提升做出了巨大贡献。

（三）普惠金融：赋能社区互助与生产发展

金融排斥效应带来的贫困地区的生产性金融资本匮乏和获得性困难是阻碍贫困人口脱贫致富的重要因素[1]。而通过金融科技和商业模式创新，解决赤贫人口的生产性资本可得性难题以及风险分担问题，是赋能贫困社群互助和生产发展的重要途径。蚂蚁金服、小微网上银行等国内普惠金融和新兴互联网服务创新，对于解决农村信贷困难、降低生产性资本获得门槛、提高农村资本流动性具有显著的促进作用。

1　吴国华.进一步完善中国农村普惠金融体系[J].经济社会体制比较，2013（4）：32-45.

但是，普惠金融和金融科技的创新对反贫困仍然存在一定条件下的异质性特征，甚至是金融排斥效应，需要进一步推进农村金融制度改革，将普惠金融和新兴互联网金融纳入国家金融体系范围，并通过金融科技的应用与金融产品创新、风险防范等机制，保障普惠金融等金融创新对反贫困的正向促进作用，完成从富人金融向普惠型金融的转型[1]。

（四）制度创新：大数据时代的社会治理优化资源配置

减贫治理是社会治理现代化的重要环节，以管理模式变革为代表的乡村治理创新是实现减贫治理的重要手段。制度、规范和文化的缺失是造成制度性贫困的主要原因，政府主导下的传统反贫困治理模式也在实际运行中面临贫困数据失真、信息黑箱、扶贫政策与扶贫需求不匹配、扶贫政策跟踪和检查滞后等难题[2]。同时，深度贫困地区生存环境恶劣，致贫原因复杂，基础设施和公共服务缺口大，是"脱贫攻坚的坚中之坚"[3]。借助大数据和移动互联网等新兴技术推动管理制度和社会治理模式的变革，能够有效提升贫困识别和动态治理，缓解制度性贫困，促进科技、教育和金融资源从城市和发达国家或地区向贫困地区和贫困人口流动，优化跨区域的贫困资源配置效率与效力。此外，通过 PPP 模式和社会治理的创新可以激励私人部门和国际组织参与反贫困的积极性；科技大院、完善农业科技创新管理服务体系等方式也对反贫困起到作用。

以精准扶贫的贫困人口识别和动态治理为例。作为精准扶贫的基础性工作，扶贫信息的精准至关重要。贵州省充分依托大数据、云计算创新扶贫开发手段，打造了全省"扶贫云"平台并于 2015 年 12 月上线运行，探索"互联网+"扶贫的新模式[4]。贵州"扶贫云"将精准扶贫的切入点放在精准识别上，在"扶

1　吴晓求. 互联网金融：成长的逻辑 [J]. 财贸经济，2015（2）：5-15.

2　莫光辉，张玉雪. 大数据背景下的精准扶贫模式创新路径——精准扶贫绩效提升机制系列研究之十 [J]. 理论与改革，2017（1）：119-124.

3　参见新华社 2018 年 3 月 15 日文章《关于扶贫领域的热点话题，国务院扶贫办主任都回答了！》。数据显示，截至 2017 年年底，我国深度贫困地区贫困发生率超过 18% 的县有 110 个，贫困发生率超过 20% 的村有 16000 多个。国务院扶贫办主任刘永富指出，"要精准找出深度贫困地区，因村因户因人施策"。

4　郝迎灿. 精准扶贫走上"云端"（大数据观察）[N]. 人民日报，2016-08-18（09）.

贫云"管理系统上建档立卡，实现贫困人口识别的量化、贫困程度深浅的可视化，针对不同原因、不同类型的贫困对象，对症下药，制定精准扶贫帮扶计划和帮扶措施；同时，通过"扶贫云"实现了对责任链、任务链、项目资金链的实时监督，做到过程监控和扶贫成果量化反馈相结合，有效提升了反贫困政策和行动的科学性和实效性。

（五）社会创业：社群组织与社会创业带动金字塔底层自我发展

反贫困事业离不开贫困社区和贫困人口的广泛、创造性参与，更离不开致力于服务贫困地区发展的社会创业和面向金字塔底层人群的社会创新与创业[1]。基于社群的小微企业、新型农村合作社等社会创业模式可通过解决生产性资本缺失、盘活社区资源等促进贫困人口互助发展，从而实现产业兴旺。大众创新、万众创业将带动可持续的产业发展、就业创造和收入增长。农村电商网络建设、农民工返乡创业等方式也能够加速人力资本、技术资本和产业资本的流动，实现小生产联系大市场，为创新政策在农村地区的落地与杠杆效应的发挥注入源源不断的动力。

2020 年中央一号文件提出，扩大电子商务进农村覆盖面，支持供销合作社、邮政快递企业等延伸乡村物流服务网络，加强村级电商服务站点建设，推动农产品进城、工业品下乡双向流通。根据中国电商扶贫联盟的数据，2019 年其成员单位对接帮扶及销售贫困地区农产品逾 28 亿元，覆盖 22 个省市区 478 个贫困县 842 家企业，带动农户 8 万户，其中建档立卡贫困户超 5.6 万户。作为唯一的央企电商参与发起中国电商扶贫联盟的中粮我买网，覆盖了 11 个省 24 个国家级贫困县，上线 300 余款扶贫产品，拉动了贫困地区农产品上行，带动了原产地产品集中化、产业化、标准化。河北魏县鸭梨在我买网上线两年，惠及建档立卡贫困户 650 户，扶贫产业基地达 3240 亩[2]。

1　ANSARI S, MUNIR K, GREGG T.Impact at the 'bottom of the pyramid': the role of social capital in capability development and community empowerment[J]. Journal of Management Studies, 2012, 49（4）：813-842.

2　新华网：农村电商成为扶贫攻坚乡村振兴生力军，2020-02-06.

（六）跨边界协同：全球化与互联网时代反贫困创新的必由之路

在互联网和工业 4.0 时代，贫困作为全球性问题决定了反贫困需要全球性的跨边界协同。跨边界协同包括两个维度——社群—网络协同和区域—国际协作。广泛的区域和国际合作是反贫困与一般的技术创新最大的差异，位于非洲、东亚与东南亚、拉美等一些国家和地区很难依靠自身有限的资源和技术、资金实现反贫困。贫困的广泛性和脱贫的复杂性决定了反贫困需要跨越组织边界和地理边界的广泛协同[1]，这也是利用经济全球化的合作优势来应对全球化所伴随的全球范围内贫富差距拉大这一挑战的有效途径。广大农村贫困地区处于劳动力效率低、人员分散、土地分散的状态，加上信息化、城镇化和服务业现代化程度低等原因，农村贫困地区长期存在着诸如市场信息不对称、生产流程长、生产性要素流动率低等难题。以"一带一路"倡议为代表的、秉承"开放包容、和平合作、互利共赢、互学互鉴"四大理念的双边与多边合作机制，通过区域和国际公共部门与政府间组织的协作，能够打破区域间信息与政策的不对称，促进教育、科技、金融等要素资源在向贫困国家和贫困地区流动，带动贫困国家、地区和人口的社会创新创业；同时借助"互联网 +"的模式，以线上线下相结合的社群—网络协同模式，通过在贫困地区构建基于"互联网 +"战略的创新生态系统，加速对反贫困要素资源的消化吸收与财富循环再生，是全球化与互联网时代实现包容性增长的必由之路。

四、未来发展展望

中国创新与反贫困的伟大探索，不仅仅是反贫困创新的典型实践，更是未来全球反贫困创新的典范。从中国创新与反贫困的政策实践来看，反贫困创新的思维是整合式思维，其核心是以人为本，需要自上而下的整合性政策激励和自下而上的广泛创新参与。反贫困创新既是对创新研究面临挑战的回应，也为中国未来可持续发展以及全球贫困问题的解决提供了新的路径和推进方向，对精准扶贫、乡村振兴、全面建成小康社会、推动人类和平与全球可持续发展进

1　PASHA A.Regional perspectives on the multidimensional poverty index[J]. World Development, 2017, 94: 268-285.

程，都具有重要的理论与政策实践价值。

展望未来，我国需要结合精准扶贫、乡村振兴战略的实施和国内外反贫困创新实践经验，不断提炼和完善中国特色扶贫开发理论体系，加强贫困治理和扶贫开发的顶层设计，优化反贫困政策与实践的社会经济效益，推动贫困人口和社群的全面、绿色、可持续发展。

政策的顶层设计方面，我们要树立反贫困创新的系统观，做到整体规划和统筹设计，形成动态闭环，实现对贫困人口和贫困社群发展的螺旋上升型助推，充分利用三大过程要素（制度创新、社会创业、跨边界协同）的经济效益传导机制，整合科技、教育、金融等投入要素，提升反贫困创新政策的效率与效力。

在具体执行过程中，中央和地方各级部门要将反贫困创新政策与乡村振兴战略实施相结合，积极推动农村集体产权制度改革和社会治理体系、农业经营服务体系完善，通过乡村振兴带动贫困人口和社群的同步发展。此外，要鼓励面向贫困人口和社群的社会创新创业，释放来自扶贫一线的创新与实践活力，完善社会化扶贫体系、提升社会协同发力效率、推动贫困县域稳定脱贫。要加大国家教育经费向贫困地区、基础教育、职业教育倾斜的力度，激励社会力量参与教育创新，帮助贫困地区改善办学条件，对农村贫困家庭幼儿特别是留守儿童给予特殊关爱。

最后，在双循环新发展格局下，我国要积极参与全球贫困治理体系建设，加强"三个协同"，即以精准扶贫和西部大开发为代表的国内协同，以"一带一路"为代表的区域性协同，和以中外减贫案例库及在线案例分享平台为代表的基于互联网的全球化协同。通过政府间合作带动全球范围内的全方位反贫困创新协作，中国的反贫困创新将会极大地促进全球反贫困事业，建设负责任大国，助力全球可持续发展和人类命运共同体建设。

创新驱动中国乡村振兴

中国在创新驱动反贫困方面取得了举世瞩目的伟大进展和成就，实现了现行标准下全部脱贫的阶段性战略目标，不但为全面建设现代化强国提供了坚实的基础，也为新发展阶段加快迈向乡村振兴和城乡融合可持续发展开启了新征程。2020年12月，习近平总书记在中央农村工作会议上强调，"在向第二个百年奋斗目标迈进的历史关口，巩固和拓展脱贫攻坚成果，全面推进乡村振兴，加快农业农村现代化，是需要全党高度重视的一个关系大局的重大问题"。党的二十大报告进一步提出，"全面推进乡村振兴"，"坚持农业农村优先发展"，"巩固拓展脱贫攻坚成果"。从精准扶贫到后整体脱贫时代的乡村振兴战略，再到实质上的城乡融合发展，新时代高质量发展的政策节奏日益清晰。面对我国农业发展质量效益竞争力不高、农民增收后劲不足、农村自我发展能力弱等诸多矛盾和挑战，农村的创新发展和全面振兴迫在眉睫。中国问题的出路在乡村，乡村振兴的关键在于通过提升乡村创新能力，进而逐步建立乡村创新系统，推进城乡创新系统的融合发展，实现乡村可持续发展，促进人民幸福。

一、创新驱动乡村振兴

将乡村振兴纳入国家中长期发展的总体目标，将建设和提升乡村创新能力纳入创新型国家建设和社会主义现代化强国建设的大局，在国家创新系统建设中重视乡村创新系统，以乡村创新系统建设驱动乡村振兴，围绕乡村振兴与可持续发展目标，重构和完善有助于乡村振兴的创新路径和体制机制，使乡村在推进第一、第二、第三产业融合发展的同时，兼顾乡村社会建设和生态环境保护，从根本上提升乡村内生创新发展动力，最终实现农业、农村、农民三位一体的可持续发展。这是我国实施乡村振兴战略的重要思路。

（一）系统观和创新驱动视角下的乡村振兴

1．系统观视角下的乡村振兴

实施乡村振兴战略，是党的十九大做出的重大决策部署。2018 年中共中央、国务院印发《关于实施乡村振兴战略的意见》，确立了"三步走"战略目标："到 2020 年，乡村振兴取得重要进展，制度框架和政策体系基本形成"；"到 2035 年，乡村振兴取得决定性进展，农业农村现代化基本实现"；"到 2050 年，乡村全面振兴，农业强、农村美、农民富全面实现"。坚持乡村全面振兴，是乡村振兴的基本原则之一，即要"统筹谋划农村经济建设、政治建设、文化建设、社会建设、生态文明建设和党的建设，注重协同性、关联性，整体部署，协调推进"。这表明，乡村振兴是关乎中长期发展全局的系统工程，不是单方面的突围和单一纬度的发展，而是要实现乡村全面、系统和整体上的高质量发展。

2．创新驱动视角下的乡村振兴

进入新时代，我国社会主要矛盾已转化为"人民日益增长的美好生活需要和不平衡不充分的发展之间的矛盾"。目前我国最大的发展不平衡依然是城乡发展不平衡，最大的不充分仍然是农村发展不充分。创新是引领国家和社会发展的第一动力，"三农"问题是关系国计民生的根本性问题。乡村振兴是一个系统性和整体性的动态过程，离不开创新驱动。实现创新驱动发展战略与乡村振兴战略的有机融合，是解决新时代中国社会的主要矛盾，系统推进乡村振兴和实现经济社会高质量发展的内在要求与不竭的力量源泉[1]。

2019 年 6 月，习近平总书记在《求是》杂志发表重要文章《把乡村振兴战略作为新时代"三农"工作总抓手》中强调，走城乡融合发展之路，加快建立健全城乡融合发展体制机制和政策体系[2]。2023 年 6 月，习近平总书记在《求是》杂志发表重要文章《加快建设农业强国 推进农业农村现代化》中再次强调，"全面推进乡村振兴是新时代建设农业强国的重要任务"，"'三农'工作重心已经实现历史性转移，人力投入、物力配置、财力保障都要转移到乡村振兴

1 YIN Ximing, CHEN Jin, LI Jizhen. Rural innovation system: revitalize the countryside for a sustainable development[J]. Journal of Rural Studies, 2019.

2 习近平. 把乡村振兴战略作为新时代"三农"工作总抓手[J]. 求是，2019（11）.

上来"[1]。把乡村振兴战略作为新时代"三农"工作总抓手,其内涵和要求之一便是将创新驱动发展战略与乡村振兴战略有机融合,加快农业科技创新、乡村治理模式和政策体系创新、中介与社会服务体系创新,为新时代"三农"工作提供内生动力[2]。

(二)乡村创新系统驱动乡村振兴的路径

实施乡村振兴战略的重要战略载体,是建立和完善乡村创新系统。建设乡村创新系统、提升乡村创新发展能力,是推进乡村可持续振兴和实现内生性发展的重要支撑,更是贯彻创新驱动发展战略、完善国家创新系统和提升国家创新系统整体效能的必然趋势[3]。

所谓乡村创新系统,是指围绕乡村振兴与可持续发展主题,各种与创新相关的主体要素(创新的主体和组织机构——包括农民、基层政府和自治组织、中小企业等)和非主体要素(创新所需要的物质、资源条件)、地理要素与时空要素,以及协调各要素之间关系的制度、政策和文化在创新过程中相互依存、相互作用而形成的社会经济系统。

在乡村创新系统中,创新主体由农民、政府、企业、高校、科研院所、社会创业者等多类参与者构成。各创新主体以发明者、应用者、管理者、桥接者、实践者等多重交叉性身份,全面参与乡村创新过程,促进系统内基础要素和支撑性要素的协同发展与联动流通。在这一过程中,创新的实现需要依托技术、制度、网络、文化等多创新要素的投入和联动。陈劲和尹西明提出和阐述了乡村创新系统的3个传统构成要素——农业科技创新、制度管理创新、网络中介创新。在此基础上,结合中国创新系统建设和实践探索的经验调查,构建了如图5-1所示的乡村创新系统建设推进乡村振兴的主要路径图[4]。

1 习近平. 加快建设农业强国 推进农业农村现代化 [J]. 求是,2023(6).

2 YIN Ximing, CHEN Jin, LI Jizhen. Rural innovation system: revitalize the countryside for a sustainable development[J]. Journal of Rural Studies, 2019.

3 陈劲. 技术创新的系统观与系统框架 [J]. 管理科学学报,1999,2(3):66-68.

4 陈劲,尹西明,赵闯. 乡村创新系统的兴起 [J]. 科学与管理,2018(1):1-8.

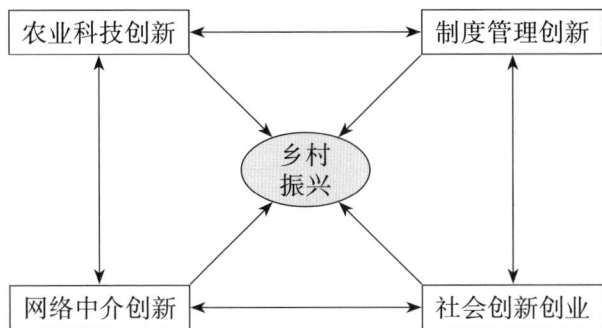

图 5-1　乡村创新系统建设推进乡村振兴的主要路径

　　概言之，乡村创新系统建设需要基于整体性和系统性的思维，在坚持"农业农村优先发展"的总要求下，全面贯彻"三农"工作总方针，协同推进农业科技创新、制度管理创新、网络中介创新以及社会创新创业，通过这 4 个路径赋能创新主体，推动乡村振兴。其中，农业科技创新是构建乡村创新系统的根本机制，通过农业科技创新，"农民"这一乡村创新系统的中心主体能够有效提高土地生产力，并实现乡村生产方式的转变，促进产业发展。但是，只有农业科技创新无法保障乡村创新系统的有效运转，还需要制度管理创新作为保障，充分发挥"政府"这一主体在乡村创新系统中的引导、管理与服务作用，使农业科技创新的技术成果能够有效投入、农业科技创新的产出成果能够促进乡村发展。在这个过程中，网络中介创新和社会创新创业为乡村创新系统的发展与联通带来了多元参与主体与多样化创新要素，能够有效促进农业科技创新，并通过多元主体参与共创而推动制度管理创新的完善。总之，唯有协同推进 4 个维度的建设，才能构建高效协同的乡村创新系统，整合提升乡村创新发展能力，最终实现"产业兴旺、生态宜居、乡风文明、治理有效、生活富裕"战略目标。

（三）城乡创新系统融合联动的重要价值

　　城市和乡村是命运共同体，二者统一于中华民族伟大复兴的全局中。城乡差异化和融合发展是可持续发展的前提，美丽乡村建设有赖于城市的发展和城市创新系统的有效支撑，而城市和城市创新系统的发展也有助于促进城镇和乡村"各美其美，和谐发展"。城市创新系统和乡村创新系统作为区域创新系统的两大子系统，其融合是实现城乡融合发展的重要途径，也是完善国家创新系统、实现国家治理体系与治理能力现代化的重要途径和必然趋势，有利于国家创新驱动发展战略的实施。

无论乡村创新系统还是城市创新系统，其创新成效不仅取决于系统内各类创新要素作用的发挥，还取决于二者的协同和融合发展程度。一方面，在乡村创新系统的建设中，农业科技创新、制度管理创新、网络中介创新和社会创新创业的整合推进，均依托内外共同赋能，即乡村创新系统的完善需要城市创新系统的治理经验、技术资源、社会网络等进行赋能与协助；另一方面，乡村创新系统的建设和完善反过来为城市创新系统提供更多的特色资源，与城市创新系统形成差异基础上的有效互补，进而以点带线、以线促面地推动包括国家创新系统的创新能力提升，助力城乡、区域协调发展（如图 5-2）。城乡创新系统通过村、镇、县、市间的政策传递、信息共享以及资源联动实现融合共创，而城乡创新系统的融合进而提升要素流动和资源配置的效率，推进主体功能明显、优势互补、高质量发展的区域经济布局的形成和区域协调发展新机制的构建。

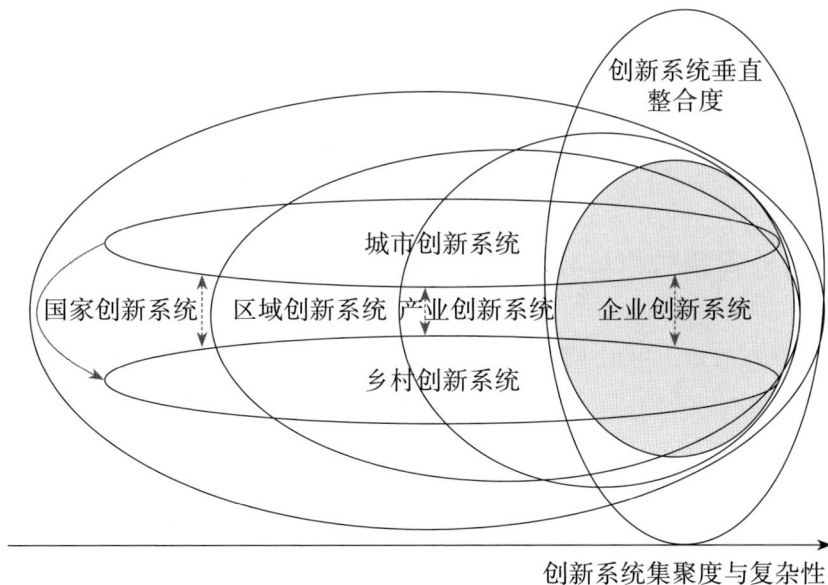

图 5-2 乡村创新系统在国家创新系统中的定位

城乡创新系统在建设目标、基本建设要素和改革发展趋势上也有明显交集。乡村创新系统与城市创新系统拥有共同的建设目标——完善区域创新系统、实现区域可持续发展和人民幸福感提升。而实现这一目标的基本创新要素（如人才、资金、技术、土地、制度、文化等）是相同、相通、相互促进的。当前我国新型城镇化发展和政策改革趋势也已体现和日益重视城市与乡村统筹发展的思想。这些都为乡村创新系统与城市创新系统融合发展与联动共创提供了必要条件与保障。

城乡创新系统融合联动模型与共创机制如图 5-3 所示。

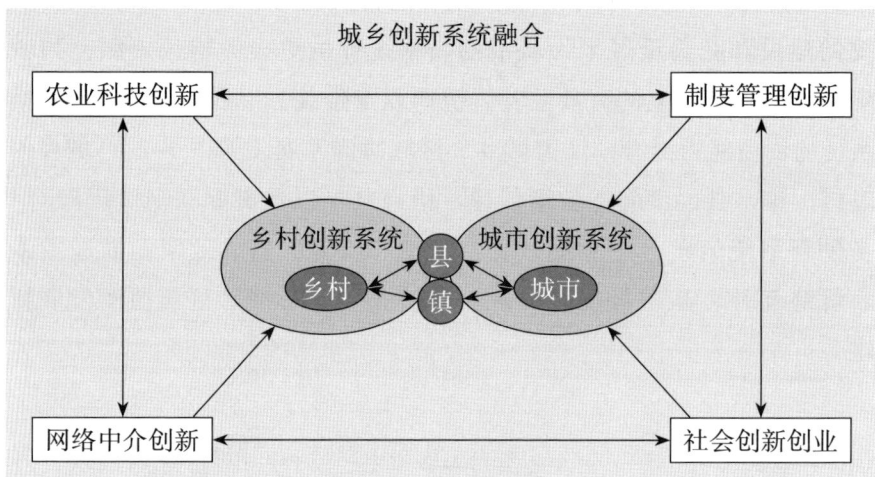

图 5-3　城乡创新系统融合联动模型与共创机制

二、国内外现状与趋势分析

改革开放以来，尤其是党的十八大以来，中国农业农村经济总体增长态势良好，农民生活水平持续改善，农业现代化向纵深发展，以农业为核心驱动的乡村振兴取得了一系列显著成效和重大突破。中国农业的稳定增长得益于科技创新的不断进步。2022 年农业科技进步贡献率达到 62.4%，全国农作物耕种收综合机械化率达到 73%，主要农作物自主选育品种提高到 95% 以上[1]。这是

1　见《乡村振兴战略规划实施报告（2018—2019 年）》。

我国大力推进科教兴农取得的显著成效，是我国在生物种业、重型农机、智慧农业、绿色农业投入品等领域自主创新的结果。同时，我国农业供给侧结构性改革不断深化，农业绿色发展取得实效，产地环境逐步改善，化肥农药减量增效，"藏粮于地、藏粮于技"的发展战略得到有力推进。

创新驱动乡村振兴也是国际发展的重要经验。欧美发达国家在经济发展初期普遍采取城市、工业优先发展的策略。而乡村成为城市化、工业化所需资源要素的供给地，导致城乡发展不平衡、不匹配。同时，强烈的生产主义逻辑和行为迫使生产性农业以及生产主义乡村均遭遇了致命的危机，各国相继出现环境污染、交通堵塞、城市发展动力不足等问题。欧美发达国家通过法律约束、政策支持以及社会力量等，优先支持乡村全面发展。以美国、以色列、加拿大、澳大利亚等为代表的国家在农业创新方面探索了很多成功模式，为减少城乡差距、促进乡村振兴提供了经验。例如，以色列十分重视农业科技投入，其农业发展走资源高效集约化的道路。20世纪80年代，以色列的科技进步对农业增长的贡献率就已达到96%。从各国通过创新推进乡村振兴的经验路径来看，欧美发达国家从传统禀赋和现代元素两个维度着手，亚洲发达国家从注入内生动力与挖掘潜在价值两方面入手，金砖国家则普遍以土地制度改革为契机来逐步发展乡村[1]。

相比之下，虽然我国在工程领域的科技创新取得了长足进展，并在量子通信、航天工程、人造卫星、人工智能等领域实现了国际领先优势，但是我国农副食品加工业、家具制造业等涉及民生的消费品的创新水平很低、创新成效明显不足。我国农业科技进步贡献率为60%，由以前的高于全国科技进步贡献率发展到低于全国平均水平，并远低于美国、德国、荷兰等发达国家80%以上的水平。2021年全国两会上全国政协委员、中国农业科学院农产品质量安全与检测技术首席科学家王静在接受《中国科学报》采访时指出，"当前，我国农业科技整体水平已进入世界第二方阵，由跟跑为主转变为跟跑、并跑、领跑并行。但是，我国农业科技前沿技术与国际前沿差距拉大的风险增加，原创性成果缺乏，有重大育种价值的关键基因等关键技术'卡脖子'问题突出"。

---

1 朱红根，宋成校.乡村振兴的国际经验及其启示[J].世界农业，2020（3）：4-11.

对此，加快推进创新驱动发展战略和乡村振兴战略的深度融合，以农业科技创新为核心，系统推进农业科技创新、制度管理创新、网络中介创新、社会创新创业等多方面的创新，为乡村振兴提供持续的动力，既是中国乡村振兴的重要经验，也是未来需要进一步发挥的优势。

三、中国的成功实践

（一）农业科技创新

农业科技创新是乡村创新系统的基础要素与资源力量，旨在通过政产学研农科教等的协同创新，聚焦农业农村高质量发展的科技需求，有效整合科技资源，推进面向广义农业持续发展的科技创新与成果转化应用，推动农业现代化建设，提升农业生产效率和绿色发展能力。农业科技创新不但包括农业技术的创新突破，还包含与农业科技创新配套的创新成果转化推广服务与农业生态营造。通过将新品种、新技术、新模式和新业态应用于农业生产与农业生态保护，实现科技兴农、科技强农，推动产业发展。

在农业科技创新方面，江西省于都县成功实现了农业科技创新与应用同当地特色产业发展的有机结合。作为中央红军长征集结出发地的江西省于都县，是国家粮食和物资储备局对口支援的贫困县。在推进革命老区振兴的过程中，于都县在国家粮食和物资储备局的大力支持下，在县委、县政府的领导下，认真贯彻落实习近平总书记视察于都"一定要把富硒这个品牌打好"的指示精神，依托优质粮食工程项目实施，聚焦特色粮食产业，推进富硒品牌打造。从2019年5月底起，于都县对茄子、苦瓜、豆角、辣椒、丝瓜等20余种蔬菜进行了含硒量检测，检出菜豆、辣椒、丝瓜3种硒含量相对较高的蔬菜。根据检测结果，于都县在梓山、黄麟、桥头、段屋等乡镇打造了9个富硒蔬菜产业基地，其中梓山、禾丰、银坑已成为赣州市富硒蔬菜种植示范基地。同时，于都县引进中化农业等龙头企业，建成了梓山万亩富硒水稻基地，在丘陵山区首次实现了零散粗放种植向规模化、标准化种植的巨大转变，造就了发展特色粮食产业稳定脱贫成效、助力乡村振兴的"梓山样板"，红土地升腾起新"硒"望。

（二）制度管理创新

制度管理创新是乡村创新系统中的保障要素与赋能关键。制度与管理模式的变革，是调动乡村系统中各创新主体参与乡村创新的积极性、提升创新效率的关键所在。习近平总书记多次强调"科技创新、制度创新要协同发挥作用，两个轮子一起转"[1]。制度管理创新要在乡村现有的制度与管理基础上实现因地制宜的创新，一方面要提升原有的制度与管理体系，另一方面也需要引入和推广适用于乡村内生创新和可持续发展的新制度和管理模式。在乡村创新系统建设中，尤其要以完善产权制度和要素市场化配置为重点，通过农村基本经营制度、农村土地制度、农村集体产权制度和农业支持保护制度的创新，强化制度供给，在制度管理创新的基础上，优化和完善乡村治理体系，提升面向乡村振兴的配套治理能力和效力，更好地激发乡村创新发展活力。

浙江奉化的滕头村通过不断变革乡村治理体系，探索出"连锁滕头"的生态创新发展模式。滕头村原是奉化区萧王庙街道一个远近闻名的穷村，农业生产和农民生活条件相当落后，甚至流传着"有女不嫁滕头郎"的说法。20世纪80年代中期，乡镇企业迅猛发展，农民纷纷退包土地、进城务工，土地被大面积抛荒。在这种情况下，滕头村在村干部的带领下实施土地适度规模经营改革方案，迈出土地经营改革步伐，又陆续成功实施了旧村改造、集体企业股份制改造、生态农业建设3个乡村创新体系的跃升。最终，原来只有300户约800人的穷乡僻壤小村庄被打造成了联合国"地球生态500佳"村庄和首批全国文明村、全国生态示范区和国家5A级旅游区。

（三）网络中介创新

网络中介创新是乡村创新系统中的协同要素与联动力量。在乡村创新过程中，互联网和数字化的应用，本地化和跨区域的中介、社会网络、平台组织的建设与完善，有利于实现资源与要素的联通互动，加速乡村创新资源的培育、转化应用以及城乡差异化创新要素的双向流动，加快创新成果在创新系统内外的扩散应用，从而赋能农民、农业、农村创新发展。在这个过程中，无论是网

1　http://jhsjk.people.cn/article/30605179

络组织能力的提升，还是中介组织模式与组织效率的改善，都对乡村创新系统、城市创新系统和城乡创新系统的整合创新至关重要，有助于提高需求对接精准度，降低交易成本，提升乡村创新系统的整体效能。

在网络中介创新方面，以京东、拼多多等电子商务平台和农村电商拉动的订单农业、一体化兴农产业链等实践是创新驱动中国乡村振兴的一大特色。村级电商服务站点建设使广大农村地区的农产品生产和销售突破了信息、流通和区域的限制，农村居民可通过电商站点这一新兴的网络中介，借助互联网公司的"平台经济"产生的网络效应和规模效益，实现更便捷和精准、低成本的供需对接，并缩短农产品供应链、增强农业生产的规划效能和投入产出比。例如，2020年京东向塘"亚洲一号"电商物流产业园在全国著名的商品粮基地、享有"江南粮仓"之称的江西省南昌市南昌县投入使用，直接带动了周边乡村近千人就业。农民和新农人以及返乡创业者通过邻里示范、社交示范和网商协会平台互相学习交流，自发推动了乡村村民自主创业的热潮，进一步吸引了物流等配套服务商的聚集，从而推动乡村电子商务的发展，是通过大数据和新零售的创新管理模式推动乡村创新网络建设、实现城乡联动、农民增收致富、农村发展的中国特色乡村振兴路径。

（四）社会创新创业

社会创新创业是乡村创新系统中的发展性路径，能充分体现和激活村民主体价值，为乡村创新系统效能提升提供自下而上群众性的内生动力支撑。面向乡村振兴的社会创新创业，是市场机会识别、开发，从而进行价值发现、创造和商业化的过程。社会创新创业兼顾社会效用和经济效益双重目标，目标不仅仅是创造商业价值和获取经济利益，更在于解决乡村振兴中的社会环境问题和推动本地社群的有机发展。面向乡村振兴的社会创新创业，是大众创新、万众创业的拓展，通过推动创新链、产业链和资本链的融合，实现乡村创新系统中全要素、全链条、全周期的创新创业生态构建。乡村创新系统中社会创新创业的主体既有原村民，也有"返乡"的新村民，还有穿梭于城乡创新系统之间的"流动社会创业者"。这一路径能够充分挖掘和释放乡村自身创新资源禀赋的价值，同时推动城市创新系统与乡村创新系统的资源、渠道等要素的融合，促进乡村产业融合与升级、乡村文化的价值再现、重构以及融合共创，实现城乡创新系统的整合式创新发展。

陕西省咸阳市袁家村是社会创新创业带动乡村振兴实践的中国特色典型案例。2007年以前，袁家村只是一个"芝麻小村"，没有名山大川、矿产资源、传统产业，青壮年外出打工，老弱病残守家。袁家村这个"三无空心村"的底色与中国许多村子并无差别。但自2007年开始，袁家村新任村支书郭占武带领村民从村民日常生活和乡村传统习俗中挖掘价值，"从无到有"地发展乡村旅游，提出了打造"关中民俗文化体验地"。在没有任何专业团队的指导下，袁家村的62户、286个村民硬是从"异想天开"到"无中生有"，闯出了乡村振兴的"袁家村模式"[1]。最开始只有两户人家参与乡村旅游创业。为了激发村民创新创业的热情，村委会提出村集体所有的土地实行打包开发，但决策权和所有权始终掌握在全体村民手中，股权平均分给每家每户，清晰可量化，让整个袁家村的村民形成了牢固的利益共同体，带动了全员参与、全村创业。随着袁家村摊子铺得越来越大，外来创客与务工者的数量超过原村民的10倍。红利的蛋糕越来越大。为了既保证原村民的利益，又能留住"新袁家村人"，袁家村全面推行股份制，只要是扎根袁家村的人，无论是"新袁家村人"还是原村民，都有资格入股，以70%—150%的投资回报率激励大家入股。同时，为了带动全体新老村民实现"共同富裕"，袁家村配套出台了"限制大户，扶持小户"的规定，用入股比例调剂完成"二次分配"。30多个股份制合作社都由村委会下属公司管理经营，形成一个大的袁家村城乡双创平台。所有进入平台的人的利益都被紧紧绑到"袁家村"这个IP上，使袁家村实现了可持续的社会创新创业。经过10多年的探索，袁家村成为全国唯一一个村景一体、全民参与的4A级景区，2019年入选首批全国乡村旅游重点村，2020年入选全国乡村特色产业亿元村。如今的袁家村村民"户户有资本、家家成股东、年年有分红"，还汇集了来自全国各地的1000多名创客、10000多名从业者成为"新袁家村人"，人均年收入超过10万元[2]。

1　求是网：解密袁家村 乡村振兴模型的"制造者".2019-06-21.

2　新华网：小乡村有大时尚——陕西袁家村的乡村振兴密码.2020-11-13.

（五）不同路径的协同整合

乡村创新系统以农业科技创新为基础、以制度管理创新为保障、以网络中介创新为平台、以社会创新创业为群众性动力支撑，可以有效实现乡村创新系统内部的自优化与自完善，如网络中介创新能够补充制度管理创新中的空白，使制度管理创新更贴合实际需求，社会创新创业也能够给农业科技创新带来技术注入与成果应用模式的转化。只有实现各路径的协同整合，才能更高效和更可持续地建设乡村创新系统，推动实现乡村可持续振兴和内生性发展。

位于大辽河、辽河下游，渤海湾东北部的辽宁省盘锦市大洼区，与高校和企业合作，引入先进的种植技术与生态保护技术，以金融保障、社会保障等制度建设鼓励返乡青年和当地农工创业，打造了"盘锦大米""盘锦河蟹"等区域公共品牌为核心的特色现代农业产业，并通过电子商务产业基地、乡村振兴产业区展示区等网络中介，实现了产业的品牌化。盘锦大米被纳入《中欧地理标志协定》，成为中欧地理标志产品，入选 2019 中国农产品区域公用品牌目录；"郁鑫香牌"盘锦大米荣获"2019 世界高端米品鉴大赛银奖"，"锦稻109"盘锦大米荣获"全国优质稻品种食味品质鉴评金奖"；"东牌"盘锦河蟹荣获"中国农业品牌公共服务平台水产品推荐品牌"，"蟹稻家牌"盘锦河蟹入选"辽宁礼物"。通过多维整合推进的乡村创新系统建设，大洼区实现了农产品附加值的提高与产业融合发展能力的提升，为大洼区进一步推动乡村可持续振兴与内生性发展打下了坚实基础。

（六）城乡创新系统的融合联动

乡村创新通过村、镇或县之间的政策传递、信息共享以及资源联动驱动乡村振兴。县或镇作为城乡融合发展的桥梁，不仅仅提供了地理意义上的过渡，更通过制度和治理模式的创新，建构出社会学意义上的创新社群间的"制度中台"，推动乡村创新系统与城市创新系统的融合联动，使外部的引智、引商、引资等赋能形式能以低成本、高效率的方式进入乡村创新系统，为乡村创新发展提供所需的人才、资本、技术和市场化要素，激活乡村各类创新主体和创新要素，充分发挥乡村比较优势，助力乡村振兴。

乡村在特色产业、生态环境、文化特质上的差异是其内生性发展的机遇，这些乡村特色不但会通过农业、观光旅游业等方式成为吸引城市创新系统资源流动的拉力因素，也正在通过乡村特色资源组合价值的发挥，形成促进区域可持续发展的新产业和新业态；乡村创新主体也通过依托乡村创新系统的创新创业活动形成乡村特有的核心竞争力，逆向突破城乡二元格局，提升区域创新系统建设的整体效能。

四川省蒲江县甘溪镇明月村正是通过县市区和乡村的融合发展，充分发挥了"县"这一层面的地理和制度桥接作用，联通了乡村创新系统与城市创新系统中的信息、技术、人才、资源和机会，实现了城乡创新系统的融合共创，也进一步提升了区域创新系统建设的成效和影响力。2009年的明月村还是成都市市级贫困村。在脱贫振兴过程中，该村首先开展了政府搭台的制度创新，成立了明月村文化产业示范园区党委，以及以村民为主体、激励相容的合作社，形成了以村党总支为核心、自治组织和其他组织共同参与的"一核多元、合作共治"治理机制，为明月村内生性发展提供了制度保障。在此基础上，明月村与所在的甘溪镇和蒲江县政府协同，编制《明月国际陶艺村发展规划》，配套完善人才、财政、招商引资等相关支持，由村集体和村民入股组建乡村旅游合作社，吸引外部的文创企业和文创项目入驻，培育文创项目聚落和创客集群，形成城乡融合的文创产业网络和中介平台。作为"新村民"的创客们与原村民得以联合挖掘明月村历史文化资源，以文化艺术创新为核心开展创新创业，一方面提升了对乡村文化价值的认同感，另一方面催生了更多的自主创新创业项目，加快了明月村内生性发展的速度，实现了农商文旅融合发展。目前明月村已形成新老村民共建、共创、共享的发展格局，走出了一条"生态＋文创＋旅游"的乡村振兴可持续发展路径，进一步带动和壮大了蒲江县以陶艺手工艺为主的文创产业集群，提升了蒲江县旅游产业在全国的知名度。2018年，明月村文创及乡村旅游总收入超过1亿元，村民人均可支配收入达到21876元，明月村也从曾经的贫困村发展成为"2018年中国十大最美乡村"，并于2019年入选联合国"国际可持续发展试点社区"，成为四川城乡融合发展的一张新名片。

创新驱动中国乡村振兴的实践表明，城乡创新系统融合联动，通过资本、知识、人才、生态等要素在村、镇、县、市之间跨层级传递、流通和互动，促进乡村创新系统和城市创新系统两个系统中不同的创新主体进行融合共创，有助于实现系统之间差异化资源的互补，使创新行为与创新成果，能够在城乡创新系统融合的大环境中扩散和提升，加速整体的生态发展与综合性价值创造。

四、未来发展展望

全面建成小康社会，是没有"掉队者"的小康；全面深化改革，更体现在坚持系统思维，需充分考虑经济、政治、文化、社会和生态等各领域的关联性和耦合性，推动乡村全面振兴则尤其如此。突破"三农"历史遗留问题和城乡二元结构的束缚，亟须应用扎根中华优秀传统文化和改革实践的系统论科学，强化改革的系统性、整体性与协同性，推进包括农业科技创新、制度管理创新、网络中介创新、社会创新创业等在内的一系列创新，运用整体观、统筹观和整合式创新思维加快建设乡村创新系统，激活乡村创新系统中多元主体的积极性，有序推进城乡创新系统融合建设，以新质生产力全面提升乡村创新能力和创新效率，进而推进乡村全面可持续振兴和城乡融合发展。

未来创新驱动中国乡村振兴的理论建设和政策实践过程中，需要以绿色发展理念引领创新驱动中国乡村振兴，完善产业创新体系以强化乡村创新和乡村振兴的基石，推动城乡创新系统融合，促进城乡融合创新，为城乡融合和乡村可持续振兴提供持久动力。

（一）以绿色发展理念引领创新驱动中国乡村振兴

党的二十大报告指出，"加快发展方式绿色转型"。乡村振兴，生态宜居是关键。生态宜居目标的实现需要绿色发展理念的保障和引领。党的十八届五中全会首次将绿色发展理念上升为我国发展的全局理念，习近平总书记提出了"创新、协调、绿色、开放、共享"的"五大发展理念"，并多次指出"绿水青山就是金山银山"，是将马克思主义中关于生态文明的理论与我国国情相结合的创新，既顺应了联合国"可持续发展2030"目标，也是我国调整经济结构、转变发展方式、实现人与自然和谐发展的必然选择。绿色发展理念不仅是推动城镇化、经济转型的重要引领与指导，更是乡村创新系统建设的核心要求之一。因为千百年来农村发展最大的优势和财富就是良好的生态环境，但是工业化以来农村生态的失衡不但给农业生产、农村环境和农民健康带来严重的不良影响，也正在显著制约城市的健康发展。

在推进乡村振兴的过程中，各级政府和各部门首先需要避免"重经济、轻生态"的经济发展模式，要以绿色发展理念引领乡村创新系统建设，将绿色、生态、环保和可持续的观念落实在乡村产业创新系统建设、乡村治理体系改革和中介服务体系构建的全过程中，确保尊重乡村发展的自然规律，做到"保护好绿水青山，合理持续建设金山银山"。而中国乡村振兴和绿色可持续发展，也将极大地推动全球生态环境的改善和可持续发展，助力"可持续发展2030"目标的实现。

（二）完善产业创新体系以强化乡村创新和乡村振兴的基石

习近平总书记在《加快建设农业强国 推进农业农村现代化》一文中指出，"产业振兴是乡村振兴的重中之重，也是实际工作的切入点"[1]。乡村振兴，产业兴旺是基础。建设乡村创新系统，现代农业产业创新体系是重要基石。农业产业创新体系具体包括产业体系、生产体系、经营体系和社会化支撑服务体系的创新。产业创新体系不仅依靠农业产业体系建设，也有赖于一二三产业融合创新发展，并通过生产体系、经营体系和服务体系来延长产业链、提升价值链和完善利益链，盘活并提升乡村创新系统中的人力资源要素、资本要素、技术要素，以制度创新释放要素创新效能，推动一二三产业整体产值、利润和创新竞争力的提升，让农民充分参与和分享乡村创新和乡村振兴的成果。

地方政府在推进建设和完善乡村产业创新体系、驱动乡村振兴的过程中，首先要客观分析现有乡村产业体系的不足和弱点，充分认识各地区产业体系的差异化和本地特色。其次，要针对现有产业体系中制约乡村整体发展的部分，积极通过系统化的方法补弱增强，因地制宜地利用本地优势资源和比较优势发展特色产业。最后，要充分利用区域内外的制度和政策性资源，推进有助于乡村产业创新体系建设的乡村治理体系变革、基于互联网的农业贸易体系建设，

1　习近平.加快建设农业强国 推进农业农村现代化 [J]. 求是，2023（6）.

形成以乡村产业创新体系为基础、农业科技体系为支撑、乡村治理体系为保障和乡村中介服务体系为纽带、社会创新创业为牵引的开放协同格局，打造系统整合、协同高效的乡村创新系统，进而为城乡创新系统融合发展奠定基础。

（三）推动城乡创新系统融合促进城乡融合创新

2020 年 4 月 1 日，习近平总书记在浙江考察时指出，"要以深入实施乡村振兴战略为抓手……建立健全城乡融合发展体制机制和政策体系，加快推进农业农村现代化"[1]。推进乡村振兴的关键是通过乡村创新系统的建设提升乡村内生发展的动力和能力，而这离不开城市创新系统对乡村创新系统的主动开放。因此，要加快城市创新人才、资源和创新成果向乡村创新系统的流动和转移转化，加速乡村创新系统的快速发展，如此才能进一步弱化甚至消除城镇化带来的对乡村创新系统资源的"虹吸效应"，形成乡村创新要素与城市创新要素的对等、双向流动。唯有如此，才能把"城乡融合发展"落到实处，建设和完善城乡创新系统融合，持续有效地推进乡村振兴和城乡融合发展。

---

1 习近平在浙江考察时强调：统筹推进疫情防控和经济社会发展工作 奋力实现今年经济社会发展目标任务 [N]. 人民日报，2020-04-02.

科技创新与生态文明

　　生态文明是一种新的文明形态，是人类社会进步的重大成果。人类发展的历史正是一部认识自然、改造自然并与自然共同发展的历史。生态文明时代是绿色发展的时代。在经历了农业文明时代以土地和劳动力作为主要生产要素的"黄色发展"时期，以及工业文明时代以资本为主导的"黑色发展"时期后，生态环境成为生态文明时代重要的生产要素。生态文明建设对于实现"两个一百年"奋斗目标和中华民族伟大复兴具有深远的战略意义。正如 2023 年 8 月习近平总书记在首个全国生态日之际所强调的，"生态文明建设是关系中华民族永续发展的根本大计，是关系党的使命宗旨的重大政治问题，是关系民生福祉的重大社会问题"。在哲学意义上，生态文明建设是对工业文明形态下近代理性主义哲学观的超越，也是中国"天人合一""道法自然"思想及"生命共同体"文化价值观的集中体现。在经济意义上，生态文明建设是推动经济发展动力转型、提高经济社会效益和实现高质量增长的内在要求。在社会意义上，生态文明建设是"以人为本"思想的重要体现，是促进社会和谐发展、全球生态安全、人类和平进步的必由之路。

一、科技创新是破解资源环境约束的根本之计

（一）习近平总书记关于生态文明建设的重要论述

　　建设生态文明是关系到人民福祉和民族未来的大事。习近平总书记在河北、福建、浙江、上海等地工作期间都将生态环境问题作为重要工作，对生态文明建设的重视成为习近平总书记主持地方工作的特色。2003 年 7 月，时任浙江省委书记的习近平同志提出"生态兴则文明兴，生态衰则文明衰"；2005 年 8 月，在浙江省安吉余村考察时，习近平同志首次明确提出"绿水青山就是金

山银山"；2013 年 5 月，习近平总书记在第十八届中央政治局第六次集体学习时的讲话中提出，"建设生态文明，关系人民福祉，关乎民族未来"；2017 年 5 月，习近平总书记在主持中共十八届中央政治局第四十一次集体学习时提出，要"推动形成绿色发展方式和生活方式"[1]。2017 年 10 月，习近平总书记在中国共产党第十九次全国代表大会上的报告中指出，"加快生态文明体制改革，建设美丽中国"。党的二十大再次强调，"推动绿色发展"，"必须牢固树立和践行绿水青山就是金山银山的理念，站在人与自然和谐共生的高度谋划发展"。

习近平总书记在生态文明建设方面的重要论述主要涉及以下方面：改革生态环境监管体制；推进绿色发展；加大生态环境保护力度，着力解决突出环境问题；强化公民环境意识；积极参与国际合作。进而，实现制度绿色化、生产绿色化、生态绿色化、生活绿色化和全球绿色化的发展目标。

1. 改革生态环境监管体制

自上而下建设健全生态文明法律制度和政策体系，是实现生态文明体系化发展、生态文明理念深入人心的根本之道。2013 年 5 月，习近平总书记在十八届中央政治局第六次集中学习时的讲话中提出，"生态红线的观念一定要牢固树立起来"，"保护生态环境必须依靠制度、依靠法治。只有实行最严格的制度、最严密的法治，才能为生态文明建设提供可靠保障"，同时提出"要完善经济社会发展考核评价体系"，要建立"对领导干部的责任追究制度"，"要建立健全资源生态环境管理制度"等要求。2016 年 11 月，习近平总书记在《关于做好生态文明建设工作的批示》中提出，"要深化生态文明体制改革，尽快把生态文明制度的'四梁八柱'建立起来，把生态文明建设纳入制度化、法治化轨道"。2017 年 10 月，习近平总书记在党的十九大报告中提出，"加强对生态文明建设的总体设计和组织领导，设立国有自然资源资产管理和自然生态监管机构，完善生态环境管理制度"。要坚决制止和惩处破坏生态环境的行为，"构建国土空间开发保护制度，完善主体功能区配套政策，建立以国家公园为主体的自然保护地体系"。

1　中共中央文献研究室. 习近平关于社会主义生态文明建设论述摘编 [M]. 北京：中央文献出版社，2017.

2. 推进绿色发展

推动绿色经济发展，构建创新驱动的经济发展新动能成为绿色发展的新要求。2013 年 4 月，习近平总书记在海南考察工作结束时的讲话中提出，"生态环境保护的成败，归根结底取决于经济结构和经济发展方式"。2016 年 12 月，习近平总书记在中央经济工作会议上的讲话为绿色经济发展提出了具体方向，强调"要加快发展绿色金融，支持制造业绿色改造，引导实体经济向更加绿色清洁方向发展"。2017 年 5 月，习近平总书记在党的十八届中央政治局第四十一次集体学习时的讲话中提出，"推动形成绿色发展方式和生活方式，是发展观的一场深刻革命。这就要坚持和贯彻新发展理念，正确处理经济发展和生态环境保护的关系"，"根本改善生态环境状况，必须改变过多依赖增加物质资源消耗、过多依赖规模粗放扩张、过多依赖高能耗高排放产业的发展模式"，"让良好生态环境成为人民生活的增长点、成为经济社会持续健康发展的支撑点、成为展现我国良好形象的发力点"。2017 年 10 月，习近平总书记在党的十九大报告中提出，"加快建立绿色生产和消费的法律制度和政策导向，建立健全绿色低碳循环发展的经济体系。构建市场导向的绿色技术创新体系，发展绿色金融，壮大节能环保产业、清洁生产产业、清洁能源产业。推进能源生产和消费革命，构建清洁低碳、安全高效的能源体系"。2021 年 4 月，习近平总书记在中共中央政治局第二十九次集体学习时强调，"生态环境保护和经济发展是辩证统一、相辅相成的，建设生态文明、推动绿色低碳循环发展，不仅可以满足人民日益增长的优美生态环境需要，而且可以推动实现更高质量、更有效率、更加公平、更可持续、更为安全的发展，走出一条生产发展、生活富裕、生态良好的文明发展道路"[1]。

3. 加大生态环境保护力度，着力解决突出环境问题

环境污染、资源过度开发和生态修复问题仍然是我国环境治理方面的重要难题。2015 年 10 月，《以新的发展理念引领发展，夺取全面建成小康社会决胜阶段的伟大胜利》报告中提出，"要坚持保护优先、自然恢复为主，实施山水林田湖一体化生态保护和修复工程，加大环境治理力度，改革环境治理基础

---

1 习近平. 努力建设人与自然和谐共生的现代化 [J]. 求是，2022（11）.

制度，全面提升自然生态系统稳定性和生态服务功能，筑牢生态安全屏障"。2017 年 5 月，在十八届中央政治局第四十一次集体学习时的讲话中，习近平总书记提出"全面促进资源节约集约利用"，"生态环境问题，归根到底是资源过度开发、粗放利用、奢侈消费造成的"，"要全面推动重点领域低碳循环发展"。2017 年 10 月，习近平总书记在党的十九大报告中提出，"实施重要生态系统保护和修复重大工程，优化生态安全屏障体系，构建生态廊道和生物多样性保护网络，提升生态系统质量和稳定性"。加强大气污染、水污染防治以及土壤污染管控和修复，加强固体废弃物和垃圾处置，"构建政府为主导、企业为主体、社会组织和公众共同参与的环境治理体系"。党的二十大报告进一步提出，"深入推进环境污染防治"，"提升生态系统多样性、稳定性、持续性"，"加快实施重要生态系统保护和修复重大工程"，"实施生物多样性保护重大工程"。

4. 强化公民环境意识

实现绿色发展是对我国发展观的一场革命。2017 年 5 月，习近平总书记在十八届中央政治局第四十一次集体学习时的讲话中提出"倡导推广绿色消费"和"加强生态文明宣传教育"的必要性，"生态文明建设同每个人息息相关，每个人都应该做践行者、推动者。要加强生态文明宣传教育，强化公民环境意识，推动形成节约适度、绿色低碳、文明健康的生活方式和消费模式，形成全社会共同参与的良好风尚"，"正确处理经济发展和生态环境保护的关系，像保护眼睛一样保护生态环境，像对待生命一样对待生态环境"，"在全社会牢固树立生态文明理念，形成全社会共同参与的良好风尚"。2017 年 10 月，习近平总书记在党的十九大报告中提出，"倡导简约适度、绿色低碳的生活方式，反对奢侈浪费和不合理消费，开展创建节约型机关、绿色家庭、绿色学校、绿色社区和绿色出行等行动"。2023 年 8 月，习近平在首个全国生态日之际强调，"全社会行动起来，做绿水青山就是金山银山理念的积极传播者和模范践行者"[1]。

5. 积极参与国际合作

气候变化、环境污染、能源资源安全等关键问题是全球性挑战。2015 年联合国可持续发展峰会通过的《2030 年可持续发展议程》提出了可持续发展的

1　全社会行动起来做绿水青山就是金山银山理念的积极传播者和模范践行者 [N]. 人民日报，2023-08-16（01）.

17 个目标 [1]。2015 年 9 月，习近平总书记在《携手构建合作共赢新伙伴，同心打造人类命运共同体》的讲话中提出，"国际社会应该携手同行，共谋全球生态文明建设之路，牢固树立尊重自然、顺应自然、保护自然的意识，坚持走绿色、低碳、循环、可持续发展之路。在这方面，中国责无旁贷，将继续作出自己的贡献" [2]。2022 年 12 月，习近平总书记在《生物多样性公约》第十五次缔约方大会第二阶段高级别会议开幕式上的致辞中指出，"中国将持续加强生态文明建设，站在人与自然和谐共生的高度谋划发展，响应联合国生态系统恢复十年行动计划，实施一大批生物多样性保护修复重大工程，深化国际交流合作，研究支持举办生物多样性国际论坛，依托'一带一路'绿色发展国际联盟，发挥好昆明生物多样性基金作用，向发展中国家提供力所能及的支持和帮助，推动全球生物多样性治理迈上新台阶" [3]。

（二）科技创新是破解资源环境约束的根本之计

2016 年 5 月，习近平总书记在《为建设世界科技强国而奋斗》中提出，"我国低成本资源和要素投入形成的驱动力明显减弱，需要依靠更多更好的科技创新为经济发展注入新动力"，"生态文明发展面临日益严峻的环境污染，需要依靠更多更好的科技创新建设天蓝、地绿、水清的美丽中国"。面对能源、水资源紧缺，大气、水、土壤污染严重，以及生物安全风险逐渐增加的现状，习近平总书记认为，欠发达地区需要走科技先导型发展之路，通过科技发展破解经济发展与环境保护之间的矛盾，实现两者之间的动态平衡 [4]。2015 年 5 月，中共中央、国务院印发的《关于加快推进生态文明建设的意见》指出，"必须构建科技含量高、资源消耗低、环境污染少的产业结构，加快推动生产方式

1　潘家华. 2030 年可持续发展的转型议程：全球视野与中国经验 [M]. 北京：社会科学文献出版社，2016.

2　中共中央文献研究室. 习近平关于社会主义生态文明建设论述摘编 [M]. 北京：中央文献出版社，2017.

3　习近平. 在《生物多样性公约》第十五次缔约方大会第二阶段高级别会议开幕式上的致辞 [N]. 人民日报，2022-12-16（02）.

4　习近平. 之江新语 [M]. 杭州：浙江人民出版社，2007.

绿色化，大幅提高经济绿色化程度，有效降低发展的资源环境代价"[1]，形成经济社会发展新的增长点，进一步明确了绿色科技创新在生态文明建设中的关键作用。为更好地发挥绿色科技创新的动力，习近平总书记提出"构建市场导向的绿色技术创新体系"[2]，发挥市场在资源配置上的关键作用，强化企业主体地位，发展绿色金融，规范交易市场，推动成果转化。2023 年 7 月，习近平总书记在全国生态环境保护大会上强调，"要加强科技支撑，推进绿色低碳科技自立自强，把应对气候变化、新污染物治理等作为国家基础研究和科技创新重点领域，狠抓关键核心技术攻关，实施生态环境科技创新重大行动，培养造就一支高水平生态环境科技人才队伍，深化人工智能等数字技术应用，构建美丽中国数字化治理体系，建设绿色智慧的数字生态文明"[3]。

　　科技创新对生态环境的影响一直是国内外学者积极探讨的主题。科技创新在应对人类共同挑战、实现可持续发展中发挥着日益重要的作用，成为推动绿色发展的根本动力。习近平总书记用辩证的视角看待科技创新的作用，是对于马克思主义关于科技和生态环境关系思想的继承和发展。习近平总书记的论述立足于新一轮科技革命和产业革命，提出以绿色科技创新为内在动力，通过科技的生态化发展，突破资本主义不可持续的发展道路。

二、国内外现状与趋势分析

（一）生态文明建设的国内外发展趋势

1. 生态文明建设的国际发展趋势

　　工业文明时代以大生产、大消费为主要特征，工业革命和科技进步在创造物质财富的同时加剧了环境破坏与资源消耗，早期粗放式发展产生了严重的环境隐患。生态环境问题已成为全球治理中刻不容缓的突出问题。进入 20 世纪

1　中共中央国务院关于加快推进生态文明建设的意见 [N]. 人民日报，2015-05-06（01）.

2　习近平. 决胜全面建成小康社会 夺取新时代中国特色社会主义伟大胜利——在中国共产党第十九次全国代表大会上的报告 [M]. 北京：人民出版社，2017.

3　全面推进美丽中国建设 加快推进人与自然和谐共生的现代化 [N]. 人民日报，2023-07-19（01）.

以后，一些发达国家相继发生多次震惊世界的环境公害事件，对生产工作、人民生活产生了不可挽回的影响，也引发了人们对资本主义发展方式的反思，以及对科技与生态环境关系的深刻讨论。20 世纪 60 年代开始，国际上关于生态文明建设的探索已经展开，生态运动开始兴起。1962 年美国学者卡森的《寂静的春天》一书揭示了工业繁荣背后人与自然的冲突，标志着生态文明意识的觉醒[1]。1972 年联合国在瑞典的斯德哥尔摩召开人类环境会议。1987 年世界环境与发展委员会发布报告《我们共同的未来》，系统提出了可持续发展战略[2]。2008 年全球范围的经济危机发生后，联合国环境规划署发起绿色经济倡议。随着可持续理念不断深入人心，传统的"先污染、后治理"的经济增长模式正在向绿色增长的可持续发展路径转型。

目前，一场以新能源为特征的绿色科技革命已拉开序幕。联合国环境规划署报告预测，在积极应对气候变化的过程中，风能、太阳能等可再生能源创造的就业将在未来几十年中超过化石燃料领域，人类正在迎接绿色科技革命，绿色科技、生态科技、低碳科技将引领全球经济、社会、生态可持续发展。全球新一轮科技革命和产业变革加速演进，以智能、绿色、泛在为特征的群体性技术革命将引发国际产业分工重大调整，颠覆性技术不断涌现，重塑世界竞争格局，创新驱动成为许多国家谋求竞争优势的核心战略。这场新科技革命即绿色科技革命的重要使命，是要破解人与自然之间日趋尖锐的矛盾，推动传统发展方式转向绿色发展方式，引导人类走上生态优先的绿色发展之路，从工业文明时代走向生态文明时代。

2. 绿色科技创新的国际经验

近年来，绿色科技创新成为各国竞争的新赛场。美、日、欧纷纷布局绿色科技创新领域，抢占绿色发展时代的新优势。美国实施绿色新政的重要支撑是创新绿色科技，将新能源包括高效电池、智能电网、碳储存和碳捕获、风能和太阳能等以及节能汽车、绿色建筑等作为科技创新重点领域，布局能源基础研究，通过发展新能源等产业来激发技术革命，创造新的经济增长点，营造全新

1　蕾切尔·卡森. 寂静的春天 [M]. 吕瑞兰，李长生，译. 上海：上海译文出版社，2008.

2　World Commission on Environment and Development. Our common future[M]. Oxford: Oxford University Press, 1987.

的绿色经济发展模式 [1]。日本政府的强干预政策促使日本在经济危机后，加速抢占新科技革命制高点的步伐。同时，兼顾经济发展与环境保护的"绿色创新"被日本执政党置于最重要的位置。以"通过科学技术领导世界"为战略指导目标，日本官方与民间配合，在发展制造业绿色创新系统过程中，在创新性技术、环境能源技术、科技外交、科技成果的普及和应用等最重要的政策课题上加大投资，在保障稀缺资源供给、促进科学技术研发、寻求新的经济增长点、开拓新市场等新科技革命的上中下游全面布局。在全球创新指数排名中，北欧国家位居世界前列。其中，瑞典重点发展环境技术并处于全球领先水平，丹麦主要发展风能技术并处于世界前沿，为北欧国家绿色发展做出了重要贡献 [2]。

3. 我国推动绿色科技创新的重点举措

生态文明建设是中国经济可持续发展、人民生活水平提高和中华民族永续发展的重要需求。在生态文明建设的关键期、攻坚期和窗口期，生态文明建设不仅需要加强环境治理和资源保护，更需要从根本上转变经济发展方式、树立绿色发展理念、构建绿色生活方式、健全生态文明制度体系。在新时代的发展要求下，科技创新是破解资源环境约束、转变增长方式、促进产业结构调整的根本之计，绿色创新能力建设是实现"绿水青山"和"金山银山"的首要推动力。

（1）制度建设：健全生态文明制度体系。自上而下建设健全生态文明法律制度和政策体系是实现绿色科技创新的基础。我国科学把握污染防治、环境保护、资源利用的系统性规律，构建源头预防、过程监督、严格管理、损害赔偿、公众参与的制度体系，实现对自然资源的全面资产管理、生态环境的全面监督保护以及政府企业公众多主体的共同参与。

（2）经济动能：构建科技创新驱动新动能。从工业文明到生态文明的转变从根本上是经济体系和生产消费方式的转变，通过生产绿色化实现经济动能的根本转型。在生态文明建设思想下，经济发展方式面临着清洁生产、节能环保、绿色低碳、循环经济的转型新要求。要实现建设美丽中国的目标，需要实现从高能耗、高排放产业到创新驱动、高附加值产业的根本性转变，构建创新

1 李佐军，唐波. 美国重振制造业缘由探究与中国的选择 [J]. 改革，2012（11）：121-127.

2 黄娟. 科技创新与绿色发展的关系——兼论中国特色绿色科技创新之路 [J]. 新疆师范大学学报（哲学社会科学版），2017，38（2）：33-41.

驱动新动能。因此，构建清洁环保高效的能源体系、绿色循环低碳发展的产业体系以及绿色技术创新体系，成为创新引领发展新思路下的关键战略需求。

（3）环境治理：加大环境污染治理与资源节约集约利用。资源的过度开发以及粗放利用是生态环境破坏的重要原因，合理的资源开发利用才能兼顾当代人的生活建设和子孙后代的长期发展。因此，要明确自然资源利用上限，将资源环境承载力作为发展硬约束，完善自然资源资产管理制度，加强自然资源利用的过程监督，在全社会建立起资源节约集约利用、资源循环使用的观念，以最少的资源环境代价取得最大的经济社会效益。构建生态功能保障基线，加强环境污染治理和生态保护修复，满足人民对于清洁的空气、水资源、食品的核心需求，坚守环境质量安全底线，是实现生态绿色化的重要目标。

（4）公民意识：构建绿色生活方式。绿色发展并不仅仅取决于先进的生产力和科技水平，还取决于人类的生态理念和认知，需要深度贯彻绿色文化发展理念，倡导"简约适度、绿色低碳"的生活方式，将绿色消费落实在生活的方方面面，建设政府企业公众共治的绿色行动体系。将生态文明宣传教育落到实处，推动绿色文化发展理念和绿色生活方式深入人心，建立生态环境和生产生活持续发展的资源消费体系，对于实现人与自然的和谐、物质文明和精神文明的协调具有深远意义。

（5）国际合作：共谋全球生态文明建设。生态文明建设关乎全人类的福祉与未来，共谋全球生态文明建设必须加强国际合作。同时，各发达国家、发展中国家应坚持共同但有区别的责任共担原则，推动建设人类命运共同体。我国一直本着负责任的态度积极参与国际合作，将应对气候变化融入国家经济社会发展总战略，推动清洁能源、生态保护、环境友好型农业、低碳智慧城市建设等领域的长期发展。通过达成《巴黎协定》、建立中国气候变化南南合作基金、构建"一带一路"建设等多边合作机制，中国正成为全球生态文明建设的积极贡献者和引领者，对可持续发展路径和全球治理模式的探索进入新阶段。

（二）生态文明建设的理论基础

1. 中国传统哲学的生态自然观

中华文明孕育的生态文化思想是习近平生态文明思想的重要理论基础和思

想来源。2018 年 5 月 18 日习近平总书记在全国生态环境保护大会上指出，"中华民族向来尊重自然、热爱自然，绵延 5000 多年的中华文明孕育着丰富的生态文化"[1]。中国传统哲学的生态自然观的核心是"天人合一""道法自然"，即天、地、人相统一，顺应"时变"，实现自然生态与社会文明的和谐。中国传统生态文化观有其深厚的哲学基础。儒家学派的孟子主张"不违农时，谷不可胜食也，数罟不入洿池，鱼鳖不可胜食也，斧斤以时入山林，材木不可胜用也"，充分说明了尊重自然规律的重要性；道家经典《道德经》提出"人法地，地法天，天法道，道法自然"，蕴含着天、地、人相统一的朴素道理；佛教提出"众生平等"，意味着爱护自然并不是人类对其他生命的施舍，而是文明发展的必然规律；《周易》中"观乎天文，以察时变；观乎人文，以化成天下"，表现出中国古人对人文与天文间关系的初步探索。中国传统哲学的生态自然观中蕴藏的生态智慧，构成了中国特色社会主义生态文明建设的重要理论基础，也是中国共产党推动生态文明理论发展的重要优势。

2. 马克思主义生态自然观

马克思主义关于人与自然关系的思想是马克思主义基本原理中重要的组成部分，对于西方生态观的发展也有深刻意义。马克思主义主要提出了 3 个层次的观点：第一，人类是自然界的一部分，人靠自然界生活，人与自然界有密不可分的关系[2]。第二，人类不仅简单地适应自然，而且反作用于自然界，按照美的规律建造大自然。恩格斯在《自然辩证法》中指出，人类在这一过程中需要认识到干预自然的后果，实现人与自然的和谐相处。第三，造成自然界生态破坏的根源在于生产方式和社会制度，科技的资本主义应用是科技造成生态破坏的根源，需要对社会制度进行根本变革。习近平总书记关于生态文明的一系列重要论述，为马克思主义生态自然观赋予了更深的理论价值和时代内涵。

3. 科技的反生态性与生态性论争

随着以科技为基础的工业革命在西方国家的开展，生态环境问题日益凸

---

1 习近平：坚决打好污染防治攻坚战 推动生态文明建设迈上新台阶 [N]. 人民日报，2018-05-20（01）.

2 马克思.1844 年经济学哲学手稿 [M]. 中共中央马克思恩格斯列宁斯大林著作编译局，译. 北京：人民出版社，2018.

显，引起了相关学者对科技与生态文明间关系的关注。西方绿色思潮中的不同视角反映了对科技与生态环境间关系的不同认识。"深绿"思潮持科技悲观论，认为科技具有反生态性，是导致生态环境破坏的主要原因，科技进步不能从根本上改变这一现状，维护生态和谐需要回到前科技时代。"浅绿"思潮持科技乐观论，维护科技的生态性，认为技术创新可以推动生态现代化，推动绿色转型。生态学马克思主义的代表人物则认为，讨论科技的反生态性和生态性是无意义的，关键问题在于人类对科技的利用是否被资本主义应用以追逐利润。如果人类能够合理利用科技，那么科技的进步会对生态环境建设产生积极作用。

在以科技推进生态文明建设时，我们要坚持辩证的视角，明确科技的双刃剑作用，一方面合理利用科技的力量，另一方面促进科技生态化发展，将人类可持续发展作为科技发展的重要目标，实现科技与生态文明的相辅相成、共生发展。

三、中国的成功实践

党的十八大以来，我国将生态文明建设作为统筹推进"五位一体"总体布局和协调推进"四个全面"战略布局的重要内容，不仅在思想层面形成了习近平生态文明思想，而且在实践层面开展了一系列开创性工作。正如 2018 年 5 月习近平总书记在全国生态环境保护大会上所指出的，"污染治理力度之大、制度出台频度之密、监管执法尺度之严、环境质量改善速度之快前所未有，推动生态环境保护发生历史性、转折性、全局性变化"[1]。

（一）推进生态文明制度创新

党的十八大以来，国家深化生态文明制度改革，将生态文明顶层设计和制度体系建设作为生态文明建设的重中之重，出台了《关于加快推进生态文明建设的意见》《生态文明体制改革总体方案》等重要改革方案，推动我国生态文明建设的制度创新，分别在完善立法执法、建设考核监管制度方面取得了重要成效。

1　习近平. 推动我国生态文明建设迈上新台阶 [J]. 资源与人居环境，2019（3）：6-9.

　　在完善生态文明立法执法方面，党的十八大以来，国家对环境保护法、环境保护税法、大气污染防治法、水污染防治法、核安全法等法律进行制定和修订，并对生态破坏和环境污染行为界定入罪标准，强化生态文明执法力度。在建设生态文明考核监管制度方面，国家制定完善了生态文明建设目标考核、自然资源资产产权制度、自然资源资产离任审计、生态环境损害责任追究等制度，大力推动环境保护督查制度在地方落到实处，并通过绿色金融改革、征收环境保护税、生态保护补偿、建设自然资源资产负债表编制等环境经济政策优化生态文明建设进程[1]。

（二）加强生态环境治理

　　国家在环境治理方面采取了一系列创新实践，大力推进重点地区生态环境治理，深入实施大气、水、土壤污染防治三大行动计划，构建起政府企业公众共治的环境治理体系。

　　2003 年 7 月，时任浙江省委书记的习近平同志提出"八八战略"，要求"进一步发挥浙江的生态优势，创建生态省，打造'绿色浙江'"。2003 年以来，浙江实施"千村示范、万村整治"生态工程，不断激发乡村"生态红利"，探索发展乡村建设的绿色路径。安吉鲁家村建设起特色家庭农场、野山茶、蔬菜果园、药材等各具特色，营造出浓浓的童话气息；绍兴棠棣村的兰花种植如火如荼，打通了全国市场，让村民将生态优势转化成经济优势；开化杨村将香猪养殖和环境保护结合起来，创造性打造出"猪宝宝文化乐园"，形成养殖业和旅游业融合开发的新模式；高家堂村将树木砍伐、电枪捕鱼、开矿挖石等多年来村民的谋生方式列入"禁止名单"，投资 130 万元修建环境水库涵养水源，建成了湖州市第一个生态公厕，并引进了先进的生活污水处理系统。

　　浙江"千村示范、万村整治"的生态工程造就了万千美丽乡村，是习近平总书记"绿水青山就是金山银山"的生动实践，是乡村可持续发展、建设美丽中国的重要范本，被联合国授予"地球卫士奖"中的"激励与行动奖"。正如党的二十大报告中所指出的，"我们坚持绿水青山就是金山银山的理念，坚持

1　李捷.学习习近平生态文明思想问答 [M]. 杭州：浙江人民出版社，2019.

山水林田湖草沙一体化保护和系统治理，全方位、全地域、全过程加强生态环境保护，生态文明制度体系更加健全"，"生态环境保护发生历史性、转折性、全局性变化，我们的祖国天更蓝、山更绿、水更清"。

（三）建设生态文明的科技支撑体系

科技支撑体系的建设是破解资源环境约束、拓展可持续发展空间、推动经济社会体系转型的重要动力。进入 21 世纪，我国积极布局绿色科技创新，绿色发展日益成为科技创新的重点。2006 年出台的《国家中长期科学和技术发展规划纲要（2006—2020 年）》是一部科学技术生态化的规划书。2016 年出台的《国家创新驱动发展战略纲要》《"十三五"国家科技创新规划》更是绿色科技创新的规划书，资源高效循环利用、全球气候变化应对、生态环境质量改善、清洁高效能源、智能绿色制造、生态绿色农业、绿色交通与建筑等都被列为重大战略任务，对我国绿色科技创新发挥重要的引导作用。2017 年《"十三五"环境领域科技创新专项规划》、2019 年《关于构建市场导向的绿色技术创新体系的指导意见》等绿色科技创新政策文件的出台，反映了科技的生态化发展方向，也为我国生态文明建设提供了重要的科技支撑体系。

党的十八大以来，我国在新能源、清洁生产、污染治理、节能降耗等方面不断优化可持续环境利用与治理技术，构建起生态文明建设的科技支撑体系。我国在多年实践中构建起了绿色科技创新的多元主体共同参与模式，建设形成国家生态工业示范园区和绿色金融改革创新试验区，绿色科研机构数量逐年增加，建设完善绿色科技创新成果转化平台，强化绿色科技创新绩效指标考核与监管，构建以企业为主体、市场为导向、产学研相结合的绿色技术创新体系，并不断发挥其示范效应。

（四）承担生态文明建设的全球责任

我国积极承担生态文明建设的国际责任，为全球环境治理贡献了中国智慧。2015 年，习近平主席在巴黎气候大会上提出"人类命运共同体"理念，并在党的十九大报告中丰富完善，提出中国"引导应对气候变化国际合作，成为全球生态文明建设的重要参与者、贡献者、引领者"[1]。我国率先发布《中国落实 2030 年可持续发展议程国别方案》，实施《国家应对气候变化规划（2014—2020 年）》，向联合国交存《巴黎协定》批准文书，积极履行《生物多样性公约》和《蒙特尔议定书》等国际环境公约，2017 年与联合国环境规划署等国际机构发起建立"一带一路"绿色发展国际联盟[2]。中国在全球环境治理上的积极贡献，也是中国生态文明理论的重要创新实践，对于全球生态和人类文明的发展具有重要引领作用。

四、未来发展展望

（一）开展绿色科技创新

绿色低碳发展是生态文明建设的重要主题。习近平总书记在中央财经委员会第九次会议中提出，要将"碳达峰""碳中和"纳入生态文明建设整体布局，如期实现 2030 年前碳达峰、2060 年前碳中和的目标。"十四五"期间是碳达峰的关键期，要做好减污降碳、绿色制造、低碳交通等多项工作，完善绿色低碳政策和市场体系，部署低碳前沿技术研究，建立完善绿色低碳技术评估、交易体系和科技创新服务平台。

生态环境信息化是绿色科技创新的重要方向。随着生态环境信息化的不断发展，互联网＋、大数据、卫星遥感技术、无人机、生物工程技术、系统科学和工程等技术的创新应用为我国生态文明建设注入新的活力，对于优化自然灾害防治、完善地理信息系统、优化检测监测机制、提高管理水平具有重要意义。

低碳城市建设是生态创新发展的重要途径。在全球范围内，欧盟、日本、英国等国家和组织积极创建生态低碳城市，新加坡、马来西亚、韩国等则以打造智慧城市为主要目标，而国内当前绿色转型的城市以资源型城市为主。低碳智慧城市的建设是绿色低碳循环经济体系发展的重要抓手，通过发展能源低碳化、提升城市绿化率、强化低碳城市意识等方式推动城市低碳化发展是生态文

1　习近平. 决胜全面建成小康社会 夺取新时代中国特色社会主义伟大胜利——在中国共产党第十九次全国代表大会上的报告 [M]. 北京：人民出版社，2017.

2　李捷. 学习习近平生态文明思想问答 [M]. 杭州：浙江人民出版社，2019.

明建设的重要前沿。

推动绿色科技协同是生态创新的重要机制。绿色科技创新要求政、企、校、研多方合作，构建绿色科技生态的协同机制。美国在新能源战略的实施中，鼓励并要求政府部门、科研机构、私营企业建立伙伴合作关系；日本在"创新型蓄电池尖端科学基础研究事业"中，采用了"官产学研"的组织模式，即政府制定项目目标，参与方包括 7 所大学、3 家研究机构以及 12 家汽车生产企业和电池生产企业 [1]。我国要发挥举国办大事的制度优势，引领绿色科技创新方向，开展绿色科技自主创新，实现绿色科技创新产业化发展。

（二）构建科技创新与生态文明的社会人文支撑力

加强生态文明建设、建立美丽中国的创新实践，不仅对于我国生态文明提升、经济社会转型具有重要影响，而且对于提高人的素质、实现人本主义价值理性的回归具有深远意义。绿色文化建设是生态文明建设的基础，为绿色经济、绿色社会的发展提供强大的社会人文支撑力。随着"人与自然和谐共生"理念的深入人心，人们通过构建绿色低碳生活方式、塑造绿色消费习惯、树立节约集约资源观，形成了绿色低碳生活的新风尚，从而实现物质文明和精神文明的协调发展，让生态文明的理念和实践持续造福人民。

在这一基础上，建设绿色科技强国必须突破现代科技观念，进一步关注科技的生态与社会价值，树立绿色科技创新理念，提高全社会对绿色科技创新的认识水平。科技是生态文明的重要构成要素和强大动力，科技生态化是生态文明的内在要求，生态文明需要的科技是生态化科技。由此可见，作为两者有机结合的绿色科技是生态文明新时代的科技新形态。我们要重点树立绿色生态科技创新、绿色生产科技创新、绿色生活科技创新，绿色科学技术是第一生产力、第一生态力、第一生活力，以及绿色科技自主创新、绿色科技创新教育、绿色科技协同创新等一系列新理念，建设一支规模宏大、结构合理、素质优良的创新人才队伍，加强生态文明教育、绿色科技教育，将绿色科学精神、绿色创新思维、绿色创造能力、绿色社会责任的培养贯穿教育全过程。

---

1 马骁. 城市生态文明建设知识读本 [M]. 北京：红旗出版社，2012.

碳中和与能源创新战略

　　"双碳行动"是应对气候问题的国际行动的一部分。2020 年 9 月，习近平主席在第七十五届联合国大会一般性辩论会上郑重提出中国"二氧化碳排放力争于 2030 年前达到峰值，努力争取 2060 年前实现碳中和"[1]。碳达峰和碳中和发展目标的提出，将实现"能源革命"，推动人类社会与自然环境和谐发展。针对发展新质生产力，正如习近平总书记所说，"绿色发展是高质量发展的底色，新质生产力本身就是绿色生产力。我们必须加快发展方式绿色转型，助力碳达峰碳中和。要牢固树立和践行绿水青山就是金山银山的理念，坚定不移走生态优先、绿色发展之路"。绿色发展是高质量发展、可持续发展的基础支撑，因此，统筹推进应对气候变化与生态环境保护相关工作，是"十四五"时期乃至更长一段时间内社会发展的关键任务。

一、推动实现碳中和的时代宣言

　　习近平总书记历来高度重视能源生产和消费革命。早在 2014 年中央财经领导小组会议上，习近平总书记就指出，"经过长期发展，我国已成为世界上最大的能源生产国和消费国，形成了煤炭、电力、石油、天然气、新能源、可再生能源全面发展的能源供给体系，技术装备水平明显提高，生产生活用能条件显著改善。尽管我国能源发展取得了巨大成绩，但也面临着能源需求压力巨大、能源供给制约较多、能源生产和消费对生态环境损害严重、能源技术水平总体落后等挑战。我们必须从国家发展和安全的战略高度，审时度势，借势而为，找到顺应能源大势之道"。党的二十大报告中，习近平总书记进一步提出，

"积极稳妥推进碳达峰碳中和","立足我国能源资源禀赋,坚持先立后破,有计划分步骤实施碳达峰行动","深入推进能源革命,加强煤炭清洁高效利用","加快规划建设新型能源体系","积极参与应对气候变化全球治理"。具体包括5方面要求:第一,推动能源消费革命,抑制不合理能源消费。坚决控制能源消费总量,有效落实节能优先方针,把节能贯穿于经济社会发展全过程和各领域,坚定调整产业结构,高度重视城镇化节能,树立勤俭节约的消费观,加快形成能源节约型社会。第二,推动能源供给革命,建立多元供应体系。立足国内多元供应保安全,大力推进煤炭清洁高效利用,着力发展非煤能源,形成煤、油、气、核、新能源、可再生能源多轮驱动的能源供应体系,同步加强能源输配网络和储备设施建设。第三,推动能源技术革命,带动产业升级。立足我国国情,紧跟国际能源技术革命新趋势,以绿色低碳为方向,分类推动技术创新、产业创新、商业模式创新,并同其他领域高新技术紧密结合,把能源技术及其关联产业培育成带动我国产业升级的新增长点。第四,推动能源体制革命,打通能源发展快车道。坚定不移推进改革,还原能源商品属性,构建有效竞争的市场结构和市场体系,形成主要由市场决定能源价格的机制,转变政府对能源的监管方式,建立健全能源法治体系。第五,全方位加强国际合作,实现开放条件下能源安全。在主要立足国内的前提条件下,在能源生产和消费革命所涉及的各个方面加强国际合作,有效利用国际资源。

在国际舞台上,习近平主席高度重视提倡新发展理念和能源转型发展。2019年6月,习近平主席在二十国集团领导人第十四次峰会上强调,要"落实应对气候变化《巴黎协定》,完善能源治理、环境治理、数字治理"[1]。2020年9月,习近平主席在第七十五届联合国大会一般性辩论上深刻指出,"应对气候变化《巴黎协定》代表了全球绿色低碳转型的大方向,是保护地球家园需要采取的最低限度行动,各国必须迈出决定性步伐","各国要树立创新、协调、绿色、开放、共享的新发展理念,抓住新一轮科技革命和产业变革的历史性机遇,推动疫情后世界经济'绿色复苏',汇聚起可持续发展的强大合力"[2]。2020

1　习近平出席二十国集团领导人第十四次峰会并发表重要讲话 [N]. 人民日报,2019-06-29(01).

2　习近平在第七十五届联合国大会一般性辩论上的讲话 [N]. 人民日报,2020-09-23(03).

年 11 月，习近平主席在二十国集团领导人利雅得峰会"守护地球"主题边会上致辞指出，"二十国集团要继续发挥引领作用，在《联合国气候变化框架公约》指导下，推动应对气候变化《巴黎协定》全面有效实施"，"中国建成了全球最大的清洁能源系统，新能源汽车产销量连续 5 年居世界首位。根据'十四五'规划和 2035 年远景目标建议，中国将推动能源清洁低碳安全高效利用，加快新能源、绿色环保等产业发展，促进经济社会发展全面绿色转型"[1]。2021 年 1 月，习近平主席在世界经济论坛"达沃斯议程"对话会上发表特别致辞强调，"加强生态文明建设"，"力争于 2030 年前二氧化碳排放达到峰值、2060 年前实现碳中和"，"只要是对全人类有益的事情，中国就应该义不容辞地做，并且做好"，"用实际行动践行多边主义"[2]。2021 年生态环境部印发《关于统筹和加强应对气候变化与生态环境保护相关工作的指导意见》，明确了统筹和加强应对气候变化和生态环境保护的工作思路，成为我国未来实现绿色低碳发展的重要抓手。

二、国内外现状与趋势分析

能源是人类社会发展面临的根本问题之一。以绿色、清洁、高效、低碳、智能为核心的"新能源"+"智能源"能源体系代表了世界能源转型创新发展的趋势。世界能源转型创新包括政治、科技、管理、商业 4 个方面内涵：一是以共商共议、全球协作为核心的政治内涵；二是从资源型向技术型转变的科技内涵；三是综合化、智能化水平不断提升的管理内涵；四是传统油气企业向综合能源企业转变的商业内涵。能源创新是推动世界经济发展和经济增长的新动力，是重塑世界政治格局的新力量，是切实履行《巴黎协定》要求、如期实现"碳达峰""碳中和"目标、应对全球气候变化的有效举措。

1　习近平在二十国集团领导人利雅得峰会"守护地球"主题边会上的致辞 [N]. 人民日报，2020-11-23（02）.

2　习近平出席世界经济论坛"达沃斯议程"对话会并发表特别致辞 [N]. 人民日报，2021-01-26（01）.

（一）世界能源转型发展的历史机遇

2020 年 1 月，国际能源署在专题报告《石油和天然气工业需加大应对气候变化的力度》中严正指出：世界油气工业迫切需要改变操作和商业运营的模式以适应日益增长的全球能源转型和气候效应；传统石油和天然气行业将是资本密集型清洁能源技术走向成熟的关键，国际石油公司需进一步平衡和协调公司短期收益与长期可持续发展的关系。

2019 年，埃克森美孚、英国石油、壳牌、道达尔和雪佛龙五大国际石油公司年产量达到 8.73×10^8 吨油当量，占世界油气总产量的 11%。当前，国际石油公司均制定了转型发展战略，以能源生产的清洁化、低碳化和能源综合服务为目标，主要包括 3 个方面：一是加大公司天然气业务，提升天然气产业的盈利能力。二是加大电气化、新能源领域投资比例，大力发展新能源业务。三是转变商业运营模式，从聚焦能源生产到为客户提供能源解决方案[1]。

英国石油公司和壳牌公司是国际石油公司转型创新发展的先行者。两家公司均成立了天然气与新能源板块，并通过投资或收购布局氢能、储能、光伏、生物燃料、充电设施等业务领域。得益于早布局、早转型，两家企业预计到 2050 年能够全面实现净零排放。有别于欧洲石油公司重视能源结构转型，美国石油公司更加注重传统能源的低碳科技创新。2000 年至今，埃克森美孚公司已聚焦节能减排技术累计投资逾 100 亿美元。

在全球各主要国家加速推动能源转型发展的大格局下，2020 年 9 月，习近平主席在第七十五届联合国大会上郑重宣布：中国将提高国家自主贡献力度，二氧化碳排放力争于 2030 年达到峰值，争取 2060 年前实现碳中和。这一重大战略决策，意义重大、影响深刻。一是能够彰显我国作为负责任大国的担当，使我国从全球气候治理体系的"被动者"转变为"引领者"。二是有助于我国通过气候外交谋求多边合作，打破部分西方国家的围堵和封锁。三是能够为我国推动能源科技创新和能源转型发展注入强大动力，倒逼我国增加科研投入、技术升级、设备更新，抢占新一轮科技革命和产业变革的先机，加快推动能源的绿色、清洁、高效、低碳、智能发展以及经济社会高质量发展，赢得构建国

---

1 邹才能，何东博，贾成业，等.世界能源转型内涵、路径及其对碳中和的意义 [J]. 石油学报，2021，42（2）：233-247.

际新秩序的主导权。

（二）推动实现碳中和的基础与挑战

中国是世界第一大能源生产国和消费国，在全球气候治理中起着关键作用。目前我国已经基本具备实现"碳中和"目标的经济、技术和社会基础，但也面临很大的压力与挑战，需要在党的坚强领导下，采取包括科技、经济、法律、教育、宣传在内的全方位政策措施推动实现。

从现有基础角度来看，首先，我国能源发展呈现出创新、完备、跃升三方面特征：一是在特高压输电、核电、可再生能源、新能源汽车、智慧能源等先进科技领域取得了系列重大突破。二是构建了全球最完整的能源工业体系和产业链。三是呈现出向全球价值链中高端攀升的良好态势，为实现"碳中和"目标奠定了坚实的经济基础和技术基础。其次，我国已连续 10 余年积极推动产业结构调整、能源结构优化以及重点行业能效提升，在节能减排方面取得了显著成效，根据国务院新闻办公室于 2020 年 12 月发布的《新时代的中国能源发展》白皮书，2012 年以来，我国单位国内生产总值能耗累计降低 24.4%，相当于减少能源消费 12.7 亿吨标准煤，单位 GDP 碳排放超额完成对外承诺的 2020 年下降 40%—45% 的目标，已基本扭转碳排放快速增长的局面。最后，我国新能源成本在持续下降，光伏发电、陆上风电等技术已基本形成对煤电的价格竞争优势。只要我国能够始终发挥好市场经济条件下社会主义集中力量办大事的体制优势，"碳中和"目标就一定能够如期实现。

不过，我们也要充分重视"碳中和"目标面临的巨大压力与挑战。一是要平衡好经济发展特别是以制造业为核心的实体经济发展与节能减排的关系，充分尊重我国尚处于工业化发展阶段、能源消耗量及碳排放量仍处于"双上升"阶段这一基本事实，制定符合我国国情和发展阶段需求的减排规划，确保工业实力的稳步提升。二是要综合考虑我国人口数量、发展速度、经济规模以及资源禀赋，把"碳中和"的过渡期远低于发达国家、时间紧任务重的困难想得充分些。三是要认清我国短时间内能源消费结构依然需要以煤为主这个基本现实，合理推进科研规划。四是要坚持将能源作为生产生活的关键公共产品定位，要始终将能源价格波动控制在合理区间。

（三）推动实现碳中和的重点方向

"碳中和"目标任务重、时间紧，需要全国上下统一认识，以强大的决心、毅力和强有力的措施集中推动。

1. 以新发展理念为引领强化顶层设计

要运用系统思维，打破各种壁垒和藩篱。实现"碳中和"目标是一个巨大的系统性工程，会给我国政治、经济、社会、文化、科技体系带来深刻影响与挑战，需要坚持整合思想和系统思维，综合施策。一是要打破能源企业、种类之间的壁垒，扭转煤、电、油、气、核等各类能源相互割裂、各自为战的局面，通过多能互补和各类能源融合发展，全面提升能源综合效率。二是要打破能源与其他行业之间的壁垒，统筹设置目标，综合推动能源、建筑、制造、交通运输等行业的节能减排。三是要打破中央与地方、不同地区、不同部门之间的壁垒，以全国一盘棋的高度统筹处理好局部与全局利益关系，让要素、资源在更大范围内自由流动，发挥市场主体作用。四是要打破主体之间的壁垒，促进政府、企业、个人等不同主体之间的相互配合与协同，实现社会的普遍共识和良性互动。五是要打破制度、政策体系之间的壁垒。各地区、部门、行业、企业在制定"碳中和"政策、方案的过程中需要遵循系统性原则，科学把握碳循环过程和规律，充分考虑不同项目之间的联动关系，因地制宜，杜绝"一刀切"，形成推动实现"碳中和"目标的合力。

2. 增加资金投入和金融支持力度

地方政府是拆解和细化碳减排任务并推动低碳城市建设的关键，如果资金投入力度不足、缺口过大，地方很难调动起足够积极性，因此需要在新能源发电、先进储能、绿色建筑等领域加大投入并不断完善与碳减排相关的投融资体制机制，增加资金来源和财政支持，助推地方"碳达峰"和"碳中和"。同时，要充分运用金融工具，设立能源创新、低碳转型发展、"碳中和"相关基金，通过专项资金，对山西、内蒙古等传统能源基地和群体进行倾斜，引导和扶助传统能源企业平稳转型，加强产业工人培训和转岗，避免出现因低碳转型而导致的就业难等经济社会问题。

3. 加快降低绿色清洁能源的成本

在电力供给侧，要合理控制燃煤电厂的总规模，不断提升清洁电力在总发电量中的占比。在消费侧，要持续推进工业、建筑、交通、供暖等领域的电能替代工程，通过能源体制机制改革，实行有利于提高绿色清洁能源企业竞争力的政策等方式，加快推进低碳能源的规模化应用，不断降低低碳能源使用成本。

4.大力推动能源科技创新和进步

要实施加快推进国内产业转型升级和高质量发展的产业政策。我国作为"世界工厂"，工业能耗占比长期保持高位，根据国家能源局公布的 2023 年一季度全社会用电量，第二产业用电量占比超过 65.16%。因此，要牵住工业转型升级和高质量绿色发展这一节能减排的'牛鼻子'，严格控制钢铁、水泥以及电解铝等传统高耗能、重化行业新增产能，大力推动可再生能源发电、碳捕集利用与封存、储能和智能电网、新能源乘用车和氢燃料电池汽车、全口径温室气体管控等领域关键核心技术的突破和创新，优化存量产能，推动数字化和低碳化深度融合，利用人工智能、大数据、云计算、物联网等先进技术手段，以创新来推动传统化石能源企业转型，推进节能改造、产业结构调整和数字化、网络化、智能化升级，不断降低工业产业的能源消费和碳排放，逐步实现经济增长和碳排放的脱钩。

5.加快完善碳排放权交易市场

建设全国统一碳排放权交易市场，是以习近平同志为核心的党中央做出的重要决策。碳排放权交易市场作为一种低成本减排的市场化政策工具，一方面可以促进清洁能源产业蓬勃发展，另一方面可以抑制和淘汰化石能源产业和高污染、高能耗、高排放的落后产能，从而以最低成本、最高效率改变能源结构、提高能源效率、治理环境污染。目前我国已在北京、天津、上海、重庆、湖北、广东、深圳及福建 8 个省市启动了碳排放权交易试点工作，形成了要素完善、特点突出、初具规模的地方碳市场。试点范围企业的碳排放总量和强度实现"双下降"，显示出碳市场以较低成本控制碳排放的良好效果。

三、中国的成功实践

（一）战略创新推动传统油气向综合能源转型

作为世界最大的能源生产国、最大的能源消费国和最大的碳排放国，中国石油天然气集团有限公司（以下简称"中石油"）、中国石油化工集团有限公司（以下简称"中石化"）和国家能源集团等能源龙头企业积极推动能源生产清洁化转型。

中石油一方面在液化天然气一体化、页岩油气开发、深水、超深水等重点业务领域加快融合与创新步伐，另一方面在新能源、新材料、碳捕集、数字化、智能化等方面持续加大投入，着力塑造新业态，围绕产业链部署创新链，依托创新链提升价值链，打造绿色低碳能源产业增长极，不断完善"低碳、清洁、安全、高效"的能源体系，走出了一条中国特色能源转型之路。中石化致力于建设世界领先的洁净能源与合成燃料公司，把绿色转型发展打造成亮丽名片。国家能源集团积极响应"碳达峰""碳中和"目标，主动顺应能源变革的历史进程和发展规律，大力推进清洁能源规模化、化石能源清洁化、能源产业智能化。

总体来看，我国能源公司的转型发展并非一日之功，而是需要坚持"碳中和"愿景，通过不断战略调整和布局，逐步推进能源创新和转型发展。首先，以稳步降低煤炭消费占比为先导。其次，逐步加大新能源领域投资和智慧能源布局。最后，通过多措并举实现油气公司向综合能源公司转型。

（二）科技创新推动资源主导向技术主导转型

科技创新是引领能源转型发展的第一动力。20 世纪 70 年代以来，世界平均能源强度下降幅度达 48%，而我国是世界上能源效率上升幅度最大、能源强度下降最快的国家——年均降速超过 2%，下降总幅度达 86%[1]。

绿色、高效、低碳、智慧是能源科技进步的核心，其中节能增效是我国首要能源战略。我国通过改进材料、提高参数、优化模型等方式提高能源效率，实现了可观的经济、环境和社会效益，有效降低了一次能源需求总量、温室气体排放以及能源生产、消费对环境的影响。数字化、智能化是我国能源产业实现从资源主导型转向技术主导型的另一大关键。目前我国在新能源发电、智能电网和储能技术这三大关键领域均走在了世界前列，为数字能源和智慧能源发展打下了坚实的基础。其中，新能源发电实现了二代异质结太阳能电池生产

1　OPEC. World oil outlook 2040 [R]. Vienna, Austria: Organization of the Petroleum Exporting Countries, 2019.

装备、三代生物燃料、小微型核反应堆、微型斯特林发动机、潮汐涡轮机、光电透明玻璃、空间太阳能、惯性约束核聚变、钍反应堆等技术的突破，我国正稳步推进新能源与新材料、新能源与生物科技、新能源与可控核反应的深度融合，而智能电网和储能技术方面则在智能电网、分布式发电/供电/储电、能源互联网等技术领域达到了全球先进水平。

2021年5月28日，中国"人造太阳"——全超导托卡马克核聚变实验装置（EAST）创造了新的世界纪录，成功实现可重复的1.2亿摄氏度101秒和1.6亿摄氏度20秒等离子体运行，向核聚变能源应用迈出重要一步。

新发展格局下，通过更灵活、更高效的分布式与集中式相结合、用电与储能和供电自适应的智能电力系统以及燃料电池、锂空气电池、氢能储存与运输、蓄热等技术，我国将逐步推动跨用户、跨地区、跨国家的能源互联互通。

（三）管理创新推动加速扩张向提质增效转型

我国在推动能源科技转型的同时，也高度重视以能源结构电气化、能源管理智能化为核心的能源管理模式和管理技术的转型，不断推动能源供给端与消费端的协同发展和协同转型。

能源供给端方面，我国以清洁化、低碳化为导向，推动新能源比例稳步提升，并不断强化电气化二次能源的主导地位。目前我国已逐步建立起综合型的能源供给体系，通过鼓励投资建设新能源发电设施，促进能源互联网、微电网等技术，完善新能源发电设施接入电网等支持政策，推进以分布式可再生能源和热、电、冷三联供为重要方向的分布式能源发展，不断提高可再生能源的就地消纳能力和利用比例，推动能源供给结构的清洁化、低碳化转型。

能源消费端方面，我国高度重视智能化管理转型，通过分布式与集中式协同发展、平衡用能以及电气化水平提升，不断提高新能源在储能、终端消费等领域的份额，并通过推动电储能和氢能技术的应用，加强能源互联网与储能技术的深度融合，有效提升新能源在智能电网中的调峰作用。比如，积极发挥电动汽车在电网的储能和调峰中的关键作用，在电网负荷低谷时段充电为电网提供储能和调峰服务，实现了先进管理技术和模式推动的提质增效。

四、未来发展的展望

新时代的中国能源发展，将坚持创新、协调、绿色、开放、共享的新发展理念，坚定不移地走高质量发展新道路，积极适应国内国际形势的新发展新要求，以深化供给侧结构性改革为主线，全面推进能源消费方式变革，构建多元清洁的能源供应体系，实施创新驱动发展战略，不断深化能源体制改革，持续推进能源领域国际合作，更好服务经济社会发展，更好服务美丽中国、健康中国建设，更好推动建设清洁美丽世界。

（一）贯彻"四个革命、一个合作"能源安全新战略

习近平总书记提出"四个革命、一个合作"能源安全新战略[1]，为新时代中国能源发展指明了方向，开辟了中国特色能源发展新道路。

"四个革命"包括：

一是要推动能源消费革命，抑制不合理能源消费。坚持节能优先方针，完善能源消费总量管理，强化能耗强度控制，把节能贯穿于经济社会发展全过程和各领域。坚定调整产业结构，高度重视城镇化节能，推动形成绿色低碳交通运输体系。在全社会倡导勤俭节约的消费观，培育节约能源和使用绿色能源的生产生活方式，加快形成能源节约型社会。

二是要推动能源供给革命，建立多元供应体系。坚持绿色发展导向，大力推进化石能源清洁高效利用，优先发展可再生能源，安全有序发展核电，加快提升非化石能源在能源供应中的比重。大力提升油气勘探开发力度，推动油气增储上产。推进煤电油气产供储销体系建设，完善能源输送网络和储存设施，健全能源储运和调峰应急体系，不断提升能源供应的质量和安全保障能力。

三是要推动能源技术革命，带动产业升级。深入实施创新驱动发展战略，构建绿色能源技术创新体系，全面提升能源科技和装备水平。加强能源领域基础研究以及共性技术、颠覆性技术创新，强化原始创新和集成创新。着力推动

1　童亚辉. 习近平能源安全新战略的浙江探索 [N]. 人民日报，2019-07-03.

数字化、大数据、人工智能技术与能源清洁高效开发利用技术的融合创新，大力发展智慧能源技术，把能源技术及其关联产业培育成带动产业升级的新增长点。

四是要推动能源体制革命，打通能源发展快车道。坚定不移推进能源领域市场化改革，还原能源商品属性，形成统一开放、竞争有序的能源市场。推进能源价格改革，形成主要由市场决定能源价格的机制。健全能源法治体系，创新能源科学管理模式，推进"放管服"改革，加强规划和政策引导，健全行业监管体系。

"一个合作"是指要全方位加强国际合作，实现开放条件下能源安全。坚持互利共赢、平等互惠原则，全面扩大开放，积极融入世界。推动共建"一带一路"能源绿色可持续发展，促进能源基础设施互联互通。积极参与全球能源治理，加强能源领域国际交流合作，畅通能源国际贸易、促进能源投资便利化，共同构建能源国际合作新格局，维护全球能源市场稳定和共同安全[1]。

（二）坚定不移推进能源创新

在坚持以人民为中心、坚持清洁低碳导向、坚持创新核心地位、坚持以改革促发展、坚持推动构建人类命运共同体的新时代能源发展理念的指引下，抓住全球新一轮科技革命和产业变革的机遇，在能源领域大力实施创新驱动发展战略，增强能源科技创新能力，通过技术进步解决能源资源约束、生态环境保护、应对气候变化等重大问题和挑战。

一是要加强顶层设计和战略规划。《国家创新驱动发展战略纲要》将安全清洁高效现代能源技术作为重要战略方向和重点领域，凸显了能源科技创新的特殊地位。通过制定能源资源科技创新规划、能源技术革命创新行动计划和面向2035年的能源、资源科技发展战略规划，我国已经围绕煤炭安全智能绿色开发利用、火电清洁高效发展、石油天然气的高水平勘探开发与高附加值利用、太阳能多元化利用、风电开发、水电绿色发展、核电安全有序发展、生物质能、地热能和海洋能的因地制宜发展、能源技术装备研发、能源输配网络建设、能源储备应急体系建设、能源调峰体系等方面部署了科技创新重大举措和

---

1 习近平. 积极推动我国能源生产和消费革命 [N]. 人民日报，2014-06-14.

重大任务，提出了技术攻关规划和技术路线图，不断提升科技创新引领和支撑作用。

二是要深化能源科技体制改革。加快形成政府引导、市场主导、企业为主体、社会参与、多方协同的能源技术创新体系，促进能源重大科技领域的协同创新和融通创新。首先，加大重要能源领域和新兴能源产业科技创新投入，加强人才队伍建设，提升各类主体创新能力。其次，实施重大科技项目和工程，实现能源领域关键技术跨越式发展。聚焦国家重大战略产业化目标，实施能源科技重大专项，开展新一代核电、新能源汽车、智能电网技术与装备、煤矿智能化开采技术与装备、煤炭清洁高效利用与新型节能技术、可再生能源与氢能技术等方面关键核心技术攻关，重点部署能源高效洁净利用与转化的物理化学基础研究，推动以基础研究带动应用技术突破，多举措并举确保能源科技自主可控。

三是要构建和完善能源创新平台体系。第一，加快推进能源领域国家实验室体系建设，打造以国家实验室为核心的国家战略科技力量。第二，依托以央企为核心的龙头企业，建成一批国家级能源技术创新平台，高效整合科研院所和高校资源，激发各类主体的创新合力。第三，大力推进国家重点实验室体系和国家工程研究中心体系改革，重点围绕煤炭安全绿色智能开采、可再生能源高效利用、储能与分布式能源等技术方向开展相关基础研究和应用研究，促进能源科技进步。第四，布局建设一批国家能源研发中心，围绕煤炭、石油、天然气、火电、核电、可再生能源、能源装备重点领域和关键环节开展研究，覆盖当前能源技术创新的重点领域和前沿方向。

四是要持续推动新模式新业态发展。能源是新一轮科技革命和产业变革的焦点和交汇点，应大力推动能源技术与空天、深海、信息、材料、生命和先进制造技术深度融合，以数字化、网络化、智能化为方向，探索能源生产和消费新模式。在光伏发电与农业、渔业、牧业、建筑等融合发展、绿氢制取、储运和应用等氢能产业链技术装备、氢能燃料电池技术链、氢燃料电池汽车产业链方面加大发展力度，支持新能源微电网建设，着力推进储能与可再生能源互补发展，形成发储用一体化局域清洁供能系统。支持地方政府挖掘前沿产业发展、消费升级、城市精细化治理等需求，形成和发布能源场景清单，为科技型创新创业提供应用场景。推动央企应用场景开放，鼓励央企开放资源，围绕能源创新平台、产业园区在技术和产品方面的需求，面向社会公开具有示范带动作用的应用场景。建设能源场景创新中心，支持龙头企业整合开放产业资源和创新要素，为科技型中小企业的快速成长提供试验空间和市场资源，推动综合能源服务新模式，实现终端能源多能互补、协同高效。

在百年未有之大变局的转折点，中国将秉持人类命运共同体理念，继续与各国一道，深化全球能源治理合作，推动全球能源可持续发展，维护全球能源安全，努力实现更加普惠、包容、均衡、平等的发展，建设更加清洁、美丽、繁荣、宜居的世界。

公共创新的兴起

充分重视创新的社会价值，提高创新活动的公众参与度，大力发展公共创新，是社会主义现代化的中国进行创新发展的重要着力点。公共创新作为提升人民幸福感和增进社会福祉的重要创新方式，具有十分重要的内涵。区别于传统的商业创新范式，公共创新契合"四个面向"的科技创新发展要求，也体现了创新、协调、绿色、开放、共享的新发展理念。大力发展公共创新，有利于着力增加适应居民需求的公共产品和公共服务供给，提升人民幸福水平，为建设社会主义现代化国家增添助力。

一、公共创新的时代背景与要求

（一）公共创新的时代背景

自著名经济学家熊彼特提出创新概念以来，创新被过多赋予了创造商业财富的意义。人们普遍认为创新是企业用以增加商业利润的手段，渐渐忽略了对创新最终价值的思考。随着商品经济的不断繁荣发展，人们逐渐开始思考创新所追求的真正意义，即便是商业创新，也必须通过提升用户价值来创造更多的经济财富。由此，创新对于除金钱之外的福利、福祉等社会价值的创造逐渐凸显，以公共价值提升为目的的公共创新逐渐得到重视，并将发挥更为重要的作用。

2016 年 1 月，习近平总书记在重庆调研时强调落实创新、协调、绿色、开放、共享的发展理念，指出"在整个发展过程中，都要注重民生、保障民生、改善民生，让改革发展成果更多更公平惠及广大人民群众，使人民群众在共建共享发展中有更多获得感。特别是要从解决群众最关心最直接最现实的利益问题入手，做好普惠性、基础性、兜底性民生建设，全面提高公共服务共建能力和共享水平，满足老百姓多样化的民生需求，织就密实的民生保障网"[1]。作为社会主义国家，我国对创新的公共价值非常重视。2016年9月，习近平主席在出席二十国集团工商峰会开幕式时强调，"中国的发展得益于国际社会，也愿为国际社会提供更多公共产品"，"中国倡导的新机制新倡议，不是为了另起炉灶，更不是为了针对谁，而是对现有国际机制的有益补充和完善，目标是实现合作共赢、共同发展"，"'一带一路'倡议，旨在同沿线各国分享中国发展机遇，实现共同繁荣"，"中国对外开放，不是要一家唱独角戏，而是要欢迎各方共同参与；不是要谋求势力范围，而是要支持各国共同发展；不是要营造自己的后花园，而是要建设各国共享的百花园"[2]。这充分体现了中国作为一个大国，对创新公共价值的充分重视及对创新促进人类社会发展所负有的责任与担当。

（二）公共创新与共同富裕的内在逻辑关系

公共创新在创造社会财富、增进人民福祉方面发挥着重要作用，顺应了中国共同富裕与大同世界的中国梦要求，为我国科技创新范式的转型提供了一个可以借鉴的思路和途径。公共创新与共同富裕的内在逻辑关系主要表现为以下三个方面。

首先，公共创新与共同富裕都强调普通大众在财富创造方面的重要作用。科技创新是经济高质量发展的根本保障，经济发展在促进共同富裕中发挥着重要的支撑作用，而无论是经济建设还是创新发展，都离不开公众的伟大力量。2015年，习近平总书记在中央城市工作会议上提出了"三只手合力论"，即统筹政府、社会、市民三大主体积极性。2019年的国务院《政府工作报告》再次指出，要大力优化创新生态，调动各类创新主体积极性。因此，共同富裕的实现需要在党和政府的战略布局下依靠人民大众的集体力量，依靠全体人民的共同奋斗。而公共创新概念的提出强化了社会力量在创新中的重要作用。在公共创新范式下，创新主体转变为非商业性质的普通民众、家庭等。这种来自人民大众的创新实践对我国实现共同富裕将发挥重要作用。

1　习近平.落实创新协调绿色开放共享发展理念 确保如期实现全面建成小康社会目标 [N].人民日报，2016-01-07（01）.

2　习近平.中国愿为国际社会提供更多公共产品 [N].人民日报，2016-09-04（01）.

其次，公共创新与共同富裕的目标是一致的，即创造社会财富、增进人民福祉。我国是社会主义国家，社会主义最大的优越性就是共同富裕，国家发展的根本目标是增进十几亿人的福祉。改革开放以来，我国一直以经济建设为中心，而社会建设相对滞后，中国面临从经济建设向社会建设的重大转型。从经济建设转向社会建设，必须关心社会福利和人民福祉。实现共同富裕，是实现全体人民的同步富裕。而公共创新直接作用于创新最终的服务单元——创新者自身及所在的社区，其目的在于提升真实财富，与追求经济利益的商业创新截然不同。因此，公共创新对于当代中国的社会建设具有非凡意义。

二、国内外现状与趋势

（一）公共创新范式

从著名经济学家熊彼特的观点来讲，创新是一个经济过程，落到财富创造层面，其关注的主要是商业财富的提升。围绕商业和产品展开的创新具有一定的局限性：一是限于一定的产业结构和制度环境，当企业家不能依靠生产性活动而获利时，寻租等非生产性活动会盛行[1]，从而削弱创新能力，降低生产效率。二是一些有关公共环境改善的创新活动——如卫生、教育及环境治理等，其不仅不会增加商业利润，甚至会损害商业利润，因而依靠商业创新难以实现。由此，责任式创新范式开始兴起，要求构建国家顶层设计驱动创新实现社会发展目标[2]，通过多利益攸关主体协同决策，引导创新朝社会需求满足和道德伦理要求方向演进[3]。尽管责任式创新在一定程度上跳出了商业创新的框架，但其创新的主体依然与其受众分离，需要在政府调控或其他有效的规则及制度前提下运行。

1　BAUMOL W J.The free-market innovation machine: analyzing the growth miracle of capitalism[M]. Princeton University Press, 2002.

2　VON SCHOMBERG R.A vision of responsible research and innovation[M]//OWEN R, HEINTZ M, BESSANT J.Responsible innovation: managing the responsible emergence of science and innovation in society. London: John Wiley, 2013: 51-74.

3　梅亮，陈劲.责任式创新：源起、归因解析与理论框架 [J]. 管理世界，2015（8）：39-57.

随着创新范式的不断演进，商业财富的提升已经远远不能囊括所有的创新目的，社会财富的提升开始进入公众的视野。因而，近年来，有许多研究者开始关注传统熊彼特范式之外的、以企业外部人员为创新主体的创新范式，如用户创新、社会创新、公民创新等。尽管这些创新范式进一步扩大了创新主体的范围，但仍然没有解释清楚发生在日常的、非专业性的及以增进福利或福祉为目的的广泛意义上的创新活动。经济学家彼得·斯旺基于此提出了公共创新的概念，用来指发生在商业、专业与政府领域之外，由普通的公众为其自身利益而进行的创新[1]。与追求经济利益的商业创新截然不同，公共创新不再追求商业性质的目标。公共创新的目的在于提升真实财富，其服务的对象是创新者自身及其所在的社区，与商业领域内的创新截然不同。公共创新的创新者也不再局限于企业内部，而是普通的个体家庭、俱乐部及社区等非商业部门。具体而言，公共创新活动并非发生在企业内，而是存在于人类生活和社会的方方面面。与具有高科技含量的创新活动也不同，公共创新存在于普通人的工作和生活中，直接服务于创新者本人和所在社区的创新范式，对于提升社会福利、增进公众福祉具有非常重要的意义。

彼得·斯旺在其《公共创新》一书中将财富分为 M-财富和 R-财富两种，引发了众多学者、企业家乃至大众对创新价值的重新思考。彼得·斯旺指出，M-财富即商业财富或物质财富等经济财富，而 R-财富则是指更为根本的财富，即福利与福祉等，可以被理解为真正的财富或 Ruskin 财富。对财富的二分类提法告诉我们，创新的目的不应是简单地追求经济利润，应该更多地关注创新这一活动对人类和社会更为本源性的价值创造的影响。创新发展最终必然是为了人类与社会的进步，因此必须注重创新为增进人类社会福祉而做出的贡献。

公共创新概念的提出，为发展提升社会福利和人类福祉的创新进一步提供了理论支持。熊彼特对创新的定义是"创造性的破坏"，关注的是商业价值与商业机会，并没有关注创新对社会福利、人类福祉等社会价值的影响。公共创新则是指发生在商业、专业与政府领域之外，公众为提升其自身或所在社区利益而进行的创新。不同于商业创新，公共创新的目标也不再具有商业性质，公

1　陈劲，曲冠楠，王璐瑶.有意义的创新：源起、内涵辨析与启示 [J].科学学研究，2019，37（11）：261-270.

共创新的主体不再局限于企业内部，而是由普通的个体、家庭、俱乐部及本地社区等非商业部门组成。具体来说，公共创新发生在人民生活的方方面面，并不是局限于企业的研发部门，也并非只有具备高科技含量的创新才是创新，创新可以存在于普通人的工作和生活中。

要说明的是，虽然公共创新不再强调商业化这一过程，但是这并不意味着公共创新不能向商业财富进行转化。相反，恰恰因为公共创新更为贴近用户的生活需求，具有更为广泛的创新参与者，所以加以利用可更好地实现创新向商业价值的转化。也正是因为公共创新的参与者主要是较为分散的普通民众，所以公共创新活动的完成在一定程度上需要政府、企业和社会的共同支持。同时，因为公共创新的成果较为分散，成果价值具有较高的不确定性，所以需要对公共创新的成果进行汇集，以便对接相应资源实现成果转化，创造经济财富，促进共同富裕。

（二）我国开展公共创新的探索

我国是社会主义国家，发展观与资本主义国家不同。更具体地说，中国的发展不仅仅是为了实现经济发展，更是为了实现经济、社会、生态的全面发展，增强人民的幸福感。

改革开放以来，我国的社会主要矛盾是人民日益增长的物质文化需要同落后的社会生产之间的矛盾，因此一直是以经济建设为中心。随着经济的不断发展，我国社会的主要矛盾发生了变化，转化为人民日益增长的美好生活需要与不平衡不充分的发展之间的矛盾，我国面临着从经济建设向社会建设的重大转型[1]。从经济建设转向社会建设，必须关心社会福利和人民福祉，包括公共卫生、生态文明和可持续性等众多可切实提高人民生活幸福水平的方面。创新的关注点也不应仅仅局限于对商业价值的追求上，更应返璞归真，服务于增加人民财富。在公共创新范式下，创新主体转变为普通的个人、家庭等非商业性质的部门，创新的目的直接作用于真正财富的创造，因而公共创新对于当代中国的社会建设意义非凡。2016 年 8 月，习近平总书记在全国卫生与健康大会上指出，

1　王亚华.增进公共事物治理：奥斯特罗姆学术探微与应用 [M].北京：清华大学出版社，2017.

要"倡导'每个人是自己健康第一责任人'的理念"。由此可见，生命健康的特殊性要求每个人都应参与公共卫生体系共建共享过程中，大力发挥公共创新在现代化中国的巨大作用，让创新更好地服务于每个人，全面提升创新的社会化价值。

与西方资本主义国家不同，公共创新在中国的创新发展中具有广阔空间，其内涵在中国情境下得以进一步拓展。因为中国是社会主义国家，所以中国发展的根本目标是提高十几亿人的福祉。在中国，参与公共创新的主体范围更为广泛，既包括广大人民群众，也包括政府和企业。以全心全意为人民服务为宗旨，政府对于满足人民需求、增进社会福祉责无旁贷。同时，制度的优越性，使得我国政府可更有效地汇聚各种优势资源，集中力量办大事。这为公共创新在我国的发展提供了肥沃的土壤，使我国政府在推动公共创新方面有着西方资本主义国家政府所未有的优势。对于企业来说，社会主义的属性决定了中国企业存在的目的绝不仅仅是追求商业利益，而是必须将国家和人民的利益作为自身发展的重要目标。尤其是国有企业，在从事生产运营活动、追求经济利益的同时，兼有社会保障、社会福利及社会管理等多种职能[1]。公共创新的主体也可以是企业中的公共部门。这些公共部门不以追求商业利益为目的，而以增进人民福祉作为其部门发展的动力。由此，在中国情境下，公共创新的主体不仅仅是个人、家庭，还包括政府乃至企业等，它们在推动公共创新发展方面发挥重要作用。

公共创新体现在社会生活及生产的方方面面，而且因为创新的最终消费者是家庭，所以公共创新这种直接服务于创新者自身的创新范式对于提升社会福利、增进公众福祉至关重要。公共创新摒弃了商业创新对经济财富的单纯性追求，转而关注一些根本性层面的东西。所以，公共创新不再强调商业化这一过程，而是泛指为了提升人民生活水平、满足公共需求而采取的创新行为。公共创新的完成不仅仅需要聚集来自政府、企业及社会的创新者，还应具备公共创新所需的必要知识、信息等创新资源。公共创新在社会主义的中国有着广阔的发展前景，我国在推动公共创新发展方面做出了重要的努力，如党和国家建立

1　刘世锦.中国国有企业的性质与改革逻辑 [J].经济研究，1995（4）：29-36.

的公共卫生体系，强调以人民健康为中心，依靠科技创新的力量提升人民的健康水平等。

三、中国的成功实践

（一）医疗共益创新——以 Inno4Rare 为例

近年来，我国的经济水平和综合国力大大提升，我国已具备发展公共卫生领域创新的经济条件。我国人口众多，公共卫生领域的创新不仅会为中国带来巨大的商业价值，更能为人民幸福和社会稳定做出巨大贡献。公共卫生领域的创新与治理特别关注具有自我创新与探索能力的使用者的参与。为此，使用者的免费创新和患者创新将成为公共卫生创新与治理的生力军。

Inno4Rare 是由北京病痛挑战公益基金会、Plug and Play 中国以及银钰集团旗下子昂健康三方联合推出的首个罕见病创新平台，旨在寻找和孵化可能应用于罕见病诊断、治疗、管理和康复的项目患者，建立医疗创新合作生态平台。Inno4Rare 在对罕见病创新过程的研究中认识到，罕见病中的患者创新需要患者深度参与和多方力量的共同创新。以罕见病脊髓性肌萎缩症（spinal muscular atrophy，SMA）为例，Inno4Rare 通过将患者社区与研发、制药公司建立链接，让患者更好地了解脊髓性肌萎缩症的自然史和照护要点，增加公众对罕见疾病和自然疾病的正确认识，联合多方共创，为药物创新和药外创新开辟了新思路。

Inno4Rare 通过对接患者组织、医疗机构、医生、研发人员、医疗爱好者等资源，一方面通过平台提供知识交互空间，另一方面通过平台进行免费信息分享。对于有商业价值的解决方案，Inno4Rare 通过已建立的生产者创新价值网络中的公司对接风险资本和社会资本推动其商业化，进而构建一个以患者为中心的创新生态系统，实现系统内知识的整合、集成和价值的流动。创新生态中的其他利益相关者，如医疗机构、研发机构、医疗组织、社会捐助者、医疗器械和制药、社会公共服务机构等的紧密伙伴关系能有效提升患者创新者的知识和研究技能，增强患者的信心。

Inno4Rare 的实践体现了以患者为中心联合多方专业力量共创成果的创新

价值生态系统正在被建立。这种新型的多利益相关方实践，改变了以往患者组织自行设计的创新方式，通过医疗行业专业企业帮助，让深入了解一线需求的患者创新成果得到更专业、适用性更强的应用。医疗创新在平台的交互连接下开启真正实现以患者为中心、多方辅助共益共创的新创新范式[1]。

（二）基于创客空间的公共创新

创客空间是指在学校、图书馆或独立的公共/私人设施中，利用高科技或非科技工具进行制作、学习、探索和分享的协作工作空间，是一种新形式的基础设施，旨在支持消费者创新和非创新的创意活动。创客空间面向大众开放，无论是企业家还是普通民众，都可以进入创客空间成为一名创客，主动参与创新创业活动。有些创客空间配备各种制造设备，如3D打印机、激光切割机、数控机床等，为创客开展创新活动提供基本支持；有些创客空间只是提供数字平台连接异质性资源，满足创客的创新需求。创客空间的组织形式并不是固定不变的，博物馆、社区空间、大学、公共图书馆、平台型企业等都在快速地构建创客空间。

创客空间通过汇聚众多的创新资源，能够促进创新和创新成果扩散。来自人民大众及家庭部门的公共创新大多发生在家庭和社区场景中，并不能实现快速扩散，有必要成立创客空间帮助其实现最大实用价值，并进一步实现从社会财富向经济财富的转化。将这部分公共创新转化为经济价值，也有助于增加普通民众的经济收入，符合我国共同富裕的目标。在创客空间中，创新者在许多方面与消费者高度贴近。而消费者与生产者的近距离接触使得创客空间中的创新协作活动更为高效、创新成果扩散更为快速。

本质上讲，创客空间具有创新公地的基本属性。例如，在创客空间中，病人可与医生共同探索治疗方案，并通过创客空间聚集的资源降低外部因素带来的巨大成本，如资源获取成本、合作者寻找成本等。由此可见，创客空间实际上提供了一种基础设施，具有增加消费者创新、加速创新成果扩散和提升社会福利的潜力，值得政府支持。

---

1 陈劲，魏巍.医疗共益创新：当患者成为创新者 [J].斯坦福社会创新评论，2022（10）.

我国各级政府充分重视创客空间的建设工作。例如，天津市政府推出了一系列关于发展众创空间推进大众创新创业的政策措施，提出对各级众创空间进行基金支持和财政补助，并通过放宽企业注册资本等条件，积极鼓励人民大众加入创新创业队伍；杭州市通过认定奖励、资质鼓励、房租补贴、设施补助、活动资助、成果激励、项目培育、融资支持及基金引导等多种手段，鼓励形成创客社区，大力推动人民大众的公共创新发展。众多举措大大激发了普通民众的创新活力，有利于将普通民众的公共创新转化为经济价值，从而提升人民的经济财富，有利于共同富裕的早日实现。

四、未来发展展望

公共创新是一个复杂过程，涉及知识、信息、人力、物资和资金等多种资源的流入以及众多创新主体的沟通与合作，仅依靠传统的创新模式无法取得质的飞跃，需要构建一个多中心的公共创新体系，体系中的每个人或每个部门都要充分发挥创新主体的作用，聚集政府、企业及社会三方力量共同推进创新发展。

一是加强顶层设计，完善体制机制。公共创新中创新主体的范围较广、创新动机较为多元，因此公共创新的治理需要在社区自主治理的基础上加强顶层设计、完善体制机制，进一步对公共创新加以促进和保护。例如，针对我国人民群众创新动力不足的问题，从体制机制的角度出发，全面激发人民群众的创新活力，从政策补贴、技术支持等方面为公共创新的发展提供全方位的指导和支持，鼓励人民群众积极分享公共创新成果。再如，针对公共创新的特点，形成针对性的创新成果保护机制，全方位保护公共创新在产生、传播和扩散过程中的知识产权，建立全过程的可追溯管理流程，真正做到与创新成果相关的利益共享。在新型公共创新体制机制下，通过充分激发公众的创新活力、全面保障创新者利益，逐步将公共创新成果的社会福利转化为经济财富，从而增加创新者的经济收益。

二是促进万众创新，形成创新文化。创新文化是指与创新活动相关的社会氛围和文化形态，包括一系列关于创新的价值观以及体制机制等。一国的公共创新文化氛围表明了该国的社会公众对公共创新的态度和价值取向。良好的创新文化氛围对于创新有着非常积极的促进作用。我国对科技创新日益重视，国家在创新文化培育方面也做出了较大努力。随着数字化时代的到来，新的创新组织不断涌现，许多创新平台日渐兴起，逐步形成了多样化的创新生态。目前我国在公共数字平台等方面的相关技术足以支撑公共创新的发展，但仍需要进一步培育社会公众的创新文化氛围，充分激发民众的创新活力。创新发展需要营造开放宽容的文化氛围，同时要形成社会对创新的保护意识。开放宽容的文化氛围有助于激发人民大众参与创新的热情，鼓励人民大众贡献更多的创新成果，使更多的人受益。社会对创新的保护意识对于公共创新也尤为重要，因为公共创新的初衷并非追求经济利益，创新成果在很多情况下是由创新者免费分享的，这部分创新通常不会申请专利，此时社会保护意识将为创新者提供保障。

三是建立创新公地，促进成果转化。公共创新的经济价值具有较大的不确定性，政府和企业无法有效地对之进行干预，因此采用创新公地的形式有利于实现对公共创新成果的有效管理。尽管大部分公共创新成果是免费分享的，但这并不意味着其不具有转化为商业价值的潜力。构建数字化公共创新平台，有效汇聚公共创新资源，不仅有利于公共创新活动的开展，而且有利于公共创新成果的扩散。同时，数字化公共创新平台不仅对接公共创新者，而且对接市场需求方以及企业和政府等。借助创新公地，公共创新成果可以呈现在公众视野中，从而增加其转化为经济财富的机会。一方面，创业者或企业可以从创新公地中更为便捷地接触公共创新成果；另一方面，公共创新者也可从创新公地中顺利对接外界资源。上述两方面共同作用，帮助公共创新成果转化为经济财富，在一定程度上促进共同富裕。

双循环新发展格局下的中国科技创新战略

2020 年 4 月，习近平总书记在中央财经委员会会议上首次提出，构建以国内大循环为主体、国内国际双循环相互促进的新发展格局。2020 年 5 月 14 日中共中央政治局常委会会议上，习近平总书记首次提出"要深化供给侧结构性改革，充分发挥我国超大规模市场优势和内需潜力，构建国内国际双循环相互促进的新发展格局"[1]。之后，习近平总书记进一步明确了双循环新发展格局。2020 年 8 月 24 日，习近平总书记在经济社会领域专家座谈会上又进一步明确指出了"双循环"的主次结构，"要推动形成以国内大循环为主体、国内国际双循环相互促进的新发展格局"。此后，双循环新发展格局被逐步纳入整个国民经济规划的政策。2020 年 10 月 29 日，构建"双循环"新发展格局被纳入《中共中央关于制定国民经济和社会发展第十四个五年规划和二〇三五年远景目标的建议》中，"双循环"成为我国未来经济建设的主要方向。党的二十大报告进一步强调，"坚持社会主义市场经济改革方向，坚持高水平对外开放，加快构建以国内大循环为主体、国内国际双循环相互促进的新发展格局"。

一、双循环的内涵

实质上，双循环新发展格局是以习近平同志为核心的党中央基于当前的经济形势以及国际关系新形势和国内发展新问题系统提出的全新战略，是区别于传统对外开放下的外循环主导的发展战略与发展格局的新发展战略与发展格局，意味着我国的政治、经济、文化、科技、外交与社会等各个层面的发展都具备了新的战略导向与新的要求。

1　中共中央政治局常务委员会召开会议 中共中央总书记习近平主持会议 [N]. 人民日报，2020-05-15（01）.

（一）从经济发展基础层面理解双循环

改革开放以来，我国通过扩大出口以及积极推动企业走出去，积极参与全球国际分工，形成了基于国际贸易、全球价值链的外循环出口导向型的经济发展战略。在这一发展战略下，我国各地区积极通过引进外资，给予外资优惠政策吸引先进的技术、管理经验，衍生出我国非出口企业的学习效应以及出口企业的溢出效应。在出口型经济发展战略的导向下，我国企业尤其是制造企业陷入分工陷阱，即全球价值链的中低端价值链困境，承担了国际先进企业的加工地和组装地的角色，逐步丧失了研发设计与企业创新的内在动力。中国企业通过低成本的劳动力战略和要素成本比较优势积极融入国际经济大循环，并利用本国巨大的消费市场，在改革开放 40 多年来创造了经济增长的东亚奇迹，尤其是 20 世纪 90 年代以来，中国年均 GDP 增长达到 8% 以上，为中国完成生产能力的资本积累提供了基石。但是，自 2011 年以来，我国经济增长速度从 9% 以上逐步放缓到 8% 以下，中国经济步入一个转档换速的新常态。在经济发展新常态下，受国际消费市场需求萎缩的影响，基于国际大循环的发展动力逐步减弱，我国原有的基于出口型的经济发展战略逐步受到外部环境较大的挑战。同时，发达国家尤其是美国、德国以及英国等纷纷推行再工业化战略，国际分工体系也逐步呈现出回流趋势，且从全球价值链的角度看，部分发达国家利用在全球价值链中的"链主"地位对攀升国的科技创新进行封锁，对攀升国的重要科技型企业、研究型大学以及科研机构进行实体清单制裁，成为攀升国全球价值链迈向中高端的巨大障碍。

因此，从国际、国内二维关系的视角看，双循环新发展格局的内涵本质上是国际与国内生产要素的互联互通。一个国家要想通过全球化实现要素的全球配置，从而进入一个特定的发展阶段，需要深挖内需潜力，实现从外向型经济向内需增长型经济转型。这就要求我们在双循环新发展格局下立足国内需求，改变单一的出口导向型激励政策，苦练内功，满足并引领国内需求，进一步提升我国产业、企业在全球价值链中低端分工的地位，实现内外经济循环平衡增长。

（二）从外部需求层面理解双循环

国际经济局势在未来总体上呈现极大的不确定性，国际需求呈现急剧性萎缩，政府负债严重，全球经济步入低利率、低通胀和低增长的经济衰退时代。更为严重的是，在全球需求疲软的状态下，预计未来5—10年经济增长都会处于一个低增长空间，短期内实现世界经济复苏困难重重，国际大循环的经济金融不确定性倍增。2023年7月，国际货币基金组织发布最新《世界经济展望报告》，预计2023年和2024年全球经济增长3%，认为虽然全球经济继续从新型冠状病毒感染疫情和俄乌冲突中逐步复苏，但世界经济面临多重下行风险，增长依然疲弱[1]。国际货币基金组织认为，全球经济正在从深度衰退中恢复，但这是一条"漫长的攀行之路"，且极易出现倒退，全球增长的风险仍然偏向下行，如果出现更多冲击（包括俄乌冲突加剧和极端天气引发的冲击），通胀可能会保持高位甚至上升，从而引发货币政策的进一步收紧。

世界经济衰退风险上升，外需增长显著放缓，国际供应链格局也在加速重构。外需不足是影响我国当前外贸发展的最主要制约因素。我国外贸领域的主要矛盾，从2022年的供应链受阻、履约能力不足，已转变为当前的外需走弱、订单下降。因此，从国际经济形势的角度，加快构建以国内大循环为主体、国内国际双循环的新发展格局，是应对后疫情时代经济增长新局势的必然选择，也是寻求新的经济增长空间、充分挖掘国内消费市场与国内需求的新的战略抉择。

（三）从工业基础与工业化发展阶段理解双循环

从中华人民共和国70多年的发展进程来看，我国相比世界其他国家已建立较为完备的工业体系。2023年我国GDP总量超过126万亿元人民币[2]，我国成为世界第二大经济体、制造业第一大国。从工业基础来看，我国具有最完整、规模最大的工业供应体系，拥有39个工业大类、191个中类、525个小类，是全世界唯一拥有联合国产业分类中全部工业门类的国家。尤其是实施"中国制造2025"计划以来，中国制造的国内外市场占有率大幅提高。在国际

1　数据来源：国际货币基金组织《世界经济展望报告》，2023年7月。

2　数据来源：《中华人民共和国2023年国民经济和社会发展统计公报》。

市场中，2018年"中国制造"的产值约占全球制造业的30%，全球80%的手机、电脑、电视机等产品都是中国制造，例如，iPhone产品基本都在中国完成生产全过程。在船舶制造、5G和互联网等产业领域，中国制造长期位列世界第一，2020年疫情期间也未有改变。例如，2020年上半年，我国在船业三大指标继续保持2017年以来世界第一的纪录：1131万载重吨的新接订单量占全球成交额的65.4%，韩国和日本分别是23.7%和8.8%；7865万载重吨占全球手持订单量的48.3%，韩国和日本分别是28.2%和19.0%；我国船厂累计完工量占全球交付量的37.0%，日本和韩国分别是31.0%和27.0%。从制造业的分行业全球市场占有率来看：全球市场占有率在30.0%—50.0%的中国制造有铝49.0%、电气设备44.0%、基础化工43.0%、酒43.0%、钢铁40.0%、建材40.0%、建筑机械39.0%、金属非金属32.0%、工业机械30.0%、轮胎橡胶30.0%；全球市场占有率20.0%—30.0%的中国制造有电子元件27.0%、汽车零配件27.0%、电子设备26.0%、通信设备21.0%、纸制品21.0%、食品21.0%、摩托车20.0%。在国内市场中，2017年中国制造在GDP中的占比为29.34%，在为中国经济贡献达到85.0%的十大产业中占比达到32.0%。工业机器人、民用无人机、新能源汽车、城市轨道车辆、锂电池和太阳能电池等新兴工业产品产量同比分别增长68.1%、67.0%、51.1%、40.1%、31.3%和30.6%[1]。但是，中国的制造业在国际市场中占据较大比重主要是中低端制造业，材料（塑料橡胶、材料技术）、机电设备（电机、音响设备、核电）、光电技术、计算机通信、运输设备、化学化工（无机、有机、化肥）等部分先进制造业存在较大程度上的进口依赖等问题。中低环节的中国制造比重较大，中国制造的利润率低，如2019年仅为2.59%[2]。从这个意义上，中国制造业作为最大的产业门类，存在制造业大而不强的问题。破解制造业大而不强，进而走向制造业强国，需要充分注重工业部门的技术创新能力建设，苦练内功，以国内大循环引领国内国际双循环，以创新引领的新战略理念打造双循环新发展格局。

---

1 数据来源：《中国工业统计年鉴》。

2 数据来源：《中国工业统计年鉴》。

二、国内外现状与趋势分析

（一）创新政策体系：集成度和联动性不足

目前我国尚未形成面向关键核心技术突破与完善科技创新链的整体性、系统性、协同性与联动性的制度设计和政策供给，在逆全球化背景下，关键核心技术长期依赖进口的弱势被放大，导致我国高新技术产业、战略性新兴产业与未来产业发展面临较大的困境。"双循环"下的创新政策需要统筹国内和国际两个市场，畅通以国内大循环为主导的创新政策供给集成与联动性。

目前在国内大循环主导战略下面向关键核心技术突破的制度政策供给存在三大层面的问题。第一，当前新一轮科技革命和产业革命方兴未艾，"卡脖子"技术的政策供给的集成度与联动性不足。我国尚未有针对不同产业类型的"卡脖子"问题的甄别与分类设计的思路。实际上，新一轮科技革命和产业变革下的数字产业与传统产业的科技创新路径存在颠覆性的差别，需要基于新旧产业的创新路径与潜在创新价值的异质性分类设计推动传统产业与新兴产业的"卡脖子"技术突破的制度与政策。第二，面对制度与政策供给的政策类型的集成度与联动性不足。清华大学陈劲教授等将协同创新政策分为四个方面——供给面政策、需求面政策、环境面政策和连接面政策[1]。目前面向关键核心技术突破与"卡脖子"技术突破的集体攻关与协同创新需要涉及创新政策的供给面与需求面，尤其是由于关键核心技术的技术路径复杂度更高，不确定性更大，创新的风险与周期较一般性的技术创新活动更具难度，单纯依靠供给面或需求面的创新政策是不可能实现有效激励和突破现存的"卡脖子"技术问题的。第三，在我国特殊的央地分权治理关系下，中央与地方的制度政策供给的联动性与集成度不足。从政策主体的视角来看，政策设计主要包括顶层制度设计、宏观配套性与支撑性制度设计，其中顶层制度设计主体主要是党中央与国务院以及各国家部委，而配套性与支撑性的制度设计尤其是执行层面的政策主体主要是地方各级政府。因此，在政策主体层面如何发挥中央顶层设计能力的优势，同时

1　陈劲，阳银娟.协同创新的理论基础与内涵 [J].科学学研究，2012（2）：161-164.

促进地方发挥比较优势，有效识别本地产业发展与企业创新过程中面临的"卡脖子"技术问题，成为央地分权关系下需要解决的突出问题。

（二）区域创新体系：整合程度低，区域创新发展不平衡凸显

党的十八大以来，党中央提出了京津冀协同发展、长江经济带发展、"一带一路"倡议、粤港澳大湾区建设、长三角一体化发展以及黄河流域高质量发展等新的区域创新驱动发展战略。在全新的区域创新驱动发展战略引领下，"十三五"时期我国区域创新体系建设取得了突破性进展，包括京津冀、长三角、珠三角等重点城市群的区域协同创新体系进一步优化，主导城市与其他城市之间的创新协同效应逐步提升，构建起以关键城市网络节点为引擎的多层级、网络化创新体系，形成区域之间的创新要素互补、资源协同与创新人才集聚效应。尤其是近年来粤港澳大湾区的持续推进，进一步增强了区域之间的创新协同与合作效应，成为形成新的区域经济增长极的创新引擎。

但是，目前我国的区域创新体系依然存在三大层面的问题。

第一，区域创新质量不平衡问题凸显，南北区域创新能力呈现分化趋势。东部地区的创新能力依然领跑全国，但是中西部地区的创新能力依然有待增强，尤其是东北地区的区域创新体系建设进展迟缓，长期以来制约东北地区产业转型升级与创新驱动发展的人才要素没有得到根本性的解决，东北地区的研发人员数量在"十三五"时期的降幅超过10%，创新思维僵化与创新体系固化成为制约东北地区创新能力提升的关键障碍。

第二，区域城市群内不同城市之间的创新质量不平衡问题凸显，城市群内不同城市之间的创新协同效应有待进一步增强。在京津冀、长三角与珠三角城市群中，发展动能的分化趋势加剧，主要表现为北京、上海、广州和深圳等超大城市的创新驱动发展优势进一步增强，创新要素向区域特大城市的集聚趋势不断增强。以长三角城市群为例，长三角城市群的创新能力在空间上呈不断扩散的趋势，且专利产出在空间上集聚在少数城市，已经开始出现极化效应。

第三，区域创新要素的整合程度低，区域创新平台效应有待增强。目前尽管形成以城市群为核心的区域协同发展战略，但是受制于各地方政府对于创新的认知程度差异与不同的利益考量，区域内以"项目制"的方式实现区域创新

能力提升与创新体系高质量发展依然面临条块分割的巨大障碍。主要表现为各个地区依然基于不同标准与不同政策环境制定产业政策与创新政策，在政策执行过程中呈现各自为政甚至出现创新要素争夺的现象。如在各大城市人才争夺战的背景下，2018 年清华大学经济管理学院互联网发展与治理研究中心、上海科学技术政策研究所、全球领先的职场社交平台 LinkedIn（领英）联合发布《长三角地区数字经济与人才发展研究报告》显示，长三角地区中人才吸引力最强的城市是上海，人才流入 / 流出比达到 1.41，其次为杭州，其他 7 个城市都在向外流失人才。

（三）企业创新模式：开放式创新下关键核心技术"卡脖子"问题严重

开放式创新是企业以提升技术创新能力为目标，通过有效管理，治理组织内外部的知识要素与创新资源，实现企业研发到商业化的一系列过程，最终实现企业创新模式的创新。开放式创新理论吸收、整合与发展了用户创新、合作创新、吸收能力、创新网络等理论与方法，是开放经济与动态竞争环境下的一种全新的创新范式。但是，在"外循环"主导发展格局下，我国企业在开放式创新过程中逐步转向外向型的开放式创新模式而非内向型的开放式创新模式。内向型开放式创新是企业以明确的创新目标，通过持续识别、系统筛选与构建自身的外部创新网络以及创新生态系统，实现基于特定目标的知识识别、知识引进以及知识利用的一系列活动。外向型开放式创新主要通过授权许可、开源合作、技术外部转让等方式，将公司未能完成或中途终止的 R&D 项目进行外部化，利用外部的创新主体实现商业技术信息的捕获与创新，最终为内向型开放式创新指明方向。相较而言，内向型开放式创新范式下企业创新过程更加侧重内部既定创新目标下的外部创新合作，而非外向型开放式创新模式下资源与主动权受制于人等创新陷阱。因此，在当前中美贸易战的背景下，企业以开放式创新为主导下的创新能力陷阱被彻底放大，导致企业长期忽视自身的内生创新能力建设，缺乏面向关键核心技术的企业自主创新能力成为制约我国迈向科技创新强国的巨大障碍。这在制造业领域体现得尤为明显。工业和信息化部发布的制造业发展报告显示，在 11 个先进制造业领域中，我国共有 287 项核心零部件、268 项关键基础原材料、81 项先进基础工艺、46 项行业技术基础领域有待技术突破[1]。2018 年，由于核心芯片的研发创新能力不足，高端芯片与操作系统缺乏必要的产业创新生态，导致华为与中兴在嵌入全球价值链扩展商业版图的过程中创新链与价值链不匹配，关键核心技术严重受制于人，成为参与国际市场竞争中的"卡脖子"技术，甚至成为威胁国家经济安全的"命门"。

三、中国的成功实践

（一）强化国家战略科技力量，实现内循环主导下科技资源的系统整合

国家战略科技力量是推动我国科技强国建设的重要力量源泉。追溯我国战略科技力量的发展进程，大致可分为几个时期。在中华人民共和国成立初期，我国处于科技资源和科技人才一穷二白的困境，科学研究及技术开发百废待兴，全国科技人才不足 5 万人，科技领军人才更是寥寥无几。为快速地组建科研团队，当时党中央审时度势，迅速集聚全国的科技资源和科技人才，成立了中国科学院。中国科学院瞄准当前国家发展面临的关键问题开展研究，造就一批面向国家战略发展尤其是工业体系建设的科技队伍。在中国科学院成立后，一些研究机构相继组建并开展各项科学研究活动，1954 年 3 月 8 日，中共中央对中国科学院党组报告做出长篇批示，明确了中国科学院是全国科学研究的中心。1956 年，国家制定《1956—1967 年科学和技术发展远景规划》（以下简称《十二年规划》）。通过实施《十二年规划》，我国在原子能、电子学、半导体、自动化、计算技术、喷气和火箭技术等对国民经济和国防建设起关键作用的科技领域建立起国家战略科技力量，为后来国家科学技术和各项建设事业的持续发展打下了良好基础。总之，在中华人民共和国成立初期，中国科学院的一系列科学研究活动为中国的科技事业发展奠定了基础，中国科学院也成为我国从科技一穷二白的科技弱国向科技追赶国跨越的重要战略力量。改革开放后，中

1　2016 年 4 月 12 日，工业和信息化部、发展和改革委员会等部委联合发布《工业强基工程实施指南（2016—2020 年）》，在此基础上，2016 年 11 月 18 日国家制造强国建设战略咨询委员会特组织专家审定编制了核心基础零部件、关键基础材料、先进基础工业、产业技术基础的发展目录，目录列出了 11 个先进制造领域需要攻关突破的核心关键技术，于 2016 年 11 月 18 日正式发布《工业"四基"发展目录（2016 年版）》。

国科学院率先在全国充当了科技体制改革先锋的重要国家队的角色，率先在国家实验室、所长负责制等科技运转体制方面进行了先行先试的探索。1986 年，中国科学院建立第一个国家重点实验室，且以国家实验室为科技组织载体，充分调动了全国重要科技资源以及吸纳优秀人才，加快前沿基础研究和应用成果转化。其中，1988 年北京正负电子对撞机在同类装置中达到国际先进水平，标志着中国进入世界高科技发展行列。20 世纪 90 年代，中国科学院实施知识创新工程试点，一方面基于国家的重大战略需求以及科技发展的国际态势积极布局各类研究机构，系统地整合科学院下属的学科分布以及所系结构，在科技人才体系改革举措方面积极探索现代科学院的体制机制，激发科技人才的创造力，建设为国奉献的激励体系。面对改革开放不断深化的外循环发展格局，中国科学院积极通过"百人计划"吸引了一大批海外优秀科技人才回国，在重要科技项目中扮演着科研主力军的角色。步入 21 世纪，中国科学院积极发挥国家战略科技力量的科技资源整合角色。在中美科技博弈不确定性持续增强的形势下，以中国科学院为代表的国家战略科技力量积极立足内循环主导下的国家重大战略需求以及人民利益，积极优化本土人才支撑、国际人才双轮支撑的创新链建设，产出了一大批科技创新的原创性研究成果。习近平总书记在党的十九大报告中提到的党的十八大以来创新型国家建设的 6 项代表性重大成果中，"天眼""悟空""墨子"均由中国科学院研制完成，而中国科学院在"天宫""蛟龙"的研制中也是主要承担者或参与单位。

（二）强化区域创新体系的内循环创新资源整合

在区域创新体系中，创新要素包括创新资源中的物质资源、能量要素、信息要素、人才要素等。双循环下的区域创新体系在于区域间产业链、创新链之间的相互连通，通过整合区域间的创新链与产业链，实现区域间各环节要素流动与要素共享，最终实现跨区域的资源整合与共享。以京津冀区域创新体系为例。自 2014 年京津冀协同发展的国家战略提出以来，其区域间的协同创新战略不断推进，区域创新体系主要从内循环主导下的创新主体融合、创新要素融通以及创新载体支持等方面重点推进。

在创新主体方面，为实现京津冀跨区域创新要素的加速流动和融通发展，北京通过异地办学、科研机构设立分支机构以及企业设立分支研究院和分公司等形式加速创新主体间的有效融合。截至 2022 年，中关村企业累计在河北、天津设立 9536 家分支机构，2022 年流向津冀的技术合同 5881 项，同比增长8.2%[1]。从企业类型来看，京津冀地区设立的相应企业主要是高新技术企业的分支机构，企业运营行业主要包括电子信息、环保、新能源、新材料、生物医药技术等高新技术行业。从以高校为知识创新主体的融合发展来看，北京地区的双一流大学加快了京津冀异地办学的步伐。比如，北京理工大学在秦皇岛开设分校，北京中医药大学在廊坊创办北京中医药大学东方学院，北京科技大学在天津设立北京科技大学天津学院，河北、北京以及天津加速了创新主体间的融合发展。

在创新载体层面，京津冀地区通过共建重点实验室、技术创新中心、协同创新中心等方式实现企业、高校以及科研机构的载体融合，目前共建创新载体主要集中在以高新技术产业为基础的经济技术开发区，以及立足现代农业发展建设现代农业协同创新中心等。其中，主要的创新载体包括北京大学邯郸创新研究院、清华大学智能装备研究院、京津冀现代农业协同创新研究院、北航（天津武清）智能制造研究院以及清华大学天津高端装备研究院等。在技术创新联盟方面，包括京津冀钢铁行业节能减排产业技术创新联盟、京津冀石墨烯产业发展联盟以及京津冀农业科技创新联盟等。

在创新要素层面，随着京津冀一体化战略的深入推进，知识、信息、人才以及资金设备等创新要素的跨区域流动以及跨区域协作程度不断强化，主要通过京津冀地区联合申请专利、联合共建企业与产业开发区以及开展技术交易等方式系统实现创新要素的有序流动。同时，在支撑技术创新的金融要素方面，设立协同创新投资基金以实现创业企业孵化和创业投资协同发展，如中关村发展集团联合河北保定市、张家口市和承德市设立中关村协同创新投资基金、京津冀开发区产业发展基金以及京津冀产业协同发展投资基金等。

1　中关村新事 [N]. 北京日报，2023-05-26.

四、未来发展展望

（一）体制引领：新型举国体制引领重大原创性科技成果攻关

从制度经济学的视角看，制度是引领大国之间科技创新体系差异性的决定性因素。大国之间的科技创新竞争，本质上依然是制度体系的竞争。中华人民共和国成立 70 余年，我国社会主义市场经济体制区别于西方发达国家的市场经济体制，显示出社会主义集中力量办大事的巨大优势。从国家利益的视角看，举国体制是充分以国家最高利益或者主导性利益为目标，基于全国资源的集中配置实现统一管理的新型国家体制。实质上，其核心便是充分发挥制度优势，以国家能力与国家目标充分调动、配置、优化与治理各领域的经济性与社会性资源，最终实现既定的国家战略目标的管理结构与治理体制。党的十八大以来，党和政府的各项改革已经步入深水区与攻坚区，传统的举国体制在新的时代背景与新的国际经济形势下被赋予了全新的内涵。但是，我国在关键产业与关键技术领域中的被动局面并没有彻底改变，尤其是在中美科技战与贸易战高度白热化的现实背景下，依然需要发挥举国体制的制度力量，在短时间内集中突破长期被发达国家制约的"卡脖子"技术。党的十九届四中全会首次明确提出"构建社会主义市场经济条件下关键核心技术攻关新型举国体制"[1]，即坚持在社会主义市场经济条件下，通过发挥有为政府与有效市场双重力量，在关键核心技术领域的重大科技攻关过程中坚持全国一盘棋，科学统筹、集中力量、优化机制、协同攻关的制度安排。因此，在双循环新发展格局下，构建科技创新体系的核心问题便是处理好"有为政府"与"有效市场"的关系，避免在涉及国家战略性产业、国防军工产业以及未来产业等关键领域的核心技术过度依靠市场的力量。在开展重大科技项目、核心关键技术以及"卡脖子"技术的联合攻关的过程中，既要发挥市场在资源配置中的决定性作用，切实尊重与激发市场创新主体的技术创新活力与潜能，又要优化市场环境与营商环境，尤其是加强知识产权保护的制度建设，实现政策资源与市场主体创新能力的系统性整合。针对产业共性技术体系，以新型研发机构与国家实验室为支撑，建立梯次

1　中共中央关于坚持和完善中国特色社会主义制度 推进国家治理体系和治理能力现代化若干重大问题的决定 [N]. 人民日报，2019-11-06（01）.

接续的"国家队"，实现原创性重大科技成果的联合攻关系统布局。

（二）产业牵引：未来产业构建产业发展新生态

当前，新一轮科技革命和产业变革下的数字信息技术正加速突破，移动互联网、大数据、云计算与人工智能等数字智能技术正对经济社会的各个领域产生显著的渗透效应。尤其是全球新型冠状病毒感染疫情使得传统产业的供应链受到前所未有的冲击，但也进一步触发了基于数字智能技术驱动的未来产业的发展。在双循环新发展格局下，需要紧紧依靠以未来产业引领的全新产业生态，培育内循环主导的产业主动先发优势，营造全新的创新生态系统。在这一过程中，重点是把握好选择性产业政策与功能性产业政策的平衡性。选择性产业政策强调经过产业发展前景的甄选与技术预见，以政府直接性的财政补贴与扶持实现某一产业的培育与发展，以政府干预实现产业发展的短期突破，形成政府主导的产业创新生态系统。功能性产业政策强调塑造一个竞争中性的产业发展环境，致力于通过强化共性技术供给，完善市场的知识产权保护等法律法规制度建设，创造一个公平竞争与普惠的市场环境。针对未来产业发展的特征，政府需要制定配套性政策支撑未来产业的培育与发展。具体而言，对于市场资源配置无效的未来产业——如航天航空领域，政府需要以选择性产业政策为主导，辅之以功能性产业政策来引导和扶持；对于那些具备市场的高度竞争性产业——如智能装备制造、新材料、数字信息技术等领域，需要充分发挥市场在资源配置中的决定性作用，以功能性产业政策主导，辅之以选择性产业政策实现竞争效应。更关键的是，未来产业的培育与发展离不开底层研发组织的支撑，需要以产业共性技术为核心，加快培育产业共性技术创新中心、产业创新中心、工程（技术）研究中心和重点实验室等一批重大产业创新平台，提升面向共性技术供给的研发基础设施水平；同时，针对高度竞争性与市场需求较为确定的未来产业，着力培育企业技术创新中心、新型研发机构以及企业主导的重点实验室，作为未来产业的底层研发基础设施。

（三）企业转型：迈向整合式创新新战略下的世界一流企业

从微观层面来看，驱动双循环新发展格局下的科技创新体系建设的最终落脚点依然是微观企业的创新能力，即切实发挥企业作为市场创新与技术创新的主体地位。不管是建设世界科技强国还是建设现代化经济体系，都离不开企业的价值创造能力的有效支撑。改革开放以来，在外循环主导的对外开放体系中，我国大量企业通过国际化实现国际市场扩张，深度嵌入全球产业链与价值链中，涌现出一大批具备全球影响力的企业。但是，在以外循环主导的外向型经济不断演化的浪潮中，这些大企业是否真正具备完备的知识产权体系以及全面的自主创新能力，是否具备世界一流企业的可持续创新能力与可持续发展特征，尚存在很大疑问。党的十九大报告提出，"培育具有全球竞争力的世界一流企业"，这成为推动企业全面转型升级、实现企业高质量发展的重要战略导向。从世界一流企业的成长特征来看，世界一流企业必定具备市场影响力，处于行业领导地位，拥有制定标准的话语权，具有经济、社会与环境的综合价值创造能力。更为关键的是，世界一流企业在长期导向上具备可持续的竞争能力、全面的自主创新能力，可通过运营管理与技术创新的不断变革保持长期的可持续创新能力。

在国内大循环主导、国内国际双循环相互促进的新发展格局下，推动微观企业层面加快培育自主创新能力，培育世界一流企业，成为企业创新驱动转型发展的重要实现路径。区别于外循环主导的单一外向型开放式创新主导范式，中国企业迈向世界一流企业的重要战略基点在于融合东方智慧与西方开放思维的整合式创新战略。整合式创新是战略创新、协同创新、全面创新和开放式创新的综合体，在开放式创新的环境下通过统筹自主创新能力与外部知识引进吸收的双元平衡的整合式战略新视野，实现企业各个部门主体与利益相关者的协同与开放式创新的有效整合。具体而言，整合式创新范式强调基于科技强国使命，在国内国际市场统筹发展的战略视野下，在微观创新主体层面实现各类所有制企业包括中央企业、地方国有企业、民营企业以及各类规模企业（大、中、小企业）之间创新要素的融通整合，强调通过全面自主创新模式实现企业内部的全要素、全时空以及全员创新，基于内向型开放式创新与外向型开放式系统整合的思路，推动企业内的创新要素与外部创新主体（如科研机构、高校）之间的创新资源整合协同，基于安全观、开放观与协同整合观等整合式创新思维系统提升企业全面自主创新能力。

创新驱动制造业国际竞争力提升

制造业是立国之本、兴国之器、强国之基。十三届全国人大四次会议通过的《中华人民共和国国民经济和社会发展第十四个五年规划和二〇三五年远景目标纲要》强调，要"深入实施制造强国战略"，并明确提出"坚持自主可控、安全高效，推进产业基础高级化、产业链现代化，保持制造业比重基本稳定，增强制造业竞争优势，推动制造业高质量发展"的任务要求。2021 年国务院《政府工作报告》也把"优化和稳定产业链供应链""提升中国制造品质"等作为当前制造业发展重点。党的二十大报告指出，"建设现代化产业体系"，"坚持把发展经济的着力点放在实体经济上，推进新型工业化，加快建设制造强国"。习近平总书记在不同时期、不同场合，多次强调制造业在我国现代化建设中的重要作用与意义，并指出，"制造业是国家经济命脉所系"[1]，"发展实体经济，就一定要把制造业搞好，当前特别要抓好创新驱动，掌握和运用好关键技术"[2]。

一、创新是驱动我国制造业竞争力持续提升的不竭动力

1. 创新助力制造业结构转型

当下国际环境复杂多变、劳动力和土地要素供给约束增强等多重不利局面交织，中国制造业面临着极端考验。一方面是外部环境持续动荡加剧了供应链不稳定、需求萎靡与不确定性风险持续上升的不利外部现状。另一方面，数字浪潮下制造业面临着新的机遇与压力，市场不断推动着制造业数字化转型与升

---

1 习近平：扎实做好"六稳"工作落实"六保"任务 奋力谱写陕西新时代追赶超越新篇章 [N]. 人民日报，2020-04-24（01）.

2 http://jhsjk.people.cn/article/29704147

级，同时这个过程又有可能加速制造业部分产能的淘汰、结构的转型与动能的转换，对于中国制造业来讲，这既是难得的机遇，也是严峻的挑战。在这波数字浪潮与复杂多变环境影响下，中国制造业应如何融入数字时代，如何把握市场、技术方向，守住优势、开拓未来？对此习近平总书记提出，"要以智能制造为主攻方向推动产业技术变革和优化升级，推动制造业产业模式和企业形态根本性转变，以'鼎新'带动'革故'，以增量带动存量，促进我国产业迈向全球价值链中高端"[1]。这要求中国制造业应坚持创新驱动发展战略，通过技术创新、模式创新等实现产业"调速不减势、量增质更优"。总之，正如习近平总书记所讲，"世界经济长远发展的动力源自创新。总结历史经验，我们会发现，体制机制变革释放出的活力和创造力，科技进步造就的新产业和新产品，是历次重大危机后世界经济走出困境、实现复苏的根本"[2]。

2. 创新打造制造业增长新动能

经济社会每次大的进步，都离不开创新力量的驱动，制造业的进步发展尤其如此。创新是驱动制造业不断发展进步的最大动能。当前我国制造业要在日益严峻的国际竞争中取得持续进步、获取竞争优势，需进一步加强自主创新，借力科技进步、动能转换促进自身持续增长。习近平总书记对创新驱动制造业持续发展提出了明确要求与精准判断，"制造业是实体经济的基础，实体经济是我国发展的本钱，是构筑未来发展战略优势的重要支撑。要坚定推进产业转型升级，加强自主创新，发展高端制造、智能制造，把我国制造业和实体经济搞上去"[3]。当前新一轮科技革命和产业变革浪潮下，应通过技术变革、模式变革以催生制造业新的增长动能，而大数据、人工智能、物联网与云计算等新兴数字技术与制造业的深度融合，为制造业注入新的发展动能。习近平总书记对此指出，"加快建设制造强国，加快发展先进制造业，推动互联网、大数据、人工智能和实体经济深度融合，在中高端消费、创新引领、绿色低碳、共享经

1　习近平. 在中国科学院第十九次院士大会、中国工程院第十四次院士大会上的讲话 [N]. 人民日报，2018-05-29（02）.

2　习近平. 创新增长路径 共享发展成果 —— 在二十国集团领导人第十次峰会第一阶段会议上关于世界经济形势的发言 [N]. 人民日报，2015-11-16（02）.

3　习近平. 坚定信心埋头苦干奋勇争先 谱写新时代中原更加出彩的绚丽篇章 —— 在河南考察时的讲话 [N]. 人民日报，2019-09-19（01）.

济、现代供应链、人力资本服务等领域培育新增长点、形成新动能"[1]。新技术推动制造业向数字化、智能化转型，不仅为制造业发展带来了新动能，其溢出效应又带动了相关产业的发展，而这又能反推制造业的增长，可见制造业向数字化、智能化转型带来的乘数效应是明显的。习近平总书记也强调，"要大力发展实体经济，破除无效供给，培育创新动能，降低运营成本，推动制造业加速向数字化、网络化、智能化发展"[2]。数字技术在传统制造企业的应用与普及为制造企业带来更高效率与更多产量的同时，降低了成本与生产的不确定性。并且，伴随着新兴技术与制造业的深度融合，各种新产品、新模式及新业态应运而生，为制造业增添了新活力。此外，5G、大数据、人工智能、云计算等数字技术本身的产业化过程又为制造业带来了新的增长动能。

3. 创新构筑制造业核心竞争力

制造业发展的核心是创新，是对关键技术、核心工艺等的不断提升与创新。习近平总书记强调，"制造业是实体经济的一个关键，制造业的核心就是创新，就是掌握关键核心技术，必须靠自力更生奋斗，靠自主创新争取，希望所有企业都朝着这个方向去奋斗"[3]。未来制造业竞争将趋向于对技术创新与创新应用的竞争，其中的核心便是对关键技术、流程与工艺等的掌握，尤其是在国际环境日趋严峻，地缘政治、保护主义势力抬头的趋势下，我国企业必须进一步发展自主创新能力，攻关和开发更多关键核心技术，实现关键领域的自主可控。为此，习近平总书记指出："我们更要大力提升自主创新能力，尽快突破关键核心技术。这是关系我国发展全局的重大问题，也是形成以国内大循环为主体的关键"[4]。国内国际双循环新发展格局的构建，是我国新环境下实现社会主义现代化建设的客观需要，制造业是实现新发展格局的重要一环，对关键技术、核心工艺的掌握是我国制造业立足新发展格局的重要基础。对关键技术与核心工艺的掌握需要以科技突破为主要途径，通过不断自主创新形成技术、产品等

1　习近平. 决胜全面建成小康社会 夺取新时代中国特色社会主义伟大胜利——在中国共产党第十九次全国代表大会上的报告 [M]. 北京：人民出版社，2017.

2　习近平. 高举新时代改革开放旗帜 把改革开放不断推向深入 —— 在广东考察时的讲话 [N]. 人民日报，2018-10-26（01）.

3　http://jhsjk.people.cn/article/30357607

4　习近平. 在经济社会领域专家座谈会上的讲话 [N]. 人民日报，2020-08-26（02）.

方面的核心优势，提高中国制造业在国际舞台的核心竞争力。

二、国内外现状与趋势分析

（一）国外制造业发展重点与趋势

在 2008 年金融危机冲击下，美国等发达国家意识到制造业对于实体经济稳健增长的重要性，开始加强对制造业的扶持举措与制订发展计划。尤其在第四次工业革命浪潮下，全球制造业面临着新一轮的技术冲击与产业格局调整，危与机并存下各国也加快了制造业转型与发展战略的制定工作。2009 年美国推出"重振美国制造业框架"，并于 2011 年、2012 年和 2013 年接连颁布了"先进制造伙伴计划""先进制造业国家战略计划"和"制造业创新中心网络发展规划"，以鼓励制造业回流，确保在先进制造业中的领先优势，并在 2018 年发布"美国先进制造业领导力战略"，重点发展先进制造新技术、培育高技术劳动力和建立可控弹性产业供应链，以进一步保持美国在先进制造业的领先地位。德国也于 2010 年、2013 年和 2019 年分别提出"德国 2020 高技术战略""德国工业 4.0 战略计划实施建议"和"国家工业战略 2030"，注重以智能制造为代表的先进技术突破，并通过创新持续获取高新技术优势，维护德国的技术主权。此外，英国出台了"英国工业 2050 战略"，法国推出了"新法国工业计划""未来工业计划"，日本也明确了"互联工业"的制造业发展方向，韩国则有"未来增长动力计划"等，都将制造业发展目标聚焦于未来先进技术优势。新兴国家也开始关注自身制造业的未来发展战略，印度出台了"印度制造"计划，旨在打造全球设计与制造中心；俄罗斯推出了"2035 年前制造业发展战略"，聚焦于培育具有竞争性和高出口潜力的工业企业。

纵观各国制造业发展战略演变趋势可知：首先，美国、德国、法国等传统制造业强国都将智能制造视为制造业未来发展的主要方向，特别是在德国提出"工业 4.0"概念后，智能制造、数字化转型等内容成为世界主要国家制造业当前变革发展的重要内容。美国在金融危机后提出的以"制造业回流"和"重振制造业"为主的"工业再回归"计划，也并不是简单地以提高制造业产值比重为目的，而是以新一代信息技术为抓手的制造业结构升级、能力提升，其中智能制造是主要发展方向。其次，柔性制造与互联制造是制造业当前变革的另一重点内容，新一代信息技术与需求多样化发展共同促使制造业向定制化、网络化转变，制造企业能够利用工业互联网协同生产资源、利用丰富的大数据资源个性化生产。最后，战略性新兴产业领域是各国制造业发展战略重点聚焦的产业领域，也是当前各国制造业的重点发力方向，如新能源汽车、数控设备、航天航空装备、半导体等高技术产品制造业以及新兴技术产业化后的生物制造、微纳制造等产业。

（二）国内制造业发展重点与政策举措

针对制造业动能转换、结构优化、增速换挡等发展要求，我国各部门自2011年陆续出台了一系列重要政策措施，具体内容如表10-1所示。其中，2011年12月国务院发布《工业转型升级规划（2011—2015年）》，标志着我国正式开启了制造业结构转型升级之路。2017年4月科技部出台《"十三五"先进制造技术领域科技创新专项规划》，提出了我国制造业优先发展领域和发展要求。同年11月，为了加快发展先进制造业，推动互联网、大数据、人工智能和实体经济深度融合，突破制造业重点领域关键技术实现产业化，国家发展和改革委员会推出《增强制造业核心竞争力三年行动计划（2018—2020年）》。2019年国家发展和改革委员会、工业和信息化部、中央网信办、教育部等15部门联合印发《关于推动先进制造业和现代服务业深度融合发展的实施意见》，将保障先进制造业创新发展的技术服务业、生态体系建设等纳入工作任务。2020年1月，国务院常务会议提出"要大力发展先进制造业，出台信息网络等新型基础设施投资支持政策，推进智能、绿色制造"，开始发力"新基建"，并视其为先进制造业发展的基础保障与先导产业，这代表着我国制造业转型升级、动能转换工作进入发展深水区。

表 10-1 我国关于制造业优化升级、竞争力提升的政策举措

时间	政策名称	政策重点	发布部门
2011.12	《工业转型升级规划（2011—2015年）》	加快重大智能制造装备研发，发展信息化支撑技术与产品，如制造执行系统等工业软件	国务院

时间	政策名称	政策重点	发布部门
2012.05	《高端装备制造业"十二五"发展规划》	加强对智能技术、平台、系统等的研发，开展工业机器人自动化生产、加工装备生产线	工业和信息化部
2015.05	"中国制造2025"	围绕关键制造领域开展了新一代信息技术与制造装备融合工作，并以优势企业为依托持续在机器人产业、智能控制、数字化车间等方面发力	国务院
2016.12	《智能制造发展规划（2016—2020年）》	创新产学研合作模式，对高端数控机床、机器人、智能传感与控制装备、智能检测装备、智能物流存储装备进行攻关研发	工业和信息化部、财政部
2017.04	《"十三五"先进制造技术领域科技创新专项规划》	强化对制造业中的核心技术、材料的掌控，在增材制造、智能机器人、新型电子制造装备、激光制造等领域进行技术突破与积累	科技部
2017.11	《关于深化"互联网+先进制造业"发展工业互联网的指导意见》	加快工业互联网建设，推动互联网、人工智能、大数据等与实体经济深度融合，发展先进制造业，促使结构优化升级	国务院
2017.11	《增强制造业核心竞争力三年行动计划（2018—2020年）》	加大轨道交通装备、高端船舶和海洋工程装备、智能机器人、智能汽车、现代农业机械、高端医疗器械和药品、新材料、制造业智能化、重大技术装备等产业发展	国家发展和改革委员会
2018.08	《国家智能制造标准体系建设指南（2018年版）》	针对智能制造标准跨行业、领域、专业的问题，建立包含基础共性、行业应用与关键技术的国家智能制造标准体系	工业和信息化部、国家标准化管理委员会

时间	政策名称	政策重点	发布部门
2019.10	《关于加快培育共享制造新模式新业态促进制造业高质量发展的指导意见》	培育发展共享制造平台、集群和生态，以制造能力共享为重点，以创新能力、服务能力共享为支撑的协同发展格局	工业和信息化部
2019.11	《关于推动先进制造业和现代服务业深度融合发展的实施意见》	培育融合发展新业态新模式、探索重点行业重点领域融合发展新路径、发挥多元化融合发展主体作用	国家发展和改革委员会、工业和信息化部、中央网信办、教育部等15部门
2020.07	《关于进一步促进服务型制造发展的指导意见》	提出夯实筑牢服务型制造发展基础与营造推动服务型制造发展良好环境的若干举措，强调发展制造业务各个环节的服务创新，与跨环节、跨领域的综合集成服务	工业和信息化部、国家发展和改革委员会等15部门
2021.03	《关于加快推动制造服务业高质量发展的意见》	提出6个发展方向、9大专项行动和重点工程以及7项保障措施，意在加快提升面向制造业的专业化、社会化、综合性服务能力，有效引导制造业价值链攀升，实现高质量发展	国家发展改革委、教育部、科技部、工业和信息化部等13部门
2021.12	《"十四五"信息化和工业化深度融合发展规划》	推动两化深度融合，对于加快新一代信息技术在制造业的深度融合，打造数据驱动、软件定义、平台支撑、服务增值、智能主导的现代化产业体系，推进制造强国、网络强国以及数字中国建设具有重要意义	工业和信息化部
2022.03	《先进装备制造业高质量发展三年行动计划（2022—2024年）》	提出了先进装备制造业高质量发展的具体任务和重点项目，推动装备制造业的升级和转型	工业和信息化部

续表

时间	政策名称	政策重点	发布部门
2023.07	《制造业可靠性提升实施意见》	聚焦机械、电子、汽车等行业，提出实施基础产品可靠性"筑基"工程、整机装备与系统可靠性"倍增"工程，明确了相关行业未来发展的关键技术	工业和信息化部、教育部、科技部、财政部、国家市场监管总局等5部门

（三）制造业国际竞争态势与中国制造业竞争力现状

1. 从制造业规模看国际区域格局演变

21世纪后的国际制造业格局已发生巨大变化。21世纪初，美国、欧盟和日本在国际制造业市场处于三足鼎立的局面，三大经济体的制造业增加值合计占全球比重近70%，但随着中国制造业规模和水平的快速提升，这种局面很快被打破。2011年中国制造业增加值总额达到2.42万亿美元，占全球比重20.6%，首次超过欧盟，成为世界制造业第一大经济体。2023年中国制造业增加值占全球比重约30%，连续14年位居世界首位[1]。进入21世纪后，韩国、俄罗斯、印度、巴西等国的制造业也获得较快发展，占全球比重略有增加。从制造业规模看，中国、欧盟、美国处于第一阵营，日本、韩国、印度、英国、俄罗斯等国位居其后。

2. 从发展准备状况和驱动因素看各国制造业未来竞争力

根据2018年世界经济论坛发布的《制造业的未来》报告，可将世界主要国家制造业的未来竞争力分为4个等级：第一等级属于领先国家，是拥有强大制造业基础、对未来准备程度高，且未来制造业变革浪潮能带来较大价值的国家（包括25个国家，如美国、中国、日本、韩国等）。第二等级属于传统国家，是拥有强大制造业基础，但驱动因素表现不佳，存在未来发展风险（包括10个国家，如印度、俄罗斯、墨西哥、土耳其等）。第三等级属于高潜力国家，是制造业基础有限，但驱动因素得分较高的一类国家（包括7个国家，如澳大

1　中国新质生产力为全球发展注入新动能 [N]. 光明日报，2024-03-13（12）.

利亚、新西兰、葡萄牙等）。第四等级属于初生国家，是制造业基础有限、驱动因素不佳，且对未来准备不足的国家（包括 58 个国家，如阿根廷、阿尔巴尼亚、阿尔及利亚等）。

3. 从综合实力看中国制造业国际竞争力

根据 2023 年 12 月中国工程院发布的《2023 中国制造强国发展指数报告》：2022 年我国制造强国发展指数稳定居于超过 120 的较高水平，在世界主要国家中居于较高水平，我国制造强国建设稳中有进；2020—2022 年期间，我国的制造强国发展指数年均增幅超过 4 个点，与美国同处世界主要国家最高水平，虽在个别年份出现波动，但整体实现平稳增长；三年间，中国制造业展现出较强韧性，"新三样"（电动载人汽车、锂电池、太阳能电池）成为中国经济高质量发展新动能。但另一方面，制造业稳增长仍存在诸多不确定因素，创新效能、产业基础、装备制造等方面与发达国家存在较大差距[1]。因此，中国制造业在核心竞争力方面还存在不足，与制造业强国间仍存在较大差距，产业链仍存在"不稳、不强、不安全、不通畅"的隐忧，中国制造业的高质量发展转型之路任重而道远。但同时我们也应看到，20 多年来，中国制造业取得了举世瞩目的发展成绩，产业的全球价值链地位不断攀升，先进制造业产业集群持续带来增长新动能，部分制造业领域的产品、技术达到了全球领先水平。

三、中国的成功实践

（一）创新不断提升中国制造业全球价值链分工位势

当前我国制造业整体处于全球价值链中低端位置，但在国家创新驱动战略的深入实施下，一些技术领域已经从跟跑、追赶发展到领跑阶段，并促使我国制造业在全球价值链位置持续攀升。从总体层面看，2022 年全部工业增加值突破了 40 万亿元大关，占 GDP 比重达到了 33.2%。工业起到了宏观经济大盘的压舱石作用。其中制造业增加值占 GDP 比重为 27.7%，制造业规模已经连续13 年居世界首位。产业结构持续优化。高技术制造业占规模以上工业增加值比

重 15.5%，装备制造业占规模以上工业增加值比重 31.8%[1]。其中，高技术制造业增加值同比增长 7.4%，高于制造业增加值增速 4.4 个百分点[2]。这说明占据价值链高端位置的我国先进制造业有了较大发展，同时我国制造业整体在全球价值链的地位也有了显著提升，我国在全球价值链中的地位，由 2000 年仅是老挝、孟加拉国和摩洛哥等少数国家的供应链主要伙伴，成长为是日本、韩国、印度等数十个国家的供应链主要伙伴。

从产业层面看，根据 2019 年中国科学院对我国制造业 26 类产业开展的产业链安全评估，当前处于世界领先的产业有 5 类，分别是通信设备、先进轨道交通装备、输变电装备、纺织、家电；处于世界先进的产业有 6 类，分别是航天装备、新能源汽车、发电装备、钢铁、石化、建材。从产品层面，中国的高铁、5G、核电、特高压输变电等大型成套设备在国际产业链上具有领先优势。中国的火箭、卫星、战斗机、载人深潜器、工程机械、大型震动平台、港口装备、3D 打印、部分特种钢材、新能源汽车等产品处于先进水平。在集成电路、大型客机、高档数控机床、大型船舶制造、芯片制造等领域也不断取得科技突破，并正在加快追赶世界先进队伍的步伐。此外，我国的"嫦娥五号"月球探测器顺利实现落反与月球取壤等关键技术突破、新一代运载火箭——"长征八号"首飞成功以及国产大飞机 C919 顺利首飞、"北斗"卫星组网成功等都极大地提升了我国高端装备制造技术的整体实力。"蛟龙号"深海探测器、"天鲸号"挖泥船、深海石油钻井平台、国产 001A 型航母等也都有力地证明了我国高端装备制造技术取得了突破式发展，解决了"卡脖子"技术难题。从要素驱动到创新驱动，从"追赶者"到"并跑者"和部分产业的"领跑者"，中国制造不再是"山寨货""廉价品"的代名词，中国制造业在全球价值链地位不断攀升。纵观而言，创新驱动中国制造业全球价值链分工位势提升的主要模式包含效率成本、市场拓展和技术领先等驱动方式，如表 10-2 所示。

1　去年我国全部工业增加值超 40 万亿元　制造业规模连续 13 年居世界首位 [N]. 人民日报，2023-03-19（01）.

2　2022 年规上工业增加值增长 3.6%——工业经济回稳向好　产业发展韧性增强 [N]. 人民日报，2023-01-19（07）.

表 10-2　创新驱动中国制造业在全球价值链分工位势提升

驱动模式	成功做法	典型代表
效率成本	通过工艺创新，持续增效降本在全球多点布局，实现从"国内产业链集成优势"向"全球价值链增值优势"转化	纺织、钢铁、建材
市场拓展	通过模式创新、应用创新，持续开拓蓝海市场、渗透已有市场以提升分工位势	通信设备、机械装备
技术领先	开放合作引进技术，利用逆向技术溢出增强全球价值链的引领地位	轨道交通装备、核聚变装置

（二）创新持续打造中国制造业新增长极

创新驱动持续为我国制造业发展带来新动能，新一代信息技术产业、新能源汽车、高端装备制造业等制造业新兴产业获得加速成长。新一代信息技术产业方面，2012—2022 年我国电子信息制造业的营业收入从 7 万亿元增长至 15.4 万亿元，电子信息制造业增加值年均增速达 11.6%；软件与信息服务业收入从 2.5 万亿元增长至 10.8 万亿元，年均增速达 16.1%。高端装备制造业方面，以高技术、高附加值著称的高端装备制造业发展势头强劲。2022 年我国高端装备制造行业产值规模达到 21.3 万亿元[1]。截至 2022 年，我国新能源汽车产销实现 705.8 万辆和 688.7 万辆，同比分别增长 96.9% 和 93.4%，我国新能源汽车的产销连续 8 年位居世界第一[2]。

党的十八大以来，我国加快促进新一代信息技术与制造业的深度融合，通过技术变革、模式变革以催生制造业的动能转换，而大数据、人工智能、物联网与云计算等新兴数字技术在制造业领域的应用也给制造业带来新的增长点，如智能制造、柔性制造、互联制造等先进制造业领域。制造业新兴产业领域也表现出了创新集群式发展，武汉光电信息产业集群、杭州软件与信息服务业及人工智能产业集群，以电子信息、高端装备等为主的长江经济带，以及以人工

1　https://www.ndrc.gov.cn/xwdt/ztzl/szjj/zjgd/202401/t20240117_1386731.html

2　https://www.gov.cn/xinwen/2023-03/02/content_5744086.htm?eqid=dd3e3a1b00c88a02000 000026457af3b

智能和生物产业为主的珠三角产业集群，都有力地拉动了地区经济和制造业的转型升级，也为我国制造业带来了新的增长极。纵观而言，我国通过创新持续打造制造业新兴产业集群，注入了新的增长动能，并取得了一些显著成绩，形成了一些具有普适性的经验做法，如表10-3所示。

表 10-3　创新打造我国制造业新兴产业集群的新鲜做法

产业集群	成功做法	典型代表
新一代信息技术产业集群	注重核心技术与大项目的引领作用、构建生态开放创新集群、融入世界产业链	深圳电子信息产业集群、合肥智能语音产业集群、武汉芯屏端网产业集群
高端装备产业集群	产学研协同创新、龙头企业牵引、资源共享、开放式创新	西安航空航天产业集群、长沙工程机械产业集群、株洲轨道交通产业集群
先进材料产业集群	产业升级、绿色发展、设施互联互通、打造产业创新生态圈、巧用国际合作	宁波石化产业集群、苏州纳米新材料产业集群
生物医药产业集群	打造服务平台、探索新型研发模式、注重集群创新和产学研合作	上海张江生物医药产业集群、江苏泰州生物医药产业集群

（三）创新有力构筑中国制造业竞争优势

根据 2019 年联合国工业发展组织（UNIDO）公布的统计数据，中国制造业有 22 个大类领域的工业增加值处于世界前列，其中服装、纺织、基本金属等产业增加值的世界占比超过 30%。在世界 500 余种主要工业品中，中国在造船、汽车、台式计算机、空调、洗衣机、电视机、笔记本电脑、钢铁、水泥、化肥等 220 多种工业品产量中位居世界第一。这些好成绩的取得一方面离不开我国举国体制的制度优势和超大规模的市场优势，另一方面也是我国深度实施创新驱动发展战略的结果，高端生产装备的研发与应用、先进生产工艺的革新、智能生产场景的创新应用等创新举措共同推动了我国传统制造业竞争优势的提升。

　　在前沿制造业方面：在智能制造领域，2022 年中国工业机器人装机量超过全球总量的 50%，稳居全球第一大工业机器人市场，制造业机器人密度达到每万名工人 392 台[1]，且涌现了一批具有世界竞争力的工业机器人制造企业，如苏州绿的、安川首钢、沈阳新松等；在高端装备制造领域，我国高端机床装备在关键技术、核心部件和高端软件等方面都取得了突破，逐渐摆脱对欧美日进口依赖的同时，开始走出国门，并在 12 米级卧式双五轴镜像铣机床、1.5 万吨航天构件充液拉深装备领域取得突破，培育了如沈阳机床、大连机床等年产销收入过百亿元、全球机床行业前十名的世界领先企业。此外，我国的高端装备制造业在轨道交通、航空航天、海洋装备、卫星导航等产业领域也都取得了突破，进入世界第一梯队。在新一代信息技术产业领域，物联网在工业制造领域的融合发展取得突破，云计算技术及相关服务企业取得较大发展成绩，大数据的生产应用场景不断创新、取得突破，人工智能的技术算法与产品开发在国际上也处于第一阵营。在此利好创新的环境下，我国也形成了一批能在新一代信息技术领域与国际巨头叫板的头部企业，诸如华为麒麟的芯片设计、阿里巴巴的云计算与服务，百度与腾讯的平台生态技术等都已处于世界领先技术水平。在 5G 设备领域，根据 2023 年 5 月国家互联网信息办公室发布的《数字中国发展报告（2022 年）》，截至 2022 年年底，我国累计建成开通 5G 基站 231.2 万个，5G 用户达 5.61 亿户，全球占比均超过 60%，都处于世界第一位置，并催生相关产业制造的世界领先地位。5G 产业制造领域成功的背后是实施创新驱动发展战略的贡献，我国 5G 创新领域的标准必要专利声明总量占据世界第一。此外，一系列创新利好政策下，我国在超级计算机设计制造、量子通信、半导体等领域都取得技术突破，也正走向世界舞台"C"位。我国制造业通过创新不断助推着国际竞争力的提升，并取得了显著成绩，形成了具有中国特色的经验做法，如表 10-4 所示。

1　我国工业机器人装机量占全球比重超 50%[N]. 人民日报，2023-08-20.

表 10-4 创新构筑中国制造业竞争优势

发展模式	成功做法	典型代表
鲇鱼效应	引进世界领先企业、激活国内行业不断跨越式创新发展，占领世界市场	手机、新能源汽车等
先发效应	利用国内超大规模市场优势，先行先试，不断创新发展，成熟后走向世界	智慧应用设备、共享设备等
后发效应	知识引入、高研发资金、人才投入下的创新，加之持续政策驱动，促使跨越式创新发展	电子通信设备、轨道交通装备

四、未来发展展望

（一）新时代创新驱动中国制造业竞争力全面提升的发展要求

1. 立足新发展阶段，创新助力中国制造业结构升级

　　面对百年未有之大变局和国内外发展环境的新情境，推动中国经济结构优化升级是保持实体经济持续发展的关键，而制造业结构优化升级是实现这一目标的核心内容。按照工业化衡量指标，我国制造业已进入工业化后期，这一新发展阶段的核心要求便是向高质量发展的转变，而制造业结构优化升级是实现这一转变的有力抓手。

　　当前阶段，我国制造业表现出产业占比增速下降、产能过剩、供需失衡、产业附加值降低等突出问题。一方面，原有以要素驱动的制造业增长模式，已难适应当前世界制造业发展趋势和要求，正如习近平总书记论述的"我国经济规模很大、但依然大而不强，我国经济增速很快、但依然快而不优。主要依靠资源等要素投入推动经济增长和规模扩张的粗放型发展方式是不可持续的"[1]。当前阶段，我们应以新一代信息技术产业与制造业的深度融合为契机，实现制造业的结构转型升级、动能转换。另一方面，应以创新驱动代偿要素驱动的不足，促进制造业转型升级、动能转换的顺利实现。对此，习近平总书记指出，"我们现在制造业规模是世界上最大的，但要继续攀登，靠创新驱动来实现转

---

　　1 习近平. 在中国科学院第十七次院士大会、中国工程院第十二次院士大会上的讲话 [N]. 人民日报，2014-06-10（02）.

型升级，通过技术创新、产业创新，在产业链上不断由中端迈向中高端"[1]。制造业新发展阶段下的新常态，应在产业结构、增长方式、增长动能等方面进行变革，以产业创新驱动制造业的结构升级，以创新设计引领传统制造业数字化、智能化与网络化发展的同时，通过技术创新发展新兴制造产业，实现制造业整体动能转化、结构优化，这也正是习近平总书记强调的："要深刻把握发展的阶段性新特征新要求，坚持把做实做强做优实体经济作为主攻方向，一手抓传统产业转型升级，一手抓战略性新兴产业发展壮大，推动制造业加速向数字化、网络化、智能化发展，提高产业链供应链稳定性和现代化水平"[2]。

2．贯彻新发展理念，创新赋能中国制造业高质量发展

制造业转向高质量发展是破解当前制造业发展难题与困境的关键，能够有力地支撑我国从制造大国走向制造强国，同时也能够加快实现我国经济的高质量发展。习近平总书记指出："制造业特别是装备制造业高质量发展是我国经济高质量发展的重中之重，是一个现代化大国必不可少的。"[3]我国制造业要实现高质量发展，对于关键技术、核心产品、重大技术装备的掌握必不可少。习近平总书记强调："关键核心技术是国之重器，对推动我国经济高质量发展、保障国家安全都具有十分重要的意义，必须切实提高我国关键核心技术创新能力，把科技发展主动权牢牢掌握在自己手里，为我国发展提供有力科技保障。"[4]要实现对关键核心技术的掌握就需要自主创新，这也是实现我国经济高质量发展和国力进一步提升的前提。此外，我国制造业在一些领域已从追赶位置发展到领先位置，已没有外部借鉴，这时就需要通过原始创新、突破性创新探索先进制造业的未来发展，正如习近平总书记指出的："高质量发展要靠创新，我们国家再往前发展也要靠自主创新"[5]。因此，实现制造业高质量发展任务，要求创新驱动

1　http://jhsjk.people.cn/article/31359524

2　习近平.坚持改革开放坚持高质量发展 在加快建设美好安徽上取得新的更大进展——在安徽考察时的讲话[N].人民日报，2020-08-22（01）.

3　习近平.解放思想锐意进取深化改革破解矛盾 以新气象新担当新作为推进东北振兴——在东三省考察时的讲话[N].人民日报，2018-09-29（01）.

4　习近平.提高关键核心技术创新能力 为我国发展提供有力科技保障[N].人民日报，2018-07-14.

5　http://jhsjk.people.cn/article/30576843

实现对于关键技术、核心产品、重大技术装备的掌握，进一步推动制造业高质量发展，并最终助力实现我国经济的高质量发展。在这个过程中，应贯彻新发展理念，实现制造业面向创新、开放、共享、绿色的发展原则，通过新一代信息技术与制造业的深度融合，"大力发展实体经济，破除无效供给，培育创新动能，降低运营成本，推动制造业向数字化、网络化、智能化发展"[1]。

3. 构建新发展格局，创新实现中国制造业国际竞争力跃迁

百年未有之大变局中单边主义、保护主义势力抬头，逆全球化致使国际环境发生深刻变化，加快构建双循环发展新格局成为提升我国制造业发展韧性和竞争力的首要战略保障。世界制造业格局随着新一轮科技革命和疫情危机进入再调整、再平衡阶段，各国也纷纷制定了制造业发展战略和扶持政策，以提升本国制造业竞争力。中国制造业规模已达到世界第一，但实力还不够强，数字浪潮为中国制造业带来了优化升级的契机，我们应该"加快建设制造强国，加快发展先进制造业，推动互联网、大数据、人工智能和实体经济深度融合，在中高端消费、创新引领、绿色低碳、共享经济、现代供应链、人力资本服务等领域培育新增长点、形成新动能"[2]。当前中国制造业的转型升级和国际竞争力提升过程中，制造企业应发挥创新主体地位，利用我国超大规模市场优势和产业链齐备优势，合作创新提升中国制造企业的国际竞争力，正如习近平总书记强调的，"要强化企业创新主体地位，打造有国际竞争力的先进制造业集群，打造自主可控、安全高效并为全国服务的产业链供应链"[3]。

双循环新发展格局是充分发挥国内超大规模市场优势，通过畅通国内循环代偿外部循环不足，但绝不是关起门来封闭运行。国内制造业一方面应利用优质资源和创新驱动走出去，打造中国品牌，使中国制造转为中国品牌，提升我国制造业的国际竞争力；另一方面，应通过开放、共享的方式加强与外部企业的合作创新，但也应注重对于关键技术、核心产品、重大技术装备的自主可

1　习近平. 高举新时代改革开放旗帜 把改革开放不断推向深入——在广东考察时的讲话[N]. 人民日报，2018-10-26（01）.

2　习近平. 决胜全面建成小康社会 夺取新时代中国特色社会主义伟大胜利——在中国共产党第十九次全国代表大会上的报告[M]. 北京：人民出版社，2017.

3　习近平. 贯彻落实党的十九届五中全会精神 推动长江经济带高质量发展——在全面推动长江经济带发展座谈会上的讲话[N]. 人民日报，2020-11-17（01）.

控。对此，习近平总书记强调："在当今世界不稳定性不确定性明显增多的情况下，我们要构建新发展格局，建设制造业强国，关键核心技术必须牢牢掌握在我们自己手中，制造业也一定要抓在我们自己手里。"[1]世界制造业竞争格局"百舸争流"，唯有创新方能始终占据上游。

（二）新时代创新驱动中国制造业国际竞争力提升的发展展望

"十四五"期间，制造业发展方向将继续围绕十九届五中全会通过的《中共中央关于制定国民经济和社会发展第十四个五年规划和二〇三五年远景目标的建议》内容要求："坚持把发展经济着力点放在实体经济上，坚定不移建设制造强国、质量强国、网络强国、数字中国，推进产业基础高级化、产业链现代化，提高经济质量效益和核心竞争力"[2]。这要求未来制造业应向着提升自身产业链的高端化、现代化和自主可控性方向发展，实现这些目标需要创新驱动发展战略深度实施下科技创新、模式创新、服务创新、集群创新与制度创新等的共同发展。

第一，以科技创新持续推动制造业高质量发展。持续以科技创新驱动制造业关键技术、核心工艺、重大技术装备的瓶颈突破，促使我国制造业从边缘产品、价值链中低端业态、零配件制造向核心产品、价值链高端业态、整装设备转型，形成完整产业链的协同发展、密切合作的产业创新生态体系，以此推动制造业的高质量发展。未来发展重点在大数据、人工智能、工业互联网、云计算等5G应用场景下的先进制造业，例如推动"数字孪生""建模仿真技术"等在制造业生产体系的应用等。

第二，以模式创新赋能制造业定制化、柔性化与智能化发展。鼓励制造业生产组织、运营模式的创新，推动传统制造业向智能制造、互联制造持续转型，以此满足消费端需求的个性化、多样化发展，并充分协调、高效配置生产资源，促进中国制造业高质量发展。未来发展重点在人工智能、分布式记账、量子技术为基础的"后数字化"技术发展下组织与运作模式的革新，通过新技

---

1 习近平. 坚守人民情怀，走好新时代的长征路——在湖南考察时的讲话 [N]. 人民日报，2020-09-21（1）.

2 中共十九届五中全会在京举行 [N]. 人民日报，2020-10-30.

术架起人与机器间桥梁，赋予未来消费者与企业进行数据互动的身份能力，实现企业柔性生产。

第三，以服务创新助力制造业生态体系的融合化发展。重视制造业相关服务产业水平的提升，推动制造业各环节与产品设计、市场调研、生产流通、管理咨询等生产性服务业的深度融合发展，同时高度重视制造业与相关售前咨询、售后服务、融资租赁等现代服务业的深度融合，让数据在产业链流动起来，调节供需双方的平衡性与契合性。未来发展重点在培育融合服务的制造业新业态、构建"产品＋内容＋生态"全链式智能生态体系以及推动消费品工业服务化升级。

第四，以集群创新拉动制造业协同发展。加快构建若干世界级先进制造业集群，为制造业持续高质量发展注入新动能，并有力拉动区域经济和制造业转型升级。未来发展重点在工业互联网、"1+N"型协作机制等协同模式下的集群创新发展，利用新兴技术缩小技术、物理隔阂，实现产业链与创新链的"双向融合"协同发展。

第五，以制度创新培育制造业持续创新性发展。着力打造利于制造业创新发展的软环境。从创新人才培养、税收制度、平台服务、绩效评价、监管制度等方面着手，持续通过政策利好优化制造业创新大环境、打造制造业创新好生态。

新型城镇化的创新展望

新型城镇化建设中的创新，要求打破既有的行政区划单元的建制模式，突破工业生产或者旅游区等建设思路，需要在规划建设过程中更注重数字化、产业化、城镇化三者间的有机融合，在基础设施完备的基础上通过打通数据，运用智慧的手段从更高级别的规划、管理、运营的角度助力城镇"产、城、人、文"四位一体的融合。新型城镇化建设正朝着数字化方向发展，确保城市运营管理和经济社会发展始终能跟上时代步伐。以数字城市为代表的新型城镇化建设，充分吸收知识城市、创新型城市、生态城市等城市发展理念，强调以人为本，充分汇聚人的智慧和物的智能，形成一种全新的发展理念与模式，充分运用云计算、物联网、移动互联网、大数据等新一代信息技术，使城市感知更透彻、互联更全面、智能更深入，实现城市发展的创新与突破。

一、系统布局国家城镇化建设

党的十八大以来，以习近平同志为核心的党中央明确指出要走以人为本、四化同步、优化布局、生态文明、文化传承的中国特色新型城镇化道路，确立并不断完善以人为核心的新型城镇化战略。2013 年 12 月，习近平总书记在中央城镇化工作会议上明确指出了推进城镇化的指导思想、主要目标、基本原则和重点任务 [1]。2016 年 2 月，习近平总书记对深入推进新型城镇化建设作出重要指示强调，坚持以创新、协调、绿色、开放、共享的发展理念为引领，促进中国特色新型城镇化持续健康发展 [2]。2020 年 10 月，党的十九届五中全会指出，

1　中央城镇化工作会议在北京举行　习近平李克强作重要讲话 [N]. 人民日报，2013-12-15.

2　https://www.gov.cn/xinwen/2016-02/23/content_5045328.htm

"优化国土空间布局，推进区域协调发展和新型城镇化。坚持实施区域重大战略、区域协调发展战略、主体功能区战略，健全区域协调发展体制机制，完善新型城镇化战略，构建高质量发展的国土空间布局和支撑体系。要构建国土空间开发保护新格局，推动区域协调发展，推进以人为核心的新型城镇化"。这再次强调区域协调发展和以人为核心的新型城镇化建设方向。

同时，党中央就深入推进新型城镇化建设作出了一系列重大决策部署。为深入贯彻《中华人民共和国国民经济和社会发展第十四个五年规划和二〇三五年远景目标纲要》和《国家新型城镇化规划（2021—2035年）》，2022年7月，国家发展和改革委员会印发《"十四五"新型城镇化实施方案》，明确了"十四五"时期深入推进以人为核心的新型城镇化战略的目标任务和政策举措，强调要坚持人民城市人民建、人民城市为人民，加快转变发展方式，建设宜居、韧性、创新、智慧、绿色、人文城市。2022年10月，党的二十大报告着眼全面建设社会主义现代化国家的历史任务，将"新型城镇化战略"作为促进区域协调发展的战略之一，强调"推进以人为核心的新型城镇化，加快农业转移人口市民化。以城市群、都市圈为依托构建大中小城市协调发展格局，推进以县城为重要载体的城镇化建设"。

二、国内外现状与趋势分析

从技术角度看，国际新型城市建设正在着力进行数字化、智能化方向的改造升级。新加坡、纽约、首尔、斯德哥尔摩等城市处在全球发展前列，建设有超高速通信网络。这些技术基础雄厚的城市各有不同的成功路径。斯德哥尔摩的方法是积极推行全国性举措，包括拓展网络带宽、将传统电表换成智能电表。新加坡一直把打造无缝的现代化商业环境作为发展重点，而推动建立一流的通信网络正是这一思路的延伸。新加坡是全球首个全面覆盖免费WiFi的城市。纽约创造性地实施了新的商业合作模式，将LinkNYC公共高速WiFi网络项目交予私营运营商进行管理。这些WiFi站点也具备充电和办理市政服务的功能，同时还能产生广告收入，从而抵消其资本投入。谷歌在整个旧金山的公共空间投建了免费的WiFi热点，印度、墨西哥等发展中国家也在进行类似的投资。

（一）发达国家丰富的城镇化建设经验

世界上经济最为活跃和发达的三大区域——亚洲、欧洲、北美地区的城市建设以数字化为发力点，城镇化建设各具特色。

1.亚洲数字城市发展相对体系化，突出政府的主导作用

日本、韩国和新加坡等国家的信息化基础较好，将数字城市建设作为拉动信息产业发展的一个重要支柱。这些国家的信息产业实力较强，拥有一大批世界范围内的知名企业。2006 年，新加坡开始实施"智慧国 2015"计划，建立高速信息网络，发展金融服务、IT 服务等高新技术产业，同时提升传统航运，发展物流行业，力图巩固新加坡作为亚太地区航运枢纽、金融中心的优势地位。2009 年，日本在之前的 U-Japan（ubiquitous，意指"无所不在的"）计划战略的基础上提出了数字城市计划，希望建成前所未有的网络社会，不仅解决其"高龄少子"等社会问题，而且确保日本的国际领先地位。2009 年，韩国出台了国家战略层面的 U-City 综合发展计划，以宽带和无线传感器网络为基础，试图将韩国的物理资源进行数字化、网络化、可视化和智能化，以期促进韩国经济发展和社会变革。该计划希望能够培养新的经济增长点，实现可持续发展。韩国政府希望 U-City 不仅局限于国内，还能够出口相关技术和经验，以此提升韩国的国家形象，扩大韩国在国际社会的影响力，使韩国占得未来信息社会的竞争先机。

2.欧洲突出绿色低碳概念，以科学研究推动城市发展

欧洲地区发达国家居多，主要城市已经摆脱了亚洲国家城市的初期发展阶段，经济体量达到了全球领先水平，因此欧洲城市建设更加侧重在建设理念和发展主题上，以绿色、低碳、环保的智能应用示范和局部试点为主。例如，荷兰阿姆斯特丹在可持续生活、工作、公共空间、移动性等四大领域开展了 30 多项智能城镇化项目，主要围绕市民生活等主题展开。除此之外，欧洲城市建设还有一些以区域城市集群为主、带有实验性质的项目，如"SMARTiP 项目""Fireball 协同行动""Life 2.0"等。这些项目都力图通过 IT 建设，以人为本，建立网络服务开放平台，促进预算、金融等公共数据和公共资源利用，激发公民群体的创造力，政府退居其后，使公民成为城市的创新主体。

3. 北美深化数据共享，重视公共信息共享开放

北美的城市建设以企业为主体，淋漓尽致地展现了市场主导的城镇化建设格局。美国、加拿大等国拥有"大社会、小政府"的传统，全国上下都非常重视公共信息的共享开放。通过信息公开，政府的行政数据展示在社会公众面前，不仅有利于打通政府与公民间的数据输入输出关系，更能广集民智，促进包括交通、公共资源等信息的充分利用，实现政府数据价值的最大化。

（二）中国以数字城市为重点的新型城镇化建设举措

改革开放 40 多年来，我国在经济实力、城乡面貌、人民生活水平等各方面均取得了举世瞩目的成就，使得广大人民群众充分分享了改革和发展的红利。然而，我们也必须清醒地看到，现有的高投入、高消耗、高排放、低效率的粗放型扩张的经济增长方式越来越暴露出它的局限性，这样的发展模式已难以为继。在当前我国建设社会主义现代化强国、实现中华民族伟大复兴的关键建设时期，党中央、国务院统揽全局、审时度势，为我国的发展指明了一条新的道路。党的十九届五中全会提出 2035 年基本实现社会主义现代化的远景目标，并将"基本实现新型工业化、信息化、城镇化、农业现代化，建成现代化经济体系"作为目标之一。这是继党的十八大提出"坚持走中国特色新型工业化、信息化、城镇化、农业现代化道路，推动信息化和工业化深度融合、工业化和城镇化良性互动、城镇化和农业现代化相互协调，促进工业化、信息化、城镇化、农业现代化同步发展"，党的十九大进一步强调"推动新型工业化、信息化、城镇化、农业现代化同步发展"之后，首次提出了新型工业化、信息化、城镇化和农业现代化"新四化"基本实现的时间点，同时也是党的十九大针对"贯彻新发展理念，建设现代化经济体系"作出重要部署后，首次明确提出建成现代化经济体系的时间点。实现新型工业化、信息化、城镇化和农业现代化，是建设社会主义现代化国家的基本路径，也是开启全面建设社会主义现代化新征程的一项重要战略部署。

在这样的宏观政策背景下，各级政府均需加快建设新型城镇化的步伐，调整城乡结构，迎接创新技术，拉动新兴产业，完善资源和环境协调，保障城镇化建设更好更快发展。两相取舍之下，数字城市这一新的理念是将新型城镇化

和信息化相结合的最佳形式。正是由于数字城市具有的优势，近年来数字城市已经受到各级政府越来越多的关注和青睐，各地大力开展了数字城市建设试点，对数字城市的认识和实践不断深化。

1. 国家层面注重"先行试点，逐步推广，稳健发展"

国家将按照先行试点、因地制宜、循序渐进的原则，有计划、分阶段地开展数字城市建设。多个部委领导都表示要合理规划数字城市建设，尊重市场规律，加强宏观指导，杜绝盲目投资和重复建设。国家将在北京、上海、广州等一批信息化基础设施相对较好、信息法规相对完善、政府治理能力相对较强的发达城市进行试点，通过先行先试，积累经验，为后来者提供可借鉴的范本和思路，然后再逐步扩大试点范围，加大中央财政的扶持带动作用，积极稳妥推进数字城市建设。

2. 各地注重结合本地区优势，注重数字城市顶层设计

数字城市对任何城市而言都是一项长期性、复杂性兼具的任务，不能盲目模仿、照搬其他城市的已有经验，一定要注重顶层设计，结合本地区特色和优势。例如，北京的智慧民生与智慧生态、上海市的智慧金融与数字教育、广州的智慧物流与智慧商业等都是充分考虑了本地区的实际而提出的建设任务。同时，要根据本地区的财政支付能力，合理规划本地区数字城市的发展路线和实施目标，建立起跨部门的资源共享和协同工作机制，确定科学的数字城市建设评估体系，制定完善的数字城市运营和管理机制，避免"发展目标不明确、建设路线不清晰、分工任务不到位"的误区，避免低水平、重复建设。

3. 高度重视民生

城市发展最终目标是提高市民的生活质量，使得市民能够享受城市发展带来的便利，因此，数字城市建设要重点关注诸如医疗、社区服务等和老百姓生活密切相关的领域。数字城市建设不仅要定位于单纯的硬件技术系统升级，更要定位于城市经济、文化、社会、环境及市民的整体发展。

4. 注重投资方式多样化

数字城市涉及领域广、任务多、投入大，仅仅依赖中央和地方各级政府财政投入是远远不够的。因此，政府应该积极调动、鼓励和引导社会力量参与建设，除了引入现有成熟的 BOT（build-operate-transfer）、BT（build-transfer）

等商业模式外，还需加大加快金融创新，充分调动各种资金，加快数字城市推进；同时引入竞争机制，保证各单项工程的高水准、高质量完成。

5. 加强信息资源整合，提升政府现代治理能力

各级政府抓紧建立完善的信息资源管理体制；建立科学合理的信息管理制度和标准体系，加强对各部门信息资源的整合工作；加快建立公共信息服务平台，实现信息和数据挖掘的应用，为管理者和决策者提供科学决策的信息和依据。通过数字城市的建设，将促进政府不断调适其在公共管理中的角色，提升其现代化治理能力。

6. 注重数字城市的信息安全保障体系建设

数字城市建设中的信息安全关系到城市安全、社会安全、政府安全等重要方面，发生安全事故可能造成难以估量的影响。因此，各地将更加重视信息安全建设，但当前很多地方和机构的信息安全建设仍停留在"信息安全产品叠加、功能单一、联动不足、立体防御能力不够、多被动反应、少主动防御，安全界限和责任不清晰"等阶段，在建设数字城市的安全保障体系过程中，需要制定全面、深入的安全保障机制，不仅要加强信息安全基础设施建设，利用先进设备和理念提升技术防范能力，更要加强提高人的信息安全防范意识，防微杜渐。明确政府、企业、公民各自的安全责任，既要进一步提升重点系统、重点部门（例如信息中心、数据中心）的安全防范能力，也要认识到信息安全防护能力是由"木桶原理"决定的，针对其他系统，要进行查漏补缺，弥补信息安全短板。

政府机构要结合实际，从全局出发，建立数字城市建设信息安全总体方针框架、标准规范和信息安全管理规范、流程、制度体系，作为数字城市建设信息安全保障的行为准则、依据和指导。抓紧建立完善、细致的安全风险评估、安全预警、安全应急响应机制，加强各部门的协同，形成"主动、自动、联动"的立体防御机制，从而共同防范信息安全事故的发生，抵御信息安全事故带来的不利影响，确保数字城市平稳、有序运行，发挥其应有的功效。

三、中国的成功实践

（一）特色小镇的智慧化项目

杭州云栖小镇地处杭州西湖区南部，是浙江省首批创建的 10 个示范特色产业小镇之一。小镇规划面积 3.5 平方千米，是一个以云生态为主导的产业小镇。智慧云栖项目打造了全面的 WiFi 覆盖，并将对外宣传、企业招商、企业服务与管理、物业服务与管理、工程管理、数据统计、办公自动化等方面进行整合，形成系统化的线上管理平台，提高小镇管理和服务效率，凸显云栖小镇的智慧化与高效性。

宁波江北前洋 E 商小镇核心区位于宁波中心城区姚江北岸前洋区块，小镇突出电商经济创新，以电商产业、智慧产业、类金融、文化创意、总部经济为重点，构建以 B2B、B2C 为核心的电子商务交易技术平台。小镇从建设基础网络着手，并建成视频监控平台、公共设施管理平台、小镇业务运营平台、大数据综合展现平台、智能移动终端平台等多个应用系统，提升小镇智慧化管理水平。

（二）城市管理精细化

北京拥有 2000 万以上的常住人口，城市发展面临民生保障压力大、城区交通拥堵严重、生活环境亟待改善等诸多难题。针对北京城市发展所面临的突出难题，北京市于 2012 年出台了《智慧北京行动纲要》（以下简称《纲要》），明确了智慧北京将重点围绕城市人口精准管理、交通智能管理服务、资源和生态环境智能监控、城市安全智能保障四大任务来建设。《纲要》提出，要紧紧抓住新一代信息技术发展机遇，统筹建设政务服务共用平台和社会信息化公共服务平台；以市民需求为中心整合各项信息服务，全力建设人人享有信息化成果的数字城市。

2016 年，上海市人民政府出台了《上海市推进智慧城市建设"十三五"规划》，围绕信息化助推"四个中心"和具有全球影响力的科技创新中心建设，加快信息化和工业化深度融合，聚焦产业转型升级和培育发展"四新"经济，发展分享经济，促进信息消费，推动智能制造，全面提升上海市经济发展活力和产业核心竞争力。作为特大型城市，上海城市发展中同样面临着人口剧增带来的管理压力大，诸如医疗、教育等公共资源提供能力不足等问题，因此上海的数字城市建设同样需要注重利用和整合上海信息化基础设施较好的优势来实现民生改善，规划强调要从市民需求实际出发，在教育、卫生、社区生活服务等群众重点关注的民生领域上发力。

《中共广州市委广州市人民政府关于建设智慧广州的实施意见》（2012 年 9月 19 日）中明确了建设数字城市是广州推进新型城市化发展的重要内容，提出要加大加快数字城市建设力度，力争使广州成为全国数字城市建设的先行示范城市。面对蓬勃发展、日新月异的电子商务、互联网金融等给传统商贸（例如享誉海内外的广交会）、物流、金融带来的挑战，为了巩固和提升广州在华南地区具有的金融、商贸、物流、港口等优势地位。该实施意见提出，要变挑战为机遇，加快发展广州的电子商务产业，实施智慧物流、智慧金融等工程，加大培育高成长、带动性强的新兴产业，例如实施"创建中国软件名城行动计划"，打造珠三角工业创意设计中心和"网游动漫之都"。意见提出要重点发展智慧人文教育，实施智慧医疗、智慧社保、公共安全智能化工程、平安校园等工程，目标是使广大民众享受数字城市成果，提高教育、医疗、社保等公共服务水平，实现信息惠民。

（三）科技赋能城镇化

大数据技术日臻成熟，国内大部分一线城市和二线城市的数据基础建设都在如火如荼地进行，通过城市大脑和用户权限管理中心的互联互通，实现城市治理数据的统一接入和管理，为新型城镇化建设提供强有力的支撑。大数据中心帮助城市实现市级各部门、各县（区）城市治理数据汇聚、数据交换、数据治理、数据服务等工作。借助城市大脑数据汇集和大数据算法能力，将各部门系统数据向县（区）、镇街、村社、网格进行数据汇聚、裂变和融合，打破"部门壁垒"、覆盖"管理盲区"、融通"信息孤岛"。构建覆盖全域、统筹利用、统一接入、灵活服务的数据资源共享体系，实现城市治理有关数据跨部门、跨区域共同维护和利用，为打造面向群众的便利化应用服务构建扎实基础，发挥智能化建设最大价值。

物联网技术的飞速发展铺就了新型城镇化建设的基础，为智慧城市的感知能力、思考能力和决策能力提供了"覆盖全域的信息获取节点"。其中，分布广泛、互通互联的智慧感知终端作为所有上层应用的基础，正从"全面感知"逐步转型为"智慧感知"，构建"感—联—知—智—用—融"的一体化框架，形成完善产业生态链，覆盖智慧交通、智慧农业、智慧电力、智慧水务等多个城镇化领域的海量信息智能化处理。

区块链技术是利用块链式数据结构来验证与存储数据、利用分布式节点公式算法来生成和更新数据、利用密码学的方式保证数据传输访问的安全、利用自动化脚本代码组成的智能合约来编程和操作数据的一种全新的分布式基础架构和计算范式。区块链技术在公共服务以及城镇化建设中有广泛的应用前景，国内主要城市都在持续不断地关注和支持区块链技术的发展，都陆续开始投入较大关注，推动区块链技术在公共服务以及经济社会领域寻找落地应用场景。欧美一些国家已在探索地产登记区块链的方式。通过公开透明的区块链账本，政府可以高效透明地管理土地资产，使每一次产权变更都有清晰的记录，跨部门、跨地区甚至跨政府的流通将会变得更加便利。一些地方的股权交易市场、资产证券化产品交易市场也在用区块链构建底层账本系统（如美国纳斯达克的私募股权市场板块），从而提高股权交易的效率和透明度。

四、未来发展的展望

尽管目前国内的城市发展态势良好，各地新城镇化建设如火如荼，但在规划、建设、运营等方面仍存在着诸多不足，项目规划盲目、资金短缺、建设中数字鸿沟明显、监管评估不到位、政府角色不清、目标不明确等问题也逐渐凸显。因此，各地政府需要从加强对弱势群体的关注和保障、加强项目建设流程监管和服务、灵活处理政府和市场关系等层面有针对性地解决当下国内城镇化建设中的各种问题。

（一）瞄准战略高度，加强顶层设计

从全局战略考虑，通过顶层设计考虑好跨领域的统筹协调，制定可持续城市建设方案。以用户核心目标为中心，聚焦重点领域，区分轻重缓急；强化重点领域智能化应用，构建高效快捷普惠公共服务框架；对各个层次要素进行战略目标路径设计，建立精细化管理体系，联动经济和社会发展。城市之间要重视合作互补，使地区协同的规划更为合理。借鉴经典城市圈的建设经验，明确成员的定位，形成地区发展特色，各大城市城镇化建设时，应注重发挥自身特色，城市之间需要形成合理的产业分工与协同，同时促进区域经济一体化建设。在领导层面，推进地方政府领导人负责制、沟通和推动可持续发展计划，整合当地资源，协调沟通并促进市／区级以及部门间相互协调沟通；鼓励政府开放数据，开放城市规划，让公众参与整体规划并发表意见，促进社会共识；整合政府服务和企业服务，加强政企合作，共创城市发展的繁荣。

此外，还应加强顶层标准化建设，推进相关技术、应用、管理规范的建立和实施，积极进行国际和国家标准、规则的制定和修订；鼓励企业加强信息技术标准体系建设，发挥标准的技术支撑作用；支持新一代信息技术领域知识产权专利池建设，推动创新成果转化；加强知识产权保护，做好专利布局和风险防范工作。

（二）加强技术创新，扩展城市应用

新一代信息技术与城镇化深度融合，正在推动新经济发展。中国经济发展进入新常态，突出的特点是速度变化、结构优化和动力转换，这是中国经济向形态更高级、分工更优化、结构更合理阶段演进的必经过程。在这个过程中，城镇化建设可以提供包容开放的创业氛围和产业汇聚优势，为新技术的创新和应用提供温床，加速新经济的发展，激发创意，促进创新，解决传统创业难、产业转型难等问题，营造城镇生态体系，为移动支付、在线教育、互联网医疗、智能家电、智慧环保等新经济业态的发展提供了良好的市场基础。

数字城市是国际城市和社会发展的方向，虽然有着不同的定位，但都离不开关键核心技术，这也是当今社会对城市的评判标准。我国的城镇化建设尤其是数字城市建设涉及物联网技术、虚拟化、大数据处理技术、云存储技术、增强现实技术、空间信息网格技术、数据融合技术、应用技术、运维管理技术、区块链技术等多种关键核心技术。在物联网、大数据处理、云存储、智能科学等方面进行深入研究，助力于数字城市各子领域的建设。

当前城镇化建设的主流方向是高端产业，主要在高等教育、科研、金融、智能制造、生物医药、新能源等方面进行布局。高端产业在大中城市中发展是一个成熟大国的必然选择。这种城镇化与产业的多元结合方式既为经济发展提供了多种模式，也为个体发展提供了更多个性化选择方案。中国的新型城镇化建设不能照搬旧有的城镇体系分工，只给中心城市做配套，承接中心城市淘汰的落后产能，而是要抢占产业链的高端环节。只有这样，新型城镇化建设才能成为高端产业发展、高级人才聚集的重要空间载体，使区域城市集群形成协作互补的产业链关系，真正发挥时代价值。

数字科技与场景创新

随着数字技术革新与数据爆发式增长，人类社会正迅速从信息科技时代向数字科技时代迈进。作为引领新一轮科技革命与产业变革的战略性技术，以人工智能、区块链、云计算、大数据为代表的数字科技的不断发展，对经济发展、社会进步、国际政治经济格局等各方面产生了重大而深远的影响。场景需求和数字科技呈现互为驱动的战略关系，场景创新对于数字科技的不断升级具有关键作用。

一、全面贯彻新发展理念，加快建设数字中国

习近平总书记一直重视发展数字技术、数字经济。2000 年，他在福建工作期间就提出建设"数字福建"，2003 年在浙江工作期间又提出建设"数字浙江"。党的十八大以来，习近平总书记更是多次强调发展数字经济，加强顶层设计、总体布局，为"数字中国"建设指明了发展方向。2016 年 10 月 9 日，习近平总书记在主持中共中央政治局第三十六次集体学习时提出，"要深刻认识互联网在国家管理和社会治理中的作用，以推行电子政务、建设新型智慧城市等为抓手，以数据集中和共享为途径，建设全国一体化的国家大数据中心"。同年，在二十国集团领导人杭州峰会上，习近平主席首次提出发展数字经济的倡议，得到各国领导人和企业家的普遍认同。2017 年 12 月 8 日，习近平总书记在主持中共中央政治局第二次集体学习时指出，要构建以数据为关键要素的数字经济，强调"大数据发展日新月异，我们应该审时度势、精心谋划、超前布局、力争主动"，要"推动实施国家大数据战略，加快完善数字基础设施，推进数据资源整合和开放共享，保障数据安全，加快建设数字中国"。2018 年 4 月，习近平总书记在致首届数字中国建设峰会的贺信中强调："加快

数字中国建设，就是要适应我国发展新的历史方位，全面贯彻新发展理念，以信息化培育新动能，用新动能推动新发展，以新发展创造新辉煌。"[1] 2018年 12 月，习近平总书记在中央经济工作会议上强调，要加快 5G、人工智能、工业互联网等新型基础设施建设。2021 年，习近平总书记在致世界互联网大会乌镇峰会的贺信中指出，要激发数字经济活力，增强数字政府效能，优化数字社会环境，构建数字合作格局，筑牢数字安全屏障，让数字文明造福各国人民[2]。

党的十八大以来，党中央高度重视发展数字经济，将其上升为国家战略。党的十八届五中全会提出，实施网络强国战略和国家大数据战略，拓展网络经济空间，促进互联网和经济社会融合发展，支持基于互联网的各类创新。党的十九大提出，推动互联网、大数据、人工智能和实体经济深度融合，建设数字中国、智慧社会[3]。党的十九届五中全会指出："坚持把发展经济着力点放在实体经济上，坚定不移建设制造强国、质量强国、网络强国、数字中国，推进产业基础高级化、产业链现代化，提高经济质量效益和核心竞争力。"全会通过的《中共中央关于制定国民经济和社会发展第十四个五年规划和二〇三五年远景目标的建议》（以下简称《建议》）明确提出要加快数字化发展，推动数字经济和实体经济深度融合，打造具有国际竞争力的数字产业集群。发展数字科技是坚持创新驱动发展、建设数字中国的重要保障。党的二十大报告进一步指出，要加快建设网络中国、数字中国，"加快发展数字经济，促进数字经济和实体经济深度融合，打造具有国际竞争力的数字产业集群"。

2021 年 3 月，《政府工作报告》对 2020 年数字科技的发展成果进行了总结："建设国际科技创新中心和综合性国家科学中心，成功组建首批国家实验室。'天问一号'、'嫦娥五号'、'奋斗者'号等突破性成果不断涌现。"同时，中国加强关键核心技术攻关，加大知识产权保护力度，支持科技成果转化应用，促进大中小企业融通创新，推广全面创新改革试验相关举措，推动产业数字化智能化改造，战略性新兴产业保持快速发展势头。根据《建议》，国务院编制了《中华人民共和国国民经济和社会发展第十四个五年规划和二〇三五年

1　习近平. 从"数字福建"到"数字中国"[N]. 人民日报，2020-10-12.

2　习近平. 不断做强做优做大我国数字经济 [J]. 求是，2022（2）.

3　习近平. 不断做强做优做大我国数字经济 [J]. 求是，2022（2）.

远景目标纲要（草案）》，指出要坚持创新驱动发展，加快发展现代产业体系。要坚持创新在我国现代化建设全局中的核心地位，把科技自立自强作为国家发展的战略支撑，完善国家创新体系，加快构建以国家实验室为引领的战略科技力量，打好关键核心技术攻坚战，提升企业技术创新能力，激发人才创新活力。

在未来，数字科技在中国人们生活中的各个场景将得到更加充分的利用，数字科技的不断发展会带来一系列依托数字技术的全新应用场景，不断拓宽数字科技的应用场景，从科技水平到治理水平全方面建设"数字中国"。

二、国内外现状与趋势分析

基于数字技术对企业及消费者带来的变化，企业纷纷开始探索适应技术环境变化的新型创新模式[1]。场景需求与科技创新的关系十分紧密，在整个经济社会的发展历程中，需求和科技都是经济社会进步的两大核心驱动力，且两者循环作用于彼此[2]。科技的发展为更多的需求创造了可能，而需求的不断升级为科技发展提供了方向。以电灯为例，利用电力发光的技术是英国化学家汉弗莱·戴维发明的，是爱迪生带领团队以场景应用为目标，改良灯丝材料，最终使电力照明系统从实验室走向全世界。

伴随数字技术革新与数据爆发式增长，人类社会正迅速从信息科技时代向数字科技时代迈进，信息技术朝着数字化、网络化、智能化高速发展，并驱动诸多领域加速变革。数字科技是指基于互联网和云技术的一系列技术，其特征可以概括为"A、B、C、D、E+5G"的技术深度融合：A 即人工智能（AI）；B 为区块链（Blockchain）；C 乃云计算（Cloud）；D 是大数据（Bigdata）；E 则是边缘计算（Edge computing）；5G（第五代移动通信技术）则发挥"催化"作用，加速、加深以上技术与社会的相互建构。

当下，人工智能、虚拟现实、区块链、5G 等新兴技术已成为人们谈论的

1　陈劲，李佳雪. 数字科技下的创新范式 [J]. 信息与管理研究，2020，5（Z1）：1-9.

2　尹本臻，邢黎闻，王宇峰. 场景创新，驱动数字经济创新发展 [J]. 信息化建设，2020（8）：54-55.

热点话题。场景滞后的问题在此时更加凸显，与很多前沿技术匹配的有效需求，在现实社会中还未产生与推广，如果技术飞速发展，而与需求相对应的场景相对滞后，那么技术与需求融合作用且相互促进的循环效应若没有形成，就必然会影响且拖滞整个社会的前行步伐。因此，在大力推动新一代信息技术发展进步的同时，要加速探索技术所对应的应用场景意义。当前，互联网做电商、二维码验健康、人脸识别支付的推广等应用都是场景创新与数字科技相互作用后产生巨大社会价值的典型案例。因此未来在大力推动技术创新发展的同时，要将更多的注意力放在场景创新上，可以说，场景就是数字经济时代"技术的翻译器，需求的挖掘机"。

（一）发达国家的数字科技与场景创新

2016 年美国发布"国家人工智能研究和发展战略计划"，目标是投资研究，开发人工智能协作方法，解决人工智能的安全、道德、法律和社会影响，为人工智能培训创建公共数据集，并通过标准和基准评估人工智能技术。2019 年 6 月，美国发布新版"国家人工智能研究和发展战略计划"，创新提出强化公私合作推动人工智能快速发展的战略举措，及时维护国家安全战略的作用。2020 年 4 月，美国国际开发署（USAID）发布"数字战略 2020—2024"。文件指出，国际开发署发布该战略基于两个主要目标：一是使用数字技术来实现重大发展和人道主义援助；二是加强国家级数字生态系统的开放性、包容性和安全性，以此"促进和实现国外的民主价值观，并促进一个自由、和平与繁荣的世界"。

2016 年日本出台了"第五期科技创新基本计划（2016—2020 年度）"，提出了"超智能社会 5.0"的概念，强调通过推动数据标准化、建设社会服务平台、协调发展多领域智能系统等各方面工作促进人工智能的发展和应用。为了实现人工智能的产业化，2017 年 3 月，日本政府"人工智能技术战略会议"制定了路线图，计划分 3 个阶段推进利用人工智能大幅提高制造业、物流、医疗和护理行业效率的构想。2021 年 1 月，日本政府完成了"第六期科技创新基本计划"草案的拟定工作，该计划也被称为日本科技创新"六五计划"，其延续了第五期基本计划的理念，将建设"社会 5.0"作为未来 5 年的发展目标。

2019 年 4 月，欧盟设立一项新的 92 亿欧元资助计划——"数字欧洲计划"

（Digital Europe Programme），以确保欧洲拥有应对各种数字挑战所需的技能和基础设施。该计划将投入 27 亿欧元用于超级计算，25 亿欧元用于人工智能，20 亿欧元用于网络安全，7 亿欧元发展数字技能，13 亿欧元用于确保数字技术的广泛使用。该计划旨在自 2021 年至 2027 年，为欧洲数字化转型提供支持，确保民众和企业获得高质量公共服务，提高欧洲在全球数字经济中的竞争力并实现技术主权。2021 年，欧盟提出"2030 数字罗盘"（Digital Compass）计划，为未来 10 年欧洲成功实现数字化转型指明了方向。该计划包括四大具体目标，为欧盟在 2030 年设置了很多美妙的数字场景。例如，届时所有欧盟家庭实现千兆比特连接，所有人口密集地区实现 5G 覆盖；欧盟生产的尖端、可持续半导体至少占全球总产量的 20%；研制出该地区首台量子计算机等。欧盟希望借助这一计划，在一个开放和互联的世界中加强本地区的数字主权，并推行数字政策，构筑一个以人为中心、可持续、更繁荣的数字未来。

（二）我国依托数字科技推动场景创新的重要举措

数字科技赋能实体经济，正成为推动经济增长动能持续转换、生产力水平整体跃升的有效路径。数字科技正成为我国产业发展和企业数字化转型的重要助推器。一方面，它可以对行业的技术设施进行重构，从而加速新技术应用，提高资源流转效率。另一方面，也可以基于对大数据的积累和洞察，对行业和企业的核心竞争力进行重塑，探索出更高效发展路径。同时，还可以结合具体的场景化实践，深化业务融合与技术创新，促使有效供给与有效需求紧密贴合，为行业持续发展创造长期价值。

"十四五"规划纲要将建设数字中国作为独立篇章，意味着中国将把数字经济的转型升级作为未来 10 年关键的机会窗口，数字经济将成为整个中国经济转型的核心部件。规划纲要草案明确了未来 5 年发展目标：2025 年数字经济核心产业增加值占 GDP 比重提升至 10%。《中国数字经济发展白皮书（2020年）》将数字经济拓展为"四化"，即数据价值化、数字产业化、产业数字化、数字化治理。2022 年 7 月，科技部等六部门印发《关于加快场景创新以人工智能高水平应用促进经济高质量发展的指导意见》，明确指出"场景创新成为人工智能技术升级、产业增长的新路径，场景创新成果持续涌现，推动新一代人工智能发展上水平"，场景驱动人工智能产业的创新发展成为国家层面的战略共识。根据《数字中国发展报告（2022 年）》：2022 年我国数字经济规模达50.2 万亿元人民币，总量稳居世界第二，占 GDP 比重提升至 41.5%；2022 年我国大数据产业规模达 1.57 万亿元人民币，同比增长 18%；北京、上海、广东、浙江等地区推进数据管理机制创新，探索数据流通交易和开发利用模式，促进数据要素价值释放。由此可见，数字经济已成为稳增长、促转型的重要引擎[1]。数字科技蓬勃发展已成为国民经济核心增长极之一。当下我国产业数字化转型正由单点应用向连续协同演进，数据集成、平台赋能成为推动产业数字化发展的关键。而 5G 与更多前沿技术的融合发展，催生的新生态新市场将不可估量[2]。

　　数字技术在智能交通、智慧能源、智能制造发展了一批典型场景应用。国网浙江嘉兴供电公司打造了智慧能源综合服务平台，推出集电动汽车快充、智能楼宇管理等为一体的能源站，打造更加智能的工业园区用能。中建三局北京公司古月佳园项目利用智能硬件配合射频识别、数据处理等技术，打造"智慧工地"，通过手机 APP 进行远程管理。智慧城市建设方面，中国进入以人为本、成效导向、统筹集约、协同创新的新发展阶段，全面创新组织管理、建设运营、互动参与等机制。与此同时，数字科技驱动下的场景创新在国内的城市治理中扮演着愈发重要的角色，很多省市都在城市管理方面推进大数据、物联网、人工智能、区块链等技术的场景化应用。2019 年 8 月，浙江省面向全省公开征集新一代人工智能的应用场景与解决方案；2020 年 3 月，成都发布进一步深化落地"场景营城"理念的"场景 9 条"新政；2020 年 4 月，上海印发了《促进在线新经济发展行动方案（2020—2022 年）》；2020 年 6 月，北京印发了《北京市加快新场景建设培育数字经济新生态行动方案》。大力推进典型场景，并将其复制到城市治理的更多领域，有助于加快产业数字化步伐。

1　《数字中国发展报告（2022 年）》发布 我国 5G 用户达 5.61 亿户 [N]. 光明日报，2023-05-24（08）.

2　上海社会科学院信息研究所发布的《全球数字经济竞争力发展报告》蓝皮书。

三、中国的成功实践

近年来，随着以大数据、云计算、人工智能等技术为支撑的新型智慧城市建设浪潮，智慧城市逐渐成为推进社会治理体系和治理能力现代化的内在需求和必然选择，其核心是利用各种信息技术或创新概念，革新原有的社会治理手段和公共服务供给方式，将城市的系统和服务打通、集成，以提升资源运用的效率，优化城市管理和服务，改善市民生活质量。

（一）杭州城市大脑进行智慧城市管理

杭州城市大脑是基于云计算、大数据、物联网、人工智能等信息技术构建的开放式智能运营平台，是数字杭州建设的重要综合应用工具。2016 年 4 月，为治理交通拥堵过程中的道路资源供给矛盾突出问题，杭州创新性地开启了城市大脑建设工作，利用交通部门的大数据，科学推进交通拥堵的治理工作。2018 年 5 月，杭州市发布了《杭州市城市数据大脑规划》，并在 12 月发布了涵盖停车、医疗、文旅、基层治理等九大便民措施的城市大脑综合版，标志着城市大脑从单一的交通治堵系统扩展成为服务民生、支撑决策的综合平台，正式实现从单一治堵向全面治城转变。2019 年年底，城市大脑中枢系统已更新到 3.0 版本，接入 4500 个 API 和 3200 个数据指标，日均 API 调用 760 万次以上，日均协同数据 1.2 亿条，有力地支撑了数字驾驶舱和应用场景的建设，实现了所有接入方之间 API 目录及元数据共享。

截至 2020 年 4 月，城市大脑不断拓展社会治理场景，推出了 11 个重点领域 48 个应用场景的创新，其中包括：建设交通系统，解决"堵"的痛点；建设文旅系统，解决"慢"的痛点；建设停车系统，解决"等"的痛点；建设医疗系统，解决"烦"的痛点；建设综合示范区，解决"合"的难点。因此在城市大脑的建设中，创新城市大脑的应用场景，集成、打通服务渠道具有十分重要的意义。

（二）成都发布"场景 9 条"新政促进经济高质量发展

2017 年，成都基于新经济发展特点，率先提出"场景营城"理论，着力构建与"六大新经济形态"相契合的"七大应用场景"。同年，成都新经济发展大会召开；率先在全国设立新经济发展委员会、新经济研究院。2019 年 3 月，成都首发全国首份城市机会清单，以释放政府资源公共资源为主，聚焦科技创新创业、公园城市等 10 个应用场景，总共发布了 450 条供需信息。同年，发布 4 批次"城市机会清单"共 1500 余条供需信息。城市机会清单在新经济领域发挥了引领示范作用，多个城市学习借鉴成都的创新成果。

经过反复研究，《供场景给机会加快新经济发展若干政策措施》（以下简称《政策措施》）制定并发布，旨在向社会传递成都巩固新经济先发优势、推动新经济再升位的定力和决心，向企业推出精准有效的政策，释放发展机会，激发创新活力。围绕"给优惠"向"给机会"转变，《政策措施》以"供场景、给机会"为逻辑主线，从 3 个维度为新经济企业提供场景赋能，包含支持硬核技术攻关催生新场景；加快布局新型基础设施支撑新场景；汇聚关键数据赋能新场景等。发布城市机会清单是成都的创新之举，是加大应用场景供给的重要途径和手段。通过促进城市机会清单收集发布工作制度化、常态化，推动公共资源和企业发展精准匹配和场景落地。成都鼓励企业牵头组建"城市未来场景实验室"，以政府分段补贴方式支持企业开展新技术、新模式、新业态融合创新的市场验证，加速新场景在市场中的成熟。

当下，城市大脑已成为成都经济高质量发展的强力推动者，成为市民高品质生活的积极创造者，也是城市高效能治理的有力参与者。

（三）海尔智家"智慧家庭"应用场景创新

海尔开拓企业场景化生存、生态化迭代的新旅程，用场景催生新需求，再以新需求牵引更高质量供给，探索出实现供需两侧动态平衡、提升产业链上下游整体效能的新样本。从先人一步做出智慧家庭的战略布局，到建成用户衣食住娱行的"大场景生态"，海尔智家全面展示了在智慧家庭战略的先进性。

2021 年 3 月 22 日，在"海尔智家 2021 生态大会"上，海尔智家宣布其智慧家庭战略进入全面收获期。如今，海尔智家通过场景替代产品、生态覆盖行业，建成了全品类、全场景涵盖衣、食、住、娱、行方方面面服务的智慧家庭场景生态。2021 年 3 月 23 日，《人民日报》刊载专题文章《基于消费场景提供解决方案 探索供需动态平衡新路径》，点赞海尔在探索实现供需两侧动态平衡、提升产业链上下游整体效能的新样本[1]。

海尔智家认为，智慧家庭的难点和痛点不是硬件技术，而是创造满足消费者需求的场景，没有场景也就没有智慧家庭[2]。因此，海尔的智慧家庭战略中，电器成为网器，网器互联形成场景，场景背后又连着衣、食、住、娱等生态圈，创造了巨大的边际收益递增空间。以"衣联网"举例，衣联网覆盖了服装、家纺等多个行业，实现了从一台洗衣机到洗衣服务再到全流程智能洗护体验的迭代，与服装、洗衣机、洗护用品等国内外 5300 余家资源方共创共赢。在这种产业生态中，各方以用户为中心，共同创造用户新体验，做大增值的"蛋糕"，并能够按照贡献分享"蛋糕"。正是看到这一点，目前加入海尔智家生态的共创方已超过 9000 家。

2020 年，三翼鸟智慧阳台场景方案销量达到 36 万套。海尔智家的 2020 年三季度财报显示，前三季度其场景方案销售 68.7 万套，同比增长 24.5%，体现了场景消费的强劲拉动力。截至 2023 年末，三翼鸟已为 41.3 万家庭供给智慧生活方案，海尔的"智慧家庭"应用场景创新，正在拉动更多行业转型升级，共同为用户提供不断迭代的场景与更加美好的生活。

（四）数字化支撑下的"新零售"商业模式场景创新[3]

"新零售"是目前区别于传统零售的一种新型零售业态的概念表达。所谓"新零售"，是企业以互联网为依托，通过运用大数据、人工智能等先进技术手段，对商品的生产、流通与销售过程进行升级改造，进而重塑业态结构与生态圈，并对线上服务、线下体验以及现代物流进行深度融合的零售新模式。它并不

1　刘文波，肖家鑫. 探索供需动态平衡新路径 [N]. 人民日报，2021-03-23.

2　赵阳. 海尔智家：构筑场景与生态品牌 开辟新赛道 [J]. 家用电器，2021（3）：45.

3　江积海，阮文强. 新零售企业商业模式场景化创新能创造价值倍增吗？ [J]. 科学学研究，2020，38（2）：346-356.

仅仅是 O2O 和物流的简单融合，同时还要融入云计算、大数据等创新技术[1]。

2016 年 11 月 11 日国务院办公厅印发《关于推动实体零售创新转型的意见》（以下简称《意见》），明确了推动我国实体零售创新转型的指导思想和基本原则。同时，在调整商业结构、创新发展方式、促进跨界融合、优化发展环境、强化政策支持等方面作出具体部署。《意见》在促进线上线下融合的问题上强调："建立适应融合发展的标准规范、竞争规则，引导实体零售企业逐步提高信息化水平，将线下物流、服务、体验等优势与线上商流、资金流、信息流融合，拓展智能化、网络化的全渠道布局。"

当前新零售的模式主要有以下 3 种：一是线上线下与物流结合的同时，实现商品与物流渠道整合。比如，既可以在物流配送高峰期做到就近配货，也可以实现线上线下产品同款同价，通过多家线上线下零售企业通力合作，形成一个良性循环的全渠道产品及物流配送网络。二是提供更广范围的体验式消费服务，实现消费的"场景化"。三是打造"新零售"全渠道产业生态链。这个生态链既包括零售企业内部员工，也包括上游的制造商、下游的商家以及渠道内的所有合作伙伴，多方在一个公共平台上进行更深更广的合作。

新零售的本质是以顾客为中心，利用先进数字科技手段，根据消费者需求匹配服务。当下，无人便利店、生鲜超市、无接触配送等新的应用场景发挥了重要作用，包括盒马、永辉的"超市＋餐饮"以及携程旅游零售门店＋线上平台等。未来，要在新零售领域进一步加强场景创新，促使零售"场景化"。门店在进行场景化商品和服务体验的时候，要考虑到消费者购买这样商品所处的场景。通过增加顾客和企业交互的场景，增强顾客产品和服务的极致体验，让顾客感受到超出预期的产品和服务，增强对零售品牌的满意度和忠诚度。

（五）京东基于区块链技术的应用场景创新[2]

区块链是一种可以使数据通过协议在多个独立计算机组成的网络间共享的软件技术。不同于以往的中心式基础架构与计算范式，区块链采用一种分布式

1　何开宇. 数字化支撑下的零售信贷场景创新 [J]. 国际金融，2019（11）：17-22.

2　张浩，朱佩枫. 基于区块链的商业模式创新：价值主张与应用场景 [J]. 科技进步与对策，2020，37（2）：19-25.

基础架构与计算范式，在此之上衍生出许多功能。本案例将以电子商务平台创新为例，来阐述区块链技术为电子商务提供的新途径以及场景。

现有电子商务平台如京东、苏宁等企业是中心化的运营模式，平台上有自己独特的客户体系、商品体系以及相配套的支付体系。对于顾客来说，必须单独登录一家企业才能购买该企业的商品。去中心化区块链技术为电子商务提供了另一条途径。基于区块链的商品无须第三方提供信用保证就可以进行交易，简化了交易信用保证模式，降低了交易成本。与此同时，区块链技术可以使交易信息记录真实唯一、安全可靠，使同一交易活动的资金流、物流、管理信息流高度匹配、无缝对接，实现三流合一。

京东旗下的区块链技术品牌——"京东智臻链"，从解决业务痛点的角度出发，深挖京东体系内外的众多业务场景，充分发挥自身技术优势，在品质溯源、数字存证、信用网络、金融科技、价值创新五大类应用场景中实现了一系列落地举措[1]。2019年4月9日，京东发布《京东区块链技术实践白皮书（2019）》，总结了京东区块链在五大类应用场景中的技术实践，介绍了一系列落地案例。

"京源链"基于区块链技术，构建商品物流追踪，实现了农产品的全程信息可视化追溯，按照"一物一码"标准，打造了农特产品专属溯源增值服务，运用区块链防伪追溯平台技术，让所有产品都有码可扫、有证可寻。京东在国家级贫困县落地的"跑步鸡""游水鸭"和"飞翔鸽"等项目，通过计步脚环等物联网设备，结合视频溯源技术，采集家禽运动信息，并记录到区块链网络中，提升消费体验，增加农民收入。

数字存证应用场景方面，"京小租"是业内首家使用区块链技术解决消费租赁市场纠纷取证难问题的信用租赁平台，用户在进行商品租赁时，京小租平台通过自动化流程获取租赁业务中租赁协议、订单数据、租赁流程等数据并完成"上链"操作，保证租赁服务的公开透明。京东数字科技旗下品牌京东金融也已发行多个ABS项目，并实现了ABS国内首单放款、首次使用智能合约等多个首次举措。

1　张作义，刘彦声.区块链＋民生的产业创新发展——以京东智臻链为例[J].清华管理评论，2020（Z1）：27-33.

四、未来发展展望

（一）深入推进科技体制改革，加强政策协同支持应用场景建设

要统筹利用各类政府资源支持应用场景建设，在金融服务、数据开放、科研立项、业务指导等方面加大对场景建设的支持。用好科技创新基金、高精尖产业发展基金等政府投资基金，发挥财政资金引导带动作用，吸引社会资本加大对场景项目、底层技术企业的投资力度。创新政府采购需求管理，采购人或采购代理机构应合理考量首创性、先进性等因素，不得仅以企业规模、成立年限、市场业绩等为由限制企业参与资格[1]。

要支持地方政府挖掘前沿产业发展、消费升级、城市精细化治理等需求，形成和发布场景清单，为科技型创新创业提供应用场景。推动央企应用场景开放，鼓励央企开放资源，围绕创新平台、产业园区在技术和产品方面的需求，面向社会公开具有示范带动作用的应用场景。建设场景创新中心，支持龙头企业整合开放产业资源和创新要素，为科技型中小企业的快速成长提供试验空间和市场资源。

（二）探索建立开放的科技攻关新机制，培育融通发展的应用场景创新生态[2]

"揭榜挂帅"也被称为科技悬赏制，通俗地说，"揭榜挂帅"就是能者上、智者上、谁有本事谁上，从实质上看是以重大需求为导向，以解决问题成效为衡量标准，用市场竞争来激发创新活力的一种科研课题分派机制和激励机制。要完善"揭榜挂帅"机制，建立模式场景动态发布制度，搭建供需对接平台，以应用带动集成，推动科技成果转化、重大产品集成创新和示范应用。

要探索建立开放的科技攻关新机制，明确"揭榜"任务、攻坚周期和预期目标，征集并遴选具备较强技术基础、创新能力的企业或高校院所等集中攻关。鼓励大中小企业结成应用场景"联合体"，由行业龙头企业牵头加强场景组织设计，通过搭建场景平台开放技术、标准、渠道等资源，利用众智、众

1　北京市加快新场景建设培育数字经济新生态行动方案 [N]. 北京日报，2020-06-10.
2　https://www.shanghai.gov.cn/nw48503/20200825/0001-48503_64687.html

包、众扶、众筹等新模式吸引中小企业参与，共同推进场景建设。支持底层技术跨界示范应用，实现不同场景协同联动发展。积极培育场景集成服务企业和第三方中介服务机构，开展技术集成"总包"、场景供需对接等服务，不断提升场景组织效率。

（三）进行智能交互核心技术攻关，建立健全数据开放共享机制

开展重点领域应用示范，全面提升各产业智能化水平。要围绕基础理论和算法、算力、数据，支持实时定位与地图构建、环境感知、语言交互、自主学习、人机协作、无人驾驶等关键核心技术研发，建设产学研用结合的高水平开放式协同创新平台。鼓励智能交互技术跨界融合创新，加强人工智能、生物医药等先导产业硬核技术攻关，提升智能家居、健康服务等领域集成应用水平。

要加强数据资源共享开放，实现公共数据集中汇聚，推动医疗、教育等重点领域的数据开放应用，加强数据治理和共享流通，建立向社会企业开放的应用程序市场和开发者社区。深化系统集成共用，推动各部门、各区域专用网络和信息系统整合融合，实现跨部门、跨层级工作机制协调顺畅。加强网络空间安全保障，完善公共数据和个人信息保护。

从创新型企业到创新型领军企业：
努力培育世界一流创新企业

长期以来，培育创新型企业始终是我国实施创新驱动发展战略、实现科技自立自强的重要内容。尤其是在国内国际双循环新发展格局下，明确世界一流企业的创新发展，对于我国企业抓住新一轮科技革命和产业变革机遇，培育全球持续竞争优势，加快科技强国建设和实现高质量发展具有重要意义。

一、培育世界一流创新企业

（一）国家政策回顾

党的十八大以来，习近平总书记高度重视建设世界一流企业，发表了一系列重要论述。2016 年 5 月 30 日，习近平总书记在全国科技创新大会、两院院士大会、中国科协第九次全国代表大会上指出，"成为世界科技强国，成为世界主要科学中心和创新高地，必须拥有一批世界一流科研机构、研究型大学、创新型企业，能够持续涌现一批重大原创性科学成果"[1]。2018 年 5 月，习近平总书记在中国科学院第十九次院士大会、中国工程院第十四次院士大会上的讲话中明确指出，"要推动企业成为技术创新决策、研发投入、科研组织和成果转化的主体，培育一批核心技术能力突出、集成创新能力强的创新型领军企业"。2021 年 5 月，习近平总书记在两院院士大会、中国科协第十次全国代表大会上指出，"国家实验室、国家科研机构、高水平研究型大学、科技领军企业都是国家战略科技力量的重要组成部分，要自觉履行高水平科技自立自强的

---

1 习近平 . 为建设世界科技强国而奋斗——在全国科技创新大会、两院院士大会、中国科协第九次全国代表大会上的讲话 [J]. 科协论坛，2016（6）：4-9.

使命担当"[1]。同年 9 月，习近平总书记在中央人才工作会议上强调，"要打造大批一流科技领军人才和创新团队，发挥国家实验室、国家科研机构、高水平研究型大学、科技领军企业的国家队作用，围绕国家重点领域、重点产业，组织产学研协同攻关"[2]。

以习近平同志为核心的党中央高度重视建设世界一流企业，在政策层面对加快建设世界一流企业进行了重要部署，为推进世界一流企业建设指明了方向。2005 年，科技部、国资委、全国总工会三部门联合启动创新型企业试点工作，发挥先进示范作用，促进企业成为技术创新的主体，激发企业自主创新活力，正式吹响了培育创新型企业的号角。此后，党和国家不断对创新型企业培育和建设工作提出了新的目标与要求。在加快建设创新型国家的背景下，2012 年 11 月党的十八大报告明确提出，"科技创新是提高社会生产力和综合国力的战略支撑，必须摆在国家发展全局的核心位置"，并提出"强化企业创新主体地位和主导作用，鼓励企业开展基础性前沿性创新研究，深入实施创新企业百强工程，形成一批有国际竞争力的创新型领军企业"。

2017 年 10 月，习近平总书记在党的十九大报告中，从建设社会主义现代化强国的目标出发，提出要"深化国有企业改革，发展混合所有制经济，培育具有全球竞争力的世界一流企业"。2020 年 10 月，党的十九届五中全会进一步强调"加快建设世界一流企业"。2022 年 2 月 28 日，中央全面深化改革委员会第二十四次会议审议通过《关于加快建设世界一流企业的指导意见》，从"产品卓越、品牌卓著、创新领先、治理现代"四个方面阐述了"世界一流企业"特征和建设要求，响应了中国式现代化对高质量发展的本质要求。党的二十大报告再次强调，"推动国有资本和国有企业做强做优做大，提升企业核心竞争力"，"加快建设世界一流企业"。

（二）三类创新型企业的内涵与本质辨析

什么是世界一流创新企业？创新型企业、创新型领军企业与世界一流创新

1　习近平．在中国科学院第二十次院士大会、中国工程院第十五次院士大会、中国科协第十次全国代表大会上的讲话 [N]．人民日报，2021-05-29（02）．

2　习近平．在中央人才工作会议上的讲话 [N]．人民日报，2021-09-29（01）．

企业有何区别？世界一流创新企业应该具备哪些典型特点和竞争优势？如何判定其领先水平？以上问题是中国创新型企业实现全球突围的关键。

1. 创新型企业

1912 年，熊彼特提出"创新"的概念，并将之定义为"生产要素的重新组合"，创新对经济发展的驱动作用自此得到持续关注。"现代管理学之父"彼得·德鲁克首先提出"创新型组织"的概念，认为创新型组织就是把创新精神制度化而创造出一种创新的习惯。野中郁次郎关注在特定环境下的知识创造和转化行为，提出知识创新型企业。一些研究者以价值创造为导向对创新型企业进行定义，关注创新型企业的绩效与价值，认为创新型企业是拥有自主知识产权的核心技术，推动新产品、新市场和新产业的形成，持续获得创新绩效，并具有社会影响力和辐射价值的企业。

随着人类社会和科学技术的飞速发展，事物之间的联系与协同不断加深，企业创新活动的复杂性不断增强，学者和实践者逐渐意识到，创新型企业的发展与成长不是孤立的，创新型企业是一个以技术和知识创新为核心、技术要素和非技术要素全面协同的复杂系统。可以看出，虽然学者们对创新型企业的定义和理解不尽相同，但是他们都将"创新"作为其发展的内核。

我们对创新型企业进行如下界定：创新型企业是以创新活动实现盈利目的的经济组织，是以实现创新绩效为目标，以物质基础、文化环境和创新管理能力为支撑，通过企业自主创新将创新投入转化为创新产出，打造拥有自主知识产权的核心技术和自主品牌，从而获得市场竞争优势、实现经济效益的企业。

2. 创新型领军企业

在加快建设创新型国家的背景下，《"十三五"国家科技创新工程规划》明确提出，到 2020 年，培育 20 家左右具有世界影响力的创新型领军企业。与一般创新型企业相比，创新型领军企业需要在世界范围内具备一定的影响力，能够在行业内发挥一定的技术引领作用。这就要求创新型领军企业要以国家战略需求和社会发展需要为导向，更好地把握创新规律，瞄准科技前沿，开展应用和基础创新活动，培育先进的自主创新能力与核心竞争力，进而在国际市场上获取一定的竞争优势和影响力，获得卓越的经济收益。

资源基础观认为，有价值的、稀缺的、不能完全模仿和替代的资源和能力可以成为企业竞争优势的来源，充足而独特的创新资源是创新型企业成长的基础和支撑。具有国际影响力的创新型领军企业，需要在更大范围、更宽领域、更深层次挖掘创新资源，更高效率地配置创新资源。创新型领军企业需要以更加开放的姿态，积极主动地融入全球创新网络和全球价值链，把握全球创新要素流动趋势，探索、引进和整合高端创新生产要素，开拓业务空间，从而为企业占据价值链高端赢得机会、掌握主动权。同时，充分利用本地人才、知识和技术资源等创新资源，有利于创新型领军企业在国际化经营的过程中了解和满足本地业务需求，为国际业务提供支持和保障，获取国际竞争优势，在国际市场谋取收益。

我们对创新型领军企业进行如下界定：创新型领军企业是以社会和行业发展趋势为战略导向，把握创新规律，以卓越的创新管理能力和创新文化氛围，整合利用全球创新资源开展自主创新，具备行业领先的技术水平，打造世界级、高品质的产品和服务，在国际市场上拥有一定竞争优势，具有国际影响力的企业。

3. 世界一流创新企业

党的十九大报告提出"培育具有全球竞争力的世界一流企业"。党的二十大报告进一步指出"加快建设世界一流企业"。创新是成就世界一流企业的核心驱动力。"世界一流创新企业"是在新时代加快培育具有全球竞争力的世界一流企业的背景下提出的新的实践概念，这一概念对创新型企业的领先状态提出了更高要求。

国务院国有资产监督管理委员会提出，培育世界一流企业要实现"三个领军""三个领先""三个典范"。"三个领军"是成为在国际资源配置中占主导地位的领军企业，成为引领全球行业技术发展的领军企业，成为在全球产业发展中具有话语权和影响力的领军企业。"三个领先"是指在全要素生产率和劳动生产率等方面领先，在净资产收益率、资本保值增值率等关键绩效指标上领先，在提供的产品和服务品质上领先。"三个典范"是指要成为践行绿色发展理念的典范，成为履行社会责任的典范，成为全球知名品牌形象的典范。对于世界一流创新企业而言，不仅创新投入更加充足、科学，创新文化更加开放、宽容，研发设备更加先进，创新产出更加高效率、高质量，企业规模、效益和品牌价值方面具有其他企业难以超越的领先地位，更是经济和社会价值创造双重使命驱动的共益企业，高层次的使命与具有前瞻性的战略不可或缺。

同时，使命引领也是世界一流创新企业培育动态能力、实现持续创新绩效的根本驱动。毫无疑问，"世界一流创新企业"不可能是一蹴而就的，而是在时代大浪淘沙中能够持续获得竞争优势的企业。这就需要企业具备动态能力，在不稳定、不确定、复杂、模糊的竞争环境中，能够迅速整合、建立和重构其内外部能力，以适应快速变化的环境并获得竞争优势，实现基业长青。在这一过程中，企业的持续创新战略不容忽视。企业的动态能力具有路径依赖性，企业当前的资源和能力基础受到企业先前路径的影响。因此，企业需要遵从整体性、全局性、非线性思维，时刻关注人类发展所面临的挑战和全球问题，从中识别行业发展的机遇与危机，调整自身使命、愿景和战略定位。只有将企业使命与行业前景、社会的可持续发展及人类进步相融合，并通过持续创新，在前沿和基础领域掌握关键核心技术，占领创新高地与价值链高端，才能满足市场需求，获得竞争优势，实现持续增长，最终成长为世界一流创新企业。

我们对世界一流创新企业进行如下界定：世界一流创新企业是实现全方位引领的综合体，是以推动社会发展为使命导向，以世界一流的创新管理模式为基础，占据国际资源配置主导地位，持续进行前瞻性、基础性创新，引领全球行业发展和技术进步，始终保持关键核心技术高度自主可控，从而在经济效益、企业规模、品牌价值、市场能力方面具有卓越表现，同时，能够满足人类对美好生活的需要，推动社会发展，带来巨大社会效益的企业[1]。

（三）培育具有全球竞争力的世界一流创新企业的重要意义

世界一流创新企业是我国建设成为创新型国家和世界科技强国的重要战略支撑。培育世界一流创新企业，对于我国建设成为世界科技创新强国、成为世界主要科学中心和创新高地具有重要意义。

第一，宏观上，这是推动全面开放新格局的需要。

从国家层面来看，培育具有全球竞争力的世界一流创新企业，已成为国家发展战略的重要组成部分。

1　陈劲，国容毓，刘畅. 世界一流创新企业评价指标体系研究 [J]. 创新科技，2020（6）.

首先，这是推动我国经济高质量发展的根本要求。习近平总书记指出，推动高质量发展是当前和今后一个时期确定发展思路、制定经济政策、实施宏观调控的根本要求[1]。当前，我国经济正处在转变发展方式、优化经济结构和转换增长动能的关键时期，面临从高速增长阶段向高质量发展转型的战略机遇期。国有企业特别是中央企业是国有经济的重要组成部分，是推动高质量发展、建设现代化经济体系的骨干力量。加快建设具有全球竞争力的世界一流创新企业，不仅有利于增强国有经济的活力、控制力、影响力和抗风险能力，而且能够更好地发挥国有大型企业在贯彻新发展理念、推进供给侧结构性改革中的示范作用，在推动质量变革、效率变革、动力变革中的带动作用。

其次，这是我国深度参与国际分工、实现全球配置资源的必然要求。党的十九大报告作出了推动形成全面开放新格局的战略部署，强调坚持"引进来"和"走出去"并重。党的二十大报告进一步指出，"推进高水平对外开放"，"深度参与全球产业分工和合作"。国有企业作为国民经济的重要支柱，不仅要积极参与国内经济竞争，更要深入地参与全球竞争，在经济全球化浪潮搏击中强筋壮骨，不断提升综合实力和市场竞争力。加快建设具有全球竞争力的世界一流创新企业，是中国企业"走出去"和践行"一带一路"倡议的必然选择。只有这样，中国才能有效地参与全球经济治理，中国企业在世界经济舞台的话语权和影响力才能得到提升，从而在经济全球化进程中维护和实现我国根本利益[2]。

第二，中观上，这是引领行业更好发展与促进中国产业升级的需要。

从产业层面看，各行业各领域都处在一个强者恒强、优胜劣汰、日新月异的时代，其中也孕育着产业整合、创新和发展的机遇。在我国经济从高速增长阶段转向高质量发展阶段后，已不可能再像以往那样，主要依靠要素投入和数量增长，必须转向更多依靠全要素生产率和科技含量的提高上来。因此，培育具有全球竞争力的世界一流创新企业，通过引领行业发展而不断促进中国产业

1　推动高质量发展是确定发展思路、制定经济政策、实施宏观调控的根本要求 [N]. 新华日报，2017-12-09.

2　中国石油天然气集团有限公司党组. 奋力建设具有全球竞争力的世界一流企业 [J]. 求是，2018（12）.

升级，成为势在必行的选择[1]。

第三，微观上，这是提升企业竞争能力与推动更高质量发展的需要。

从企业层面看，培育具有全球竞争力的世界一流创新企业，是持续深化国有企业改革的必然要求。习近平总书记曾指出："推进国有企业改革，要有利于国有资本保值增值，有利于提高国有经济竞争力，有利于放大国有资本功能。"[2]

当前国有企业改革深化提升行动实现良好开局。改革是发展的动力，发展是改革的目的。加快建设具有全球竞争力的世界一流创新企业，为国有企业深化改革提出了新要求、新目标。只有坚持这一目标深化改革，不断完善现代企业制度，使企业真正成为独立的市场主体，才能促使企业不断提高国际竞争力，并在全球市场竞争中发展壮大。改革开放 40 多年来，我国经济取得了长足发展，成为世界第二大经济体、第一大工业国、第一大货物贸易国、第一大外汇储备国，连续多年对世界经济增长贡献率超过 30%，一批大企业不仅在规模上达到了世界级，在技术、管理、国际化等方面也努力走在世界前列。根据 2023 年 8 月公布的《财富》世界 500 强排行榜，中国企业（含台湾地区企业）数量达 142 家，超过美国（136 家），继续位居全球之首。其中，共有 97 家国有企业上榜。众多国有企业已经具备成为世界一流创新企业的基础和条件，这既离不开政府因素的有力支撑，更离不开企业自身的久久为功。在未来的国际舞台上，中国的国有企业完全有可能成长为具有全球竞争力的世界一流创新企业。

二、国内外现状与趋势分析

（一）国外创新型企业先进实践

1. 各国扶持创新型企业的先进实践

综观世界一流创新企业的发展，可以看出，创新型企业的良好发展，既离不开企业自身对于创新的关注与投入，也离不开政府对于创新型企业发展的激

1　杜国功. 新时代培育世界一流企业的战略思考 [N]. 经济参考报，2019-12-02.

2　习近平. 保持战略定力增强发展自信 坚持变求新变中求进变中突破 [N]. 人民日报，2015-07-19.

励与扶持。

美国企业在创新方面的突出表现，离不开美国政府多措并举，支持企业研发。美国政府的科研预算持续保持在 GDP 的 3% 左右，规模与投入力度在世界上首屈一指。美国政府通过商业合同的形式向企业提供研究经费。数据显示，1953—2001 年美国政府对企业的研发（R&D）投入增长了 55.6 倍。美国政府规定，凡科研投入超过前 3 个征税年平均研发（R&D）投资量的部分，可享受 25% 的税收减免，用于高技术研究开发的投资可连续 3 年享受 30% 的减税。一系列的税收政策的优惠既激励了企业对科技创新的关注，也为创新型企业尤其是中小型创新型企业争取到更多的成长空间[1]。同时，美国通过政府采购支持本国企业创新，以 20% 的 GDP 支持创新型企业的科技成果转化。政府对于创新型企业的支持，也向全社会释放出信号，为创新型企业吸引到更多的民间资本支持。

日本政府扶持创新型企业的最大特点在于为企业的自主创新提供全面的制度与法律保障。自 20 世纪 70 年代起，日本先后出台了一系列法律法规及相关政策，如《科学技术基本法》《研究促进法》《产业技术振兴法》《促进基础技术开发税制》等，为提升日本企业自主创新能力提供了法律保障。尤其是知识产权保护政策，日本政府在专利申请政策、专利保护政策、专利的国际合作政策 3 个方面，有效地促进了企业的创新活动，保障了企业的权益，增强了企业的技术竞争力[2]。

各发达国家在扶持创新型企业方面都根据自身特点和企业需求采取了不同手段。德国政府为企业创新活动提供中长期信贷支持，最高可达总投资的 60%，同时对企业聘用研发人员直接给予工资补贴。法国政府对中小企业实行"技术咨询补贴"制度，对 500 人以下的企业建立"研究人员聘用补贴"制度。英国致力于创建良好的创新体系，为创新型企业搭建了集金融服务、中介服务、合作桥梁和人才培养相融合的高度发达的创新服务体系。

2. 世界一流创新企业的现状与特点

美国企业的创新表现一直居于世界首位。根据波士顿咨询公司评定的全球最具创新力企业榜单（见图 13-1），美国企业占据绝对优势，日本和韩国位列

1　疏礼兵. 政府部门扶持企业创新的国际经验 [N]. 宁波日报，2017-02-23（19）.

2　遇静. 政府促进创新型企业发展的政策创新研究 [D]. 福州大学，2018.

其后，中国企业的表现较弱[1]。自 2005 年以来，每次都位列榜单的企业有苹果、Alphabet/Google、亚马逊、微软、三星、IBM、惠普和丰田。在这些企业中，除了丰田来自日本、三星来自韩国以外，其他企业均来自美国。这些企业之所以能够一直处于世界一流创新企业的前列，首先源于其对创新的不断探索。例如苹果公司一直致力于实现人机之间的互动，以改善客户的实际需求为宗旨不断探索新技术的应用；谷歌一直十分重视其对创新的投入，不断修改其算法和产品，以适应不断变化的市场需求；微软积极开展技术创新，实现了向云计算技术公司的转型；IBM 则不断探索改造，适时开启新阶段的数字化转型；亚马逊不断发明改变其服务模式，探索新的吸引顾客的方式；丰田则将创新写入企业纲领中，坚持不断创新，致力于在每一天和每一件事情上探索更佳的方案。创新是企业的一种动态能力，对创新的不断探索使得这些企业在变动的市场环境中保持着持续的竞争优势。

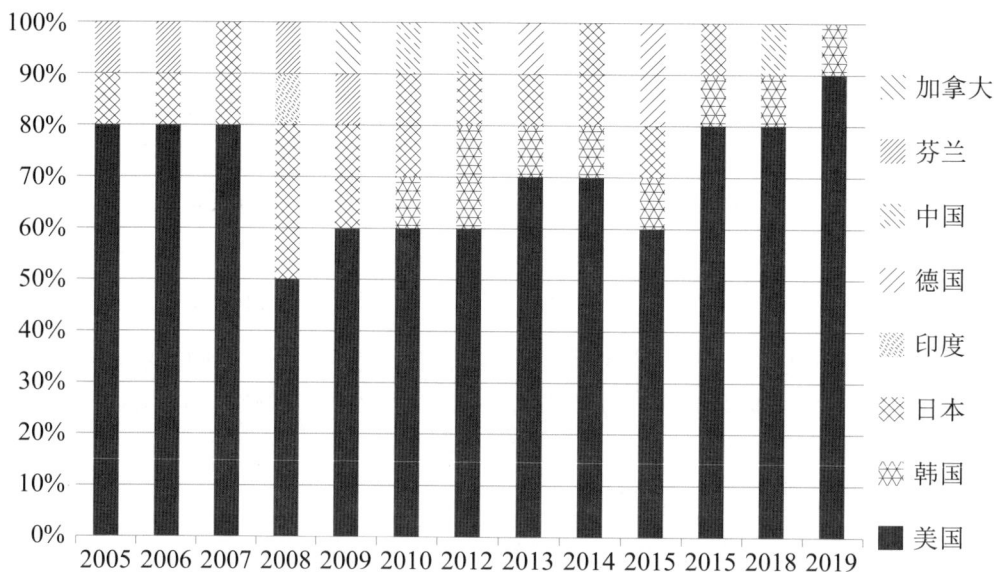

图 13-1　BCG 全球十强创新企业国家分布

1　陈劲，李佳雪. 一流创新企业成长路径 [J]. 企业管理，2020（4）：113-116.

（二）中国培育创新型企业探索与现状

1. 国家培育世界一流企业的探索

培育具有核心竞争力和竞争优势的创新型企业绝非一夕之功。对此，国家相关部门不断强化与细化相关工作。

2010 年国务院国资委提出了央企"四强四优"标准。所谓"四强四优"，即自主创新能力强、资源配置能力强、风险管控能力强、人才队伍强，经营业绩优、公司治理优、布局结构优、社会形象优。2013 年国务院国资委发布《中央企业做强做优、培育具有国际竞争力的世界一流企业要素指引》，确定了世界一流企业的 13 项支撑要素，即公司治理、人才开发与企业文化、业务结构、自主研发、自主品牌、管理与商业模式、集团管控、风险管理、信息化、并购重组、国际化、社会责任、绩效衡量与管理。但该指引发布通知指出，上述 13 项支撑要素主要针对当时中央企业需要提升的主要环节，并非具备上述要素就一定是世界一流企业。

2019 年 1 月 25 日，国资委召开中央企业创建世界一流示范企业座谈会，确定了 10 家中央企业作为创建世界一流示范企业[1]，并要求示范企业要坚持目标和问题导向，对标世界一流企业，研究制定实施方案，形成"顶层设计"和"路线图"，制定战略规划，优化产业布局、组织架构和管理运营体系，力争用 3 年左右时间在部分细分领域和关键环节取得实质性突破，在整体上取得显著成效。2020 年 6 月 13 日，国资委制定印发的《关于开展对标世界一流管理提升行动的通知》，以管理提升为抓手，开展对标世界一流管理提升行动，聚焦战略、组织、运营、财务、科技、风险、人力资源、信息化等 8 个重点管理领域，大力推行精益管理举措，选树推广 310 个标杆企业、标杆项目、标杆模式，形成比学赶超态势。2022 年 12 月 27 日，国务院国资委印发《关于开展对标世界一流企业价值创造行动的通知》，将价值创造作为国有企业实现高质量发展的重要内容，以切实增强国有经济竞争力、创新力、控制力、影响力和抗风险能力。2023 年 2 月 28 日，国务院国资委印发《创建世界一流示范企业和

---

[1] 即航天科技、中国石油、国家电网、中国三峡集团、国家能源集团、中国移动、中航集团、中国建筑、中国中车集团、中广核。其中，中国石油、国家电网、中国三峡集团、国家能源集团、中广核为能源类中央企业。

专精特新示范企业名单的通知》，在现有 11 家示范企业基础上，10 家中央企业和 7 家地方国企成为新一批世界一流示范企业，200 家中央和地方国企入围创建世界一流专精特新示范企业[1] 名单。2023 年 3 月 3 日，国务院国资委召开会议，对国有企业对标开展世界一流价值创造行动进行动员部署，以价值创造为关键抓手，扎实推动企业高质量，加快建设世界一流企业，为服务构建新发展格局、全面推进中国式现代化提供坚实的基础和战略支撑。2023 年 4 月 21 日，国务院国资委召开国有企业创建世界一流示范企业推进会，强调在提升国有企业的科技创新能力、价值创造能力、公司治理能力、资源整合能力、品牌引领能力等五种能力上狠下功夫，实现以点带面，全面提升。

由此可见，全面贯彻党的二十大精神和中央经济工作会议部署，加快建设世界一流企业，已进入全面推进实施阶段，并通过四大专项工程（创建示范行动、管理提升行动、价值创造行动、品牌引领行动）引领国企率先发力。

2. 国内创新型企业发展现状

随着国内创新创业环境的日益改善，我国企业通过转型创新实现跨越式发展，从而涌现出一批具有国际竞争力和影响力的创新型企业。表 13-1 汇总了 2012—2023 年入榜 BCG 全球最具创新力企业前 50 的中国大陆企业名单及排名。

表 13-1 中国大陆 BCG 全球 50 强创新企业排名

年份	联想	比亚迪	海尔	华为	中石油	腾讯	小米	阿里巴巴	京东	字节跳动
2012	27	—	8	36	44	—	—	—	—	—
2013	22	—	—	—	—	35	—	—	—	—
2014	23	—	—	50	—	47	35	—	—	—
2015	50	—	—	45	—	12	—	—	—	—
2016	—	—	—	46	—	—	35	—	—	—
2018	—	—	—	46	—	14	—	10	—	—

---

1 现更名为世界一流专业领军企业。

续表

年份	联想	比亚迪	海尔	华为	中石油	腾讯	小米	阿里巴巴	京东	字节跳动
2019	—	—	—	48	—	—	—	23	—	—
2020	—	—	—	7	—	14	24	7	31	—
2021	25	—	—	8	—	26	31	14	—	—
2022	24	—	—	8	—	41	31	22	30	45
2023	48	9	—	8	46	—	29	44	—	36

改革开放以来，中国政府和企业对创新的重视程度不断提高。从最初的模仿创新到今天的自主创新，中国企业创新取得了巨大成就，创新水平不断提高。

根据科技部发布的数据，我国高新技术企业从 2012 年的 3.9 万家增长至 2022 年的 40 万家，中小型科技企业达到 50 万家，贡献了全国企业 68% 的研发投入，762 家企业进入全球企业研发投入 2500 强。在研发投入方面，据统计，2022 年企业研发投入占全社会研发投入已超过 3/4。在成果转化方面，2022 年全国技术合同成交额已达到 4.8 万亿元人民币，企业贡献了超过 80% 的技术吸纳[1]。国内企业创新活力不断增强。截至 2022 年年底，我国国内拥有有效发明专利的企业达 35.5 万家，较上年增加 5.7 万家，拥有有效发明专利 232.4 万件，同比增长 21.8%。其中高新技术企业、专精特新"小巨人"企业拥有有效发明专利 151.2 万件，占国内企业拥有总量的 65.1%，较上年同期提高 0.5 个百分点[2]。企业的研发经费和专利申请量是直接反映企业创新能力和创新水平的重要指标。研发经费增加体现出企业对创新的重视程度与日俱增，而专利申请量增加则反映出企业创新绩效提升，进一步体现了企业创新能力的提升[3]。

然而也必须看到，中国企业的创新仍存在许多突出问题。一是企业发展水平普遍较低，能进入世界前列、具有较强创新能力和国际竞争力的企业数量较少。二是综观波士顿咨询公司评定的全球最具创新力企业榜单等创新型企业榜

1　https://candowx.cdmp.candocloud.cn/show/5993-1451127.html

2　我国发明专利有效量位居世界第一 [N]. 科技日报，2023-01-17.

3　陈劲、李佳雪. 一流创新企业成长路径 [J]. 企业管理，2020（4）：113-116.

单，中国大陆地区的上榜企业以科技型企业居多。这说明，虽然中国科技型企业的发展势头迅猛，但众多传统行业企业仍处于转型困境，尚未形成较强的创新意识与创新能力。三是无论是科技型企业还是正处于转型中的传统企业，都普遍面临产品附加值低、全球价值链的"低端锁定"、关键核心技术自主可控能力弱等困局。这些短板和不足都是中国企业在迈向世界一流创新企业的征途中需要解决的问题。处于世界百年未有之大变局中，中国企业只有明确定位、认清差距，才能进行针对性改善，从而抓住机遇，抢占新一轮创新制高点，成长为世界一流创新企业。

三、中国的成功实践

中国企业的创新具有独特模式，找到一条适合中国企业的独特创新之路是发挥企业创新主体作用的关键所在。随着中国社会、经济的快速发展，在国家和企业的共同努力下，我国创新创业环境的日益改善，催生了一批具有国际竞争力和影响力的创新型企业，如华为、腾讯、中车、航天科技等。这些企业在关键核心技术上有所突破，实现了跨越式发展，对增强产业整体创新能力和竞争力、提升我国科技实力、打造经济增长新动力发挥了重要作用。

（一）制定高远的战略规划

企业只有遵从整体性、全局性、非线性思维，时刻关注人类发展面临挑战和全球问题，从中识别行业发展的机遇与危机，进而调整自身使命、愿景和战略定位，即将企业使命与行业前景、社会可持续发展及人类进步相融合，并通过持续创新，在前沿和基础领域掌握关键核心技术，占领创新高地与价值链高端，才能满足市场需求、获得竞争优势、实现持续增长，最终成长为世界一流创新企业。

例如，中国电子科技集团有限公司（以下简称"中电科"）、中国航天科技集团（以下简称"航天科技"）等企业始终坚持"国家利益高于一切"，在战略制定过程中，将国家战略在集团公司落地，将集团战略上升为国家战略，始终将集团战略与国家战略紧密结合。中电科坚持做党和国家可以信赖依靠的"大国重器"，服务于国家发展需求，承担并圆满完成了国防和军队电子信息装备科研生产及保障任务，在国家许多党政信息化和行业信息系统建设中发挥了重要作用，不断发展壮大，成为国内唯一覆盖电子信息全领域的大型科技集团，并持续向世界一流创新企业进军。航天科技始终受到"航天强国梦"的使命驱动，肩负着实现富国强军、建设创新型国家、推动我国从航天大国迈向航天科技创新强国的伟大使命与社会责任，自"两弹一星"以来，在短短数十年间创造了举世瞩目的辉煌成就，圆满完成多项国家重大航天工程任务，不断扩大着人类对外层空间的探索。在世界航天领域中，中国航天已经不可或缺，持续推动着航天科技向前进步，造福全人类。

（二）建立创新与运营兼备的二元组织

在工业经济时代，企业的运营、改善和创新占比分别为 95%、4% 和 1%。迈入知识经济时代，企业的运营比重下降至 50%，而改善和创新的比重分别上升至 30% 和 20%。随着知识经济社会的到来，创新在现代企业中扮演着越来越重要的角色，甚至关乎企业的生死存亡。企业必须做的两件事是创新和运营。创新帮助企业实现产品从 0 到 1，运营帮助企业实现从 1 到多，或是从产品到收益。

企业必须建立兼顾创新和运营的二元组织，即在确保运营的同时专门设立创新部门。这样做的目的有二：其一，运营既保持传统业务的持续性运转，维持企业的现实基础，又兼顾企业创新带来的新产品和新工艺的推广，帮助企业创新落地，提高企业盈利能力。其二，由于创新具有高风险性和不确定性，将创新与运营分离开来的做法有利于企业大胆创新，降低创新可能为企业带来的负面性。

2012 年，美的集团调整创新战略，创新性地提出了构建新时期核心竞争力的"产品领先、效率驱动、全球经营"的三大战略主轴，并开辟了两条企业发展道路。一是围绕产品领先战略，重新打造科技创新体系，构建了从先行研究到产品开发的四级研发体系，布局前沿技术，支持未来 5—8 年产业发展。其中事业部聚焦应对竞争格局的快速产品开发和单产品个性化技术研究；美的中央研究院则专注于共性技术、具有基础性和前瞻性的技术以及前沿技术的研究与创新。二是以用户为中心，美的集团利用数字技术及资源开展数字化企划，加强企业运营，以用户为中心，改变产品创新和研发的传统模式，快速打造爆品，做到精准企划，提升产品竞争力。

（三）构筑基于科学、技术与工程的资源平台

在互联网时代，企业内部联结方式以及企业与外部的联结方式都发生了变化。企业必须与其他企业共同发展，而不能单打独斗。企业创新需要多种多样的资源，包括知识、信息、资金、技术和人才等，而创新资源的聚集与分配是创新过程中的关键环节。构建基于科学、技术和工程的资源平台，有利于企业实现各部门间创新资源的整合，也有利于企业间实现协作创新，推动企业创新升级。

为了更好地整合外部优质资源、缩短产品开发周期，2009 年 10 月海尔正式上线"海尔开放创新平台"（Haier Open Partnership Ecosystem，简称 HOPE）。HOPE 不仅仅服务于海尔，更致力于打造全球最大的创新生态系统和全流程创新交互社区，服务于全球的所有创新者。通过 HOPE，外部的技术方和资源方以及外部用户可以实现多方交互。HOPE 包括线上平台、线下网络以及创新社群。其中，线下网络包括全球十大研发中心以及多个创新整合中心，能够实现创新信息全球网络协同共享。同时，HOPE 聚集着高校、科研机构、大公司、创业公司等群体，覆盖了超过 100 个关键核心技术领域，社群专家超过 12 万，全球可触达资源超过 100 万[1]，组成了一流资源的创新生态圈，真正实现了快速对接、合作、共享、整合全球创新资源，实现了各相关方的利益最大化、更好更快地推出用户体验好的新产品、扩大产品影响力，真正做到了以用户为中心的创新。

（四）战略性创新型企业家和全员创新的有力支持

构建世界一流创新企业需要企业全体成员共同努力。首先，创新型企业家对创新的支持与重视程度直接关系到企业创新的战略定位以及实施的力度和水平。创新型企业家既要关注行业和社会的发展需求，也要以当前及潜在用户需

1　http://hope.haier.com/?page_id=1277

求为企业创新的方向和动力。其次，创新是多元异类人才互动的结果。在知识时代，创新不再是少数专业人士的专利，也不仅仅是高层领导的事情，每位员工对企业的创新发展都可以贡献一份自己的力量。企业内"人人可创新，人人要创新"。

中国中车集团（以下简称"中车集团"）的全员创新实践具有借鉴价值。截至 2019 年年底，中车集团拥有一支 60000 余人的专业技术人才队伍，形成了由 2 名中国工程院院士领衔，包括 11 名"百千万人才工程专家"、21 名中车科学家、102 名首席技术专家、535 名资深技术专家、2290 名技术专家、36000 余名工程技术人员的科技团队，有 8 人成为有"工人院士"赞誉的"中华技能大赛"获得者，130 人成为"全国技术能手"。中车集团构建了基层技能培训道场，完善公司精益人才培训体系，并着力于营造全员参与创新的氛围，强化"人人都是创客、事事皆可创新"的理念，持续开展改善生产与工艺创新的提案活动，让万名员工都成为"创客"，从企业高管到研发技术人员到一线工人，人人都成创新主体，都有创新用武之地。

（五）鼓励冒险、宽容失败的创新文化

企业的文化氛围会影响员工的思维方式和行为方式，良好的企业文化氛围对企业的创新发展有极大的推动作用。创新型企业必须建立容错机制和宽容失败的创新文化。创新是一件高风险的事情，前期需要投入大量人力、物力和财力，而创新结果却具有高度不确定性。企业应该鼓励冒险，允许失败，从根源上消除员工对创新的担忧和顾虑。

百度是国内率先投身人工智能研究的企业。在人工智能产业尚处于一片混沌状态时，百度就开始大胆尝试。2010 年成立了以"理解语言，拥有智能，改变世界"为使命的自然语言处理部；2013 年成立百度深度学习实验室；2014 年 4 月成立大数据实验室，同年 5 月成立硅谷人工智能实验室。十年如一日的坚持投入，使百度在人工智能领域筑起了技术的护城河，建立了自己的领先优势。目前百度已成为一个拥有全栈式人工智能技术的科技企业。在深度学习、自然语言处理、智能语音、自动驾驶、知识图谱和智能推荐、交通大数据等多个人工智能细分关键领域，其专利申请量和授权量位居国内首位。同时，从底

层的 AI 芯片、云计算框架、数据中心到深度学习框架、来源开放的社区，各种各样的 AI 能力，百度也都有着完备布局。

（六）自主前沿的科学技术

无论是国家、区域还是企业，只有实现核心技术的高度自主可控，才能解决"卡脖子"技术问题，突破"引进—落后—再引进—再落后"的路径依赖，牢牢掌握创新主动权、发展主动权。

浪潮集团是科技部首批认定的创新型企业，始终坚持自主创新，制造出全球第一台中文寻呼机、中国第一台小型机服务器。2004 年 9 月，浪潮服务器刷新了世界商用智能 TCP-H 世界纪录。随着数字时代的到来，浪潮集团凭借强大的自主创新技术，业务转型迅速覆盖云数据中心、云服务大数据、智慧城市、智慧企业四大产业群组，将"感、传、智、用"一体化物联网解决方案及产品运用到不同场景，利用自主创新的核心数字科技实现场景创新，承担了众多先行先试的品牌项目，打造智慧水利——广东智慧水利、智慧政务——内蒙古自治区"蒙速办"APP、智慧制造——智慧西山煤电等成功案例。

四、未来发展展望

开展创新型企业培育工作是经济高质量发展的必然选择，是我国跻身创新型国家前列、实现世界科技强国建设的重要保障，同时，也必须意识到，提升企业创新能力、培育世界一流创新企业依然任重道远。

（一）进一步提升创新型企业的创新主体地位及主导作用

当前我国已转向高质量发展阶段，科技与经济的结合愈发紧密。创新型企业是科技与经济紧密结合的重要力量，是构筑坚实产业链、实现产业技术自主可控的主体。因此，要进一步提高创新型企业的创新主体地位及在创新中的主导作用，充分发挥创新型企业在推动产业发展中的引领作用，支持创新型企业尤其是创新型领军企业牵头组建创新联合体，牵头承担国家重大科技任务，善用"揭榜挂帅"机制，鼓励创新型领军企业勇担创新主体，充分发挥创新型领军企业在基础研究、原始创新和颠覆创新中的应有作用以及在前沿科技探索和未来产业发展中的顶梁柱作用。同时，提升企业专家在国家重大科技计划中的话语权，积极发挥企业在项目遴选及组织实施全流程中的主导作用。

（二）进一步加强创新人才队伍建设，吸引和培育创新领军人才

人才是创新之基，是科技强企的重要资源。要加强创新人才队伍建设，充分发挥创新型人才在创新中的作用。一是要加强创新领军人才的培养，鼓励和支持创新型企业设置和培养具备战略顶层设计能力的首席科学家，培育一批能够领衔攻关"卡脖子"技术等核心科技高地的创新型领军人才。二是鼓励创新型企业在全球范围内吸引和培育创新人才，打造具有国际领先创新能力的人才队伍，探索柔性引才引智机制，大力培养高水平技能人才。同时，要重视工匠精神，推进全员创新，造就一大批甘于奉献的一线创新工匠。

（三）进一步强化对创新型企业的服务、支撑与保障工作

充分释放企业的创新活力，要推动科技服务市场化、专业化发展，完善企业技术创新服务体系建设。以建设企业技术创新服务平台为抓手，加强政策咨询、情报研究、专利导航、融资支持、法律服务等体系化的科技创新服务能力；支持创新型领军企业搭建产业关键核心技术平台、产学研融通发展平台、大中小企业融通创新平台等，加强优质创新资源向企业集聚，提高人才、技术、资金等资源的对接效率；加快科技成果转移转化平台建设，充分运用大数据、云计算、移动互联网等技术，开展面向企业需求的专业化、定制化、精准化科技成果转化服务。

创新联合体：促进大中小企业融通创新的新模式

从实践角度看，融通创新是指以社会实际需求和价值创造为导向，通过创新要素（包括知识、技术、资本、人才）的融合互补、协同共享及价值共创共得，从而实现产学研、大中小企业、国有—民营企业协同创新的跨组织合作创新模式。建设创新联合体，是促进大中小企业融通创新的新模式，是解决企业技术创新能力提升遭遇技术瓶颈的重要举措，是应对日益激烈的国际竞争、实施国家创新驱动发展战略、满足高质量发展要求的重要抓手，具有重要的时代意义。

一、创建创新联合体的政策回顾及时代意义

2016 年 4 月，习近平总书记在主持召开网络安全和信息化工作座谈会时强调，"核心技术要取得突破，就要有决心、恒心、重心。有决心，就是要树立顽强拼搏、刻苦攻关的志气，坚定不移实施创新驱动发展战略，把更多人力物力财力投向核心技术研发，集合精锐力量，作出战略性安排"[1]。创新联合体的创建即践行总书记这一指示精神的重要举措。

2018 年 7 月，习近平总书记在中央财经委员会第二次会议中指出，"要推进产学研用一体化，支持龙头企业整合科研院所、高等院校力量，建立创新联合体"[2]。2019 年，党的十九届四中全会提出，"建立以企业为主体、市场为导向、产学研深度融合的技术创新体系"。2020 年 12 月，习近平总书记在中央经济工作会议上提出，"要发挥企业在科技创新中的主体作用，支持领军企业组

1　习近平. 在网络安全和信息化工作座谈会上的讲话 [N]. 人民日报，2016-04-26.

2　习近平. 提高关键核心技术创新能力　为我国发展提供有力科技保障 [N]. 人民日报，2018-07-14.

建创新联合体，带动中小企业创新活动"。2020 年 11 月发布的《中共中央关于制定国民经济和社会发展第十四个五年规划和二〇三五年远景目标的建议》提出，"推进产学研深度融合，支持企业牵头组建创新联合体，承担国家重大科技项目"。2021 年习近平总书记在中国科学院第二十次院士大会、中国工程院第十五次院士大会、中国科协第十次全国代表大会上强调，"要发挥企业出题者作用，推进重点项目协同和研发活动一体化，加快构建龙头企业牵头、高校院所支撑、各创新主体相互协同的创新联合体，发展高效强大的共性技术供给体系，提高科技成果转移转化成效"。党的二十大报告指出，"加强企业主导的产学研深度融合，强化目标导向，提高科技成果转化和产业化水平"。创建创新联合体，是应对日益激烈的国际竞争、实施国家创新驱动发展战略、满足高质量发展要求的重要抓手，是促进大中小企业融通创新的新范式，已被正式定格为"十四五"时期及面向 2035 发展时期的重大创新举措，具有重要的时代意义。

首先，创新联合体是深入贯彻落实习近平总书记关于创新系统工程指导思想的具体举措。2016 年 5 月 30 日，习近平总书记在全国科技创新大会、两院院士大会、中国科学技术协会第九次全国代表大会上指出，"创新是一个系统工程，创新链、产业链、资金链、政策链相互交织、相互支撑，改革只在一个环节或几个环节搞是不够的，必须全面部署，并坚定不移推进"。随着新一轮科技革命和产业变革的深入发展，未来产业及技术的发展更凸显其不确定性。新兴技术的交叉、多领域的融合，使得任何一项关键核心技术的研发突破都并非能由一个创新型企业承担，亦难凭现有各类创新组织与研发政策有效解决，亟须由创新型领军企业牵头，整合中小微企业、高校、科研院所等多方力量，创建创新联合体，构建系统性创新体系。

其次，创新联合体是促进大中小企业融通创新的新模式。融通创新不仅仅包括传统意义上的产学研协同创新，还对处于主体地位的企业之间的融通发展进行了延伸和拓展，即可细化为大中小企业融通创新、国有—民营企业融通创新。从运行机制看，融通创新应在以企业为主体、市场为导向的前提下，一方面构建促进官、产、学、研、用深度合作互动的协同创新机制，另一方面突出企业的主体地位，发挥企业的主导作用。进行融通创新，要明确不同所有制、不同规模企业的定位及优势，充分发挥国有大型企业（尤其是央企）及龙头企业（包括民营领军企业及高技术产业领军企业）为引领的支撑作用，以中小企业为活力源泉，以构建互利共赢、良性发展的产业创新生态系统为目标，推动大中小企业、国企民企深度融合发展的新格局。日趋激烈的国际竞争凸显了以创新联合体为抓手完善产业创新生态体系建设的重要性。在国际力量对比深刻调整、中美科技脱钩呈常态化的非常规时期，我国发展新的历史方位迫切要求充分发挥好全国一盘棋的举国体制优势，要突出企业的创新主体地位、增强其主导作用，以创新联合体的方式促进大中小企业融通创新的深入发展，提升企业技术创新能力，强化产业创新生态体系建设，推进产业基础高级化、产业链现代化，切实保障产业链的安全。

二、国内外现状与趋势分析

（一）国外发展经验

从欧美日等发达国家的发展经验来看，其攻克关键核心技术的过程很多是由政府发起组织、企业主导完成的，即在政府的大力支持下，联合各类创新主体及产业链上下游企业共同参与完成。20世纪70年代至80年代，日本组织实施的超大规模集成电路（VLSI）计划即由日本政府主导，联合了东芝、三菱、日立、富士通等龙头企业，实施联合研发攻关，最终使得日本成为全球第一半导体生产大国。20世纪80年代，美国政府通过组建半导体制造技术研究联盟，联合了英特尔、IBM、美光、惠普、摩托罗拉等14家半导体制造公司，共同突破了半导体制造技术和半导体制造设备，成功反超日本[1]。

2021年1月，美国总统科技顾问委员会（President's Council of Advisors on Science and Technology，PCAST）向拜登政府提交了题为《未来产业研究所：美国科学与技术领导力的新模式》（*Industries of the Future Institutes: a new model for American science and technology leadership*）的咨询报告。该报告完整阐述了美国未来产业研究所的建立背景、定位、特点、功能、组建模式与治理

1　张赤东，李国强，彭晓艺，等.支持创新领军企业牵头组建创新联合体 [J]. 瞭望，2020（48）.

机制、资源投入与建设路径。该报告指出，未来产业研究所（Industries of the Future Institutes，IotFIs）是美国为实施未来产业（包括人工智能、量子信息科学、先进制造、生物技术和先进通信网络五大前沿产业领域）发展战略设计的新型创新主体。未来产业研究所是面向国家战略需求而组建，多部门参与、公私共建、多元投资、市场化运营的研发机构，具有独特的组织模式和管理机制。其主要目标是促进从基础研究、应用研究到新技术产业化的创新链全流程整合，推进交叉领域创新，促进创新效率提高，成为美国未来产业研发体系中的核心主体。相比较而言，美国提出的未来产业研究所覆盖了创新链条中更广泛的创新主体，其在促进各主体紧密协同，推进创新资源、人才、信息开放共享的概念与机制设计等方面的经验仍值得我们学习[1]。

（二）国内重要举措

大中小企业融通发展是贯彻创新驱动发展战略、建设制造强国和网络强国、推动经济高质量发展、促进大企业创新转型、提升中小企业专业化能力的重要手段，也是落实党中央、国务院为中小企业发展创造更好条件、推动中小企业创新发展的决策部署。我国较早关于推进大中小企业融通发展的政策是由工业和信息化部会同国家发展和改革委员会、财政部、国务院国有资产监督管理委员会于 2018 年 11 月联合印发的《促进大中小企业融通发展三年行动计划》（以下简称《行动计划》）。该计划全面贯彻党的十九大精神，以习近平新时代中国特色社会主义思想为指导，按照"五位一体"总体布局和"四个全面"战略布局，以供给侧结构性改革为主线，以打造大中小企业创新协同、产能共享、供应链互通的新型产业创新生态为目标，着力探索和推广融通发展模式。根据《行动计划》：要用 3 年时间，总结推广一批融通发展模式，引领制造业融通发展迈上新台阶；支持不少于 50 个实体园区打造大中小企业融通发展特色载体；围绕要素汇聚、能力开放、模式创新、区域合作等领域培育一批制造业"双创"平台试点示范项目；构建工业互联网网络、平台、安全三大功能体系；培育 600 家专精特新"小巨人"和一批制造业单项冠军企业；到 2021

1　王雪莹.未来产业研究所：美国版的"新型研发机构"[J].参阅资料，2021（1）.

年，形成大企业带动中小企业发展，中小企业为大企业注入活力的融通发展新格局。由此，实现以创新创业为纽带的紧密联结，即大企业向中小企业开放资源、共享能力，以数据和资源赋能中小企业；中小企业在新的产业形态下实现快速迭代，创新成果通过创新链、供应链、数据链回流大企业，为大企业注入活力。

创新联合体的提出可谓一石激起千层浪，国内各省市纷纷推动区域内创新联合体建设。例如，北京经开区通过引导企业建立创新簇、院士专家工作站、创新中心等机构，推进中试基地、协同创新平台等加速转化创新的平台建设，形成了健全的"创新联合体"。为集聚产学研各方优势力量，解决制约省重点产业发展的"卡脖子"技术和关键核心技术问题，陕西省科技厅制定《陕西省创新联合体组建工作指引》，预计到2023年，陕西省在主导产业、战略性新兴产业、风口和未来产业，围绕制约产业发展的"卡脖子"技术和产业共性关键技术，组建30个左右的创新联合体[1]。为激发企业作为创新研发主体的引领作用，福建省鼓励支持产业集群的龙头企业、核心企业牵头构建产业技术创新战略联盟，推进产学研深度融合。同时，福建提出要深化产学研用协同创新，推动产业龙头企业、行业骨干企业牵头联合上下游企业、高校、科研院所和科技服务机构，采取股份制、委托开发、成果转化、知识产权许可转让等方式组建体系化、任务型的创新联合体，加强共性技术平台建设，打造以企业为主体，科技、教育、产业、金融紧密融合的协同创新体系[2]。2021年，甘肃在全国率先印发《甘肃省企业创新联合体组建与运行管理办法（试行）》，支持骨干龙头企业在重点产业领域牵头组建创新联合体，旨在加快创新甘肃建设，增强企业技术创新能力，夯实企业创新主体地位，实现企业、高校和科研院所的有机结合，形成体系化、任务型的协同创新模式。截至2023年年初，甘肃省已组建10家创新联合体，涉及核技术、冶金及新材料、能源装备、绿色智慧交通、动物疫苗、玉米种业等多个领域，在加快突破关键核心

1　陕西将组建约30个创新联合体 [N]. 陕西日报，2021-03-15.

2　https://kjt.fj.gov.cn/xxgk/gzdt/mtjj/202102/t20210203_5530843.htm

技术的同时，带动更多中小企业参与科技创新[1]。

三、中国的成功实践

　　创新联合体是我国推动融通创新、整合各类优势资源攻克关键核心技术的一次新的尝试。当前，各地方政府纷纷贯彻落实党中央的决策部署，提出支持领军企业结合当地及产业发展特色与优势，组建创新联合体。创新联合体的建设要突出企业的创新地位，发挥企业的主导作用，其构成主体应包括创新型领军企业及中小微企业。鉴于发展初期，国内尚缺乏标杆案例予以学习借鉴，但大中小融通创新平台已如雨后春笋呈势如破竹的发展趋势，且不少企业已建立运行良好、机制完善的创新平台，构建了以大企业为引领、中小企业共同发展的良好生态体系，如航天科工及其航天云网、腾讯及其腾讯开放平台、科大讯飞及其开放平台等。本节以航天云网为例，通过分析其融通创新发展过程，说明目前国内创新联合体创建实践。

　　航天云网（INDICS）是中国航天科工集团积极响应《中国制造 2025》和"互联网 +"行动计划而打造的世界首批、中国首家工业互联网平台。2015 年，航天云网正式上线运营。作为中国航天科工集团适应新一轮科技革命与产业变革而倾力打造的工业互联网平台，航天云网依托集团在航空航天高端复杂产品研制与复杂系统工程集成方面的优势，打造出以 INDICS+CMSS 为核心自主可控的工业互联网平台。该平台以"云智造服务"为核心，运用大数据和人工智能技术、产业资源以及第三方商业与金融资源，已赋能航空航天、通用设备制造、电力装备等十大行业，服务于制造业技术创新、商业模式创新和管理创新，形成"资源共享，能力协同，价值共创"的云制造产业集群生态（如图 14-1 所示）。

　　1 　"联""创"并举 打造科技创新高地 ——甘肃省组建创新联合体提升产业发展能级综述 [N]. 甘肃日报，2023-04-11.

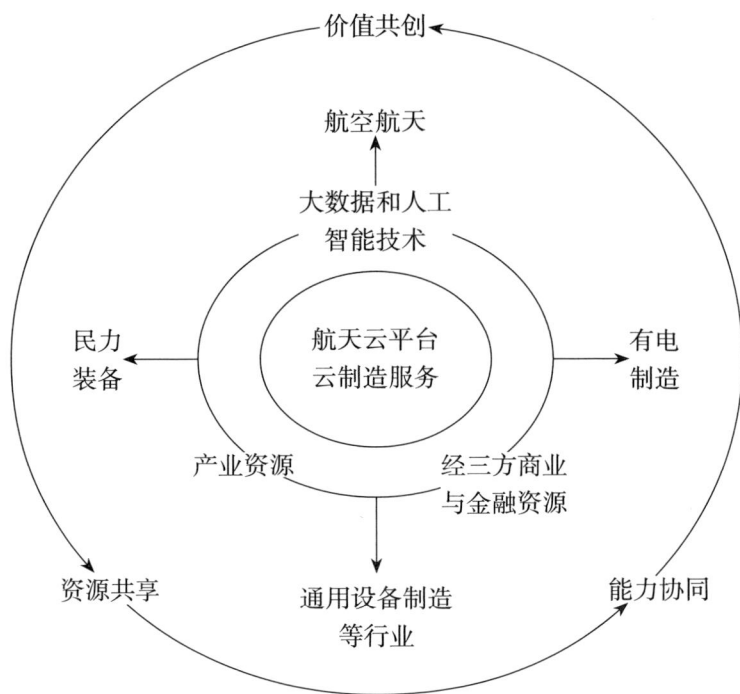

图 14-1　航天云网平台生态系统

1．产业链跨企业协同创新

如图 14-2 所示，依托航天科工集团完备的专业能力体系与健全的产业链条，吸收整合社会产业要素与优质资源，构建基于互联网平台的标准规范池、知识产权池、专家池、软件池等各类产业资源和能力云池，构建覆盖设计、研发、制造、试验、检测等制造领域各环节的需求发布和智能匹配平台，并向社会各界开放，从而支撑跨企业的研发协同、实现智能制造的能力协同、全产业链各环节的业务协同。

2．资源及需求的共享互动

航天云网平台容纳了 1.3 万多项专利、3.5 万多项标准、500 余个软件与应用等资源，可无偿提供社会"双创"团队使用，并成功建立了中央企业"双创"服务平台、"创青春"全国青年创新创业平台等"双创"活动机制，同时联合了 30 多家央企共同开发建设此平台，以平台汇聚了航空航天、通用设备制造等多行业的需求，以此拉动中小企业释放创新创业潜能，推动大众创业、万众创新（如图 14-3 所示）。由此，航天云网整合集聚了满足大众创新创业需求的要素资源优势，建设线上、线下相融合的众创空间。通过开放平台入口、数据信息、计算能力等资源，提供云制造、协同创新、试制试验、专家咨询、

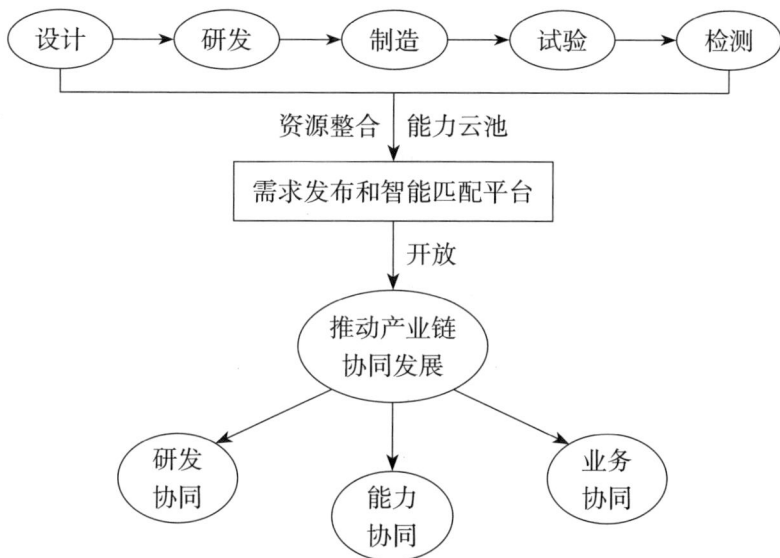

图 14-2　航天云平台产业链跨企业协同创新

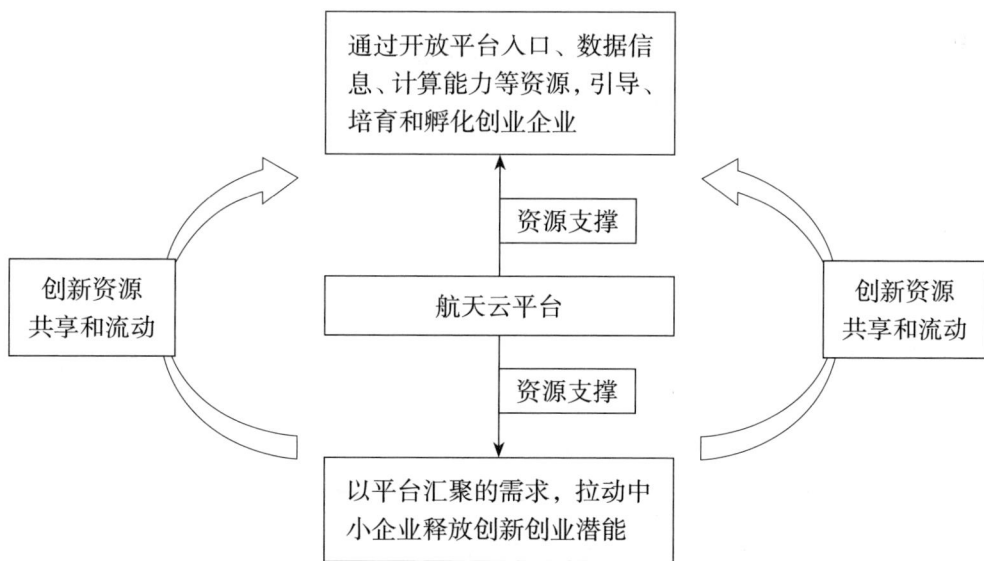

图 14-3　航天云平台资源及需求的共享互动

公共服务、产品营销推广、在线虚拟展览展示多方面的支持和服务，引导、培育和孵化具有良好商业价值的创业企业。

3. 互利共赢的融通发展

目前我国很多制造业中小企业并不具备智能制造能力，且有不少尚处于自动化、信息化发展时期。为普惠于那些未完成信息化改造但转型升级需求迫切的制造业中小企业，依托航天云网平台这一工业领域的公共服务平台（如图14-4所示），航天科工集团打造了云制造产业集群生态，一方面帮助企业逐步完成内部数字化、信息化、智能化改造；另一方面，航天云网上线仅3个月，注册企业便突破3万家，订单业务交易额超过12.2亿元，不仅实现了中小企业的创收回流，且江西、贵州、辽宁、四川、湖北等多个地方政府纷纷同航天科工合作，进一步推进了具有地方特色的"互联网＋特色产业"的"双创"支撑平台建设。

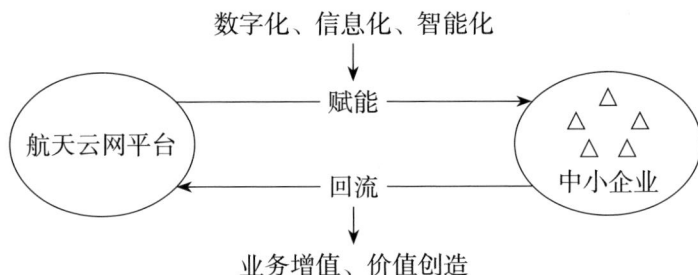

图 14-4　航天云网平台互利共赢的融通发展

四、未来发展展望

伴随新一轮科技革命和产业变革迅速兴起，快速崛起的新动能正在重塑经济增长格局、深刻改变人类生产生活方式，融通创新已成为世界科技创新发展的大势所趋，并对创新联合体的发展提出了新要求，即要充分发挥大型国有企业、领军企业在技术创新方面的战略性、引领性作用，发挥民营企业、中小企业在技术创新方面的探索性、灵活性的优势，盘活创新资源，实现要素互补，提升创新要素的规模驱动力。

（一）明确创新联合体的建设任务

新时代，创新联合体的建设任务应该包括：

1. 突出企业创新主体地位及主导作用

新形势下组建创新联合体的重要任务之一，是突出企业创新主体地位及主导作用。当前我国已转向高质量发展阶段，但是国家创新能力不适应高质量发展要求。在我国创新活动的整体构成中，企业研发投入占全社会研发投入比重超过 77%，企业是创新活动中当之无愧的主体，其创新能力与产业创新能力、国家整体创新能力息息相关、密不可分。面对我国经济发展进入新常态、全球经济和政治格局发生深刻变革、国际力量对比深刻调整、新一轮科技革命和产业变革加速演进的新阶段，企业作为市场经济的主体、创新活动的主体，是促进科技与经济深度融合发展的天然双主体，是服务于双循环新发展格局、充分集聚各类优势资源、发挥举国体制优势的重要载体，是我国实施创新驱动发展战略、建设世界科技强国的关键主体，是我国应对日趋激烈的国际竞争不可忽视的关键力量。企业的创新能力是构成产业核心竞争力的基本要素，直接影响所在产业的核心竞争力及产业链安全。因此，应进一步加大企业在创新联合体建设过程中的主体地位及主导作用，提高企业在市场导向和应用导向科技项目论证、立项、实施与结题验收中的话语权，促进优势创新资源向企业集聚，进一步调动和激发企业牵头组建创新联合体的积极性。

2. 攻克关键核心技术及"卡脖子"技术

新形势下组建创新联合体的重要任务之二，是攻克关键核心技术及"卡脖子"技术。即以国家重大科技项目为牵引，组织实施重大科技攻关任务，以此充分发挥大企业在技术、资源方面的优势及其所具有的垂直整合能力，充分带动具有"精尖新特"技术的中小企业的积极参与，围绕产业链部署创新链，构建产业技术创新生态体系，突破一批国家战略性关键核心技术和"卡脖子"技术，并推动相关产业进入全球价值链中高端，提升产业链安全度，从而避免在企业、产业发展过程中再次出现"中兴事件""华为事件"。

3. 带动中小企业发展

新形势下组建创新联合体的重要任务之三，是带动中小企业发展。习近平总书记在广州考察期间特别指出，中小企业能办大事，创新创造创业离不开中小企业[1]。事实也证明，仅仅依靠大企业的创新引领作用无法有效突破关键核心技术尤其是产业共性技术的缺口，而仅凭借中小企业的创新也难以实现关键核心技术的重大突破。建设创新联合体，就是通过发挥大企业的引领带动作用，充分带动中小微企业，尤其是"独角兽""瞪羚"等具备精尖新特技术优势的科技型中小微企业的发展。科技型中小微企业具有的市场灵敏性，是科技创新活动中的重要生力军，是我国实现科技创新强国梦不可忽视的重要力量。当前我国中小企业贡献了 65% 以上的专利、75% 以上的技术创新、80% 以上的新产品开发[2]，应在各自领域发挥"精尖新特"作用，积极参与创新联合体建设。

（二）紧抓创新领军企业牵头的组织特性

对于创新型领军企业，应以平台为重要抓手，鼓励其从如下方面引领创新联合体发展：搭建"互联网+"平台，对接大中小企业在资源、技术、市场、人才等方面的需求，提高对接效率；发挥其在技术及资源方面的优势，面向国家重大战略需求搭建开源开放的创新平台，发挥这类平台在承担国家重大科技任务、突破产业共性技术、"卡脖子"技术、关键核心技术等方面的重要作用，服务国家经济社会可持续发展，充分吸收创新链前后端主体，提高科技成果转移转化效率；进一步开放应用场景，推动中小企业围绕应用场景实现颠覆性创新。

（三）地方政府支持与引导

创新联合体作为新时代促进大中小企业融通创新的新模式，攻克关键核心技术、突破"卡脖子"技术、提升产业链安全的新型科研攻关组织模式，应在加强党的统一领导下，充分结合地方发展优势和发展特色，强化地方的积极引导。通过结合区域发展需求和特色，支持以区域龙头企业为核心，牵头组建区域创新联合体，有效提升区域创新能力和区域产业竞争力。要在确保市场机制的基础上，发挥政府的财政支持作用和资金杠杆作用，通过政府引导基金设立和多元股权投资，引导社会资本加大对创新联合体的支持，为创新联合体发展

1　http://www.gov.cn/xinwen/2018-10/25/content_5334356.htm

2　点燃创新增长的强劲引擎 ——各地探索发展新质生产力调研（中）[N]. 经济日报，2024-03-01.

提供完善的金融服务。

（四）加强人、财及文化等方面的体制机制保障

要充分发挥战略科学家、首席科学家、首席工程师等战略型科技人才在推动创新联合体突破关键核心技术上的重要作用，提高企业专家在国家重大科技计划立项及结题验收全过程环节中的话语权，给予科学家、工程师在项目技术路线选择、方案选择等方面的充分自主权，推动大中小企业之间基于创新联合体试行建立人才工作站等方式开展人才培养及流动的全方位合作。

要创新知识产权分配和价值获得机制，充分发挥广大科研工作者的创造力，运用多元激励机制鼓励科研工作者拥有更多的科研成果支配权，促使更多的科研成果进入产业界。

要塑造融通创新的价值观念，在全社会倡导鼓励崇尚合作创新、宽容创业失败的文化氛围。通过培育有利于融通创新的文化氛围，构建以大企业为引领、中小企业协同发展的创新平台，塑造促进深度合作、价值共创、共赢发展的创新文化氛围，为经济实现高质量增长提供新动能。

制造企业的数字化转型

在当今互联网时代，随着数字技术的快速创新和广泛应用，数字经济成为各国经济创新发展的重要力量，世界经济数字化转型是大势所趋[1]。数字化不但会促进创新发展经济体系内原有生产要素的优化重组，而且引入"数据"这一新的生产要素会使生产要素产生新组合，从而产生新的生产函数，有助于创新的发生与发展，进而进一步促进生产力提高和企业发展。党的二十大报告提出，"加快发展数字经济，促进数字经济和实体经济深度融合，打造具有国际竞争力的数字产业集群"。中国作为制造业大国，必须对制造企业的数字化转型给予高度重视，制定适当的政策并采取必要措施来助力制造企业的数字化转型。当前数字技术向传统经济融合渗透的趋势日益明显，制造企业应积极抢抓数字化转型的难得机遇，加快建设数字化新型能力，努力争取新一轮科技革命和产业变革的竞争主动权[2]。

一、推进制造企业数字化转型，加快建设数字化新型能力

数字化是信息化的一种延续，企业数字化转型强调的是数字技术对企业的重塑。从实践路径来说，它强调的是在整合信息化的基础上提升企业对数据的处理能力，实现降本增效的目的。数字化转型则是以数字化为突破口，通过数字化技术推动企业调整业务布局、组织架构等。随着数字经济时代的到来，数据作为一种核心生产要素在科技创新与经济发展中的重要性日益凸显。

1　邬爱其，宋迪.制造企业的数字化转型：应用场景与主要策略 [J].福建论坛（人文社会科学版），2020（11）：28-36.

2　张伟东，王超贤，孙克.探索制造业数字化转型的新路径 [J].信息通信技术与政策，2019（9）：31-34.

（一）数字化转型的契机

由互联网＋、数字技术等引发的新一轮科技革命和产业变革正由导入期转向拓展期，这也为我国构建现代化经济体系、推动经济高质量发展带来新动能、新机遇。

第一，新一轮科技革命和产业变革将为科技创新提供资源和平台基础，不仅会促进数字技术的飞跃式发展，而且将推动数字技术与其他技术交叉融合发展。人工智能、云计算等新一代信息技术与科学和工程有机结合，推动大数据科学成为新的科研范式。同时，新一代信息技术在不断融合、叠加和迭代升级的过程中，为其他技术领域发展提供了高经济性、高可用性、高可靠性的技术底座，构建起一个数据驱动的平台化、生态化的基础设施群，使得技术迭代的频率更高、相互依赖性更强、整体功能演进的速度更快。

第二，新一轮科技革命和产业变革助推产业创新发展，不仅促使数字产业化成为经济增长新动能，而且助力产业数字化赋能传统产业。根据《中国数字经济发展白皮书（2023 年）》中的数据，我国数字经济快速增长，占 GDP 的比重不断上升。2015—2022 年，我国数字经济规模从 18.6 万亿元人民币上升至 50.2 万亿元人民币，占 GDP 的比重从 2015 年的 27.5% 上升到 2022 年的41.5%。2014—2022 年，数字经济对我国经济增长的贡献率均在 50% 以上，2022 年更是超过 70%，达到 73.6%。数字经济成为推动经济增长的主要引擎之一。2017—2022 年，我国数字经济核心产业化规模从 5.2 万亿元人民币上升到 9.2 万亿元人民币，平均增长 9.8%。2022 年该数据占整体数字经济规模的18.3%，占 GDP 的比重为 7.6%。同时，产业数字化呈现出加速增长态势，其规模从 21 万亿元人民币增长到 41 万亿元人民币，平均增长 14.3%。2022 年产业数字化规模占数字经济的规模为 81.7%，占 GDP 的比重为 33.9%[1]。与此同时，利用现代信息技术对传统产业进行全链条改造的产业数字化进程不断加速，推动了产业组织模式的变革，促进了以信息流带动技术流、资金流、人才流、物资流的产业资源配置优化。这一变革在产业创新发展中发挥着重要作用，已成为数字经济时代经济社会运行的最根本特征。

1　龚六堂. 新时代数字经济发展成就与机遇展望 [J]. 人民论坛，2023（17）.

第三，新一轮科技革命和产业变革推动社会创新发展，重塑教育、医疗、交通和行政等发展动力和治理模式。在教育领域，新一代信息技术将助力优质教育资源升级、共享，推动教育均等化，建立全新的教育治理模式。在医疗领域，新技术发展为医疗创新打开全新窗口，将有力推动整个医疗体系从检测、诊断、药物研发到医疗管理的整体变革。在交通领域，以全面、全量、实时的多源大数据为基础的"云—边—端"全栈技术融合创新，不仅能为当下精细化、智能化交通治理需求提供解决方案，而且将赋能面向未来交通场景演进的全生命周期治理。在行政方面，政务大数据的整合、开放、共享，辅以新一代信息技术的智能化应用，将有助于构建跨部门、跨地域、跨层级的高效人机协同治理体系。

（二）数字化转型的重要性

首先，数字化将扩容和优化创新生产要素体系。2020 年 4 月，中共中央、国务院印发《关于构建更加完善的要素市场化配置体制机制的意见》，将数据与土地、劳动力、资本、技术等传统要素并列，提出加快培育数据要素市场。该文件的发布使得创新发展经济体系的要素构成发生重大变化。与传统生产要素不同，数据要素具有非竞争性和非稀缺性，且数据要素的价值与数据的规模和丰富程度呈显著正相关，数据量越庞大，数据价值就越高。数字化可以显著节省人力、资本等其他要素的使用成本，降低要素供给和要素需求方之间的信息不对称，促使要素供求双方的精确匹配，提高要素配置效率。

其次，数字化将促进创新发生与发展。数字化会促进创新发展经济体系内原有生产要素的优化重组；同时引入"数据"这一新的生产要素，将产生新的生产函数，有助于创新的发生与发展；数据在流转和扩散过程中将会产生新的数据，使得数据要素表现出不断迭代、自我增值的特性，进一步促进创新的发生与发展。

最后，数字化将改变制造企业创新方式和动力。一是优化知识的生产过程。大数据等数字技术的应用正在推动传统实验科学、理论推演、计算机模拟等科研范式向数据驱动的科研范式转变，同时可实现将产品生产过程中产生的数据即时反馈给知识生产部门，使知识生产更好地解决现实需求。二是增进不同创新要素、创新主体之间的信息流动，改进创新体系内不同创新要素、创新主体之间的关系，形成协同共生、创新导向的创新生态系统，有效促进创新技术的商业化和价值创造过程。

然而，面对数字化转型，企业也面临两难境地：一方面，希望通过数字化战略帮助企业优化现有组织能力实现数字化转型，如海尔集团、红领集团、百丽鞋业和鱼跃医疗等企业数字化转型的成功；另一方面，对数字化转型过程中面临的一些挑战感到担忧，如数字化转型可能会打乱现有流程和结构。因此，企业需要根据自身情况并结合现有有利政策来积极推进智能化、数字化，力求达到提升企业可持续发展能力的目的。

二、国内外现状与趋势分析

世界上越来越多的国家把制造业数字化作为推动传统产业改造升级的重要途径和抓手，我国政府也高度重视制造业数字化的发展。国务院印发于 2016 年的《关于深化制造业与互联网融合发展的指导意见》和印发于 2017 年的《关于深化"互联网＋先进制造业"发展工业互联网的指导意见》特别强调，要加快制造业数字化转型，推动新一代信息通信技术和实体经济深度融合，助力中国制造加速步入高质量发展新时代。2019 年 10 月第六届世界互联网大会在浙江乌镇召开。会议主要涉及大数据、物联网、人工智能、互联网＋、智能制造等领域，而这些领域无外乎都是在讲数字化。"数字化转型"成为高频热词，引发了国内外大批学者的讨论和研究，许多企业也纷纷开始探索数字化转型的路径。

（一）国外数字化技术现状与趋势

从全球看，世界各国纷纷开启数字化转型之路，尤其以发达国家的企业为主。经济合作与发展组织发布的《2015 年经合组织数字经济展望》报告显示，截至 2015 年，80% 的经济合作与发展组织成员国都制定了数字化或数字经济国家战略或部门政策，构建了数字经济国家战略框架。近几年，德国、日本、英国、美国等发达国家不约而同地推出了一系列国家战略，虽然这些战略的名称、侧重点不同，但归根到底都可用数字化转型来概括。

从外部环境看，世界主要国家和组织纷纷推进创新发展数字化战略，将其作为发展的优先事项进行战略布局，重视数字基础设施建设，打造数字转型的良好软硬件条件。有的国家高度重视数字化关键核心技术发展和布局。例如：德国"工业4.0"意味着制造业智能化时代的来临，为制造业数字化转型树立样板；日本的数字化转型源于"2015I-Japan战略"，该战略着力数字技术在各领域的重点应用；英国提出的"英国数字化战略"强调包括连接性、技能与包容性、数字化部门、宏观经济等7个方面的战略任务。2020年8月美国发布《美国2022财年发展与创新预算的优先事项与跨领域行动备忘录》，指出美国将陆续针对未来数字技术加大资助力度，尤其是人工智能、量子信息科学、先进通信网络等领域。有的国家和组织正加快推进数字产业化和产业数字化，加强数字经济和实体经济融合。例如，欧盟从建立统一数字市场的角度出发，协调推动数字经济发展。有的国家正推动行政领域的数字化建设，加快数字公共服务水平的提升。

随着新一代信息通信技术的快速发展和跨界融合，数字经济作为创新最活跃的经济形式，已成为全球经济增长日益重要的驱动力。数字化转型对增强企业的动态能力、提升企业创新能力具有重要贡献，是制造业应对急剧变化的外部环境、增强企业韧性的强有力工具。首先，数字技术可以提高制造业企业运营效率和降低成本。这是因为物联网和人工智能等数字技术对稳定设备运行、把控生产质量很有效，同时能解决劳动力短缺问题。其次，数字技术驱动了制造业的创新。数字技术可从数字工具和为非数字产品及服务添加新属性两个方面，带来产品、流程或商业模式上的重大变革，进而影响制造业企业创新能力。这是因为数字技术的可编辑性帮助制造业企业利用有形或无形的资源实现重组，关联性加强了与其他企业的连接和沟通，可扩展性帮助制造业企业快速寻找并匹配开放式创新所需要的资源，开放性增强了企业之间的信息对称。

（二）国内数字化技术现状与趋势

德勤公司于2020年4月至5月完成了关于中国企业数字化转型的在线问卷调查，以了解中国企业数字化转型的现状、趋势和挑战。

从整体来看，多数中国企业尤其是制造业企业已启动数字化转型且进程在加快,但自评普遍不高;业务和职能部门逐渐主导和深度参与转型;提升管理效率与降低成本仍是绝大部分企业数字化转型的目标;数据基础设施问题仍是当前转型的主要挑战;不同行业企业的数字化转型进度不一,其中互联网、电信和媒体资讯行业的数字化水平较高,而汽车、电力、机械、油气、化工等国有企业集中的传统行业,仍处于数字化转型的爆发起点和企业转型发展的关键节点;外资企业和中央企业在数字化转型上的启动比例更高。近年来,国有企业积极参与网络强国、数字中国、智慧社会建设,已有一批国企的数字化转型取得了阶段性成果,但更多国有企业尚处于数字化转型的起步期。对于国有企业来说,新基建投资是加快数字化转型的机会,也是带动经济整体向数字化转型的责任。许多国有企业,尤其是近百家世界 500 强的国有企业,在收入规模上已比肩世界一流企业,也正在全球产业话语权、生产运营效率及品牌形象等方面对标和赶超世界一流企业[1]。国有企业抓住历史机遇、加速实现数字化转型,是重塑企业发展核心竞争力、培育世界一流企业的重要利器。

关于制造业企业数字化转型的发展趋势,我国具有发展数字化制造业的有利条件。首先,体量巨大的制造业规模为数字化制造业提供了广阔的发展舞台。自 2010 年以来,我国制造业总体规模已持续多年保持世界第一,且是全球制造业门类最全的国家。然而,目前我国制造业的数字化改造应用还处于起步阶段。无论是传统产业的改造升级,还是新型产业的培育发展,未来都将对数字化制造业产生巨大的市场需求。

近年来,我国新型基础设施发展迅速,成就巨大。根据国家统计局的数据:2023 年上半年,我国新型基础设施建设投资同比增长 16.2%。其中,5G 等信息类新型基础设施投资增长 13.1%,智慧交通等融合类新型基础设施投资增长 34.1%[2]。信息基础设施规模能级大幅提升,主要表现在以下三个方面:一是通讯网络基础设施迈向高质量规模化阶段。2023 年我国工业互联网在网络方面基本建成低时延、高可靠、广覆盖的网络体系,工业互联网标识解析体系全面建成;

1　杨晨浩,孙倩.中国白色家电制造企业数字化转型现状及对策研究 [J]. 现代商贸工业,2019,40(24):208-209.

2　上半年新型基础设施建设投资同比增长 16.2%——投资增长放缓结构持续优化 [N]. 经济日报,2023-07-23.

截至 2023 年年底，全国 5G 基站总数超 337.7 万个，已建成全球最大的光纤和移动宽带网络，覆盖所有地级市城区和县城[1]，5G 工业专网应用加速，轻量化核心网、软硬件一体化的专网解决方案逐渐落地应用；我国建成全球规模最大的移动物联网，成为全球主要经济体率先实现"物超人"的国家，2022 年移动物联网终端连接数达 18.45 亿户，占全球总连接数的 70% 以上。二是新技术基础设施实现规模化发展。目前全国范围内已有十余个城市的区块链基础设施建设完成并投入使用，多数城市区块链基础设施体系中均包括多条场景链、业务链，形成较大规模级节点网络，城市区块链基础设施规模化应用成效初步显现，产业生态加速构建[2]。三是算力基础设施达到世界领先水平。全国一体化大数据中心体系基本构建，"东数西算"工程加快实施；25 个平台（含筹建）被批复建设国家新一代人工智能公共算力开放创新平台；联全国一体化算力体系已在产业生态、算力供给、网络传输、业务调度、系统运营、技术创新等方面进行部署；全国在用数据中心超过 650 万标准机架，近 5 年年均增速超过 30%，在用数据中心算力总规模超 180EFLOPS，位居全球第二[3]。这也是推动我国制造业数字化转型的关键原因之一。

此外，我国政府为助力制造业数字化转型不断完善相关政策，为数字化制造业发展提供了强大的制度保障。为了促进数字化制造、推动制造业高质量发展，我国先后出台了《促进大数据发展行动纲要》《关于积极推进"互联网+"行动的指导意见》《关于深化制造业与互联网融合发展的指导意见》《工业互联网发展行动计划（2018—2020 年）》等一系列战略规划和政策措施，从技术研发、成果应用、重点领域突破、国际交流合作、组织保障、基础设施、质量基础、信息安全和服务平台建设以及金融、财税、人才支撑等方面做出了顶层制度安排，为数字化制造业发展提供了坚强的政策保障。

制造业企业拥抱数字化转型已逐渐成为行业共识，数字化转型已进入企业工作安排，大部分企业已决心积极进行智能化改造革新，拥抱数字化转型。一场数字化革命正在全球范围内全面推开，中国市场也不例外。对于中国市场各

---

1 5G 应用深入千行百业 [N]. 人民日报，2024-03-20（18）.
2 见《区块链白皮书 2023》（中国信息通讯研究院）.
3 见国家互联网信息办公室发布的《数字中国发展报告（2022 年）》.

行业的众多企业而言，数字化转型蕴含的可观商业价值吸引力巨大，而我国作为制造业大国也一定会牢牢抓住这次革新机会。

三、中国的成功实践

（一）海尔集团：卡奥斯 COSMOPlat 数字化创新

工业互联网是新一代信息通信技术与工业经济深度融合的新型基础设施、应用模式和工业生态，通过对人、机、物、系统等的全面连接，构建起覆盖全产业链、全价值链的全新制造和服务体系，为工业乃至产业数字化、网络化、智能化发展提供了实现途径，是第四次工业革命的重要基石。为适应时代变化，海尔不断自我变革，基于 30 多年来在制造业积累下来的在信息化、数字化和管理方面的经验，打造出了具有自主知识产权的工业互联网平台——卡奥斯 COSMOPlat。卡奥斯 COSMOPlat 以大规模定制模式为核心，通过做实基础、做厚中台、做强应用、精准赋能，持续推动企业数字化转型进阶和新技术、新模式、新业态普及，构建起"与大企业共建、小企业共享"的产业新生态该平台。

在国内，卡奥斯 COSMOPlat 连续四年位居工信部"跨行业跨领域"工业互联网平台首位，并在 2023 年工信部动态评价中再次位列第一。在国际上，卡奥斯 COSMOPlat 在全球科技风向标 Forrester 工业互联网象限中跻身领导者地位；在国际数据空间建设上，成为欧盟外唯一受邀共建德国联邦云的本土企业；在国际标准上，主导 / 参与制定 ISO、IEEE、IEC 和 UL 四大标准组织的工业互联网相关国际标准；在 2023 年德国汉诺威工博会上，卡奥斯 COSMOPlat 作为唯一代表展示中国工业互联网工业大脑、数字孪生未来工厂等引领技术应用，受到国际专家点赞认可。卡奥斯 COSMOPlat 站在"数实融合"发展的"新航道"，在助力企业数字化转型、开放生态与共建平台、多维度跨界赋能方面发挥着强大的作用。

1. 多维度跨界赋能

卡奥斯 COSMOPlat 在助力数字经济发展的过程中，最为强调的能力便叫作"赋能"。赋能不是狭义上的资源支持，而是跨行业、跨领域、跨区域的多方面复制并赋予企业数字化能力。

在企业端，卡奥斯 COSMOPlat 通过与工业场景的深度融合，将智能制造、供应链、采购等企业亟须的能力模块化，打造为灵活组合、快速部署的专业化云平台和应用，助力企业高效且低成本地实现数字化转型，实现产品创新和场景迭代。

在产业端，卡奥斯 COSMOPlat 显示了强大的跨界复制能力。以其在服装行业的实践为例，卡奥斯 COSMOPlat 与青岛瑞华集团共同打造了柔性服装智能工厂，率先构建起平台数字化的管理模式，使瑞华集团的管理效率总体提升80%。此外，也帮助瑞华打通生产方、品牌销售方、面料方产业链数据，通过三方数据实时共享，实现了 B2B 向 B2C 和 C2M 的转型，生产出的商品直达用户端，企业订单量增加了 30%，订单附加值提高了 150%。

在区域端，卡奥斯 COSMOPlat 从城市经济数字化入手，以工业互联网助力城市数字经济发展，为中国数字城市建设提供了全新思路。在青岛，卡奥斯 COSMOPlat 与青岛市政府共建青岛工业互联网企业综合服务平台。该平台服务于企业全生命周期，自上线以来已打通 24 个委办局。截至 2021 年年底，该平台赋能青岛企业达 3561 家，新增工业产值超 210 亿，成功打造了以平台赋能百业改造、以数据增益千企升级的"青岛样板"。

2. 打造中国自主知识产权的工业操作系统

卡奥斯致力于打造中国自主知识产权的工业操作系统。作为双跨平台榜首，卡奥斯 COSMOPlat 创新打造"BaaS 数字工业操作系统"，为全方位推动工业数字化转型提供了工业互联网赋能下的新工具、新抓手。卡奥斯 BaaS 数字工业操作系统拥有连接、大数据、大模型三大核心优势。

卡奥斯依托"BaaS 引擎"已形成对 ICT、OT 等工业资源的高度抽象，沉淀了海量的高质量工业数据，提炼了丰富的数字工业共性服务，面向下层工业设备提供了互联互通的统一接口，面向上层工业软件提供了标准、易用、开放的研发与部署接口。这已经具备像 Windows 与 Andriod 等单机操作系统的资源管理能力，故可称之为"BaaS 数字工业操作系统"。

在已有工业互联网技术的基础上，卡奥斯 BaaS 数字工业操作系统以"大连接—大数据—大模型"为推进主线，逐步推动设备、工厂以及产业的数字化升级与互联互通，促进工业数据要素跨组织流转、促进工业企业从数字化走向智能化、促进全行业的数字生态建设与复用，为我国工业企业在全球取得竞争优势夯实数字技术基础。

卡奥斯 BaaS 数字工业操作系统具有三大核心优势。一是大连接。BaaS 数字工业操作系统通过云计算、物联网等通用技术与工业知识的集成创新，打破工厂内部、内外部合作中原有的边界，实现广域资源的泛在连接。一方面全面接入工厂设备、人员、数据等工业企业的生产要素，在工厂中对生产关系进行重构，使得设备和人之间的协作，车间和车间之间的合作变得更透明、通畅；另一方面链接全产业链上下游合作企业，为工业企业拓展数字经济的商业边界，创造适应数字生产力的新型生产关系，成为工业数字化技术创新的基础设施。二是大数据。BaaS 数字工业操作系统连接工业设备、产品、服务等资源，基于工业数据融合建模与工业知识图谱应用，通过突破数据主线等技术，挖掘工业数据隐含关系、隐性知识实现分析优化，提取机理模型等高价值工业知识，实现从工业大数据到工业知识的自动转化。三是大模型。卡奥斯 COSMOPlat 基于开源大模型，积极展开面向工业大模型技术研究，为 BaaS 数字工业操作系统内置了私有化部署的自研轻量"工业大模型"，为数字工业操作系统注入了更强大的"智能"。这种以智谱 AI 开源的 ChatGLM 模型为基础进行"工业知识 +AI"融合的工业大模型具备更强的专业性和准确性。一方面，由 BaaS 数字工业操作系统提供的工业领域图谱、行业标准、专利、专用词典等集成起来的大型数据库和机理模型，提供了强大的底层数据支撑；另一方面则基于 AI 技术形成的工业两大规模预训练模型，两者结合共同形成了"工业 AI"的"最强大脑"，为卡奥斯 BaaS 工业大脑赋能。

未来卡奥斯 BaaS 数字工业操作系统将继续推动工业操作系统的标准建设与开源开放，促进工业应用与工业智能生态持续繁荣。

（二）东软医疗：医疗设备数字化创新

在医疗科技飞速发展的今天，始终致力于提供高品质的产品和服务的东软医疗系统股份有限公司（以下简称"东软医疗"）面向未来医疗发展方向，注重数字技术的发展，在人工智能、分级诊疗等领域持续发力，以不竭的研发动力持续输出新产品、新技术、新理念，力求以更准确、更智能、更高效的医疗诊断惠及国民健康，并取得了初步成果。

一方面，在人工智能、大数据热度逐渐提升的时代，东软医疗结合我国专业影像学专家短缺的现状，致力于生物医学领域人工智能的研究，力求通过数字化、智能化自动检测与定量测量、计算机三维可视化技术、配准与数字剪影等智能辅助软件，减轻医生工作量、提高诊断效率、提高临床诊断的精准性。目前东软医疗的人工智能诊断服务，已在肺筛查、乳腺筛查、脑卒中的前期诊断方面完成上千例的 AI 深度学习，正不断走向成熟。

另一方面，随着近年来我国医疗服务水平的持续提升，医疗资源分配不均衡的问题进一步凸显，在造成"人人享有医疗服务"无法落实、引发"看病难"的同时，也对民族医疗科技的发展提出了新的挑战。对此，东软医疗通过理论和技术的创新，借助网络化、智能化、专科化的技术和方法，顺势推出了以"设备＋区域影像诊断云平台＋分级诊疗综合管理云平台"为核心架构的分级诊疗整体解决方案。借助这一方案内的"医学影像、临床检验、远程心电、病理诊断、远程培训、消毒供应"六大业务中心，可广泛凝聚医生、专家、医疗机构以及患者等资源，实现医联体之间的资源数据共享、诊断、治疗，从而打通医联体内的上通下联，实现优质医疗资源的下沉，真正解决民众"看病难"的问题。

自成立发展至今，东软医疗已成为中国唯一一家能够全线生产四大影像产品的医疗设备制造商。东软医疗引领并带动我国先进技术创新和研发步伐，实现高端医疗设备从"中国制造"到"中国创造"的转变，实现关键技术及核心部件从"跟随"到"引领"的根本改变。东软医疗在数字化转型方面开展的主要工作如下[1]：

1. 优化与完善管理信息技术基础

东软医疗不断优化与完善从产品研发、生产到销售、维护的全过程管理信息技术基础。主要包括依托 ERP（企业资源计划）系统、优化与完善 PDM（产品数据管理）系统、CRM（客户关系管理）系统、供应链 EDI（电子数据

1　荆浩，尹薇.数字经济下制造企业数字化创新模式分析 [J].辽宁工业大学学报（社会科学版），2019，21（6）：51-53.

交换）和 WMS（仓储管理系统）信息化集成系统等。

2. 建设远程监控平台系统

借助互联网技术，东软医疗开发了设备远程自诊断系统，建设远程监控平台系统，与 CRM 系统融合，具备运行监测、不间断应答中心等服务；通过网络服务平台进行远程监测、获取产品生产和使用全过程的数据信息；开展故障诊断、远程维修等在线支持服务，提供备件管理、数据管理等增值服务。

3. 发展数字化产品

东软医疗在拓展数字化服务过程中，建立远程服务管理系统，保证服务的及时性、有效性，降低企业成本。东软医疗通过远程服务在线排除故障，减少医院待修停机时间，保证病人及时就诊。此阶段东软医疗的数字化创新模式体现出大力发展数字化产品的特点，即在过去的实体产品基础上拓展数字化服务内容，创新价值主张。

通过数字化创新，东软医疗聚焦于以"客户为中心"，创新价值主张，拓展收入流，实现从单纯的设备制造向服务型制造商业模式的转型，下一步的发展中，东软医疗正在构建医疗设备云应用平台，向高端服务型模式进阶。

综上所述，数字经济以数字技术为平台和手段，与传统制造业深度融合，进而推动商业模式创新。对于制造业企业而言，其数字化创新往往是从应用数字化技术优化现有业务开始，经历产品或业务数字化，终极目标是构建数字化商业生态系统，进而提升企业创新能力并推动企业可持续发展。

四、未来发展展望

2024 年 1 月，习近平总书记在二十届中央政治局第十一次集体学习时指出，推动新质生产力加快发展，"要大力发展数字经济，促进数字经济和实体经济深度融合，打造具有国际竞争力的数字产业集群"。近年来，数字经济发展突飞猛进，已成为我国经济由高速发展向高质量发展转变的重要途径。在整体国民经济中，数字经济表现出强大的增长活力。预计在未来，数字经济将成为新常态下实施供给侧结构性改革、推动新旧动能转换发展战略的重要引擎。而传统的制造业要想在数字经济浪潮中保有一席之地，就必须将智能化、数字化的设计理念融入产品。因此，数字化转型应是制造业适应数字经济发展的主动选择。

（一）明确数字化转型意识

制造业数字化转型不是简单的机器换人，更不是简单的通信技术改造，而是要形成工厂内软硬件的全面协同，真正做到数字化、线上化，打通企业内部的全数据链。数字化转型对于制造业而言是较大程度的脱胎换骨，过程中注定存在艰难困苦。但是，当企业完成了业务形态、组织结构、技术管理和企业文化等一系列数字化转型，便会以高效、敏捷的速度在数字化浪潮中成长壮大，更能有条不紊地应对突发事件。其中，首先要提高企业全体人员的认知，特别是中高级管理人员认知。进一步以数据为资产，以技术为手段，以人才为依托，构建能够支持业务持续创新的技术平台体系。

（二）加强数字基础设施建设和技术攻关

首先，要加强数字基础设施建设。加强 5G、数据中心、软件平台、工业互联网平台等数字基础设施建设，打造万物互联的数字基础设施供给体系，扩大数字经济的应用场景，构建创新载体和公共服务能力，为经济和社会发展的数字化转型提供支撑。以大数据、物联网、云计算三元互动的新模式，在国家层面成立全区域、多层次、多部门、多方面的科技创新信息平台与多元开放的科技管理创新平台。通过构建国家科技创新大数据仓库、制定科技数据搜集和使用管理办法等方式，保证数据的科学搜集和有效整合。其次，要加强数字技术研发。加强 5G、工业互联网、区块链、人工智能、大数据等数字基础技术的研发，推动数字技术和数字经济的标准制定，鼓励成立数字产业创新联盟，在资金投入、人才培养、知识产权保护等维度为数字技术的研发创造良好环境。

（三）深入推进产业创新发展的数字化转型

第一，引导数字产业健康发展。支持数字产业化发展，在平台建设、监管制度等方面实施差别化政策，培育一批数字龙头企业，发展平台经济、共享经济等新业态、新模式。制定数字产业发展负面清单，在风险控制的前提下，支持数字企业利用数字技术改造生产和经营方式。第二，推动实体经济数字化转型。引导机械制造等实体企业进行数字化改造，推动企业在研发设计、组织管理、产品生产、产品营销、售后服务等方面实现全流程数字化改造，评选数字化转型示范企业以形成示范效应，打造数字化产业和区域集群。深入实施"互联网+""大数据+"工程，推动数字技术与实体经济深度融合。

（四）构建企业数字化转型的人才引育体系

人才建设是企业数字化转型的基石。在人工智能领域我国人才培养、储备均与业务发展不匹配。越来越多的企业意识到阻碍数字化转型的关键障碍是没有足够的人才支撑。具体来说，数字化人才包括宏观、中观和微观 3 个层面。宏观层面的数字化人才应具备重构产业生态、预测商业模式和数字化经营模式的能力；中观层面的数字化人才应具备明确数字化发展方向、制定数字化战略的能力；微观层面的数字化人才应具备推动产品数字化的服务能力。

数字化人才的培养是一个系统工程，需要多方共同发力。一是政府层面，要出台相关支持政策，加大推进数字化人才的引育工作。一方面要鼓励国内院校注重数字化学术型人才和操作型人才的培养。另一方面要面向全球吸纳高端人才，鼓励海外优秀人工智能高端人才回国，打造数字经济人才高地。二是企业层面，要加大对员工的数字化、智能化转型培训，培养数字化新蓝领。三是员工层面，要主动迎接数字化转型的挑战，主动应变、求变，提升数字化、智能化素养[1]。

（五）加快提升数字化转型能力

数字化转型需要数字化能力作为支撑，当前必须着力实现从封闭、规模驱动、产品导向、成本为先的传统能力转变为开放赋能、智能决策、数据驱动、

1　李辉，梁丹丹. 企业数字化转型的机制、路径与对策 [J]. 贵州社会科学，2020（10）：120-125.

服务增值、用户参与的新型能力[1]。一是要增强制造业企业的内生能力。树立数字化转型意识，夯实数字化转型的基础和条件，制定数字化转型战略，培育推广智能化生产、网络化协同、个性化定制、服务化延伸等新模式、新业态，加快创新生产方式、组织形式和商业范式，实现数字化转型能力的跨层提升。二是要完善外部支撑能力。制造业进入全面数字化转型阶段，融合发展成为常态，出现产业融合化、组织平台化、标准通用化等一系列数字化转型新特征。因此，必须加强解决方案、平台组织和标准协议等方面的支撑能力，特别是要推动工业企业间形成互联互通的协议、接口和标准，提升制造业企业多层次、多样化工业现场的互联互通互操作，为提升转型集成能力夯实基础。

（六）加快制造业数字化标准制定

首先，支持行业中介组织进一步完善工业互联网、智能制造的参考架构，形成社会共识。加快制定工业设备连接、工业数据共享等方面的标准，实现设备、数据的兼容连接。加强标准体系与认证认可、检验检测体系的衔接，促进标准应用落地。其次，要扶持数字化服务商发展。鼓励制造业龙头企业将比较成熟的工业互联网平台对行业内企业开放。支持互联网公司利用数据资源和大数据、云计算、人工智能等方面的能力为制造企业赋能。此外，还要培育一批工厂数字化改造、智能制造解决方案、智慧供应链等领域的专业化服务商，从而更好地助力制造业数字化转型。

---

1 林琳，吕文栋. 数字化转型对制造业企业管理变革的影响——基于酷特智能与海尔的案例研究 [J]. 科学决策，2019（1）：85-98.

打造一流科研院所

党的十九届五中全会提出，坚持创新在我国现代化建设全局中的核心地位，把科技自立自强作为国家发展的战略支撑。党的二十大报告指出，"优化国家科研机构、高水平研究型大学、科技领军企业定位和布局，形成国家实验室体系"。当前，基础科学"先手棋"效应越发增强，在科技竞争中的地位越来越凸显。科技自立自强要解决从无到有、从大到强的问题，专注源头创新的基础研究能为科技自立自强打下坚实的基础。这对我国以基础科学研究为核心任务的科研院所提出了更高的创新发展要求。

一、科技自立自强——打造一流科研院所的重要路径

（一）我国科技自立自强的发展现状

中华人民共和国成立初期，我国在"一穷二白"的基础上，通过举国体制等独特方式，集聚优秀人才，构建国家科技发展体系，取得了诸多对经济与社会发展有决定性支撑作用的重大科技突破，为我国实现科技自立自强打下了坚实的基础。改革开放以来，我国通过坚持推行市场经济，聚焦建设重大科技创新平台、组织重大科技专项等方式，优化国家和产业层面科技力量的调配，使我国科技领域自主创新的成果不断涌现。

2017 年，党的十九大明确了我国发展新的历史方向，成为我国经济发展的重要转折点，加快了我国创新驱动发展及科技领域自主创新的步伐。2017 年，我国高水平国际科技论文连续 9 年位居世界第二，占全球总数的 18.6%[1]。2018年 4 月，习近平总书记在湖北考察时强调，"要注重创新驱动发展，紧紧扭住

1　人民日报社.我国国际科技论文数量连续第九年排在世界第 2 位 [N].人民日报，2018-11-05.

创新这个牛鼻子，强化创新体系和创新能力建设，推动科技创新和经济社会发展深度融合，塑造更多依靠创新驱动、更多发挥先发优势的引领型发展"[1]。在党的十九大精神的引领下，2018 年我国研究与试验发展经费支出达到 19657 亿元，占国内生产总值的 2.18%，科技创新效能进一步提升，科技创新对经济与社会发展的支撑作用凸显，我国实现了诸如"北斗三号"提供全球服务、四代核电之"肺"通过验收、亚洲最大的重型自航绞吸挖泥船"天鲲号"首次试航成功等科技领域自主创新、自立自强的里程碑式成就，彰显了我国科研工作者"严谨求实，团结协作，拼搏奉献，勇攀高峰"的科研精神，更体现了我国科研单位在强化创新体系和创新能力建设方面的卓越成绩。

2020 年党的十九届五中全会通过《中共中央关于制定国民经济和社会发展第十四个五年规划和二〇三五年远景目标的建议》（以下简称《建议》），进一步对我国科学研究事业提出了更高的要求，并把"坚持创新驱动发展，全面塑造发展新优势"摆在十二项规划任务首位进行专章部署。同年，中央经济工作会议对如何塑造发展新优势，进一步明确指出"科技自立自强是促进发展大局的根本支撑"[2]。2020 年 9 月，习近平总书记在党的十九届五中全会上提出，"把科技自立自强作为国家发展的战略支撑"。2021 年，习近平总书记在两院院士大会和中国科协第十次全国代表大会上指出，"把科技自立自强作为国家发展的战略支撑"，"加快建设科技强国，实现高水平科技自立自强"。2022 年，党的二十大报告强调，"坚持科技是第一生产力、人才是第一资源、创新是第一动力，深入实施科教兴国战略、人才强国战略、创新驱动发展战略"，"加快实现高水平科技自立自强"。我国已将科技自立自强作为国家未来贯彻落实创新驱动发展理念的重要支撑，我国打造一流科研院所的重要路径。

（二）科技自立自强的核心意义

创新本质上是在人类在实践基础上产生的新规律、新理论、新技术、新成果。党的十九届五中全会对我国科技发展做出了重要判断，即当前创新能力还

1 习近平. 坚持新发展理念打好"三大攻坚战"奋力谱写新时代湖北发展新篇章 [N]. 人民日报，2018-04-29（01）.
2 中央经济工作会议在北京举行 [N]. 人民日报，2020-12-19（01）.

不适应高质量发展要求，亟待围绕相关内容展开翔实的研究。为努力实现依靠创新推动实体经济高质量发展，培育壮大新动能的目标，我国科研工作者必须深刻理解科技自立自强的核心意义，做好科技创新的"掌舵人"。"科技自立"是实现科技自立自强的核心，具体表现为国家的前瞻性思考、全局性谋划、战略性布局、整体性推进等在科技创新领域的导向作用，要突出实现我国科技创新发展的主动性，是增强国家战略科技实力的前提和保障。"科技自强"是实现科技自立自强的关键，主要表现为科技力量对创新驱动国家经济与社会发展的支撑作用，要将引领性与使能性重点突出，是增强国家战略科技力量的重要路径。

（三）科技自立自强的战略目标

整体而言，强化国家战略科技力量应以科技自立自强理念为核心，围绕国家重大需求和关键领域具体展开。在实施过程中，首先需要充分发挥我国制度优势，优化完善科技创新顶层设计，在国家层面构建符合我国国情的科技创新体制机制。其次，国家应重点打造科技创新平台，构建创新生态系统。通过整合产业优势资源，加强产学研体系的协同创新能力，发挥国家级实验室在基础研究领域的突出作用等，是我国通过构建科技创新平台与生态系统支撑经济高质量发展的核心路径。最后，要长期重视经济与社会发展过程中的"卡脖子"技术问题。

综上所述，科技自立自强的战略目标应聚焦：研究制定关键领域的重点科技突破计划，实现通过科技自立自强推动我国关键领域从跟跑向并行再到领跑的战略性转变，产出更多具有国际领先水平的科技创新成果。特别是后疫情时代，我国的经济与社会发展面临更高挑战。提升科技自立自强能力与统筹科技领域发展和安全是相辅相成的，我国应坚持科技"自主创新和安全治理"相结合、"底线思维和预警防范"相结合、"前瞻部署和重点突破"相结合的原则，进一步制定与实施提升科技自立自强能力的计划，并加大对其路径及经验的推广力度，不断增强全球化合作进程，提升我国科技创新领域的国际影响力与话语权。

（四）科技自立自强的特殊使命

我国在实现科技自立自强的过程中，应该重点关注"卡脖子"技术与"杀手锏"技术的突破，建立我国经济发展的全球核心竞争力。"卡脖子"技术是指技术主体处于创新链中低端，在关键领域有明显"技术差距"，形成影响基础产业和战略产业发展重要阻碍的技术。"杀手锏"技术是指技术主体在创新链前端或顶端掌握的"非对称性"技术。简而言之，"杀手锏"技术就是技术壁垒大到对方不可模仿更不可能超越，并处于绝对优势状态的技术。两者相比，"杀手锏"技术通常指某一领域的优势技术，而"卡脖子"技术则指某一领域的技术短板。"杀手锏"技术和"卡脖子"技术出现的本质是技术积累、技术落差、创新能力和国家竞争等多种因素导致的全球性技术发展不平衡。"杀手锏"技术和"卡脖子"技术都具有战略性、全局性和基础性等特征，对保护国家技术体系的安全发展具有重要作用，决定了国家在全球技术链中的地位。通常情况下，处于技术优势地位的国家倾向于拥有和保持更多"杀手锏"技术，处于技术劣势地位的国家则倾向于突破"卡脖子"技术。

对此，习近平总书记早在 2013 年 3 月 4 日参加全国政协十二届一次会议科协、科技界委员联组讨论时就指出，"在引进高新技术上不能抱任何幻想，核心技术尤其是国防科技技术是花钱买不来的……只有把核心技术掌握在自己手中，才能真正掌握竞争和发展的主动权，才能从根本上保障国家经济安全、国防安全和其他安全"[1]。2013 年 9 月 30 日，习近平总书记在十八届政治局第九次集体学习时再次强调，"我国科技如何赶超国际先进水平？要采取'非对称'战略，更好发挥自己的优势，在关键领域、卡脖子的地方下大功夫"。2014 年8 月 18 日习近平总书记在中央财经领导小组第七次会议上明确，"我们在科技方面应该有非对称性'杀手锏'，不能完全是发达国家搞什么我们就搞什么"。在国际高端技术竞争加剧、我国对外开放格局发生重大变化的背景下，突破"卡脖子"技术与掌握更多"杀手锏"技术对于我国完成经济发展向高质量转型的意义显而易见，是未来一段时间内我国实现科技自立自强、加强国家战略科技力量的重要使命。同时，随着科学研究范式发生深刻变革，学科进一步交

1　人民日报社. 关于科技创新，习近平的 13 个妙喻 [N]. 人民日报，2020-01-10.

又融合，基础科学成果在持续产生人类新知识的同时，转化为应用型科技、解决实际问题的周期越来越短。我国科技创新体系应尽快适应科研范式和知识应用周期的变化，加快深度整合、激发各类创新主体，建立多层级、多维度的创新平台，实现从教育层面到科技创新层面、再到产业层面的协同联动。

二、国内外现状与趋势分析

（一）国外国家级科研院所的发展

纵观 17 世纪至今世界科学中心的 4 次变迁，国家级科研院所都对地区的科学研究事业发展起到了重要的支撑作用。随着科技的发展，国家级科研院所对地区科学研究事业发展的引领与担当功能越发凸显，其国家战略科技力量的属性也越发显著。科研院所充分发挥了其在科学技术突破方面的职能作用，围绕强化国家科学意志体现、构建自由科研环境、加强科技成果对经济社会支撑作用等方面进行改革，逐渐发展成为国际一流科研院所。

1. 英国皇家学会

1660 年成立的英国皇家学会是历史上第一个为官方认可的科学家组织。在弗兰西斯·培根科学思想的影响下，英国政府和社会普遍重视知识的价值、提倡科学实验，成立了英国皇家学会，主要研究自然科学。英国皇家学会云集了牛顿、虎克、波义耳、哈雷等一大批著名科学家。英国皇家学会的成立表明：作为一种专业性的社会活动，科学活动不仅是合法的，而且享有崇高的社会威望。英国皇家学会的成立为英国自然科学研究的发展提供了重要支撑。学会率先建立的理事会、科学成果奖励、同行专家评审等管理制度，对当今世界科研院所的发展产生了重要影响。英国皇家学会让英国科学家有了一个固定的交流合作场所。在学会学术氛围的影响下，英国人取得了许多重大的科学研究成果，在化学、物理学和天文学方面的成就尤为突出。特别是 1687 年牛顿《自然哲学之数学原理》的出版，宣告了牛顿力学的诞生。这是近代科学发展中第一件震撼世界的事件，也成为英国科学革命理论的顶峰，推动英国成为 17 世纪世界科学的中心。但是，随着 1727 年牛顿的去世，英国科学研究事业开始急剧衰落。

2. 法兰西科学院

法兰西科学院（包括巴黎皇家科学院时期）的成立标志着人类历史上第一批职业科学家的诞生。18 世纪初，法国经历了一场空前的大革命，以狄德罗为代表的一批启蒙运动哲学家形成了法国百科全书派。他们竭力提倡科学和民主，进行了一次以反封建为主要内容的思想解放运动。在牛顿科学理论的影响下，法兰西科学院出现了以拉格朗日、拉普拉斯、拉瓦锡等为代表的一大批卓越的科学家，产生了《分析力学》《概率论的解析理论》和《化学纲要》等一批重要科学著作。19 世纪初法国的科学研究事业发展进入高峰。法国资产阶级对科学技术的发展始终非常重视，把发展科学事业、普及教育作为国家的首要任务。法国近代科学技术的产生、资产阶级启蒙运动的爆发以及国家科学意识的确立，使得法兰西科学院成立后迅速兴盛，推动法国成为 18 世纪世界科学的中心。但是，法国过分推崇学院式的科研方式，不重视科学成果的转化和应用，动摇了法国世界科学中心的地位。

3. 柏林科学院

18 世纪后期，科学社团开始由英国和法国向欧洲其他国家扩散，科研院所的建立成为一种潮流。柏林科学院就是由德国著名的科学家、哲学家莱布尼茨推动成立的。莱布尼茨认为，科研团体应由人数有限的学者组成，他们的职责是记载实验，同其他学者和外国科学社团通信和合作，并建立一个大型图书馆，就有关商业和技术问题提供咨询，检验社会科学各种新方法的实用性。柏林科学院所的成立，极大地推动了德国科学研究事业的发展，使社会进一步认识到知识的重要作用，并在 19 世纪初实现了德国科学研究事业发展的巅峰，柏林科学院众多改革举措时至今日仍然在全球范围内被沿用。例如首次提出把教学与科学研究紧密结合起来，使德国成为创立导师制的国家。德国全新的科研、教育体制吸引了许多世界最优秀的科学人才，使德国成为科学研究的乐园，为世界贡献了爱因斯坦、玻尔、欧姆、高斯、李比希、霍夫曼等一大批顶尖科学家。德国还特别注重科技成果的应用，使德国在 19 世纪 70 年代一跃成为世界工业强国以及世界科学的中心。但两次世界大战使德国经济受到重创，导致人才和资金大量流失，德国科学研究事业从此走向衰落。

4. 美国国家科学院

　　1863 年 3 月 3 日，美国总统林肯签署法案，宣布成立美国国家科学院。美国国家科学院由三部分组成——美国国家研究委员会、美国国家工程院和美国国家医学研究院，分别于 1916 年、1964 年和 1970 年成立，是推动美国科技创新发展的中坚力量。美国国家科学院不是政府部门，而是民间的、非营利的、科学家的荣誉性自治组织，其下不设研究机构，以美国国家研究委员会为执行机构。美国国家科学院的工作程序通常是，由美国国会专门委员会授权或由联邦政府部门提出，由美国国家研究委员会的管理委员会确定所承担的关于当代科技问题的研究项目，并组织美国国家科学院、美国国家医学研究院和全国其他专家组成专门委员会、小组进行研究并做出答复。美国科学的兴起一开始就站在了欧洲科学"巨人的肩膀上"，不但继承了英国科学的传统和德国科学的体制，而且特别重视国际科学人才的引进。通过不断的"开放性"改革，在优越的科研环境下，造就了发明家贝尔、爱迪生，第二次世界大战后又吸引了爱因斯坦、费米、弗兰克、威格纳、西拉德等一大批世界顶尖科学家加盟，为美国科学研究事业的发展做出了宝贵的贡献，使美国成为 20 世纪世界科学的中心。

（二）我国国家级科研院所的发展

　　中华人民共和国成立之初，我国就高度重视科研院所对国家经济建设的支持作用。1949 年 11 月，在原中央研究院、北平研究院的基础上，汇集了当时中国最优秀的科学家，成立了中国科学院。建院初期，一批在海外学有成就的科学家陆续回国，加盟中国科学院，使中国科学院成为汇集全国自然科学和社会科学各领域最高水平学科带头人的科学研究中心。同时，根据《中国人民政治协商会议共同纲领》和《中华人民共和国中央人民政府组织法》，作为国家最高科学机关，中国科学院在政务院领导下行使管理全国科技研究事业的政府行政职能。1955 年中国科学院学部成立，设置了物理学数学化学部、生物学地学部、技术科学部和哲学社会科学部。学部根据国家建设需要和国际科学发展趋势，组织召开全国性学术会议，评定科学奖金，尤其是在制定《1956—1967年科学技术发展远景规划》（即"十二年规划"）中发挥了重要作用。为此，周恩来总理明确提出了"用极大的力量来加强中国科学院，使它成为领导全国提高科学水平、培养新生力量的火车头"。在"十二年规划"的推动和指导下，中国科学院相继组建了包括半导体、计算机、自动化和电子学在内的一批高新技术研究机构，奠定了我国高技术发展的基础，为我国高技术及其产业的发展、国防科技的发展做出了历史性贡献。经过近50年的艰苦创业和不断发展，1997年中国科学院形成了自然科学和高新技术领域学科门类比较齐全的科技布局，拥有120余家直属研究机构，分布在全国22个省市自治区，在职职工5万余人。通过整建制转移和人才转移等方式，支持成立了中国社会科学院、中国工程院、国家自然科学基金委员会等国家学术机构和一大批国立研究机构。

1997年下半年，中国科学院组织力量研究我国面向21世纪、面向知识经济时代的战略问题，向中央提出了《迎接知识经济时代，建设国家创新体系》的研究报告。该报告系统分析了世界知识经济发展态势及其对我国的挑战，提出了建设面向21世纪的我国国家创新体系的思路与新时期中国科学院的战略选择，建议国家组织实施"知识创新工程"。1998年2月4日，江泽民同志在报告上作出重要批示："知识经济、创新意识对于我们二十一世纪的发展至关重要"。1998年6月9日，朱镕基同志主持召开国家科技教育领导小组第一次会议，审议并原则通过了中国科学院《关于"知识创新工程"试点的汇报提纲》，决定中国科学院知识创新工程试点工作分三个阶段实施：1998—2000年为启动阶段，基本完成8个知识创新基地建设试点工作，努力把试点单位建设成为代表我国科学水平的、面向21世纪的国家知识创新基地；2001—2005年为全面推进阶段，全面展开80个左右研究所的试点工作，形成国家科研机构新体制和现代科研院所制度；2006—2010年为优化完善阶段，实现知识创新工程试点的总体目标，大幅度提高创新能力。

截至2020年，中国科学院连续多年在《自然》公布的自然指数年度榜单中位列科研机构/大学综合排名榜首，展现出极强的科研实力。中国科学院不仅仅是支撑我国科学研究事业快速发展的中坚力量，更是我国实现科技自立自强的重要载体，成为国际一流科研院所的典范。

当前，随着新技术的不断突破，我国经济发展面临新的挑战，需要进一步提高自主突破科学技术难题的能力，实现真正的科技自立自强，并面向我国科学研究事业发展加快体制机制改革，突出打造一流科研院所对我国经济高质量发展的支撑作用，力争成为新时代世界学科中心。

三、中国的成功实践

党中央历来高度重视国家战略科技力量，把建设一支体现国家意志、服务国家需求、代表国家水平的战略科技力量作为科技事业发展的重中之重。中国科学院作为我国战略科技力量的重要组成部分，面向各种风险挑战和瓶颈制约大胆实施改革，通过实施"战略性先导科技专项"计划、"率先行动"计划和"放管服"等措施，走出了独特的一流科研院所建设之路，成为我国重要的战略科技力量及科技自立自强的重要实践。

（一）实现科技自立自强、强化国家战略科技力量的旗帜：中国科学院新时期办院方针

2018 年 5 月 28 日，习近平总书记在中国科学院第十九次院士大会、中国工程院第十四次院士大会上指出，"要瞄准世界科技前沿，抓住大趋势，下好'先手棋'，打好基础、储备长远，甘于坐冷板凳，勇于做栽树人、挖井人，实现前瞻性基础研究、引领性原创成果重大突破，夯实世界科技强国建设的根基"[1]。2021 年 5 月 28 日，习近平总书记在中国科学院第二十次院士大会、中国工程院第十五次院士大会、中国科协第十次全国代表大会上指出，要"加快建设科技强国，实现高水平科技自立自强"，"加强原创性、引领性科技攻关，坚决打赢关键核心技术攻坚战"[2]。在《中国科学院"十三五"发展规划纲要》中，中国科学院各级科研机构紧跟习近平总书记的指导思想，针对社会经济的要素、可持续发展和国家安全，选取了基础前沿交叉、先进材料、能源、生命与健康、海洋、资源生态环境、信息、光电空间八大创新领域以及两类公共支撑

1　习近平. 在中国科学院第十九次院士大会、中国工程院第十四次院士大会上的讲话 [N]. 人民日报，2018-05-29（02）.

2　习近平. 在中国科学院第二十次院士大会、中国工程院第十五次院士大会、中国科协第十次全国代表大会上的讲话 [N]. 人民日报，2021-05-29（02）.

平台统筹重点科技布局，并以此为基础凝练 60 项重大突破方向和 80 项重点培育方向，借以优化科技布局。按照计划中的描述内容，中国科学院将聚焦如何建立拥有重要影响力、吸引力和竞争力的国际一流科研机构，并提出大部分院属研究机构与世界一流研究机构并跑，1/3 左右院属研究机构在优势领域处于国际领跑地位，部分优势学科领域建成若干具有鲜明学术特色和世界影响力的科学研究中心和创新高地的发展目标。中国科学院规划中未来办院方针的实现路径重点聚焦"三个面向"，即面向世界科技前沿、面向国家重大需求、面向国民经济主战场，并以"四个率先"为主要行动纲要，即率先实现科学技术跨越发展、率先建成国家创新人才高地、率先建成国家高水平科技智库、率先建设国际一流科研机构，成为我国强化国家战略科技力量的重要支撑和主动担当我国科技自立自强使命的一面旗帜。

（二）引领与担当："战略性先导科技专项"计划

2015 年 3 月 5 日，习近平总书记在参加十二届全国人大三次会议上海代表团审议时指出，"我国发展到现在这个阶段，不仅从别人那里拿到关键核心技术不可能，就是想拿到一般的高技术也是很难的，西方发达国家有一种教会了徒弟、饿死了师傅的心理，所以立足点要放在自主创新上"。为全面落实习近平总书记的指导思想，中国科学院部署了"战略性先导科技专项"该专项计划是在中国至 2050 年科技发展路线图战略研究基础上，瞄准事关我国全局和长远发展的重大科技问题，集科技攻关、队伍和平台建设于一体，能够形成重大创新突破和集群优势的战略行动计划。

在"战略性先导科技专项"的实施过程中，中国科学院主要关注四类内容。第一，专注重大产出的先导专项。中国科学院组织实施的先导专项分为前瞻战略科技专项（A 类先导专项）和基础与交叉前沿方向布局（B 类先导专项）两类，力争做出重大科学发现、开辟新学科方向、提出重大创新理论，引领学科和技术发展方向，创造性地解决重大科技问题。第二，抢占制高点的先导专项。例如，发展清洁、高效、安全、可靠的核裂变能，是解决未来能源供应、保障我国经济社会可持续发展的战略选择。第三，产生效益的先导专项。例如，提出了低阶煤清洁高效梯级利用的整体解决方案，形成了三条技术路线，带动大中型企业投入约 100 亿元，为企业的转型、产业的提升以及我国煤炭清洁高效利用起到了重要的技术保障作用，为经济社会发展培育了新动力、拓展了新空间。第四，"军事化"管理的先导专项。例如，为确保重大成果产出，提出了"目标清、可考核、用得上、有影响"的 12 字要求，首次在重大科研项目管理体系中引入军工项目的管理理念，各部门明确分工、相互协作、共同推进各项专项工作有序开展。

中国科学院"战略性先导科技专项"的上述内容分别从国家需求、未来探索、促进经济发展等多个维度，建立了完善的科研项目推进计划。通过不断完善的科研项目管理体系，中国科学院深化改革，立足自主创新，聚焦国家重大需求，积极探索前沿性、交叉性科学问题，引领我国基础研究体系稳步发展，推行创新性科技成果转化模式，成为我国强化国家科技力量的重要支柱。

（三）新时代面向国家重大需求的科研机构改革："率先行动"计划

2018 年 5 月 28 日，习近平总书记在中国科学院第十九次院士大会、中国工程院第十四次院士大会上指出，"要坚持科技创新和制度创新'双轮驱动'，以问题为导向，以需求为牵引，在实践载体、制度安排、政策保障、环境营造上下功夫，在创新主体、创新基础、创新资源、创新环境等方面持续用力，强化国家战略科技力量，提升国家创新体系整体效能"[1]。为全面落实习近平总书记的指导思想，中国科学院以"率先实现科学技术跨越发展"为主要目标，开展了"率先行动"计划，聚焦重点领域和方向，在一些战略必争领域抢占制高点，在若干新兴前沿交叉领域成为领跑者和开拓者，在国家重大科技任务中发挥骨干、引领和关键作用，取得一批具有重大科学意义或应用价值的原创性成果，突破一批制约经济社会发展的关键核心技术，有效解决一批事关现代化全局的战略性科技问题，为提升我国的社会生产力、综合国力和国际竞争力提供强有力的科技支撑。

中国科学院作为国家战略科技力量和高水平科技创新人才的培养基地，在"率先建成国家创新人才高地"方面，牢固树立人才是第一资源的理念，以创

1　习近平. 在中国科学院第十九次院士大会、中国工程院第十四次院士大会上的讲话 [N]. 人民日报，2018-05-29（02）.

新事业引领人才，以创新平台培育人才，以创新环境凝聚人才，统筹推进人才队伍建设，为国家培养造就了一批又一批具有国际视野的战略科技人才、科技领军人才、青年科技人才和优秀创新团队；在"率先建成国家高水平科技智库"方面，致力于建成高水平科技智库的研究系统和管理平台，不断创新思想，形成系列产出和学术品牌，对我国经济社会发展重大问题提出科学前瞻的建设性建议，在国家科技规划、科学政策、科技决策等方面发挥权威性影响，成为国家倚重、社会信任、特色鲜明、国际知名的科技智库；在"率先建设国际一流科研机构"方面，已经基本形成定位准确、管理科学的现代科研院所体制机制，将 1/3 左右研究所建成具有重要影响力、吸引力和竞争力的国际一流科研机构，在部分优势学科领域形成 5 至 10 个具有鲜明学术特色的世界级科学研究中心，成为我国科学技术跨越发展和创新型国家建设的标志性成果。

通过"率先行动"计划的实施，中国科学院以经济与社会的实际问题为导向，以实际需求为牵引，在创新人才培育、建设并完善智库职能、科研机构管理优化等方向上不断加大改革力度，聚焦对创新主体、创新基础、创新资源、创新环境等方面的补充、优化与完善，成为国家重要的战略科技力量，为我国创新生态体系整体效能的提升做出了重要典范和杰出贡献。

（四）尊重科研规律，开辟绿色通道，培育创新生态："放管服"改革

2014 年 6 月 9 日，习近平总书记在中国科学院第十七次院士大会、中国工程院第十二次院士大会上指出，"多年来，我国一直存在着科技成果向现实生产力转化不力、不顺、不畅的痼疾，其中一个重要症结就在于科技创新链条上存在着诸多体制机制关卡，创新和转化各个环节衔接不够紧密。就像接力赛一样，第一棒跑到了，下一棒没有人接，或者接了不知道往哪儿跑"[1]。2018 年 5 月 28 日，习近平总书记在中国科学院第十九次院士大会、中国工程院第十四次院士大会上再次指出，"要加大应用基础研究力度，以推动重大科技项目为抓手，打通'最后一公里'，拆除阻碍产业化的'篱笆墙'，疏通应用基础研究和产业化连接的快车道，促进创新链和产业链精准对接，加快科研成果从样品

1　习近平. 在中国科学院第十七次院士大会、中国工程院第十二次院士大会上的讲话 [N]. 人民日报，2014-06-10（02）.

到产品再到商品的转化，把科技成果充分应用到现代化事业中去"。为落实习近平总书记在两院院士大会上的重要讲话精神，按照党中央、国务院部署，中国科学院深化科技领域"放管服"改革，按照能放尽放的要求赋予科研人员更大的人、财、物自主支配权，充分调动他们的积极性，激发他们的创新活力，壮大经济发展新动能。

中国科学院深化"放管服"改革主要从五个方面展开。一是改革科研管理方式。凡国家科技管理信息系统已有的项目申报材料，不得要求重复提供。减少各类检查、评估、审计，对自由探索类基础研究和实施周期三年以下项目一般不做过程检查。将财务和技术验收合并为项目期末一次性综合评价。允许科研人员通过购买财会等专业服务，从烦琐的杂务中解放出来。二是充分相信科研人员，尊重人才，赋予他们更大的经费使用自主权。对科研急需的设备和耗材可特事特办、不搞招投标。科研人员在研究方向和目标不变的前提下，可自主调整技术路线。项目直接费用除设备外，其他费用调剂权下放到项目承担单位。三是对承担关键领域核心技术攻关任务的科研人员加大薪酬激励，对全时全职的团队负责人及引进的高端人才实行年薪制，相应增加当年绩效工资总量。四是建立重结果、重绩效的评价体系，区别对待因科研不确定性未能实现预想目标和因学术不端导致的项目失败，严惩弄虚作假。五是围绕提高基础研究项目间接费用比例、简化科研项目经费预算编制、实行差别化经费保障、赋予科研人员职务科技成果所有权或长期使用权等方面开展"绿色通道"试点，加快形成经验并向全国推广。

中国科学院实施的"放管服"深化改革举措，重构了院所的管理模式，分别从科研人员的评价体系、薪酬结构、科研自主性等方面做出了非常重要的探索性改变。上述改变，为我国创新链与产业链的融合、基础研究与产业需求的匹配、科技成果与交易市场的协同等提供了重要的理论探索基础和实践应用价值。

四、未来发展展望

（一）科研院所要面对新情况、新挑战

党的十九届五中全会是在一个特殊的时间点召开的，中华民族伟大复兴战略全局和世界百年未有之大变局互相促进、互相统一，是谋划改革发展事业的新起点。一方面，中国特色社会主义事业正处于关键阶段，在全面建成小康社会、实现第一个百年奋斗目标基础上，要乘势而上全面建成社会主义现代化国家，向第二个百年奋斗目标进军。另一方面，发展环境面临着深刻复杂变化，在当前和今后一个时期，我国发展仍然处于重要战略机遇期，但机遇和挑战都有新的发展变化。"科技竞争就像短道速滑，我们在加速，人家也在加速，最后要看谁速度更快、谁的速度更能持续"。所以，虽然当前我国的科技创新发展已经取得了诸多成就，但是面对第二个百年奋斗目标和复杂变化的国际环境，科技领域自主创新、自立自强的精神推广与落实，一流科研院所的建立与运营等仍然任重道远。

（二）推动科研成果融合新经济发展模式

新技术变革对人类社会的生产方式，国家和社会的治理模式，以及全球发展格局都产生了重大影响。当前，世界正处在新一轮科技革命和产业变革的交汇点上，诸如人工智能等新技术推动国家经济发展模式发生重大变革，内生于科技革命中的机遇和风险并存。因此，面对由新技术引领的新经济发展模式，在政府层面应该继续推动在实践载体、制度安排、政策保障、环境营造上下功夫，为科研工作者提供更好的科研土壤，将有能力的科研工作者推到创新驱动发展的"第一线"。产业界和学术界则应该贯彻尊重劳动、尊重知识、尊重人才、尊重创造的方针，深化人才发展体制机制改革，造就更多国际一流的科技领军人才和创新团队。同时，应当继续强化企业创新主体地位，鼓励领军企业组建创新联合体。特别是围绕"杀手锏"技术和"卡脖子"技术，应当从国家层面重点提倡由企业牵头与科研院所紧密合作，政府、高校紧密协同的高效能创新项目，推动我国战略科技力量的不断强化，与新经济发展模式深度融合，

为我国培养一批面向国际科学技术发展前沿领域的一流科研院所。

（三）重视国家级实验室的支撑作用

国家级实验室以国家现代化建设和社会发展的重大需求为导向，开展基础研究、竞争前沿高技术研究和社会公益研究，积极承担国家重大科研任务，产生具有原始创新和自主知识产权的重大科研成果，为经济建设、社会发展和国家安全提供科技支撑，对相关行业的技术进步做出突出贡献。国家级实验室要面向国际科技前沿，凝练发展目标和研究方向，开展原创性、系统性科学研究，攀登世界科学高峰。面对当前我国经济发展的新情况、新挑战，应进一步深化发挥国家级实验室在原创性科研突破领域的重大作用，并在政策上为国家级实验与产业发展之间建立"桥梁"，让自主创新能够与经济高质量发展相融合。

建设新型研究型大学

纵观世界科技发展进程和高等教育历史，创新与变革不断推动现代大学走向经济社会大舞台，从而在服务国家经济发展、促进社会进步、增进人民福祉等方面承担起越来越重要的使命。在探索如何"加快解决制约科技创新发展的不利因素"等问题上，培育和发展极具创新力的新型研究型大学是重要的基础性环节。2020 年，习近平总书记在科学家座谈会上的讲话中指出，"国家科技创新力的根本源泉在于人"，"要加强高校基础研究，布局建设前沿科学中心，发展新型研究型大学"[1]。"十四五"规划纲要更是明确指出，要"支持发展新型研究型大学、新型研发机构等新型创新主体"。建设和发展极具创新力的新型研究型大学，是我国增进国际竞争力、实现创新驱动发展、开展中国特色的高等教育事业发展新局面的必由之路，已然成为各世界一流大学坚定不移的战略选择。

一、建设新型研究型大学：开展我国高等教育事业发展新局面

（一）把握新型研究型大学建设的历史使命

当下国家间尤其是大国间的竞争全面展开，其背后是对科技创新和创新人才的激烈争夺。教育尤其是高等教育的基础性、关键性作用愈发显现。2016 年4 月，习近平总书记在致清华大学建校 105 周年的贺信中指出，"办好高等教育，事关国家发展、事关民族未来"[2]。同时，作为百年未有之大变局的基本推动力，新一轮科技革命和产业变革正在重塑世界政治经济结构和社会生产生活形态。这对我国来说，既是机遇又是挑战。目前我国已在某些领域成功领跑，一

---

1 习近平在科学家座谈会上的讲话 [N]. 人民日报，2020-09-12（02）.
2 习近平致信祝贺清华大学建校 105 周年 [N]. 人民日报，2016-04-23（01）.

定程度上具有了先发优势。然而，中美贸易摩擦引发的美国对我国高科技产业的进一步封锁告诉我们，只有掌握关键核心技术、实现在重大科学问题和"卡脖子"技术方面的突破，才能真正掌握竞争和发展的主动权。2018 年 5 月，习近平总书记在与北京大学师生座谈时指出，"教育兴则国家兴，教育强则国家强"，"今天，党和国家事业发展对高等教育的需要，对科学知识和优秀人才的需要，比以往任何时候都更为迫切"。

建设新型研究型大学的关键在于创新。高校作为我国基础研究、原始创新的主力军和技术创新的策源地，是科学技术和人才培育的摇篮，是国家尖端科学技术发展依赖的主要力量。因此，必须把握当下关键的历史机遇，发挥先头军和主力军的作用，尤其是加强"创新驱动"在高校发展新格局中的核心引领作用，在"十四五"下一个关键发展时期，积极推进新型研究型大学建设，使其成为原始创新规律的第一发现者、技术创新的第一创造者、创新产业的第一动力源，以创新助力"世界一流大学建设"，以创新为我国发展赢得先机。习近平总书记强调，"重大科技创新成果是国之重器、国之利器，必须牢牢掌握在自己手上，必须依靠自力更生、自主创新。在这个问题上，我们一定要保持清醒。要继续深化科技体制改革，把人、财、物更多向科技创新一线倾斜，努力在关键共性技术、前沿引领技术、现代工程技术、颠覆性技术创新上取得更大突破，抢占科技创新制高点。高校是科技创新体系的重要组成部分，高校科研人员是我国科技创新的重要队伍。要加强学科之间的协同创新，加强对交叉学科群和科技攻关团队的支持，培养造就更多具有国际水平的科技人才和创新团队"[1]。可见，建设有中国特色的新型研究型大学是开展我国高等教育事业发展新格局、实现中华民族伟大复兴中国梦的基础工程。

（二）建设有中国特色的新型研究型大学

纵观高等教育发展史，世界一流大学都是在服务本国发展中逐步成长和发展起来的。因此，我们始终需要将办好中国特色的大学作为大学改革创新的指挥棒。我国的新型研究型大学建设，必须为人民服务，为党的治国理政服

1　习近平. 抓住培养社会主义建设者和接班人根本任务 努力建设中国特色世界一流大学[N]. 人民日报，2018-05-03（01）.

务，为改革开放和社会主义现代化建设服务，为实现中华民族伟大复兴中国梦服务。

早在 2014 年 5 月，习近平总书记在北京大学考察时便指出，"办好中国的世界一流大学，必须有中国特色。……我们要认真吸收世界上先进的办学治学经验，更要遵循教育规律，扎根中国大地办大学"[1]。2016 年 12 月，习近平总书记在全国高校思想政治工作会议上进一步强调，"我国有独特的历史、独特的文化、独特的国情，决定了我国必须走自己的高等教育发展道路，扎实办好中国特色社会主义高校"[2]。2021 年 5 月，习近平总书记在中国科学院第二十次院士大会、中国工程院第十五次院士大会、中国科协第十次全国代表大会上指出，"要强化研究型大学建设同国家战略目标、战略任务的对接，加强基础前沿探索和关键技术突破，努力构建中国特色、中国风格、中国气派的学科体系、学术体系、话语体系"[3]。2022 年党的二十大报告指出，"加快建设中国特色、世界一流的大学和优势学科"。这充分彰显了国家的高等教育自信，要求始终坚持一切从国情与办学实际出发，继承而不守旧，借鉴而不照搬，追赶而不追随，最终形成我国高等教育发展的道路自信、理论自信、制度自信与文化自信。

（三）以创新人才培养为基，建设新型研究型大学

人才是科技创新的最关键因素，新型研究型大学建设应始终以培养创新人才为核心目标。正如习近平总书记所言，"办好我国高校，办出世界一流大学，必须牢牢抓住全面提高人才培养能力这个核心点"，"高校立身之本在于立德树人。只有培养出一流人才的高校，才能够成为世界一流大学"。着眼于社会主义事业的长远发展，2018 年 5 月，在中国科学院第十九次院士大会、中国工程院第十四次院士大会上，习近平总书记提出要"牢固确立人才引领发展的战略

1　习近平.青年要自觉践行社会主义核心价值观 [N]. 人民日报，2014-05-05（02）.

2　习近平.把思想政治工作贯穿教育教学全过程 开创我国高等教育事业发展新局面 [N].人民日报，2016-12-09（01）.

3　习近平.在中国科学院第二十次院士大会、中国工程院第十五次院士大会、中国科协第十次全国代表大会上 [N]. 人民日报，2021-05-29（02）.

地位，全面聚集人才，着力夯实创新发展人才基础"[1]，从而明确了培养造就大批优秀的创新科技人才这一基本战略任务。2021 年 5 月，在中国科学院第二十次院士大会、中国工程院第十五次院士大会、中国科协第十次全国代表大会上，习近平总书记指出，"高水平研究型大学要把发展科技第一生产力、培养人才第一资源、增强创新第一动力更好结合起来，发挥基础研究深厚、学科交叉融合的优势，成为基础研究的主力军和重大科技突破的生力军"[2]。

为此，国家提出了要在新型研究型大学发展中"加强基础研究""布局前沿科学中心""面向世界汇聚一流人才"等具体举措。一方面，提升人才创新能力，要重视基础研究，为人才提供宽、专、交的知识基础，不断探索创新的、新型的人才培育模式，"要加强数学、物理、化学、生物等基础学科建设，鼓励具备条件的高校积极设置基础研究、交叉学科相关学科专业，加强基础学科本科生培养，探索基础学科本硕博连读培养模式。要加强基础学科拔尖学生培养，在数理化生等学科建设一批基地，吸引最优秀的学生投身基础研究"，以"国家级大学生创新创业训练计划"等为引领，切实加强学生的创新创业能力。另一方面，要营造适宜创新人才发展的环境，提高人才创新活力。"要尊重人才成长规律和科研活动自身规律，培养造就一批具有国际水平的战略科技人才、科技领军人才、创新团队。要高度重视青年科技人才成长，使他们成为科技创新主力军。要面向世界汇聚一流人才，吸引海外高端人才，为海外科学家在华工作提供具有国际竞争力和吸引力的环境条件"[3]。总之，新型研究型大学建设要以创新人才培养为核心，不断提升人才的创新意识、创新能力和创新活力。

1　习近平.瞄准世界科技前沿引领科技发展方向　抢占先机迎难而上建设世界科技强国 [N]. 人民日报，2018-05-29（01）.

2　习近平.在中国科学院第二十次院士大会、中国工程院第十五次院士大会、中国科协第十次全国代表大会上 [N]. 人民日报，2021-05-29（02）.

3　习近平在科学家座谈会上的讲话 [N]. 人民日报，2020-09-12（02）.

二、国内外现状与趋势分析

（一）国外实践现状

1. 哈佛大学：以通识教育改革为核心的新型本科教育

以探索新型本科教育、不断提升本科教育质量为核心目标，哈佛大学历史上完成了多次通识教育改革。2018年秋季，哈佛大学推行的新一轮通识教育改革方案更是明确其改革的核心是"面向未来的创新精神，培养素质全面的创新者与全球领袖"，并指出通识教育是面对当下不断变化的世界，将"学生所学的知识与学院外的世界间建构联系，使学生获得文化艺术修养与道德判断能力，做好参与公共事务的准备"的必要训练。

不同于以往的改革，最新的《哈佛通识教育工作组报告》明确指出，哈佛这次通识教育计划的一个附加要素是未来的创新，由此强烈建议学院发起基于行动的学习倡议，鼓励学生参与各种各样的创新实践活动，帮助学生明白其课堂所学如何激发其课外活动，而课外活动又如何激发课堂所学。追求的是丰富学生的课堂与课外体验，通过"基于行动的学习"，在二者之间铸造知性的链接。

2. 麻省理工学院：面向未来的新工程教育转型

作为全球工程教育、工科人才培养的典范，麻省理工学院从未停止其在工程教育上的创新步伐。2013年，麻省理工学院成立了特别工作组，对进入21世纪以来工程教育面临的挑战和问题进行系统反思，发布了《面向未来的MIT教育特别工作组全校调查报告》，提出了四大针对性的改革建议：通过创建教育创新行动计划为未来发展提供根基；通过"大胆实验"改革教育理念与教育方式；跨越校园边界扩大麻省理工学院的教育影响力；通过创设新的途径以及创设新的空间来支持学生的学习等。麻省理工学院认为，传统的强调学生知识习得与认知能力训练为重心的工程教育将会受到挑战，未来产业界需要学生能够运用恰当的思维方式解决各种未知、复杂的工程问题。为此，麻省理工学院于2017年8月启动了"新工程教育转型"（New Engineering Education Transformation）计划，从根本上探究工程学的学生学习什么以及如何学习，提出了未来工程科技人才应具备的 11 种思维方式[1]，以及面向未来的新机器与新工程体系[2]的学习内容。相较传统工程体系，新工程体系呈现出高度整合性、复杂性、连通性等特点。可见，工程教育需要跨越传统的学科领域，培养交叉领域人才。

3. 斯坦福大学：开环大学的研究型大学理念重构

早在 2015 年，斯坦福大学便推出了大胆的创新性大学设想——"斯坦福 2025"计划，提出了与社会充分互动的开环大学的概念。斯坦福大学认为，传统大学属于"闭环"系统，学生学制和学时、课程内容、学习地点、学生的年龄结构都是规定好的。而开环大学要做到：第一，采取弹性学制，即将 4 年学制延长为 6 年，且 6 年的学习年限可以中断，学习者可以自由组合学习、工作时间，实现校内知识和校外工作实践的融合。第二，开放知识获取方式，依托互联网技术实现线上教育，实现个体学习的个性化、自主化。第三，以"学友"代替"校友"，将校园环境拓展为社会环境，传统"校友"仅在特定活动返回校园且与在校学生交流甚少，而"学友"关系使得生生之间能够进行多职业、跨年龄的多元交流。此外，基于未来世界的发展变化，斯坦福大学从学业制度、学习方式、教学重点、学习目的 4 个方面对未来的大学理念与模式进行了系统创新与制度构想。

（二）我国重点举措

新型研究型大学是科技创新和人才创新的重要源泉，在国家创新系统的发展中扮演着极为关键的角色，尤其是伴随着全球范围内经济发展方式的转变和各种形态的创新集群的崛起，新型研究型大学在地区经济发展中的直接贡献和在全球以经济及文化为主的交流中的作用进一步凸显。因此，拥有世界先进水平的一流新型研究型大学是国家高等教育发展水平的标志，是国家综合国力的

1　11 种思维方式，包括"制造思维、发现思维、人际交往技能思维、个体技能与态度思维、创造性思维、系统性思维、批判与元认知思维、分析性思维、计算性思维、实验性思维及人本主义思维"。

2　新机器是指由工程师制造出来的工程人工物，新工程体系是由新机器所组成的产业体系。麻省理工学院认为，21 世纪中期，物联网、机器人体系、智慧城市、可持续能源体系、生化医疗、大数据等科技发展将组成新机器与新工程体系。

重要体现，也是建设创新型国家的迫切需求。经历了重点建设阶段（重点大学建设、国家重点建设项目）、"211 工程""985 工程"和"双一流建设"4 个阶段的新型研究型大学教育质量的提升，我国新型研究型大学的建设逐步从重视量的发展转向重视质的提升，尤其是更加注重由创新驱动的质量的提升。近些年，致力于新型研究型大学创新力的提升，我国在人才培养、基础研究、产学合作 3 个方向进行了重点布局，并取得了初步成效。

1. 创新人才培养模式

1978 年中国科技大学创建全国第一个少年大学生培养摇篮——"中科大少年班"，之后我国高校便开始了拔尖创新人才培养模式的探索。在 40 多年的探索中，各高校逐渐形成了注重广博知识结构、关注创新思维能力提升、健全人才人格修养等多样化的创新人才培养的可行路径和一些较为成熟的培养模式，如以"弹性学制、导师制、独特管理"等创新性特点为模式的北京大学"元培计划"、清华大学"钱学森力学班"、浙江大学"竺可桢学院"、南京大学"匡亚明学院"、复旦大学"复旦学院"等。

2. 致力基础研究创新

基础研究创新是源头创新，也是我国创新型国家建设的重要根基。党和国家一直以来都十分重视高校在基础研究中的重要作用。继党的十九大报告对基础研究提出新的要求，2018 年 1 月 31 日国务院发布了《关于全面加强基础科学研究的若干意见》，对高校基础研究进行了全面布局。2018 年 1 月教育部启动实施了《高等学校基础研究珠峰计划》等，进一步推动高校基础科学研究，从而实现原始创新引领。"十四五"规划纲要中，更是明确提出了"加强基础研究、注重原始创新，优化学科布局和研发布局"的新要求。目前我国高校已成为基础研究的主力军。统计数据显示[1]，2012—2017 年高校占据了国家科技三大奖的半壁江山（总占比 55.08%），其中自然科学奖以及技术发明奖主要来自高校。这充分体现了高校在基础研究以及技术创新领域占有举足轻重的地位。

3. 推动产学合作创新

通过产学合作进行实践性教学是科技人才培养的重要环节，是培养学生创新意识、创新精神和创新能力的重要手段和方法。目前以高校与企业协同发

1　杜冰. 高校科技 40 年：科技强国战略下的高校力量 [N]. 光明日报，2018-12-06.

展的创新人才培养模式呈逐年上升趋势，合作方式已从单纯的技术服务推广向委托研发、联合研发发展，形成了具有一定规模的产学合作网络，形成了以联想、百度、中星微电子等企业为核心，联合北京大学、清华大学、北京航空航天大学等高校，以电子技术行业为主导的北京中关村高技术创新网络，以及哈尔滨工业大学、大连理工大学、吉林大学、东北大学联合东北三省装备制造业（一重集团、哈电集团、哈汽集团等）形成的合作创新网络。自 2020 年以来，科技部、教育部等国家部委密集出台了《关于提升高等学校专利质量促进转化运用的若干意见》《关于进一步推进高等学校专业化技术转移机构建设发展的实施意见》等多项政策措施，不断促进高校加快科技成果转化，提升产学合作创新能力。

三、中国的成功实践

着眼于发展新型研究型大学的目标，我国的一些高校率先开展了教育改革与创新，向高水平、国际化的世界一流新型研究型大学迈进。

（一）清华大学：发展和完善新型研究型大学创新体系

作为中国高等教育的领头军，清华大学以"人才培养""科学研究""社会服务"和"文化传承"四位一体的大学使命为引领，不断进行新型研究型大学建设的改革与创新。清华大学以坚持"三个九年，分三步走"的建设世界一流大学的总体发展战略，进一步确定一流大学建设的中长期发展目标为 2020 年达到世界一流大学水平、2030 年迈入世界一流大学前列、2050 年前后成为世界顶尖大学。为此，清华大学从创新学术生态建设、一流创新成果、一流创新人才和开放创新 4 个维度进行了一系列改革。其中，学术生态建设是学术创新的基础，是新型研究型大学建设的土壤。为此，要努力推进学术共同体建设，形成平等开放的学术氛围。一流创新成果和一流创新人才是衡量当下新型研究型大学的两个关键指标。为此，要稳定支持基础学科发展，完善学科交叉的体制机制，努力建设高水平的教师队伍，培养具有创新活力的青年人才。开放创新是新型研究型大学不断发展的必然要求。为此，要加强与学术同行、企业以及行业的战略合作，健全创新成果的合作、转移转化机制。作为国家创新体系的重要组成部分，要进一步完善创新体系，努力打造国家战略科技力量，在服务国家的历史进程中成就一流大学的高度。

清华大学始终以中国特色世界一流大学建设总体目标为方向，不断探索新型研究型大学建设的可行路径，并取得了一系列创新成果。一方面，通过原始创新，清华大学产出了"光电芯片""成像芯片""显微仪器"等国际前沿技术；另一方面，清华大学始终坚持在美学教育、劳动教育等方面的实践与探索，立足中国特色传统文化和精神，以培养社会主义建设者和接班人为目标，聚焦人才文化使命感和艺术创造力的培养与塑造。例如，2018年4月，清华与米兰理工大学合作创建了"中意设计创新基地"暨清华大学米兰艺术设计学院，开拓科技、创新、时尚三位一体的新型人才培养实践。2021年4月19日，习近平总书记在考察清华大学时多次强调，"美学"教育在新型研究型大学建设中的重要作用，美术、艺术、科学、技术要相辅相成、相互促进、相得益彰。清华大学也将持续在此方面发挥影响力。

（二）浙江大学：新型研究型大学创新创业体系

近年来，浙江大学在高等教育改革创新方面开展了一系列探索和实践。浙江大学校长吴朝晖表示，"建设更加卓越的创新型大学将是中国特色高等教育发展道路的必然选择，它将积极回应自主创新能力提升、原始创新突破、创新人才供给等核心问题"。为此，浙江大学制定了卓越创新型大学建设的"五大战略"：一是提升一流本科教育，以开环教育等体系创新实现以学生为中心的四大课堂的融通。二是推动一流学科体系的创新，共创学科生态环境。三是着眼于学校创新生态系统的构建，从而实现源头创新能力的提升。四是聚焦国际化的全球开放发展。五是进一步推动新型研究型大学治理能力的现代化。以五大战略为抓手，浙江大学近年来取得了一系列创新成果，为新型研究型大学建设提供了很多宝贵的经验。

在创新创业教育方面，浙江大学立足自身创新创业教育实践基础、组织平台和浙江省浓厚的创新创业氛围，构建了一二课堂融通、校内外创业师资齐备、制度保障完善的创新创业生态链，还致力于推进"专创融合""科教融合""本研协同"，将创新创业教育中的普及与提高很好地统一起来。不同于以往的研究型大学将创新创业教育作为人才培养的辅修环节和"第二课堂"，浙江大学将创新创业教育融入人才培养全过程，构建"创业通识类""专业创业类""创业深化类"层层递进的 3 个课程模块。第一层次为"创业通识类"，面向全校所有学生，建设 2 个学分的《创新与创业基础》通识必修课，2~4 个学分的创新创业通识选修课，要求全体本科新生都要修读 3.5 学分"创新创业类"通识课程，牢固确立了创新创业教育作为通识教育重要领域的地位。第二层次为"专业创业类"，面向大类与各专业的学生，注重创新创业教育与专业教育相结合。第三层次为"创业深化类"，面向具有明确创业倾向的学生，提供系统化的理论课程和实践体验课程。

（三）西安交通大学：全面创新改革试验

西安交通大学在产学研协同创新与有意义的创新方面取得了不俗成绩，为建设新型研究型大学不断努力前进。

一方面，为了打通产学研协同创新的障碍，依托陕西省产学研合作促进会，借鉴国外研究型大学技术转移办公室（Technology Transfer Office，TTO）的模式，西安交通大学成立了国家技术转移中心，为技术转移、成果转化、股权管理、产学研合作提供中介服务，同时成立了西安交通大学技术成果转移有限责任公司，实现中心与公司一体化运作。西安交通大学的国家技术转移中心是国内首家通过 ISO9001 质量认证的技术转移中心，形成了以职业技术经理人队伍为核心的管理团队，对内深挖、对外开拓，肩负着"共性技术的开发和扩散、推动和完善企业技术中心建设、促进高校成果转化和技术转移、加强国际技术创新合作、为企业提供综合服务"的重要使命。正因如此，西安交通大学实现了一个又一个产学研协同创新的重大突破。例如，针对我国特高压套管长期依赖进口、关键核心技术一直被国外公司垄断的"卡脖子"问题，西安交通大学联合中国西电集团成立了特高压套管科研攻关组，采用"产、学、研、用"联合攻关的研发模式，历时 6 年自主研发、联合攻关，取得了如下成绩：建立了具有自主知识产权的特高压套管优化设计平台，解决了特高压套管内、外绝缘结构设计、优化的关键核心技术；研究了套管用各种材料的介电性能、浸渍性能、固化性能和老化性能，开发了具有自主知识产权的特高压套管用材料的配方体系；建立了国内领先、世界一流的特高压套管研发平台和试制基地，研制出具有自主知识产权的特高压套管制造系统，多项关键核心技术取得突破性进展。

另一方面，为了响应"一带一路"倡议、破题双一流建设，在"西迁精神"的感召下，西安交通大学再次"西迁"，从西安市区向西咸新区前进，迁入中国西部科技创新港，积极探索适应 21 世纪的大学新形态。2020 年，习近平总书记会见西迁老教授提出，"'西迁精神'的核心是爱国主义，精髓是听党指挥跟党走，与党和国家、与民族和人民同呼吸、共命运，具有深刻现实意义和历史意义"[1]。因此，以"西迁精神"为顶层设计的创新港，是西安交通大学践行有意义的创新的最佳体现。具体而言，有意义的创新包括经济、社会、国家战略和未来 4 个维度[2]。从经济意义的角度，创新港落户西咸新区推动了当地经济发展，尤其是创新港产业区中的商业办公、社区商业综合体、文化中心等区域功能配套设施极大地带动了西咸新区就业、商业、房地产等蓬勃发展，具有显著的经济意义。从社会意义的角度，创新港为西咸新区、陕西省，乃至整个西部注入优质的教育资源、科技资源与人文资源，推动了社会进步。从国家战略的角度，创新港为西安交通大学响应西安内陆型改革开放新高地建设、国家西部大开发以及"一带一路"倡议实施提供了支点，体现了大学主动融入国家战略布局、与国家发展同呼吸共命运的战略意义。从未来意义的角度，创新港旨在探索新型研究型大学，破解大学与社会融合度不够强、大学教育和科技研究落后于社会发展的症结。因此，以科教融合、产教融合为特色，集校区、园区和社区三位一体的创新港是中国特色新型研究型大学的新形态，对我国未来高等教育的发展具有一定的引领性。

1　习近平：扎实做好"六稳"工作落实"六保"任务 奋力谱写陕西新时代追赶超越新篇章 [N]. 人民日报，2020-04-24（01）.

2　陈劲，曲冠楠，王璐瑶. 有意义的创新：源起、内涵辨析与启示 [J]. 科学学研究，2019，37（11）：261-270.

四、未来发展展望

（一）理念鼎新：以创新引领新型研究型大学战略转型

纵观世界一流大学的教育改革，以"创新"为核心的办学理念与价值观的形成是整个改革过程的核心推动力。例如，麻省理工学院等世界一流大学均把"创新"作为"教育"和"研究"之外的第三大目标，作为引领"教育"与"研究"改革方向的价值导向、评价标准与核心价值观，并不断扩充其理论与实践内涵。从这个意义上讲，以创新为核心的教育改革是一种理念革新，更是一种价值引领。

新型研究型大学建设更是要以"创新"为理念引领，努力使其成为一种内嵌于底层认知的"共识性理念"与"价值定位"，从而指引改革规划的制定与改革方案的设计，改变当下大学对于创新思维、创业精神与创造意识的集成培养关注不够的现状。

（二）系统革新：以创新提升人才培养水平

新型研究型大学建设必须以创新人才的培育为根本。为此，首先，要进一步推动本科教育改革和研究生教育改革，创新人才培养模式，完善人才培养体系。例如，加快推进本研贯通的创新人才培养体系，创新人才的价值塑造、能力提升和知识构建本身是一个连续过程，尤其是探索基础学科领域的本硕博连读培养模式，通过体制机制的创新，拓宽创新人才培养的路径，为人才的成长和个性发展制定特殊方案。其次，要加快高质量的交叉学科建设。未来交叉学科的发展是新型研究型大学学科建设的重点。越来越多的重大、原始创新成果的产生来源于交叉学科。为此，要构建面向新时代的交叉学科人才培养模式，推动不同学科不同领域的联合培养建设，构建包含科学基础、哲学思辨、人文视野和创业实践多方联通的通识教育体系。

（三）开放创新：以创新赋能大学企业协同发展

新型研究型大学建设更要强调开放创新，要建立多方协同、产教融合的人才培养共同体，构建有效协同育人社会生态体系。要充分释放行业中所蕴藏的教育资源，引入企业资源，推动开放式办学，院校联合、校企联合、优势互补、项目共建、成果共享的产学协同育人机制；创新管理模式、分配机制、考核模式和育人模式，通过混编师资团队构建、实验室建设、研发基地建设、实习基地建设等多维度多层次构建协同育人共同体。要整合各方资源，合理利用地方企业的资源，获得校外力量的积极参与和大力支持；充分利用校友资源，如学习麻省理工学院和慕尼黑工业大学的成功经验，充分发挥校友在大学创新中的持续影响力；最终依靠社会力量，以各方支持为纽带，共创良好的创新文化氛围，形成个人、家庭、学校、社会、区域的合力。总之，新型研究型大学建设必须嵌构在大学教育体系和整个社会创新生态之中，而不是独立在现有大学教育和社会生活之外。

区域创新共同体：培育区域创新增长极

2019 年 12 月习近平总书记在中央经济工作会议上指出，"要加快落实区域发展战略，完善区域政策和空间布局，发挥各地比较优势，构建全国高质量发展的新动力源，推进京津冀协同发展、长三角一体化发展、粤港澳大湾区建设，打造世界级创新平台和增长极"[1]。党的二十大报告强调，"推进京津冀协同发展、长江经济带发展、长三角一体化发展，推动黄河流域生态保护和高质量发展。高标准、高质量建设雄安新区，推动成渝地区双城经济圈建设"。区域是创新主体的载体和活动地，以其资源禀赋和政策环境来影响不同创新主体的创新活动，促成高质量的科技创新，引领和支撑高质量的经济发展。区域创新体系是国家创新体系的重要组成部分，能够有效推动创新驱动的经济高质量发展。

一、建设区域创新共同体的总体思路

共同体是一个社会学的学术范畴，指"具有共同的价值认同、共同的利益和需求，以及强烈的认同意识并依据一定的方式和规范结合而成的相互关联的群体或组织"[2]。创新共同体就是由具有共同的创新需求和强烈的创新认同感、遵守相同的创新价值理念的企业、科研机构、大学、中介机构、创新平台等多个参与主体互动、合作、协同的组织体系。区域创新共同体中的"区域"是基于某一特定范围内的地域同质性与内聚力，突破行业、地域界限，形成一个经济

1　中央经济工作会议在北京举行　习近平李克强作重要讲话 [N]. 人民日报，2019-12-13（01）.

2　顾新，王元地，杨雪，等 . 中国区域创新体系发展的理论与实践 [M]. 北京：经济管理出版社，2014.

社会综合体。区域创新共同体中的"创新"是在该区域内引入新的要素或要素的新组合方式，使区域经济具有新的功能，创造一种新的更为有效的资源配置方法，开展产品创新、工艺创新、管理创新和组织创新等活动。区域创新共同体通过集中资本、知识、人员，不断形成新的产业聚集增长极和空间聚集增长极。产业聚集增长极通常是具有较强的创新能力与发展潜力的主导产业。空间聚集增长极通常是具有较强的创新能力与高增长率的产业综合体。这两类区域创新增长极可以通过外部经济和产业之间的关联乘数效应推动其他产业增长，并带动周围区域经济增长。

区域创新增长极可在技术、资本、一体化3个方面推动区域发展。就技术创新与扩散而言，增长极中新技术、新产品、新组织与新生产方法不断涌现并扩散到其他产业和地区，对其产生技术影响。就资本的聚集与输出而言，增长极不但能够吸引和聚集大量的投资，还可向其他产业和地区输出大量的资本，以支持周边发展。增长极可以促进区域创新共同体的形成，形成具备多功能的经济区域和中心城市，在共同体内实现技术、资本、信息和人才的交流。增长极地区逐步成为科技创新中心的策源地、创新型企业的集聚地与创新人才的首选地。同时，增长极对外围地区的辐射效应将激活创新活动的扩散，加强创新成果的扩散和应用，带动产业发展模式创新和制度创新。增长极地区通过创新成果扩散扩大其创新价值，外围地区则通过创新成果的应用，实现创新驱动型经济发展，进而加速各地区共享发展的区域一体化进程。

随着我国经济发展由高速增长阶段转向高质量发展阶段，传统的资源驱动、市场驱动方式不足以继续支撑区域创新能力的提升。创新驱动型区域发展依靠创新模式与体系运行的调整，实现创新能力提升、产业转型升级以及经济发展方式转变。2019年8月26日，习近平总书记在中央财经委员会第五次会议上提出，区域经济发展思路应"按照客观经济规律调整完善区域政策体系，发挥各地区比较优势，促进各类要素合理流动和高效集聚，增强创新发展动力"[1]。

---

1 http://jhsjk.people.cn/article/31506710

二、国内外现状与趋势分析

（一）发达国家区域创新共同体的发展形势

近年来，区域创新共同体已受到政策制定者和学术界的广泛关注，是地区与地区、国家与国家之间开展经济竞争的重要空间组织载体。2008 年美国发布《空间力量：建设美国创新共同体体系的国家战略》（*The Power of Place：A National Strategy for Building America's Communities of Innovation*）报告，试图构建整合美国乃至全球资源的创新共同体，巩固其在创新领域的世界领先地位。美国以大学和学院为载体给予研发孵化的智力支持，以联邦实验室为平台建立相互竞争的研发与转化中心并由当地政府出资予以配套补助，以增强政府与私企互动为纽带提高技术转化能力，以减税、完善国际投资环境为手段深入挖掘商业开发新潜力，旨在打造密切联系各创新主体的全国性创新共同体，形成以"初始研发孵化器、独立孵化器、技术转化、商业开发、经济发展"于一体的创新集群。美国大波士顿地区（或称"大波士顿"）坐落于美国马萨诸塞州，横跨了东部地区 7 县的 92 个市镇，其中包括大型城市，如波士顿市和剑桥市等，可见其发展程度。大波士顿地区在马萨诸塞州乃至在全美的创新经济中都占据着举足轻重的地位。大波士顿地区占地面积不足马萨诸塞州面积的一半，其人口总数、创新经济产业的雇佣人数均超过马萨诸塞州的 50%。大波士顿地区的高等院校和研究机构云集——包括哈佛大学、麻省理工学院、麻省综合医院等世界顶尖院校，形成了科学合理的创新机制，实现了产学研协同发展。该地区许多研究机构、高科技企业等的创新孵化器通常并不单独设置，而是与周边知名大学建立合作关系，形成产学研协同发展模式。这不仅有利于区域内大学科技成果的直接转化，而且促进了研究机构和高新技术企业的发展。波士顿郊区的"128 公路地区"正是在风险投资、大学和政府的共同推动下形成了产学研密切互动网络。其中，麻省理工学院不仅提倡教师为外部公司提供技术咨询，而且允许教师自己开办公司。由此，大批高技术公司从麻省理工学院的实验室孵化出来，从而使大学科研成果与企业紧密结合，大大促进了科研成果迅速转化为商品[1]。

同一时期，日本建立"国家战略特区"，促进日本经济的整体发展；法国扶持多个产业科技园区，建立竞争力集群；欧盟组建欧洲创新工学院，首批启动气候变化、可持续能源知识、未来信息技术知识3个创新共同体，提出要通过内生性发展、智能发展和可持续发展，把欧盟建设成为世界上最具竞争力的知识型经济体。这些国家和地区通过制定共同的制度规则，力图突破行业、区域乃至国别界限，最大限度地整合各类资源，推动协同创新与区域一体化，重塑本土制造业的竞争优势，抢占全球产业发展的战略高地[2]。

发达国家的区域创新共同体大多聚集于特定地区，致力于开展跨边界的创新活动，其形成和发展有助于打破区域壁垒、冲破文化视角限制，其运行动力是体系各个部分及创新要素之间的相互联系、相互作用和不断创新。区域创新共同体需要多元主体共同参与，这其中包括政府、企业、社会组织等机构以及科技中介公司，也包括投资公司、担保公司等企业，还包括产业创新联盟、行业协会等创新平台与载体。根据运营管理机构不同，可分为政府主导、大学主导、商业组织主导和非营利组织主导等模式。

1. 重视顶层设计，制定整体规划

从发达国家的经验看，区域创新体系要以整体规划为先。从国家层面讲，应将建设国家创新体系上升为国家战略，紧紧围绕战略定位，尽早完成同国家创新体系相关的规章制度、目标设定、组织原则、管理体制、参与主体等制定和协调工作。同时，国家还应该制定保障全国性、区域性的法律法规，营造公平、合理、公正、法治的创新型环境，并制定和出台保障各创新主体的相关利益。例如，为了保障政府研发部门和私营企业的各方利益，美国国会出台了《美国联邦技术创新法》予以规范，还颁布了《国际投资与国家安全法案》以保障国家安全。为了明确产学研创新联盟中各参与主体的基本权利，日本政府相继出台了《知识产权基本法》《知识产权战略大纲》等法律文件予以规范企

1　范旭，张毅.发达国家创新极发展的实践经验及其对中国的启示[J].技术经济与管理研究，2019（3）：38-42.

2　王泽强.区域一体化背景下长三角区域创新共同体建设研究[J].中共宁波市委党校学报，2020，42（1）：123-128.

业、高校、科研机构间的产权归属问题[1]。从地方层面讲，各地方区域创新体系与创新共同体建设应根据国家出台的创新体系建设相关规定，结合本地区自身特色，制定适合本地发展的区域性整体规划与执行方案。

2. 建立健全产学研政协同机制

区域创新共同体建设应坚持以企业为主体、以市场为导向的整体思路，增加和提高企业内部研发机构的数量和质量，增强企业自主创新能力，积极培育和发展科技创新型产业集群，充分发挥知识溢出效应，带动区域创新能力和水平的整体提升。区域创新共同体内的产学研政协同机制，是指形成以企业为主体，以高等院校、科研院所为依托，市场导向、政府推动、社会参与的区域创新合作机制。企业在科技创新和产业转型中占据主导地位。高等院校和科研院所在积极参与科技人才联合培养与科研项目联合攻关的基础上，要面向企业的创新需求，更多地参与到产业关键共性技术研发、创新成果的转移转化以及行业技术标准的制定等活动当中。政府是创新共同体建设的重要外部力量，有助于加强创新共同体与外界的开放互动，推动各创新主体共建产业技术创新联盟、区域技术交易市场联盟以及全球技术交易市场，为区域合作与协商提供有力的法治保障和配套服务。美国硅谷被誉为"全球创新大本营"。美国政府的政策支持对硅谷的形成和发展起了非常重要的作用。它每年会向硅谷的大学提供大笔拨款，支持其在国防、通信、材料等领域进行基础研究和高科技应用研究，并通过政府采购和低息贷款等政策，引导大学和企业进行科技创新研究。而众多企业与当地院校建立产学研合作关系，通常给大学提供研究资金和设备，或直接参与研究项目，并把最新的研究成果应用于工业，实现研发成果的顺利转化。大学或研究机构则可从企业获得大量科研资金，使得科研项目能顺利开展，并作为技术拥有者向企业发放专利许可和进行技术转让，实现产学研合作。这种方式强化了大学、研究机构与企业之间的联系，大大促进了硅谷电子工业和高新技术的发展。

除此之外，产学研政协同体现在跨区域的沟通协作、重大基础设施的统一布局、重要科技创新资源的开发、重要配套和扶持措施的统一等方面。例如由

1 王雪颜. 国外区域协同创新共同体构建的经验借鉴 [C]// 决策论坛——系统科学在工程决策中的应用学术研讨会论文集（下）.《科技与企业》编辑部，2015.

政府牵头，共同建立专家决策委员会，为区域创新共同体的科技创新合作问题提供论证意见，为相关科技创新政策做出共决和评估。总之，任何创新活动都不能仅依靠某个组织或个体来完成全部工作。为了实现区域经济持续健康发展的目标，区域创新共同体需要多主体协同、互相配合，形成良好的产业生态，进而通过产业链与创新链的融合发展，带动整个区域的经济发展[1]。

3. 空间协同组织，产业分工协作

发达国家的成熟创新区域普遍形成了涵盖多个城市、行政地区的区域创新功能分工协同格局。其中，因地制宜地差异化发展产业，使主导产业适应资源环境的特点，从而实现资源的高效配置、避免单一产业的风险是一大特点。位于美国西北部太平洋沿岸的西雅图大都市区是美国西北部商业、文化和高科技中心，包括 5 个大都会城市、14 个核心城市、18 个大城市、46 个小城市及其他城市增长边界。西雅图大都市区的产业分区明确。中部西雅图片区结合滨海优势，发展面向海湾的中心商务区（金融、商业、办公）职能；南部塔科马片区依托塔科马国际机场和西雅图港的带动，发展生物技术、航海和制造业、可持续的建筑 / 替代能源、食品供应、航空制造、海港物流等产业，形成多元复合型的南部产业区；北部片区借助自然环境优势，发展科技研发、旅游度假等功能，形成以旅游度假、高档居住和高等院校为主导职能的功能片区；东部片区结合微软总部，形成以生态及高尚社区、企业总部为主导职能的片区；西部布雷默顿片区充分利用西部沿海岸地区优势，带动航海经济的发展，以岸线利用、航海经济为主导职能。西雅图各片区的主导产业都很好地适应了该片区资源环境的特点，而不同的分区定位在一定程度上避免了同质化的低效竞争，促进了差异化、复合化发展，进而为规避单一产业的风险提供了支撑[2]。

（二）我国建设区域创新共同体的战略要点

2020 年 12 月科技部印发《长三角科技创新共同体建设发展规划》。根据该规划，建设现代化、国际化的区域创新共同体必须秉承"战略协同、高地共

---

1 孔令池. 构建长三角区域创新共同体 [N]. 经济日报，2020-04-20（011）.

2 王智勇，李纯，王纪武，等. 西雅图大都市区空间协同发展思路及其启示 [J]. 规划师，2020，36（3）：17-23.

建、开放共赢、成果共享"的基本原则。具体而言：立足区域创新资源禀赋，以"一体化"思维强化协同合作，着力强化政策衔接与联动，破除体制机制障碍，实现优势互补，形成区域一体化创新发展新格局；发挥区域中心城市科技创新资源集聚优势，健全共享合作机制，联合开展重大科学问题研究和关键核心技术攻关，共建科技创新平台，提升原始创新能力，构筑有全球影响力的创新高地；立足长三角地区创新特色，在更高水平、更广领域开展国际科技创新合作，以全球视野谋划和推动科技创新，集聚配置国际创新资源，塑造国际竞争合作新优势；推动优质科技资源和科技成果普惠共享，完善区域一体化技术转移体系，促进科技与经济社会深度融合，支撑长三角高质量一体化发展[1]。建立区域创新共同体的核心目标包括以下几点[2]：

1. 强化区域链接、优化创新资源配置

随着区域发展格局调整，亟须发展新的组织模式来加快区域创新链、产业链、服务链和资金链、人才链的协同融合。以区域创新共同体为纽带，形成区域性研发互动、产业聚集与服务链接，减少生产、研发成本，形成技术、人才成果、服务等资源共享，并吸引周边或国内外更多的企业、资本、人才、技术等要素流入城市群，推动周边城市或地区创新成果的积累式扩张与技术溢出。

2. 助力产业结构调整与转型升级

实现区域创新协调发展是推动区域科技经济发展的新引擎，为原始创新能力不足、产业结构层次偏低、产业发展与资源环境的矛盾日益加剧、极化效应的负面影响等问题提供全新的解决路径。通过区域创新共同体的建设，能够有效协调科技供给，填补淘汰落后产能形成的发展空间；通过区域创新资源及科技产业的合理配置，有助于区域产业链接体系形成，有效地提升区域科技产业结构和战略地位。

3. 破解区域体制机制矛盾

区域创新共同体的建设将有助于推进区域产业内部结构专业化发展，提升城市产业高端化发展水平，破解城市或地区以邻为壑、低端重复等体制机制弊端，优化城市之间的科技转移、成果辐射、产权制度、市场体系、市场准入、

1 http://www.gov.cn/zhengce/zhengceku/2020-12/30/content_5575110.htm
2 隋映辉.区域创新共同体建设的若干问题与建议[J].科技中国，2019（6）：64-67.

公用事业等问题，促进区域创新协调发展，在更高层次上推动区域一体化。

4．全面提升区域创新能力

在区域创新共同体内，开展一批联合攻关项目，面向国家重大需求、接轨"卡脖子"技术问题，提高区域内关键技术的自主创新能力，形成一批基础研究和应用研究的原创性成果；根据区域发展基础，以国家自主创新示范区、高新技术园区等创新平台为依托，探索产学研协同创新的模式，持续提升创新融通能力；构建"金融＋科技"的支撑服务体系，建立多元化的资金来源、良好的融资渠道、完善的信用担保体系，并创新金融产品与服务，补足创新保障能力；建设技术创新联盟和公共服务平台体系，发挥知识创新的引领性支撑作用，打造共享融合和联动发展的公共科技服务体系，形成知识创新的溢出效益。

5．推动创新主体间优势互补、协同发展

促进区域一体化发展离不开区域创新共同体内部的各地政府、各创新主体与生产主体的深度合作，包括创新协作、产业联动、企业竞合等。各创新主体需要形成合理的分工和网络结构，以优势互补协作提升创新能力，形成区域创新共同体。企业在区域创新共同体中居于核心地位，是创新活动的具体实施者；大学和科研机构是创新的源头和知识库，是区域创新的重要力量；中介机构是区域共同体的纽带和桥梁，发挥着"黏合剂"的作用；政府是创新的组织者和服务者，是体制创新的重点[1]。

三、中国的成功实践

目前我国已基本形成多个各具特色的区域创新体系。具有代表性的有以上海为中心的长三角科技创新体系、以北京为中心的京津冀协同创新体系、以广州为中心的珠三角区域创新体系以及以成都与重庆为中心的成渝区域创新体系。其中，长三角作为我国经济发展最活跃、开放程度最高、创新能力最强的区域之一，在双循环的新发展格局中具有举足轻重的战略地位，承担着我国科技创新开路先锋的重任。预计到 2035 年，长三角将成为最具影响力和带动力的创新增

1　林斐．共建共治共享：创新经济视域下的区域一体化——以长三角一体化发展为例 [J]．西部论坛，2020，30（3）：68-77．

长极。京津冀协同发展，是习近平总书记亲自谋划和推动的重大国家战略，对于统筹推进"五位一体"总体布局，协调推进"四个全面"战略布局，牢固树立和贯彻落实创新、协调、绿色、开放、共享的新发展理念，全面建成小康社会和实现中华民族伟大复兴的中国梦，具有重大现实意义和深远历史意义。本节以长三角和京津冀的区域创新共同体建设为例，阐述中国的创新实践。

（一）长三角一体化发展与区域创新共同体的建设

从科技创新合作层面来看，我国长三角区域已具备世界级城市群的创新能力，重大科技基础条件优势明显，科技资源共享成效凸显，科技创新平台作用突出，科技创新主体活力充足，高端创新人才储备丰富，产业体系配套相对完善。因此，长三角区域在我国现代化建设大局和全方位开放格局中具有举足轻重的战略地位。

2003 年，沪苏浙三地共同签署《沪苏浙共同推进长三角区域创新体系建设协议书》，长三角区域创新体系正式建立。长三角区域创新体系属于省际跨行政区域的区域创新体系，在跨行政区域合作框架下，省际主体之间可有效实现资源共享、优势互补，同时降低市场交易成本，提高区域创新能力及效率。2018 年 11 月，习近平主席在首届中国国际进口博览会上宣布，"支持长江三角洲区域一体化发展并上升为国家战略"，将着力落实新发展理念，构建现代化经济体系，推进更高起点的深化改革和更高层次的对外开放[1]。2019 年 12 月，中共中央、国务院印发《长江三角洲区域一体化发展规划纲要》，明确提出要"加强协同创新产业体系建设"和"构建区域创新共同体"。上海市、江苏省、浙江省和安徽省遵循共商共建共享原则，以长三角地区创新发展的合力推动科技基础设施联通、创新资源要素流通、创新链与产业链融通、科技创新环境畅通、科技体制机制贯通，在科技创新层面实现长三角高质量一体化发展。

为贯彻落实《长江三角洲区域一体化发展规划纲要》，持续有序推进长三角科技创新共同体建设，2020 年 12 月科技部印发《长三角科技创新共同体建设发展规划》，再次强调要"以加强长三角区域创新一体化为主线，以'科创+

---

1 习近平.共建创新包容的开放型世界经济 [N].人民日报，2018-11-06.

产业'为引领，充分发挥上海科技创新中心龙头带动作用，强化苏浙皖创新优势，优化区域创新布局和协同创新生态，深化科技体制改革和创新开放合作，着力提升区域协同创新能力，打造全国原始创新高地和高精尖产业承载区，努力建成具有全球影响力的长三角科技创新共同体"[1]。长三角科技创新共同体是在长三角区域创新体系建设的基础上，由上海市、江苏省、浙江省和安徽省形成的科技创新有机整体，共同应对国际科技创新环境变化带来的风险和挑战。打造长三角科技创新共同体，是加快建设创新型国家的重要战略力量，是长三角区域高质量体化发展的必然要求。目前三省一市落实新发展理念，其主要做法与成效如下[2]：

1. 制度协同取得新跨越

2003 年，根据《沪苏浙共同推进长三角区域创新体系建设协议书》，由两省一市组成的长三角区域创新体系建设联席会议制度正式建立。2008 年，安徽省加入长三角区域创新体系，三省一市轮流主持的四方协调机制正式形成。长三角区域创新体系建设联席会议制度成为协调推进长三角区域科技创新领域一体化发展的重要平台。在 2020 年的联席会议上，三省一市科技部门共同商议了长三角区域创新体系建设的工作要点，围绕创新合作机制、推动重大政策协同、实施重大平台共建、联合开展科研攻关、共建技术转移体系五大领域共 20 项内容全面深化合作，从行政区经济向功能区经济转变，从同质竞争向协同发展转变，形成合理分工、错位竞争、开放融合的产业格局，坚持创新引领，重构中国经济发展的空间布局，努力将长三角科技创新共同体建设推向更高层次和水平。

目前三省一市不断优化顶层设计，完善长三角科技创新合作体制机制。"4+1"组织保障全面到位，长三角科技创新共同体建设办公室、工作专班、秘书处组织框架基本形成。同时，联动政策密集出台。2022 年 7 月，科技部与三省一市人民政府联合印发《长三角科技创新共同体联合攻关合作机制》——这一合作机制了入选 2022 年度"中国科技资源管理领域十大事件"，以落实《长三角科技创新共同体建设发展规划》，提升长三角产业链创新链资源配置效率，

1　http://www.gov.cn/zhengce/zhengceku/2020-12/30/content_5575110.htm
2　王德润，董文君. 构建长三角区域创新共同体的对策思路 [J]. 安徽科技，2018（8）：5-7.

推动重点产业链关键核心技术自主可控，切实推动建立长三角科技创新共同体联合攻关机制；2022年9月，三省一市科技部门联合印发《三省一市共建长三角科技创新共同体行动方案（2022—2025年）》，提出实施国家战略科技力量合力培育、产业链创新链深度融合协同推动、创新创业生态携手共建、全球创新网络协同构建、协同创新治理体系一体化推进五大行动，到2025年初步建成具有全球影响力的科技创新高地；2023年4月，长三角三省一市科技厅（委）联合印发《长三角科技创新共同体联合攻关计划实施办法（试行）》，进一步明确了联合攻关协同机制与实施路径。

2. 资源共享取得新进展

长三角地区创新要素齐、创新网络密、创新浓度高。为充分盘活区域内科技创新优势资源，近年来三省一市聚焦资源共享，在优势互补中不断提高资源利用效率，长三角一体化协同创新生态持续优化。在长三角区域创新体系建设框架下，长三角三省一市推动了"长三角大型科学仪器设备共享网"等公共科技基础设施建设，通过政府管理与市场运营的双轮驱动模式，打破区域界限，促进跨区域科技资源的共享共用。2019年，作为长三角跨区域科技资源信息公开、服务共享、管理协同的平台，"长三角科技资源共享服务平台"正式开通，为三省一市企业和科研单位提供共享服务，通过完善财政奖补方式，推动大型科研仪器、科学数据、生物种质等科技资源开放共享与合理流动。截至2022年9月，长三角已集聚重大科技基础设施23个，国家级科研基地315个，大型科学仪器超4万台（套），总价值超450亿元[1]。2022年，长三角地区争取国家重点研发计划资金67.4亿元，其中长三角协同实施的资金额达56.5亿元，协同参与占比84%[2]。

3. 联合攻关取得新突破

在盘活优势科技资源的基础上，长三角三省一市深化跨区域联合攻关，以"揭榜挂帅"方式启动首批攻关项目，初步实现部省（市）任务联动、资金联合、管理联通"三位一体"。2022年11月，15个项目被纳入首批长三角联合攻关计划，超过40家的长三角高校院所、企业参与，汇聚了复旦大学、之江

1　https://www.gov.cn/xinwen/2022-09/19/content_5710557.htm

2　加快长三角科技创新共同体建设 [N]. 人民日报，2023-06-06（04）.

实验室、国家超级计算无锡中心、合肥工业大学等一批优势科研力量。2023 年
4 月，2023 年度长三角科技创新共同体联合攻关需求征集工作正式启动。

通过"共同出击"，长三角地区的科创策源能力不断增强。2021 年，长
三角地区共同承担国家重点研发计划的项目数和金额均超过四地获批总量的
75%，还联合多地创新资源，成功研制"祖冲之二号"和"九章二号"量子计
算原型机，聚焦光电技术、氢能技术、先进激光与精密制造等方向，培育建设
了一批高水平研发载体。以科技创新 2030-"脑科学与类脑研究"重大项目为
例，上海科技大学沈定刚团队承担了部分课题，位于上海的高端医疗设备公司
联影医疗提供"装备"支持，而联影的大部分供应商都分布在苏浙沪长三角地
区，形成了稳定的长期战略合作关系。

4. 共建平台打造创新高地

重大科技创新平台是高水平创新成果的"摇篮"。近年来，三省一市共同
推进国家未来网络试验设施、量子通信、京沪干线等重大科技基础设施建设；
以上海建设具有全球影响力的科技创新中心为引领，加强合肥、张江综合性国
家科学中心建设；建立了上海闵行、浙江、苏南、宁波等国家成果转移转化示
范区协同联动机制，推进跨区域政策协同与机制创新的先行先试，加速长三角
区域科技成果转移扩散，打造最具活力的科技成果转移转化示范区集群。2020
年 6 月，三省一市共同签署了《共同创建长三角国家技术创新中心的框架协
议》，拟集成长三角创新资源，强化三大枢纽功能定位，探索和完善运行机制，
共同筹建长三角国家技术创新中心，打造支撑长三角科技创新共同体建设的引
领性平台。2021 年长三角国家技术创新中心揭牌，成为打造长三角区域科技创
新的核心引擎。

重大科技平台正在长三角地区进一步发挥辐射作用。紫金山实验室正式开
通了全球首个广域确定性网络，为长三角地区一批高校院所、科技企业提供网
络技术和应用创新试验服务。未来网络试验设施"一总三分"管控中心建设，
已完成包含南京、合肥、上海、杭州等 40 个节点的光传输网络建设，实现了
核心节点全覆盖。为协力提升产业技术创新水平，长三角太阳能光伏技术创新
中心、长三角碳纤维及复合材料技术创新中心等一批产业技术创新平台，上海
交通大学海安研究院等一批跨区域的新型研发机构，也正在加快建设。

5. 协同创新取得新成效

2023 年，长三角国家技术创新中心在一体化承接全球创新资源、一体化共建重大集成创新平台、一体化对接龙头企业技术需求、一体化组织关键技术协同攻关方面，再上新台阶，已与长三角地区 470 余家细分领域龙头企业共建联合创新中心，通过线上线下多元化的对接方式，征集了 2400 余项企业愿意出资解决的"真需求"。

技术要素市场协同持续加速。2022 年三省一市相互间技术合同输出 25273 项，技术交易金额 1863.45 亿元，同比分别增长 20.3%、112.5%。长三角科技创新券已在上海、浙江全域和江苏、安徽部分区域互联互通，已有 2207 家企业在平台上注册并申请了科技创新券，订单服务额达到 1.3 亿元，兑付金额约为 5446 万[1]。

（二）京津冀协同发展与区域创新共同体的建设

2014 年，习近平总书记在北京市考察工作时指出，"实现京津冀协同发展，是面向未来打造新的首都经济圈、推进区域发展体制机制创新的需要，是探索完善城市群布局和形态、为优化开发区域发展提供示范和样板的需要，是探索生态文明建设有效路径、促进人口经济资源环境相协调的需要，是实现京津冀优势互补、促进环渤海经济区发展、带动北方腹地发展的需要"[2]。自此，京津冀三地加快了推动协同发展的步伐。

京津冀协同创新共同体是在京津冀协同发展框架体系下，以京津冀三地创新环境和要素禀赋为基础，通过创新主体之间的有机联动，实现创新要素的自由流动和创新资源的优化配置，激发高效的创新产出，进而推动区域经济发展的一个有机整体。近年来，京津冀区域创新指数持续平稳上升。根据 2023 年北京大学首都发展研究院发布的《京津冀协同创新指数（2022）》（以下简称《指数》），2013—2020 年，京津冀协同创新指数从 100 增长到 417.27，年均增速达到 22.64%，其中 2018—2020 年保持高速增长。

---

1 加快长三角科技创新共同体建设 [N]. 人民日报，2023-06-06（04）.

2 习近平. 优势互补互利共赢扎实推进 努力实现京津冀一体化发展 [N]. 人民日报，2014-02-28（01）.

总体而言，第一，京津冀区域科技创新活力不断增强，从投入驱动创新数量扩张逐渐转向创新质量提升。在创新投入方面，京津冀的研发经费支出占GDP比重从2013年的3.22%上升到2020年的4.39%，研究与试验发展全时人员当量从2013年的431940人年增长至2020年的551978人年；在创新产出方面，区域技术市场成交额超过7000亿元，占全国技术市场成交总额的近1/3。第二，京津冀三地间科研合作大大加强。根据《指数》，2013—2020年，三地合作发表论文数从3085篇增长到6871篇，科研合作网络密度从0.769增加到1，形成以京津为主轴，京保石为次轴的网络结构。第三，京津冀三地间技术合作网络日益完善，据《指数》统计，2013—2020年，京津冀三地合作专利数量从5252件上升为11611件，增长了121%，其中与廊坊、保定、沧州等周边地区的技术合作增长趋势尤为明显。第四，三地间基于创新链产业链的合作不断加强，北京创新外溢效应明显。《指数》提到，截至2020年，北京输出到津冀的技术合同成交额累计超过1200亿元，中关村企业在津冀两地分支机构累计达8300多家。第五，创新环境明显改善。截至2020年，京津冀高速公路"断头路"全部消除，"四横、四纵、一环"的京津冀路网格局初步形成。京津冀高铁网络建设进展顺利，北京大兴国际机场正式投入使用。科技服务业稳步发展，北京成为全国科技服务高地和全国双创引擎，独角兽企业占全国比例近四成，国家级众创空间位居全国第一，为京津冀创新创业提供了大量服务支持。

1. 顶层设计引领产业协同创新平台建设

2014年以来，从中央到京津冀三地政府都非常重视顶层设计，做了大量卓有成效的工作，试图通过顶层设计引导京津冀区域一体化进程、实现健康可持续发展。

2014年8月，北京市科委、天津市科委、河北省科技厅正式签署《京津冀协同创新发展战略研究和基础研究合作框架协议》。三地将从基础研究先行入手，围绕共性问题和共性需求形成合作，着力推动科技体制改革，实现科技资源的流动，深化协同机制，支撑京津冀协同创新共同体的建设。2016年7月，国务院批复《京津冀系统推进全面创新改革试验方案》，提出以促进创新资源合理配置、开放共享、高效利用为主线，以深化科技体制改革为动力，充分发挥北京作为全国科技创新中心的辐射带动作用，打造中国经济发展的新的支撑带。2018 年，京津冀三地科技部门正式签署《关于共同推进京津冀协同创新共同体建设合作协议（2018—2020 年）》。三地联合成立工作领导小组，建立联席会议制度，聚焦共建创新要素与资源共享平台、深化细化区域分工与布局、促进三地高校院所企业协同创新、协同推进重点区域建设四方面重点任务，深度对接合作并定期开展会商[1]。

三地政府瞄准以首都为核心的世界级城市群建设目标，积极编制产业升级转移总体规划，对重点区域、重点基地（园区）和重点行业发展进行规划，争取政策协同，推进以产业协同创新为中心的世界级创新平台建设，并取得了初步成效。2017 年 12 月，三地政府共同研究制定了《关于加强京津冀产业转移承接重点平台建设的意见》，立足三省市功能和产业发展定位，围绕构建和提升"2+4+46"产业合作格局，即包括北京城市副中心和河北雄安新区两个集中承载地，曹妃甸协同发展示范区、北京大兴国际机场临空经济区、天津滨海新区、张承（张家口、承德）生态功能区四大战略合作功能区及 46 个专业化、特色化承接平台，聚焦构建若干个优势突出、配套完善、特色鲜明、承载能力强、发展潜力大的承接平台载体，三地联合引导创新资源和转移产业向这些平台集中，促进产业转移精准化、产业承接集聚化和园区建设专业化。三省市还配合工信部编制完成了《京津冀协同发展产业升级转移规划（2015—2020 年）》和《京津冀产业转移指南》，明确京津冀区域产业定位、主要任务和政策保障措施。北京市经信局、河北省工信厅和唐山市政府联合出台《北京（曹妃甸）现代产业发展试验区产业发展规划》，本着资源共享、互利共赢的原则，力图将曹妃甸打造成首都战略功能区和协同发展示范区。北京市经信局与河北省工信厅、张家口市政府联合编制《张北云计算产业基地规划（2015—2020 年）》，共同谋划建设中国的数据产业高地，目标是建成"中国数坝"。

位于北京城南的北京经济技术开发区（亦庄），作为京津冀产业协同发展的桥头堡，积极对接京津冀区域市县，围绕"引领新常态、构建高精尖、服务京津冀"三大任务，不断深化京津冀协作交流和产业对接，实现跨区域全产业链布局的共赢发展局面。北京经济技术开发区与河北永清携手构建"北京创新

---

1 郭园庚.雄安新区与京津冀协同创新共同体建设的互联共生 [J]. 河北学刊，2018，38（04）：221-226.

研发、高新区孵化转化"的协同创新共同体。在亦庄—永清高新区建设中，积极探索"双方人员交叉任职，共建共管"的合作模式：北京经济技术开发区负责输出项目、品牌和管理，廊坊市负责土地空间保障、政策支持及基础服务，所有入驻高新区的企业均在廊坊注册为独立法人，税收在廊坊，北京方面获得科技成果孵化及产业化的空间，从而探索出一条跨区域全产业链布局、集群发展的新型区域合作发展模式。北京经济技术开发区还与天津曹妃甸区的各工业园建立紧密联系，搭建北京经济技术开发区企业升级、转移、扩大规模的自主转移平台，按类型、按需求、分批次组织企业布局曹妃甸区，按企业价值链、产业链强弱自然疏解转移，同时加强金融、人才、技术、管理等方面的交流与合作。双方结合各自优势，实施有针对性的"区合项目＋区合基金＋区合平台＋公司运作"模式。

此外，北京还以中关村为主导，与天津、河北进行合作，推进北京科技创新成果的转移和转化，出现了一批中关村外地分园，如保定中关村创新中心、石家庄（正定）中关村科技新城、中关村海淀园秦皇岛分园、中关村海淀创业园石家庄分园和天津滨海—中关村协同创新示范基地等。"一个中心、五区五带五链、若干特色基地"的产业发展格局和一批有特色、有亮点的协同创新载体正在形成，世界级创新平台建设已取得显著成效[1]。

2. 京津冀城市群成为我国重要的经济增长极

京津冀作为比肩珠三角、长三角的新晋城市群，是中国北方经济规模最大、最具活力的城市群。自2014年推进京津冀协同发展战略提出以来，三地紧紧围绕非首都功能疏解和各自的功能定位，正确处理"都"与"城"、"舍"与"得"、疏解与提升、承接与转移、对接与服务的关系，持续增强区域合作与协同联动，增长极的辐射带动作用日益显现。

（1）以雄安新区推动京津冀协同发展。2017年4月，以"千年大计、国家大事"的战略高度，中共中央、国务院印发通知，决定设立河北雄安新区，将京津冀区域协同发展推向了新阶段。雄安新区的设立能够集中疏解北京非首都功能，探索人口经济密集地区优化开发新模式，调整优化京津冀的城市布局和

1　臧学英. 推进京津冀成为世界级创新平台和增长极 [J]. 城市，2020（3）.

空间结构，培育创新驱动发展新引擎，对京津冀三地一体化的要素聚集和资源合理配置起到巨大的推动作用。通过整合区域创新资源，构建区域协同创新体系，引领带动河北经济发展和技术进步，拓展京津冀区域发展空间，打造全球创新高地。在京津冀协同发展中，不仅要实现雄安新区和北京、天津的协同，更重要的是，通过雄安新区这一世界级的创新中心的辐射带动作用，彻底解决河北发展的短板，实现三地协同发展，进而建设具有核心竞争力的区域集群，培育新增长极。

作为北京非首都功能疏解集中承载地，雄安新区努力高起点布局高端高新产业，打造科技创新、高等教育、高端产业、总部金融等承接平台，从空间上为京津冀整合、重构创新资源与创新要素创造条件。截至2020年年底，雄安新区建设稳步开局，张北—雄安1000千伏特高压交流输变电工程等工程建设运营，白洋淀生态环境治理、千年秀林等项目加快推进，京雄城际（北京段）开始联调联试，先后28家大型央企、37家金融机构、100余家知名企业先后落户新区。雄安新区开辟绿色通道，为北京企业落户提供优良环境。雄安新区本级企业共有3398家，其中北京投资来源的企业2905家，占比高达85.5%[1]。更进一步，雄安新区通过承接著名高校在雄安新区设立分校、分院、研究生院等，承接国家重点实验室、工程技术研究中心等国家级科研院所创新平台、创新中心，逐步融入京津冀协同创新网络体系中，促进京津冀创新资源的合理配置与流动。雄安还将实施"雄才计划"，面向国内外选拔一批优秀人才，加大两院院士、相关产业领军人物、创新团队引进力度。以河北雄安新区和北京城市副中心为代表的京津冀地区新增长极，正在成为新时代贯彻新发展理念、引领高质量发展的创新发展示范区。2023年5月，习近平总书记在河北省雄安新区考察时强调，"雄安新区已进入大规模建设与承接北京非首都功能疏解并重阶段，工作重心已转向高质量建设、高水平管理、高质量疏解发展并举。要坚定信心，保持定力，稳扎稳打，善作善成，推动各项工作不断取得新进展"[2]。

（2）北京借力大兴国际机场培育京津冀协同发展新增长极。定位于"国际

1　https://www.chinanews.com/cj/2021/02-05/9405494.shtml

2　坚定信心保持定力 稳扎稳打善作善成 推动雄安新区建设不断取得新进展 [N]. 人民日报，2023-05-11（01）.

航空枢纽"的大兴国际机场是京津冀协同发展的重要切入点，也是展示中国发展实力、发展潜力的新窗口，更是我国进一步扩大对外开放的重要标志，将有效推动北京形成全方位高水平开放的新格局。

2019 年 1 月，民航局印发《北京大兴国际机场转场投运及"一市两场"航班时刻资源配置方案》《北京"一市两场"转场投运期资源协调方案》中，明确规划了北京"一市两场"的定位目标，大兴国际机场和首都国际机场将形成协调发展、适度竞争、具有国际一流竞争力的"双枢纽"机场格局。北京大兴国际机场作为北京重要的城市工程，是目前世界上最大的单体航站楼。北京大兴国际机场的投入运营，不仅开启了建设现代综合交通枢纽的新篇章，而且进一步点燃了京津冀协同发展新引擎，引领经济社会发展，重塑新格局。

首先，作为首都另一个超大型国际航空综合交通连接枢纽，大兴国际机场将辐射北京、雄安新区、天津等京津冀核心区，进一步推进京津冀协同发展的交通一体化，完善京津冀都市圈路网系统。大兴国际机场运营后，北京、天津、石家庄三地的四个民用运输机场将合理分工、协同发展，建设京津冀世界级机场群。"五纵两横"地面综合交通体系在大兴国际机场汇合，向京津冀乃至华北地区辐射延伸。据估算，以大兴国际机场为圆心，一小时公路圈可覆盖7000 万人口，两小时高铁圈可覆盖 1.34 亿人口，三小时高铁圈可覆盖 2.02 亿人口。

其次，大兴国际机场所承载的产业重心不仅仅局限于非首都功能转移，还有面向全球的临空产业链集群。2019 年 10 月，北京市和河北省正式批复《北京大兴国际机场临空经济区总体规划（2019—2035 年）》。这标志着北京大兴国际机场临空经济区迈入实质性建设阶段，对于疏解北京非首都功能、优化京津冀世界级城市群发展格局、促进区域全面协调可持续发展具有重要意义。临空经济区、自贸区的落地，将发挥大兴国际机场国际航空枢纽优势，打造更高层级的开放平台，提高国际资源聚集能力，实现科技创新与航空物流、航空科技、融资租赁等产业的融合发展，提升开放的整体性和协同性，成为京津冀区域发展新的重要增长极。

北京大兴国际机场临空经济区的总体定位是国际交往中心功能承载区、国家航空科技创新引领区、京津冀协同发展示范区。2019 年 8 月 31 日，中国

（河北）自由贸易试验区大兴国际机场片区正式挂牌，并启动建设运行。大兴国际机场片区作为中国（河北）自由贸易试验区四个片区之一，将重点发展航空物流、航空科技、融资租赁等产业，主要分为综合保税区、航企服务区、科技活力区、航空物流区。在众多相关产业布局下，航空经济区的经济增量不可估量。有数据显示，截至 2019 年 9 月，大兴国际机场的民航部分投资 1167 亿元，带动交通等市政配套投资 3000 多亿元，总投资达到 4500 亿元。据估算，民航业投入和对经济社会的拉动比例高达 1∶8，大兴国际机场未来产出或将达到 3.6 万亿元。业内专家预测，新机场临空经济区按照 7200 万人次来计算，将带动至少 14.4 万个区域性就业岗位[1]。

（3）天津加快建设全国先进制造业增长极。天津紧紧围绕建设全国先进制造研发基地的功能定位，以信创产业为旗帜，以智能科技为引领，持续加大投入力度，制定出台了一系列支持制造业高质量发展的政策措施，加快打造全国先进制造研发基地，形成以人工智能产业为核心、以智能制造为主攻方向的智能科技产业新体系。其中，工业战略性新兴产业占比超过 20%，智能科技产业比重达到 16.6%[2]。智能科技产业成为天津加快动能转换、实现高质量发展的重要引擎。2018—2020 年，天津市工信局启动的智能制造专项资金累计支持 4 批次 911 个智能制造项目，安排资金 36.4 亿元。智能制造专项资金正发挥"精准滴灌"引导作用，推动产业聚集发展，促进传统产业向数字化、智能化转型，培育新兴产业发展壮大。天津在生物医药、新材料、装备制造业实现持续高速增长，汽车产量逆势突破 120 万辆，天津空客形成了 A320、A330、A350 三大机型，天河 3 号百亿亿次超算、长征系列运载火箭等一批"国之重器"取得重大突破。

天津滨海新区是天津发展的龙头、引擎、先锋，是京津冀协同发展重大国家战略中"一基地三区"的核心承载区。天津以滨海新区为主要承载地，围绕全国先进制造研发基地的功能定位，以打造京津冀世界级先进制造业基地为目标，结合自身优势，立足产业分工要求和区域优势互补原则，建设了以天津滨海—中关村协同创新示范基地、中欧先进制造产业园、北方航空物流基地、南

1　大兴机场重塑京津冀协同发展版图 [N]. 经济参考报，2019-09-26.
2　天津构建智能科技产业新体系 [N]. 经济日报，2020-06-25.

港世界一流化工新材料基地和未来科技城为主的"五大载体"平台。以天津滨海—中关村协同创新示范基地为示范，积极探索创新协同新模式，仅用两年时间就吸引了 1147 家研发平台及科技企业落户，实现了北京研发、天津转化、河北生产，成为京、津两地优势互补、良性互动的重要平台。

目前天津致力于培育一批科技型、循环型和生态型先进制造产业增长极，初步形成了"两带集聚，多级带动、周边辐射"的产业空间布局，累计建成 11 家国家级新型工业化产业示范基地，在重点城市中位居第二。天津滨海新区无人机产业聚集区、中欧先进制造产业园、高新区软件园等一批新兴产业基地成为全国先进制造研发基地建设的重要支撑力量。2020 年，滨海新区高技术制造业实现产值同比增长 4.7%，高于规模以上工业产值增速 11.3 个百分点，高技术服务业实现营业收入同比增长 11.9%，高于规模以上服务业营业收入增速 21.8 个百分点[1]。

（4）河北成为京津冀数字经济发展新增长极。国家工业信息安全发展研究中心发布的《2019 京津冀数字经济发展报告》显示，河北正在成为京津冀数字经济发展的新增长极。而第五代移动通信技术、人工智能和工业互联网时代的到来以及河北雄安新区建设、北京冬奥会的筹办等重大国家发展战略，为河北的数字经济发展创造了前所未有的发展机遇。

近年来，河北大力实施"互联网 +"行动，加速融合新一代信息技术与经济社会发展，使新技术、新产业、新业态和新模式不断涌现。在数字基础设施方面，河北加速发展以"大智移云"为重点的基础设施建设和网络信息产业，建设京津冀国家级产业集群，推进"云上河北"等工程建设。在产业数字化转型方面，河北加快发展工业互联网，推动制造业数字化、网络化、智能化转型。在公共服务数字化变革方面，河北建立数字化公共服务模式，能够有效提升公共服务质量，满足多样化的民生需求[2]。

随着河北数字经济发展势头日益强劲，一批行业龙头企业投资落户河北。在已拥有中电科 54 所、13 所国内一流科研机构和东旭光电等优势企业的基础上，华为、阿里巴巴、中兴、浪潮、华讯方舟、光启和润泽等国内外知名企业

1　2020 年天津工业数据解读：结构优化天津工业提质增效 [N]. 天津日报，2021-01-25.

2　河北成为京津冀数字经济发展新增长极 [N]. 河北日报，2019-10-13.

纷纷落户河北[1]。2019 年 9 月，沧州市和百度签署战略合作协议，联手打造"智能沧州"；10 月，河北和阿里巴巴集团签署《加快河北数字经济发展合作协议》，共建"数聚河北"工程；10 月，河北与腾讯公司签订战略合作协议，共同推进河北数字政府民生工程与新一代信息技术深度融合。可见，数字经济已成为河北经济社会发展的重要引擎，京津冀数字经济新的增长极正在形成[2]。

四、未来发展的展望

在二十届中央政治局第十一次集体学习时，习近平总书记指出，"发展新质生产力，必须进一步全面深化改革，形成与之相适应的新型生产关系。新质生产力既需要政府超前规划引导、科学政策支持，也需要市场机制调节、企业等微观主体不断创新，是政府"有形之手"和市场"无形之手"共同培育和驱动形成的。因此，要深化经济体制、科技体制等改革，着力打通束缚新质生产力发展的堵点卡点，建立高标准市场体系，创新生产要素配置方式，让各类先进优质生产要素向发展新质生产力顺畅流动。同时，要扩大高水平对外开放，为发展新质生产力营造良好国际环境"。目前，我国先进地区已进入跨界越域、深度联动、共享资源、融合发展，加快区域创新共同体建设的新阶段。区域创新共同体的建设是要在不同层级的政府、市场和社会之间建立相互联结、跨区域的协作关系，明确所在区域经济发展的共同导向与目标，形成共同的创新价值观，激发区域创新活力，获得区域整体利益最大化。区域内的各省市地区需要打破"一亩三分地"的思维定式，健全协同创新机制，主动减少交易成本，破除区域行政壁垒，鼓励创新主体开展有效合作和良性竞争，促成创新主体在学习和合作中凝聚共识、增进理解，增加各省市地区在经济、科技、文化、制度等方面的多元联系，实现多方共赢，形成区域乃至国家经济增长极。

（一）进一步促进区域创新合作

在创新资源向发达地区集聚的趋势下，应更关注区域协同发展，鼓励各地

1　数字经济成河北高质量发展新引擎 [N]. 河北经济日报，2019-10-10.

2　臧学英. 推进京津冀成为世界级创新平台和增长极 [J]. 城市，2020（3）.

区基于自身的经济基础、资源禀赋、产业结构等选择适合自身的发展模式。我国既要优先形成一批具有世界竞争力的区域创新共同体，也要考虑产业链的完整性，正视区域发展不平衡，加强发达地区对落后地区的支援，鼓励发达地区和欠发达地区的互联互通、合作共享，充分发挥区域创新增长极的带动作用。

（二）加强顶层设计和统筹规划

以推动区域创新体系的建设为出发点，统筹全社会的创新力量，整合调动各种创新资源，推进创新活动的网络化和社会化，坚持科技创新与组织创新、制度创新相结合。建立联席会议机制，定期商议区域创新共同体内的科技力量部署、政策衔接配套、区域协调发展等重大问题，同时避免重复建设和同质化研究，在政策、规划、机制、措施等方面开展前瞻性战略研究，提升各级部门的决策能力和服务能力，最终形成以企业为主体，高校、科研院所为依托，政府推动、市场导向、社会参与的广泛区域创新合作机制。

（三）促进创新资源的共建共享与成果转化

以国家目标和战略需求为导向，共建共享重大科技基础设施、国家实验室与科创中心，集聚国际一流创新人才和创新团队，优先布局"卡脖子"技术和关键核心技术的联合攻关，加强前瞻性基础研究与引领性突破性研究，以科技创新支撑，引领区域经济发展。建立统一开放的区域科技创新资源共享服务平台，探索跨区域的共享服务机制，推动创新资源统筹协调，为区域科技进步与创新提供支撑保障。

提升区域增长极对周边地区乃至全国的辐射带动作用。建立技术产权交易市场及技术交易联盟，促进科技成果跨区域转移转化，加强科技要素跨区域流动。同时，完善创新投融资渠道，在创业风险投资、科技保险及知识产权等方面推动科技金融模式转变，助推重大科技成果转化和产业化。与众创空间、孵化器、加速器等创新服务平台建设互动协作，推动原始创新、技术创新、产业创新联动发展，加快推动创新成果转化为现实生产力。

（四）积极融入全球创新网络

区域创新共同体需要充分利用全球科技创新资源，深化国际科技交流与合作，融入全球创新网络，通过开展科技人文交流、强化科技园区合作，引导国际创新要素向企业集聚。支持企业、高校和科研院所参与、主导国际大科学计划和工程，鼓励科学研究者承担国际科技合作计划。深入实施"走出去"战略，鼓励有实力的企业采取并购、合资、参股等形式，设立海外研发中心和产业化基地，创建国家级跨国技术转移平台，建设一批国家和省级国际科技合作基地，全面提升企业研发的国际化水平和国际科技合作能力。

主题十九

打造世界科技创新中心

世界科技创新中心的形成是国家建设科技强国的主要标志性成就，也是国家综合科技实力的重要体现。纵观世界科技发展史，全球科技强国的出现都伴随着世界级科技创新中心的形成。党的十八大以来，我国全面实施的创新发展战略正在持续驱动着国家科技事业不断向前发展，加速了我国建设世界科技创新中心迈向科技强国的步伐。

一、建设世界主要科学中心和创新高地

2013 年 9 月 30 日，习近平总书记在考察中关村时强调，"即将出现的新一轮科技革命和产业变革与我国加快转变经济发展方式形成历史性交汇，为我们实施创新驱动发展战略提供了难得的重大机遇"[1]。这一关于我国与全球新一轮科技革命关系的论断具有极强的前瞻性和全局性，为我国在开放的环境中自主创新、主动融入世界创新网络提供了鲜明的战略判断。此次考察中关村，习近平总书记对中关村提出了"要加大实施创新驱动发展战略力度，加快向具有全球影响力的科技创新中心进军"的要求，之后在 2014 年 5 月 24 日和 2015 年 3 月 5 日[2]对上海建设具有全球影响力的科技创新中心做出重要指示。此后，习近平总书记还对粤港澳大湾区、京津冀地区、深圳、上海浦东等地区和城市建设科创中心提出了具体要求和重要指示。由此，全国掀起了贯彻落实创新发展战略、建设科创中心的热潮。

2016 年 5 月 30 日，习近平总书记在全国科技创新大会上首次明确提出新

1　http://jhsjk.people.cn/article/23094405

2　https://www.xuexi.cn/lgpage/detail/index.html?id=5315026976494310385&item_id=5315026976494310385

时期我国区域创新工作要尊重规律、因地制宜、差异化发展的整体战略思路。这对于我国各地落实创新驱动发展战略以及建设区域性或全球性科技创新中心具有重要的指导意义。2017 年 7 月 1 日，在习近平总书记的见证下，由国家发展和改革委员会与广东省人民政府、香港特别行政区政府、澳门特别行政区政府签订的《深化粤港澳合作 推进大湾区建设框架协议》，明确提出了粤港澳三地合力"打造国际科技创新中心战略构想"，推动了我国统筹利用全球科技创新资源、参与全球科技治理的进程。

2018 年 5 月 28 日，习近平总书记在中国科学院第十九次院士大会、中国工程院第十四次院士大会上指出，"中国要强盛、要复兴，就一定要大力发展科学技术，努力成为世界主要科学中心和创新高地"[1]，进一步阐明了大力发展科学技术与实现我国强盛复兴目标的必然联系，论证了我国努力成为世界主要科学中心和创新高地的必要性。2019 年 11 月 22 日，习近平主席会见出席 2019 年"创新经济论坛"外方代表时指出，"没有一个国家可以成为独立的创新中心，或独享创新成果。创新成果应惠及全球，而不应成为埋在山洞里的宝藏"[2]，强调了我国的科技创新中心与世界紧密相连，愿同世界各国一起创新合作。这同时也是人类命运共同体理念在我国建设世界科技创新中心领域的重要体现。

2020 年 10 月和 11 月，习近平总书记先后在深圳经济特区建立 40 周年庆祝大会和浦东开发开放 30 周年庆祝大会上的讲话都阐明了全球视野下的创新理念，指出"要加大基础研究和应用基础研究投入力度，发挥深圳产学研深度融合优势，主动融入全球创新网络"[3]，上海浦东"要积极参与、牵头组织国际大科学计划和大科学工程，开展全球科技协同创新"[4]，进一步强调了深圳、上海等建设国际科技创新中心要具备全球视野，紧密开展国际创新合作，主动融入全球创新网。2021 年 3 月，习近平总书记在《求是》杂志上发表专题文章《努力成为世界主要科学中心和创新高地》，围绕创新是第一动力、矢志不移自主

1 习近平. 瞄准世界科技前沿引领科技发展方向 抢占先机迎难而上建设世界科技强国[N]. 人民日报，2018-05-29（01）.

2 习近平会见出席 2019 年"创新经济论坛"外方代表 [N]. 人民日报，2019-11-23（01）.

3 习近平在深圳经济特区建立 40 周年庆祝大会上的讲话 [N]. 人民日报，2020-10-15（02）.

4 习近平：在浦东开发开放 30 周年庆祝大会上的讲话 [N]. 人民日报，2020-11-13（02）.

创新、科技体制改革、全球科技治理、人才引领发展等方面内容对我国建设国际科技创新中心工作进行了系统深刻的总结，并再次强调了当前科技创新工作"形势逼人，挑战逼人，使命逼人"[1]。2021 年 5 月 28 日，习近平总书记在中国科学院第二十次院士大会、中国工程院第十五次院士大会、中国科协第十次全国代表大会上再次强调"要支持有条件的地方建设综合性国家科学中心或区域科技创新中心，使之成为世界科学前沿领域和新兴产业技术创新、全球科技创新要素的汇聚地"，进一步阐明了我国建设世界科创中心具体方略与路径[2]。2022年 10 月，党的二十大报告指出，"统筹推进国际科技创新中心、区域科技创新中心建设，加强科技基础能力建设，强化科技战略咨询，提升国家创新体系整体效能"，"加快建设世界重要人才中心和创新高地"。

二、国内外现状与趋势分析

（一）发达国家建设世界科技创新中心的经验

根据 2017—2023 年历年的《全球创新指数报告》，中国、美国、日本、韩国、法国、英国、德国等国家在建设世界科技创新中心方面具有较好表现。在排名全球前十五位的科技集群中，美国连续多年拥有五个著名的科技集群，科技创新密集程度高，处于世界领先地位。日本连续多年拥有三个世界级科技集群。韩国、法国、英国、德国在世界科技集群上都具有不错表现，其中 2023年韩国首尔重回世界排名第三的位置。从 2017—2023 年世界科技集群排名（见表 19-1）来看：2021 年及以前，世界科技创新中心以美国、日本等老牌科技创新中心为典型；2022 年开始，科技活动中心东移，东亚开始引领全球科技活动；至 2023 年，全球五大顶级科技集群全部位于东亚。

1　习近平. 努力成为世界主要科学中心和创新高地 [J]. 求是，2021（6）.

2　习近平. 在中国科学院第二十次院士大会、中国工程院第十五次院士大会、中国科协第十次全国代表大会上的讲话 [N]. 人民日报，2021-05-29（02）.

表 19-1 《全球创新指数报告》——世界科技集群排名前十五位的区域

排名	2017年	2018年	2019年	2020年	2021年	2022年	2023年
1	东京-横滨，日本	东京-横滨，日本	东京-横滨，日本	东京-横滨，日本	东京-横滨，日本	东京-横滨，日本	东京-横滨，日本
2	深圳-香港，中国	深圳-香港，中国	深圳-香港，中国	深圳-香港-广州，中国	深圳-香港-广州，中国	深圳-香港-广州，中国	深圳-香港-广州，中国
3	加利福尼亚州圣何塞-旧金山，美国	加利福尼亚州圣何塞-旧金山，美国	首尔，韩国	首尔，韩国	北京，中国	北京，中国	首尔，韩国
4	首尔，韩国	北京，中国	北京，中国	北京，中国	首尔，韩国	首尔，韩国	北京，中国
5	大阪-神户-京都，日本	北京，中国	加利福尼亚州圣何塞-旧金山，美国	加利福尼亚州圣何塞-旧金山，美国	加利福尼亚州圣何塞-旧金山，美国	加利福尼亚州圣何塞-旧金山，美国	上海-苏州，中国
6	加利福尼亚州圣地亚哥，美国	大阪-神户-京都，日本	大阪-神户-京都，日本	大阪-神户-京都，日本	大阪-神户-京都，日本	上海-苏州，中国	加利福尼亚州圣何塞-旧金山，美国
7	北京，中国	马萨诸塞州波士顿-剑桥，美国	马萨诸塞州波士顿-剑桥，美国	马萨诸塞州波士顿-剑桥，美国	马萨诸塞州波士顿-剑桥，美国	大阪-神户-京都，日本	大阪-神户-京都，日本

续表

排名	2017年	2018年	2019年	2020年	2021年	2022年	2023年
8	马萨诸塞州波士顿-剑桥，美国	纽约州纽约，美国	纽约州纽约，美国	纽约州纽约，美国	上海-苏州，中国	马萨诸塞州波士顿-剑桥，美国	马萨诸塞州波士顿-剑桥，美国
9	名古屋，日本	巴黎，法国	巴黎，法国	上海，中国	纽约州纽约，美国	纽约州纽约，美国	加利福尼亚州圣地亚哥，美国
10	巴黎，法国	加利福尼亚州圣地亚哥，美国	加利福尼亚州圣地亚哥，美国	巴黎，法国	巴黎，法国	巴黎，法国	纽约州纽约，美国
11	纽约州纽约，美国	上海，中国	上海，中国	加利福尼亚州圣地亚哥，美国	加利福尼亚州圣地亚哥，美国	加利福尼亚州圣地亚哥，美国	南京，中国
12	法兰克福-曼海姆，德国	名古屋，日本	名古屋，日本	名古屋，日本	名古屋，日本	名古屋，日本	巴黎，法国
13	得克萨斯州休斯敦，美国	华盛顿哥伦比亚特区-马里兰-巴尔的摩，美国	华盛顿哥伦比亚特区-马里兰-巴尔的摩，美国	华盛顿哥伦比亚特区-马里兰-巴尔的摩，美国	华盛顿哥伦比亚特区-马里兰-巴尔的摩，美国	南京，中国	武汉，中国
14	斯图加特，德国	加利福尼亚州洛杉矶，美国	加利福尼亚州洛杉矶，美国	加利福尼亚州洛杉矶，美国	加利福尼亚州洛杉矶，美国	杭州，中国	杭州，中国
15	华盛顿州西雅图，美国	伦敦，英国	伦敦，英国	伦敦，英国	伦敦，英国	加利福尼亚州洛杉矶，美国	名古屋，日本

资料来源：根据2017—2023年《全球创新指数报告》整理

从发达国家建设世界科技创新中心的历史来看，英国、法国、德国、美国、日本等科技强国都抓住了科技革命、产业革命所带来的发展机遇，先后在本国形成了世界级科技创新中心[1]。从世界科技创新中心的形态来看，既有伦敦、巴黎、慕尼黑这样的国际大城市，也有旧金山湾区、纽约湾区、东京湾区这样的城市群，也有像以色列这样的国家，它们都是世界科技创新中心，并且有些国家还拥有多个世界级科技创新中心（如美国）。这些地区不仅汇聚了大量的科技型人才、大学、科研院所、优质的科技企业和产业，还主导了本国或世界领域的科技创新进程。

从各国建设世界科技创新中心的经验来看，存在以下规律：

第一，具有高精尖技能的顶级人才。这也是建设世界科技创新中心的关键所在。不论是通过世界高水平大学或科研院所培育的高才生，还是通过筑巢引凤、优化营商环境吸引而来的专家学者、企业家精英人才，都为其建设世界科技创新中心输入大批优质人才。例如，位于旧金山湾区的"硅谷"拥有加利福尼亚大学伯克利分校、斯坦福大学等世界一流大学及数量众多的高等学府，还拥有斯坦福线性加速器国家实验室、劳伦斯伯克利国家实验室、美国国家航空航天局埃姆斯研究中心等科研机构，这些大学、科研院所都为"硅谷"高科技产业输送了大量的顶级人才，孕育了包括惠普、谷歌、甲骨文、特斯拉、苹果等一大批世界顶级科技公司。

第二，具有优质的营商环境。这里既包括便捷的融资渠道、风险基金等，也包括开放包容的创新文化。例如，英国伦敦一直以来就是世界著名的金融中心，拥有世界高度发达的商业银行体系，为高风险的技术创新提供了便捷、高效、丰厚的资金支持；又如波士顿发达的金融、保险、信贷机构为该地区的科技创新提供了丰富的集资渠道。

第三，科学的政府服务。例如，被誉为"第二硅谷"的以色列政府为创业者提供创业咨询、加速器、创业俱乐部、创业培训、创业活动等众多贴心的政府服务，同时它通过提供资金支持、搭建外部联系渠道、强化基础设施建设、

1　熊鸿儒.中国应把握建设全球科技创新中心的"机会窗口"[N].中国经济时报，2015-06-01（5）.

完善政策法规等促进以色列的科技创新[1]。

（二）我国建设世界科技创新中心的重点举措

围绕"建设什么样的科技创新中心""如何建设科技创新中心"等问题，习近平总书记指出，"要围绕'一带一路'建设、长江经济带发展、京津冀协同发展等重大规划，尊重科技创新的区域集聚规律，因地制宜探索差异化的创新发展路径，加快打造具有全球影响力的科技创新中心，建设若干具有强大带动力的创新型城市和区域创新中心"[2]。这一重要指示精神实质上回答了我国建设世界科技创新中心要实事求是、尊重规律、因地制宜、差异发展的整体思路。在此思想引领下，逐步形成了我国探索建设世界科技创新中心的特殊路径。

1.强化科技创新中心整体布局，突出功能定位和发展的差异性

一是尊重规律，探索差异化路径。区域创新资源的汇聚具有特定规律，并且不同区域的建设条件、功能属性也不一样。因此，只有尊重科技要素区域汇聚规律，并因地制宜地建设，才能确保全国建成协同互补的科技创新中心、建成具有竞争优势的世界级科技创新中心。二是加强功能区的定位。北京、上海、粤港澳大湾区等世界科技创新中心在突出服务京津冀、长三角、粤港澳等区域发展的同时，还要承担国家高水平对外开放战略任务；成渝、长株潭、厦门、济南等地区建设的区域科技创新中心主要承担区域发展功能。三是带动性目标导向明确。不论哪个层面的科创中心，在全国范围内都是一个点或一片。科技创新中心要形成强大的带动力、辐射力，促进各类创新要素（知识、技术、资本、人才、制度、文化等）在区域内汇聚，促进形成区域乃至国内外创新要素循环的创新生态环境，成为国家创新发展的策源地。

2.精准对接国家发展规划，发挥核心城市对区域的辐射带动作用

建设科创中心的实质是加速核心城市地区创新要素资源汇聚的动态过程。我国建设科创中心一般以现有的创新型城市或地区为基础，强化城市科技创

1　中共北京市委组织部.北京市干部学习培训教材——全国科技创新中心建设认识与实践[M].北京：北京出版社，2019：234-235.

2　习近平：为建设世界科技强国而奋斗——在全国科技创新大会、两院院士大会、中国科协第九次全国代表大会上的讲话[N].人民日报，2016-06-01（02）.

新中心建设与"一带一路"、长江经济带、粤港澳大湾区等国家重点发展规划的衔接匹配，通过核心城市的科技创新中心建设，加速区域创新要素资源汇聚，并通过科创中心辐射带动周边城市地区的发展，使核心的创新型城市成为辐射带动区域发展的强大引擎。例如，国家通过各种专门政策支持北京加速建设全国科技创新中心，将极大发挥北京在京津冀区域一体化中的强大引擎作用；推动上海向具有国际影响力的科创中心进军，不仅会促进"一带一路"、长江经济带建设，也会加速长三角地区创新要素资源的聚集，促进区域经济社会一体化；充分利用深圳、香港的高水平对外开放优势建设国际科技创新中心，将进一步促进粤港澳大湾区战略实施，不断提升国家更高层次的对外开放水平。

3. 打造世界主要科学中心，布局发挥区域创新主平台功能

一方面，国家通过政产学研协同合作，发挥科研院所、高校基础研究优势和龙头企业科技创新积极性，积极部署基础前沿研究和应用研究，强化国家实验室在北京、上海、粤港澳大湾区等重点城市和地区的布局规划，因地制宜地推进国家重大科技基础设施和创新基地建设，保障国家重大科技项目任务落实落地。另一方面，以创新平台为主抓手，积极推动经济特区、国家高新区、经济技术开发区、科学城等建设发展，发挥创新平台在世界科技创新中心建设中的关键作用。例如，《北京城市总体规划（2016年—2035年）》就指出，中关村科学城要致力于汇聚全球高端创新要素建设原始创新策源地、自主创新主阵地，怀柔科学城要建成符合国家战略需要的"世界级原始创新承载区"，未来科学城要打造大型企业技术创新集聚区，并建成全球领先的技术创新高地。

4. 推动全面深化创新改革，发挥创新特区先行先试功能

科技创新和制度创新是国家实施创新发展战略的"两个轮子"，以深化创新改革为重点的制度创新为国家科技创新提供了制度保障。一方面，国家和地方通过出台科技体制改革政策，激发各类主体的创新积极性，充分释放创新活力。例如，上海市通过"上海科改'25'条"有效激活了科研人员、科研单位的创新积极性。另一方面，通过先行先试打造创新特区，并在总结试点经验的基础上逐步推广。国家出台《深圳建设中国特色社会主义先行示范区综合改革试点实施方案（2020—2025年）》《中国特色社会主义先行示范区科技创新行动方案》等政策，赋予深圳在经济社会改革方面更多自主权，将进一步推动深圳建设创新特区，发挥其敢闯敢试、敢为人先的"特区精神"。

5. 大力发展科教事业，着力打造创新人才聚集地

建设世界科技创新中心最关键的是创新人才。一直以来，科教兴国战略为我国经济社会实现高速发展提供了源源不断的人才供给，特别是国家近年来不断加大科技投入、教育投入，国民素质能力、社会文明程度已经得到了极大提升。京津冀地区、珠三角地区、粤港澳大湾区等区域经过多年发展，已经汇聚了一大批高水平、高质量的大学、科研院所、高科技企业，为所在区域进行科创中心建设积累了丰富的智力资本。加之，我国各项政策始终坚持以人为本，特别是在科教领域，无论是科技体制改革还是创新人才培养，或是积极吸引国际高端人才来华学习工作，人本主义理念正在融入我国科技创新中心建设全过程，促进了各类创新人才要素加速向我国聚集。

三、中国的成功实践

近年来，在党和国家对科技创新的高度重视下，我国研发投入连续多年保持高位增长，投入强度持续提升。根据 2023 年 9 月国家统计局发布的《2022年全国科技经费投入统计公报》，2022 年我国研发经费投入总量突破 3 万亿，达到 30782.9 亿元，比上年增长 10.1%，延续较快增长势头，稳居世界第二大研发经费投入体，并与美国差距不断缩小，国家科技实力和创新能力有了明显提升，但依然面临创新资源分散、创新效率不高的现实问题。从国家战略看，打造世界科创中心可以有效聚合国内外分散的创新资源要素，充分整合并发挥科创中心区域内大学、科研院所、企业的基础研究与应用研究力量，实现国家对前沿技术、关键核心技术瓶颈的突破。但世界科技创新中心并不是一天就能建成的，且区域科技创新资源有着自身的汇聚规律。

在党和国家高度重视下，我国各地正在因地制宜地推动不同类型、不同功能的综合性国家科学中心或区域科技创新中心建设，打造具有区域特色的创新高地。例如，位于中国西部四川盆地的绵阳是我国重要的国防、电子工业基地，具有大批科技工作者和国家重点研究机构。2001 年国务院就批复同意四川省建设绵阳科技城，支持将绵阳市丰富的科技资源转化为巨大的生产力[1]。此后，国家、省市又通过"绵阳科技城建设部际协调小组"机制，连续多年高位推动绵阳科技城建设，促使绵阳科技城成为中国西部科技创新版图上一颗靓丽的明珠。2020 年 12 月，科技部印发的《关于加强科技创新促进新时代西部大开发形成新格局的实施意见》[2]（以下简称《意见》）明确指出，支持建设成渝西部科技城，提升重庆科学城、成都科学城建设水平，支持绵阳科技城探索建立区域科技创新特区的科学路径。同时，《意见》还指出，支持西安建设全国重要科研和文教中心，引导西部省份全面开展创新型省份建设，加强东西部科技合作，建设不同功能的技术转移中心。2016 年以来，国家先后布局上海、北京、合肥、粤港澳大湾区等城市、区域建设国家科技创新中心，武汉、青岛、厦门等城市也全力投入建设区域科技创新中心行列。其中，北京、上海、粤港澳大湾区作为我国对外开放的桥头堡，其经济社会发展程度在国内处于领先地位，辐射带动了周边区域快速发展，在世界创新格局中具有举足轻重的地位。党中央和国家高度重视这些地区的科技创新中心建设，全力推动关键城市、核心区域建设具有国际影响力的世界级科技创新中心。

（一）北京建设世界科技创新中心

1. 北京建设世界科技创新中心的基础条件

经过多年发展，北京已拥有我国最为集中的科技力量，拥有较完善的科技创新环境制度，大量的大学、科研机构和科技创新企业，在全国具有突出的智力资源优势。

教育部发布的数据显示：截至 2023 年年底北京拥有 67 所本科高校，居全国首位；拥有 34 所"双一流"大学，居全国首位，占全国总数的 23.1%。根据 2023 年 5 月国务院新闻办在"2023 中关村论坛"上发布的数据：目前在京的全国重点实验室达 80 家，数量居全国第一；建立了 7 家国家技术创新中心、3 家国家制造业创新中心、78 家国家工程研究中心；围绕量子、人工智能、区块链等领域，建立了 8 家世界一流新型研发机构；推进怀柔综合性国家科学中

---

1 http://www.gov.cn/gongbao/content/2001/content_60973.htm

2 http://www.gov.cn/zhengce/zhengceku/2021-02-26/content_5588978.htm

心建设，29 个大科学装置和科学设施平台进入建设与运行并重阶段；支持企业牵头组建创新联合体，建立了 103 家国家企业技术中心。同时，北京还拥有大批像小米、京东这样的科技型公司。2022 年每日新创办科技型企业 293 家，平均不到 5 分钟就诞生 1 家，是 2012 年的 3.8 倍；独角兽企业 102 家，居全球第三[1]。加之首都具有面向全球开放的政策，还吸引了大量的跨组织国际企业，使得北京在优良的创新创业环境下催生了大量的创新成果。

2. 北京建设世界科技创新中心的基本情况

2006 年 12 月 7 日发布的《北京市"十一五"时期产业发展与空间布局调整规划》是聚焦北京建设科技创新中心较早的政策文件，首次明确提出"到'十一五'期末，要把北京建成国际化现代服务业中心和亚太地区科技创新中心"。可见，彼时的政策仅将北京科技创新中心定位在国家和亚太地区层面。2009 年 3 月 20 日，国务院批复支持中关村科技园区建设国家自主创新示范区时，就明确提出"推动中关村科技园区的科技发展和创新，在本世纪前 20 年再上一个新台阶，使中关村科技园区成为具有全球影响力的科技创新中心"。此时，北京建设科技创新中心的定位已从区域层面转向全球视野。特别是 2014 年 2 月 26 日，习近平总书记考察北京时对北京城市发展管理提出了 5 点具体要求，明确了北京的城市战略定位，即全国政治中心、文化中心、国际交往中心、科技创新中心的核心功能定位[2]，这对于北京建设具有全球影响力的国际科技创新中心具有深刻的指导意义。基于北京"4 个核心功能"的战略定位，此后《京津冀协同发展规划纲要》《国家创新驱动发展战略纲要》《北京市"十三五"时期加强全国科技创新中心建设规划》《北京城市总体规划（2016 年—2035 年）》《北京加强全国科技创新中心建设重点任务实施方案（2017—2020 年）》《北京加强全国科技创新中心建设总体方案》《"十四五"北京国际科技创新中心建设战略行动计划》《深入贯彻落实习近平总书记重要批示 加快推动北京国际科技创新中心建设的工作方案》等相关政策都进一步贯彻落实了习近平总书记关于北京城市建设的指导思想，深化了北京城市核心功能定位要求，提出了建设世界科技创新中心的具体目标和行动方案。

1　https://www.chinanews.com.cn/cj/shipin/cns-d/2023/09-05/news969357.shtml
2　习近平北京考察工作：在建设首善之区上不断取得新成绩 [N]. 人民日报，2014-02-27（01）.

通过多年持续的建设，北京正在发展成为带动京津冀地区、辐射全国、影响全球的世界科技创新中心，近年来其全球影响力不断扩大。根据 2023 年 9 月发布的《全球创新指数报告》，在全球"最佳科技集群"排名中北京位列第四位。2023 年 5 月，科技部等 12 部门印发《深入贯彻落实习近平总书记重要批示精神 加快推动北京国际科技创新中心建设的工作方案》，确立了"到 2025 年，北京国际科技创新中心基本形成，成为世界科学前沿和新兴产业技术创新策源地、全球创新要素汇聚地"的发展目标。加快建设北京国际科技创新中心，对于实现高水平科技自立自强、加快形成新发展格局具有重要意义，将有力支撑科技强国和中国式现代化建设。

（二）上海建设世界科技创新中心

1. 上海建设世界科技创新中心的基础条件

"十三五"时期，上海也承载了"建设具有全球影响力的科技创新中心"[1]的伟大使命。上海是中国重要的国际经济、贸易、货币和航运中心，是一张靓丽的东方城市名片。上海具有独特的地理位置，位于长江三角洲的核心区域，也是我国"海上丝绸之路"和"陆上丝绸之路"延伸的交汇点，是全国人力资源、国际贸易、航运货物的集散地。此外，上海拥有复旦大学、上海交通大学等 15 所国家"双一流"大学，以及众多其他高校、科研院所，为上海市提供了丰富的科技人力资源。根据 2023 年 1 月上海市科学技术委员会发布的《2022 上海科技进步报告》，上海拥有国家重点实验室 44 家、上海市重点实验室 170 家、国家工程技术研究中心 21 家、上海工程技术研究中心 430 家、在沪两院院士 178 人等。近年来，上海市高度重视研发活动，科技投入力度持续提升，2022 年上海全社会研发经费支出占 GDP 的比重预计可达 4.2%，研发经费投入高于全国水平，仅次于北京，居全国第二位。此外，上海高度开放的环境吸引了大批世界五百强企业、高端人才、风险投资基金等进入上海。截至 2022 年，跨国公司总部 891 家，外资研发中心 531 家[2]。同时，不断完善的政府服务、配套政策、城市基础设施改善和提升了上海的创新环境。

1　http://www.gov.cn/xinwen/2016-03/17/content_5054992.htm

2　新华网：上海 2022 年实际使用外资规模创新纪录 . 2023-02-06.

2. 上海建设世界科技创新中心的基本情况

"向具有全球影响力的科技创新中心进军"是上海建设世界科技创新中心的奋进方向，不仅对于我国其他各省市落实创新驱动发展战略具有重要借鉴作用，也对我国全面融入世界创新网络、突破关键核心技术、争夺前沿科学技术话语权具有重要战略意义。2015 年 5 月 27 日，上海出台了《关于加快建设具有全球影响力的科技创新中心的意见》（简称"上海科创'22'条"），明确了上海在 2020 年和 2030 年两个时间节点前后建设科技创新中心的具体目标。2016 年 4 月 15 日，国务院印发了《上海系统推进全面创新改革试验 加快建设具有全球影响力科技创新中心方案》，进一步精准细化了上海打造国际科技创新中心的行动方案，突出了上海系统推进综合创新改革试验的战略意义。为进一步激发释放各类创新主体的创新活力，2019 年 3 月 21 日上海出台《关于进一步深化科技体制机制改革 增强科技创新中心策源能力的意见》（简称"上海科改'25'条"），提出了以市场机制为导向、破除制约创新障碍的 25 条具体建议，极大激发了科研机构、大学、企业等人员的创新动力。在党和国家的高度重视下，以张江高新技术区为载体的上海科技创新工作取得了快速发展。根据 2022 年 12 月中国科学技术发展战略研究院发布的《中国区域科技创新评价报告 2022》，上海国际科技创新中心建设成绩显著，综合科技创新水平多年排名全国第一位，科技活动财力投入指数排名全国第一。根据 2023 年 6 月发布的《上海科技创新中心建设报告 2022》，张江高新技术区规上工业总产值 1.9 万亿元人民币，高新技术企业 1.3 万家，PCT 专利申请 4424 件，技术合同登记成交金额 2683.76 亿元。在 2022 年度国家高新区综合评价中，张江高新技术区名列全国第二。目前上海科技创新中心建设正从形成基本框架体系向实现核心功能跃升，在科学新发现、技术新发明、产业新方向、发展新理念等方面取得重要进展。

（三）粤港澳大湾区建设世界科技创新中心

1. 粤港澳大湾区建设世界科技创新中心的基本条件

2019 年 2 月，国家正式出台《粤港澳大湾区发展规划纲要》，将香港、澳门和包括广州、深圳在内的珠三角 9 个城市一并纳入整体发展规划，并明确了该区域作为国际科技创新中心的战略定位[1]。粤港澳大湾区具有显著的区位优势，它地处中国南方的泛珠三角区域，是改革开放的前沿地区，具有很高的国际化水平。该地区拥有香港国际金融、贸易、航运中心，澳门世界旅游休闲中心以及广州、深圳等全国领先的特大城市，区域经济发展程度全国领先，2019 年时地区经济总量已经超过 11 万亿元[2]，同时该地区还聚集了香港大学、香港科技大学、澳门大学、中山大学、华南理工大学等一批国内乃至世界领先的高水平大学以及华为、腾讯、大疆无人机等众多高科技企业。此外，深圳江门、东莞、惠州等地布局的大批国家重大科学工程，汇聚了一大批高科技人才。

2. 粤港澳大湾区建设世界科技创新中心的基本情况

2017 年 7 月 1 日，国家发改委与粤港澳三地政府在习近平总书记的亲自见证下，共同签署了《深化粤港澳合作 推进大湾区建设框架协议》，明确指出三地要重点合作打造世界科技创新中心[3]。作为国家指导大湾区建设的纲领性文件，2019 年发布的《粤港澳大湾区发展规划纲要》明确提出，"到 2035 年，大湾区形成以创新为主要支撑的经济体系和发展模式"，这将对整个大湾区的经济、社会、科技、教育等的发展方式产生深远影响。

尽管大湾区在建设世界科技创新中心过程中具有经济社会发展程度高的天然优势，但同时也面临"两种制度、两个市场、三种货币"的现实挑战，如何有效汇聚粤港澳三地创新资源，形成城市之间协同互补的区域创新共同体，是大湾区建设世界科技创新中心的关键。一方面，香港、澳门、广东等地区通过强化科技创新政策增强城市科技创新能力。例如，2018 年 8 月广东省政府出台了《关于加强基础与应用基础研究的若干意见》，要求各地都需要开展前沿科学基础研究，推动广东成为全国基础科学中心和世界创新高地，力争在 21 世纪中叶成为国家建设世界主要科学中心的重要一极。此后，各地又相继出台了《关于进一步促进科技创新的若干政策措施》《广东省推进粤港澳大湾区建设三年行动计划（2018—2020 年）》《广东省科技企业孵化载体管理办法》《深圳市深港澳科技计划项目管理办法》、"香港特区政府'科技人才入境计划'优

1　http://www.cnbayarea.org.cn/policy/policy%20release/policies/content/post_165642.html

2　https://www.gov.cn/xinwen/2021-01/28/content_5583216.htm

3　http://www.cnbayarea.org.cn/policy/policy%20release/policies/content/post_106732.html

化措施"、《中新广州知识城总体发展规划（2020—2035 年）》《广州市推进新型基础设施建设实施方案（2020—2022 年）》等科技政策，推动香港、澳门、广州、深圳等地区成为粤港澳大湾区科技创新的强大引擎。同时，珠海、中山、佛山、江门等节点城市也相继出台科技政策，积极融入湾区创新发展全局工作，逐渐形成了广佛、深港、珠澳 3 个极点和周边城市协同互动的科技创新格局。另一方面，国家和粤港澳三地积极推动大湾区协同创新。2018 年 8 月，国家粤港澳大湾区建设领导小组成立，并由时任国务院副总理韩正担任组长，标志着粤港澳大湾区正式形成了最高级别的政府协调机制，高位推动大湾区建设。2019 年 8 月，广东也建立了广东省推进粤港澳大湾区国际科技创新中心建设领导小组，协调政府部门及珠三角 9 市合力推进大湾区建设。

同时，广东省还通过深圳光明科学城、深港科技创新合作区、广州中新知识城、广州人工智能与数字经济试验区、珠海横琴新区、佛山三龙湾高端创新聚集区、惠州仲恺高新技术产业开发区等一大批科技创新载体布局了人工智能、5G 技术、高端制造、生命健康等领域的前沿技术研究，并深化区域创新体制机制改革，出台了一系列促进粤港澳大湾区出入境、就业创业、居住、交通物流等更加便利化的政策措施，促进了区域人员往来交流合作。同时，快速建设的高铁、城轨、高速公路等现代交通基础设施，不断地将各个创新节点联系起来，使得粤港澳大湾区正在加速形成一个充满活力的创新网络。

四、未来发展展望

从全球科技发展史来看，世界科技创新中心先后从意大利转移到英国、德国、法国、美国，且每次转移都催生了一个科技强国出现。当前，世界科技创新中心正呈现向亚洲国家转移的趋势，因此要把握好这一轮科技革命和产业变革，努力把我国建设成为具有全球影响力的世界科技创新中心和创新高地。

（一）突出战略定位，因地制宜建设世界科技创新中心

我国幅员辽阔，不同地区在诸如人口、区位、经济、科技等资源禀赋和创新环境方面都存在较大差异，这决定了我国世界科技创新中心建设要以国家战略需求为导向，并根据各地实际情况开展。例如，北京、上海、粤港澳大湾区

等在国家科技战略布局中具有重大战略意义的关键城市和地区，要"高起点、高标准、高要求"地规划建设世界科技创新中心和创新高地，突出其国内和国际影响力，辐射带动国内区域性科技创新中心的建设，发挥在国际创新要素市场中的引领力和整合力，同时紧密服务国家及地区的产业发展需要，在国家创新体系中充分发挥强大的引擎作用。

（二）发挥平台优势，持续提升协同创新开放水平

世界科技创新中心是国际创新网络中的关键节点，中国建设世界科技创新中心的最大功能之一就是积极主动地融入全球创新网络。经过多年积累，我国已建设布局包括经济特区、自贸区、科技产业园、科学城、科学装置、国家实验室、"双一流"大学、中央企业等在内的科技创新载体和平台。未来，应在新型举国体制下进一步充分发挥各类平台机构的协同创新优势，构建以企业为主导的创新联合体，瞄准基础研究和前沿高技术领域持续发力。例如，北京在建设世界科技创新中心进程中，要充分发挥中央企业、高校、科研机构高度密集的优势，促进产学研深度融合；粤港澳大湾区打造世界科技创新中心要充分发挥香港、澳门、广州、深圳等城市的极核作用，特别是要发挥香港、澳门的国际性都市的影响力，全力支持港澳科技创新工作融入国家科技战略全局，同时切实发挥深圳"双区"建设的历史性机遇作用，积极打造具有国际影响力的大湾区开放创新高地。

（三）强化要素供给，高质量建设完善科技创新环境

世界科技创新中心普遍具备高质量的创新要素条件。为此，各类科技创新中心在强化要素供给优势的前提下，要更加注重构建有利于科技创新的人居环境、科技创新政策、配套项目及服务、创新文化等创新环境。一是政府要持续科学统筹我国世界科技创新中心建设、持续加大科技投入、完善城市基础设施、做好各项政策配套等，积极营造优良的营商居住、创新创业氛围。二是企业特别是大型国有企业要充分发挥科技创新主体作用，积极建设企业主导的创新共同体，充分参与全球创新资源的市场化配置，不断在尖端科技领域参与世界竞争，提升企业科技创新能力。三是高校和科研院所要瞄准世界一流大学、

一流学科建设，加强基础科学研究，强化战略科技人才培养，积极推动科技成果转化，进一步激发激活科技人员的创新活力。四是要充分发展现代服务业，如人才市场服务、科技金融创新、知识产权交易、科技成果转化等，进一步优化营商环境。五是要始终加强全社会"双创"工作，积极提升公众创新创业意识，支持发展各类创新创业载体平台，同时鼓励广大科技人员和大学生开展创新创业活动，形成蓬勃向上的创新创业社会氛围。

（四）创新发展模式，注重科技创新中心与生态价值的融合

在注重资金、技术、人才、政策等配套要素投入的同时，要前瞻性、全局性地考虑生态价值在科技创新中心建设中的特殊意义。要大力发展"创新＋生态"模式，使科技创新中心各项规划与建设符合高质量发展要求，既做到高质量、高水平的原始创新，也要做到高效能、可持续的人与自然和谐共生。例如，2021 年深圳发布了全球首个 GEP（生态系统生产总值）核算制度体系，获得了国际组织的普遍认可；又如，正在建设实施的苏州太湖科学城、东莞松山湖科学城、合肥滨湖科学城等，都将生态价值融入国际科技创新中心建设，使之成为创新的生态支撑。

从举国体制到新型举国体制

举国体制是以社会主义制度优势为基础，发挥市场导向与有为政府的资源配置能力，实现在特定领域对稀缺资源进行集中配置，以解决特定的公共社会问题。党的十九届四中全会提出，构建社会主义市场经济条件下关键核心技术攻关新型举国体制，我国要健全面向科技创新领域的新型举国体制，必须基于传统举国体制的历史溯源和新时代要求，在资源统筹配置、科技攻关方式、组织模式、科技基础能力保障以及吸纳融合市场竞争机制等方面做出新的组织化、新的制度安排。党的二十大报告再次强调，要"健全新型举国体制"。

一、新型举国体制的提出背景

（一）举国体制

"举国体制"一词最早是竞技体育中的术语。相关政府文件资料显示，体育领域中较早提到的举国体制内涵可见于 20 世纪 80 年代全国体育工作会议的工作报告，即需要将我国体育发展纳入国家计划，并利用我国社会主义制度的优越性，实行集中统一领导，充分调动与发挥地方和政府等各方面的积极性，在经济较为落后的条件下加快体育发展步伐。2000 年悉尼奥运会后，时任中共中央总书记、国家主席江泽民同志在接见中国体育代表团时，提出了中国体育的成功依靠举国体制。此后，国家体育总局频繁运用举国体制解释中国竞技体育的迅猛发展，认为举国体制是我国社会主义制度的优势所在，国家体育发展战略、体育项目布局、体育经费与人才保障以及激励政策等都是举国体制的充分体现。由此可见，早期对举国体制的界定主要基于行政管理和公共治理的视角，认为举国体制是一种特殊的国家行政管理体系与运行机制，是基于政府力量充分调动中央与地方的各类资源，在较短时间迅速实现某一战略目标的达成。此时，举国体制至少具备 3 个特征：第一，政府主导，即政府在涉及国家经济与社会发展的战略性、公共社会性与安全性的重要领域发挥政策制定、政策执行、资源配置以及社会动员的重要功能，以充分体现国家意志。第二，在资源配置手段上主要体现为政府行政手段而非市场手段，是以政府行政手段实现资源优化配置的重要资源配置模式。第三，举国体制下的各类战略目标的实现以及具体项目的落实依赖于其他各类社会主体的协同参与，并不意味着市场的力量在举国体制中消失，而是呈现出相互补充与相互协同的支撑型作用。

（二）新型举国体制

党的十八大以来，随着中国特色社会主义进入新时代，中国社会的主要矛盾已发生根本性转变，市场在资源配置中的角色已从改革开放以来的重要作用、基础性作用转变为决定性作用，政府与市场在资源配置中的功能定位与作用边界进一步发生改变。2015 年，习近平总书记在《关于〈中共中央关于制定国民经济和社会发展第十三个五年规划的建议〉的说明》中对新型举国体制进行了宏观规划，即在重大科技项目上要"发挥市场经济条件下新型举国体制优势"[1]。党的十九届四中全会通过的《中共中央关于坚持和完善中国特色社会主义制度 推进国家治理体系和治理能力现代化若干重大问题的决定》中明确强调，要"坚持全国一盘棋，调动各方面积极性，集中力量办大事"[2]，这是中国国家制度和国家治理体系的显著优势之一。2019 年 2 月，习近平总书记在接见探月工程"嫦娥四号"任务参研参试人员代表时指出："这次嫦娥四号任务，坚持自主创新、协同创新、开放创新，实现人类航天器首次在月球背面巡视探测，率先在月背刻上了中国足迹，是探索建立新型举国体制的又一生动实践"[3]。2020 年 3 月初，习近平总书记在抗击新型冠状病毒感染疫情的特殊时期再一次提到"新

1　习近平.关于《中共中央关于制定国民经济和社会发展第十三个五年规划的建议》的说明 [N]. 人民日报，2015-11-04.

2　中共十九届四中全会在京举行 [N]. 人民日报，2019-11-01（01）.

3　习近平.为实现我国探月工程目标乘胜前进 为推动世界航天事业发展继续努力 [N]. 人民日报，2019-02-21（01）.

型举国体制"这一重要战略[1]。可以看到，新型举国体制已经成为党和国家深入推进国家治理体系与治理能力现代化的重要制度支撑，也是推动国家重大战略目标实现的重要保障力量。

二、新型举国体制的内涵理解

新型举国体制在社会主义市场经济时期具备全新的时代内涵。新型举国体制与传统举国体制的区别源于时代背景的深刻变化，集中体现为三大层面。

第一大层面为经济制度层面。随着中国特色社会主义进入新时代，我国已从贫穷落后的社会主义国家迈向社会主义现代化强国的建设进程，已建成社会主义市场经济体制，传统计划经济时代下政府为各领域资源配置的决定性力量已转变为市场在资源配置中起决定性作用，政府与市场的关系以及功能定位进一步明晰。因此，高度竞争的市场经济领域需要依靠市场力量实现各类生产要素的优化配置。而部分领域，尤其是面向国家安全性和战略性、存在市场失灵以及市场能力不足的场域，更需要基于国家政府的力量发挥举国体制，充分调动经济社会中各类主体的积极性与各类资源实现资源的优化配置。从这个意义上看，计划经济时期的传统举国体制已无法适应新时代国家经济制度的新变化与新要求。

第二大层面集中体现为国际关系与世界政治经济格局的深刻变化。从国际关系看，我国的国际外交环境已从中华人民共和国成立初期的弱国外交走向基于"和平共处五项原则"的多国家合作的平等外交；国际政治博弈格局已从传统的美苏争霸转向"一超多强"以及世界多极化发展。相应地，中国在世界政治舞台的角色日益重要，中国成为积极参与国际环境建设以及国际合作规则制定的重要贡献者。因此，传统举国体制面对的帝国主义封锁以及部分欧美发达国家封锁的国际环境已发生深刻变化。尤其是随着 2018 年以来中美贸易战以及科技战带来的国际关系不确定性的加剧，面对部分发达国家的技术遏制以及全面封锁，大国之间的战略博弈以及经济科技战成为新时代国际关系的突出特

1　习近平. 协同推进新冠肺炎防控科研攻关　为打赢疫情防控阻击战提供科技支撑 [N]. 人民日报，2020-03-03（01）.

征。因此，新型举国体制是应对国际政治经济新格局以及国际关系新形势下的重要制度支撑，是回应新时代复杂与不确定性国际关系的重要制度磐石。

第三大层面是应对百年未有之大变局以及基于"双循环"新发展格局的战略支撑。当前世界正处于百年未有之大变局，面对国际经济新格局以及国际关系新形势，我国确立了以国内大循环为主体、国内国际双循环相互支撑的全新发展战略，意味着在新发展格局下我国建设制造强国、科技强国、质量强国、数字强国等一系列国家战略，实现经济全面赶超，需要坚持中国特色社会主义道路，坚持国家在涉及国家战略的各大战略领域发挥战略引领以及集中攻关突破的重要作用，尤其是在面向新一轮科技战下的关键核心技术的"卡脖子"问题上，更加需要基于新型举国体制撬动各类创新主体集中攻关突破，以确保我国产业链、供应链与价值链的安全性与稳定性，以及巩固我国创新链在支撑产业链与供应链中的基础性地位。从这个意义上，新型举国体制是顺应我国"十四五"规划建设以及二〇三五建设世界科技强国战略的重要支撑，也是走中国特色社会主义科技创新强国以及制造强国的制度优势。

从新型举国体制的内涵与特征来看，可从不同的理论视角对新型举国体制的重要内涵与关键特征予以解构。

第一，从政治经济学以及政治逻辑的视角看，新型举国体制要求坚持党在国家发展全局中的核心引领地位，坚持中国共产党在党和国家各项事业中的全面领导，并基于民主集中制的核心政治逻辑，形成政治共识，确保党的各项重大战略决策与各项事业能够有效推进与层层落实。基于政治逻辑实现党和国家意志在中央与地方之间的传导、协同与配合，进而保障各级政府、各企事业单位以及多元社会主体能够积极响应并积极贡献力量，实现党中央的集体重大战略决策能够迅速转换为各级地方政府的战略路线指南以及政策执行的对标框架，最终保证党和国家的各项战略决策能够真正落地并有效实现。因此，从政治逻辑的视角看，新型举国体制的关键特征在于坚持党的领导、坚持民主集中制以及坚持以人民为中心的根本宗旨，并在落实党和国家的各类重大战略决策过程中坚持群众路线，引导、调动与激发广大人民群众积极参与各项国家事业以及战略实现过程，最终的目标依然是改善人民福祉，人民群众共享发展成果。

第二，从资源配置的方法论视角看，新型举国体制最根本的内涵是系统观、全局观以及统筹观。这主要体现为科学统筹、集中力量以及协同攻关实现经济社会资源的优化配置。新型举国体制是在坚持中国特色社会主义的发展道路上，面向市场经济建设中的各关键战略性领域的一种资源配置的"优化机制"，其特殊性在于党在科学论证的基础上科学决策，并以集中力量办大事的工作方法整合各类经济性与社会性主体的力量，实现物质资源与精神意志最大程度的统一，以协同攻关的落地组织方式最终实现资源整合以及合理优化配置。从这个意义上，新型举国体制的重要特征便是在坚持市场配置资源的决定性作用的同时依然发挥政府的作用，但是政府的职能已发生根本性转变，新型举国体制在政府公共治理能力现代化的前提下能实现资源配置最优以及资源利用效率最大化，具备市场理性与公共社会理性相互融合的系统与整合思维。

第三，从国家治理的视角看，新型举国体制是实现国家治理能力现代化的重要治理框架。新型举国体制强调突破传统举国体制下的动员式治理，主张以常规式治理与动员式治理动态互嵌的方式，推动国家治理各个领域的整体安排，意味着新型举国体制的运作空间从重大重点领域的运动式与动员式治理转向常规式治理，涉及国家治理结构、治理主体以及治理工具与治理手段的全方位重塑，形成权责清晰、制度规范、主体多元以及机制有效的整体性治理框架。从这个意义上，多元化的治理机制互嵌是新型举国体制的重要特征，"激活"机制是常态治理领域与重点治理领域互嵌的重要实现机制，协作式治理成为贯穿两大治理领域的重要治理模式。

三、中国的成功实践以及国际经验

改革开放以后，我国重视借鉴美、日、德等国的先进经验，先后设立了国家自然科学基金委员会和国家知识产权局等机构共同负责科研管理，逐渐步入国家统筹下合理分工的多部门、多层次、军口与民口加速分离的科技管理新时期。随着国家科技教育领导小组的成立，科技体制改革深入推进，并由科技部行使全国科技工作统筹协调的管理职能，我国的国家创新体系快速完善。在市场经济背景下，我国充分借鉴美国"大科学"概念与"大科学工程"项目模式的优势，在载人航天、探月工程等领域实施中央专门委员会直接领导下的专项管理，即政府是产学研组织中的牵头者、资源配置者、项目规划者、组织实施者以及治理者，其他主体扮演协同参与的角色。比如，载人航天工程由原国防科工委统一组织实施，通过总指挥、总设计师联席会议制度实施重大问题的决策，并由总指挥和总设计师两条指挥体系纵向贯通，各级载人航天工程办公室实施横向管理，共同编织形成矩阵式的组织体系和网络，具体研制、建设、试验任务则由100多个研究院（所）、基地、高等院校、工厂直接承担，工程协作配套、任务支援和保障方面则由国务院有关部委、军队各总部、有关军区、军兵种和省市自治区3000多个单位的数十万人共同承担。

（一）面向国家重大民生公共工程科技创新的新型举国体制

工程被定义为一种造物与用物的管理与技术实践。一般而言，根据工程的难度、规模、建设周期、影响范围以及利益相关方边界，可以把民生公共工程分为面向大型国有企业、民营企业的特定重大技术创新工程，面向国家的公共救济工程，面向贫困减缓或反贫困创新的重大扶贫工程，面向国家重大战略导向的科技战略工程，以及面向重大民生问题解决人民公共服务、公共基础设施的科技创新工程等。较之于私人场域的市场类工程建设（如房地产建设等），此类工程具有规模宏大、技术复杂性强、建设生命周期长、投资回报率不确定性高以及较强的公共性特征。因此，从创新视角看，面向重大民生导向、公共导向的科技创新工程，无法依靠单一的企业、政府或社会来解决，也无法通过单一的区域性行政命令或区域性的产业集群来解决。面向民生公共工程的科技创新具备准公共物品以及私人物品混合属性，必然面向两类场域——市场和社会。同时，这类工程的科技创新技术难度大、回报周期长。鉴于私人研发成本与社会研发收益的巨大差距，私人资本或资本家往往在其有限的生命周期内难以承担如此规模宏大的民生公共工程的科技创新。因此，需要通过新型举国体制下的市场与政府关系的重新定位，在规划、建设、运营以及评估等各环节中充分调动中央各相关行政主体、地方政府以及各类所有制企业、社会公众等多层次、跨场域的力量，实现社会公众与政府、公共政府之间、政府与各类所有制企业等层次的委托代理关系，最终的成本收益也相对分散于公共部门以及部分具备市场化场域内的组织之中。

近年来，中国高铁的技术创新便充分体现了新型举国体制下社会主义办大事的制度优势，反映了政府在市场充分干预面向重大民生工程的企业创新生态系统以及科学研究生态的合理性。尤其是在面向高铁产业的技术创新工程中，在新型举国体制下制定了由政府主导但又嵌入市场竞争的产业政策与科技政策，首先制定总的技术创新战略，在新型举国体制的引领下实现技术研发成本的国家财政内部化，减轻了因研发周期过长以及研发成本过大带来的运营压力，内化了技术创新与产品试验过程中的试错能力，实现了技术引进、技术消化以及技术自主创新等创新迭代过程。在这一过程中，以中车集团（南车与北车）为市场组织牵引，发挥市场中领先用户的重要的市场逻辑，实现高端复杂装备与技术创新的不断改进，最终实现了中国高铁产业的重大民生公共工程的科技创新的成功。

（二）面向国家关键核心技术攻关的新型举国体制

实现高水平科技自立自强，关键核心技术必须掌握在自己手中。党的十八大以来，关键核心技术攻关的重要性、紧迫性被党中央提至新高度，习近平总书记在党的十九届四中全会、党的十九届五中全会、党的十九届六中全会和中央深改委第二十二次会议上反复强调，要构建关键核心技术攻关的高效组织体系，打好关键核心技术攻坚战。党的二十大报告提出，"以国家战略需求为导向，集聚力量进行原创性引领性科技攻关，坚决打赢关键核心技术攻坚战"。

在如何组织针对关键核心技术攻关的问题上，近年来，习近平总书记多次谈及关键核心技术攻关与新型举国体制。党的十九届四中全会提出，构建社会主义市场经济条件下关键核心技术攻关新型举国体制，明确了以国家战略需求为导向的技术攻关组织模式的重要发展方向。2022年9月，中央深改委第二十七次会议审议通过了《关于健全社会主义市场经济条件下关键核心技术攻关新型举国体制的意见》，再次强调，要健全关键核心技术攻关新型举国体制，科学统筹、集中力量、优化机制、协同攻关。

与传统举国体制以政府计划手段为主不同，新型举国体制强调科学统筹、集中力量、优化机制、协同攻关，注重以现代化重大创新工程聚焦国家战略制高点，主要面向国家战略需求明确、仅靠市场竞争难以突破的关键核心技术攻关任务，具有特定应用范围。

以国之重器——高档数控机床的关键核心技术攻关为例。作为制器之器的"工业母机"是工业化的根本，是各国的战略必争，世界强国无一不是工业母机强国。其中，高档数控机床是"工业母机"领域中人才、科技、产业、投资等要素的集大成者，被誉为"产业皇冠上的明珠"。高档数控机床是面向世界科技前沿、面向经济主战场、面向国家重大需求构建高端制造产业体系的基础性、战略性高技术产品。但是，工业母机市场总量有限、产品与技术细分、用户需求导向的差异化竞争特征显著，加之研发投入大、回报周期长，技术与工艺呈现长积累、多迭代的渐进式创新特征，存在产业发展缓慢的问题。对于这样一个完全市场化、技术供给不足且高端产品市场机制局部失灵的战略性产业，作为主管部门的工信部于 2009 年启动"高档数控机床与基础制造装备"国家科技重大专项（以下简称"04 专项"），重点开发研制航空航天、船舶、汽车、发电设备等重点领域需要的高档数控机床，满足国内主要行业需求。以"04 专项"为抓手，我国在产业政策、技术创新、强链补链、企业培育等方面做了大量卓有成效的工作，助推创新体系建设，加速科技成果转化。

十多年来，"04 专项"坚持党对科技事业的全面领导，充分发挥社会主义集中力量办大事的制度优势，积极探索中国特色的高档数控机床自主创新道路，坚持面向国防安全、国民经济安全重大需求，注重发挥市场配置资源的决定性作用，基本完成了实施方案确定的重点任务和总体目标，为不断完善社会主义市场经济下新型举国体制积累了宝贵经验。总体而言，在产品上建立了齐全的产品谱系和完整的产业配套能力，实现了从"跟踪模仿"到走向"正向设计"的蜕变；在技术上实现了从"望尘莫及"到"望其项背"的跃升，部分领域"并驾齐驱"，总体技术水平已赶上韩国、我国台湾地区，与美日德等国的技术差距逐步缩小，处于世界第二梯队。

（三）新型举国体制的国际经验

新型举国体制在国际上也并不鲜见，甚至市场经济主导的资本主义国家在推动科技创新以及实现国家科技竞争地位提升的过程中也不同程度地动用举国体制的力量。以美国航空航天事业发展为例，早在第一次世界大战期间，为迅速缩短航空科技的差距，1917 年，美国国家航空咨询委员会建立了美国第一个航空领域实验室——兰利纪念航空实验室。第一次世界大战期间，德国拥有1000 架飞机，英国拥有 400 架飞机，法国拥有 1400 架飞机，美国只有 23 架军用飞机，航空装备的巨大差距造成了美国基于国家体制实现航空科技创新领域资源的系统配置，兰利纪念航空实验室成立了发动机部、飞行试验部、风洞部和技术服务部等，实现科学研究以及技术开发的交叉融合，迅速提升了美国航空领域的科技创新实力。在第二次世界大战期间，面对当时战争对航空装备的需求，美国国家航空咨询委员会成为美军航空委员会的下属机构，其主要的研究领域从基础研究以及科学研究转向了军用设备的飞机设备与飞机测试，以改进战机性能，减少战斗机的燃料消耗，并且提高飞行速度。此后，美国国家航空咨询委员会强化了航空组件和设计参数的研究，还赞助了大型研究与开发项目。尤其是在苏联发射第一颗人造卫星之后，为应对太空领域相对落后的局面，加快太空领域的发展，美国政府决定以美国国家航空咨询委员会为基础，成立美国国家航空航天局。美国国家航空咨询委员会从 4 家航空领域国家实验室研究领域逐渐扩展至航空航天领域。其主要面向国家战略开展军事技术和商业技术的研究，且在研究经费上注重以国家战略任务导向开展航空研究。总体而言，美国航空领域国家实验室的设立发展均以国家战略和国家使命驱动，都致力于推动世界航空强国建设背景下的对标赶超，并且在战略目标上不管国际科技竞争局势如何变化，美国国家航空航天局始终致力于支持美国航空领域的商业和军事需求，推动美国航空科技世界领先。且美国国家航空航天局的技术创新体系在国家直接资助下一方面积极发挥市场主体的重要作用，积极与高校、企业共建国家实验室，比如贝尔公司倾转旋翼机、波音公司复合材料技术均来自国家实验室的资助。另一方面，在创新的时间导向上，针对未来 10 年甚至 20 年以上的航空装备的应用技术开展资助以及研究，依靠跨学科、大协作和高强度支持开展关键核心技术攻关以及协同创新，充分将举国体制下的政府力量与市场经济下的企业等市场主体的动态创新能力相互结合，最终实现美国航空科技水平世界领先地位的获取以及维持，彰显了举国体制对科技创新的制度赋能以及市场赋能的双重力量。

四、未来发展展望

新型举国体制作为中国社会主义市场经济体制下重要的优势体制，是党统一领导下，基于全社会的资源调动、全场域的主体参与以及全协同的实施过程的资源体系、治理体系和制度体系，实现对特定的产业发展、技术突破、重大国家战略实施以及应对重大突发性国家公共安全危机等的有效制度安排，本质上是聚焦特定领域与特定应用场景下的全新制度安排。具体来看，有效实现新型举国体制，需要有效地处理好政府与市场、效率与公平、中央与地方、双循环新发展格局下的对外开放与自主内生能力建设四大关系。

（一）处理好政府与市场的关系

要处理好政府与市场（有为政府与有效市场）之间的资源配置范围与边界，明确政府在面向哪些领域、哪些主体以及哪些资源时，可以基于"看得见的手"发挥资源配置的重要作用。比如，在面向关键核心技术攻关突破过程中，并不是所有的关键核心技术都需要基于有为政府的力量、动用新型举国体制予以系统性解决。那些涉及产业链安全、国家战略、全球科技竞争的关键共性技术以及关系整个国家经济运转、国家竞争的"卡脖子"技术等关键核心技术，需要政府基于"看得见的手"发挥资源配置的主导性作用。在那些能够依靠市场力量解决实现自动出清的产业、企业以及产品技术等领域，需要清晰划定边界，原本可以依靠市场力量解决的领域，如果基于新型举国体制涉足，便会产生严重的社会资源错配、误配以及资源配置失灵等问题。因此，新型举国体制有效性和合意性的重要边界条件是，政府与市场的边界关系是否清晰。要让市场无形之手与政府有形之手能够在新型举国体制的运作过程中相互协同与耦合，让市场能够自行运转，实现市场供给有效的领域，尊重市场配置资源的决定性作用；对于市场失灵的部分领域，例如公共社会问题，则基于新型举国体制解决。

（二）平衡好效率与公平的关系

从新结构经济学的视角看，新型举国体制作用于微观市场主体主要通过产业政策与科技政策。在新结构经济学的视角下，产业政策和科技政策的目标在于使产业结构朝着更具比较优势、更具效率的方向调整，培育更具创新优势和创新潜力的主体，并着力于创造一个培育与激励产业结构调整升级的公共创新资源、公共信息环境以及制度环境，包括支撑产业发展的金融融资环境、知识产权保护等法律法规、产业发展的硬件基础设施（公路、港口、通信以及公共设备等）、共性技术以及创新文化。因此，通过政策干预产业（特定产业扶持与培育、特定产业补贴与税收优惠等）发展以及市场微观主体企业的投资、创新意愿与行为，必然会影响整个产业内的公平竞争环境和市场竞争效率。从这个意义上，新型举国体制的有效性必然涉及既有的产业政策或科技政策能否有效实现公平与效率的动态平衡，能否准确把握好效率与公平的协调共生关系。从现有产业政策的类型看，主要涉及两类产业政策——选择性产业政策和功能性产业政策。前者是基于政府的顶层设计与规划能力对特定产业发展予以选择性支持与重点照顾，实现产业的资源供给与创造主体孵化，以政府能力实现产业链、价值链与创新链之间的协同支撑体系建设；后者是针对产业发展的公共信息环境与制度环境予以系统优化，实现面向产业发展的法律法规制度体系建设以及产业公共创新资源池建设。选择性产业政策在实施过程中必然面临公平与效率的抉择，即在现有产业政策体系的市场化制度环境并不完全健全的前提下，选择性产业政策在执行过程中可能带来一系列破坏市场竞争主体的公平竞争行为，存在基于所有制差别的产权歧视以及基于产业内企业规模差别的规模歧视，导致市场中的民营企业、中小企业并不能享受与国有企业、大规模企业同等的政策待遇——包括在政府采购、政府补贴、政府税收优惠以及政府研发资助等各类项目的筛选与执行过程中的系列体制性歧视行为，严重影响了整个市场中各类所有制企业、各类规模企业的竞争效率，最终导致政府政策失灵以及资源配置的错配和误配。从这个意义上，新型举国体制的有效落实需要依靠政府的产业政策与科技政策，在承认产业政策与科技政策有效性的前提下，需要充分考虑政策制定、政策执行以及政策评估过程中的公平性问题，避免政府越位、错位与缺位等一系列问题导致新型举国体制在解决特定场域或者特定领域的公共社会问题的过程中出现失效，甚至陷入制度失灵带来更多的产业政策与科技政策的体制性怪圈中。

（三）处理好中央与地方的关系

区别于一般发达国家的央地政府关系，我国国家政府体制实质上既是一个地方分权体制，也是一个中央集权下的行政体制。独特的央地关系主要体现为：

第一，我国传统的中央政府与地方政府关系结构的基本特征是属地化分级管理和行政逐级发包或叫政府内部逐级行政发包。基于属地化分级管理与行政逐级发包的优越性在于，能够实现复杂的公共行政与决策事务逐级传递与逐级分解到下级政府，形成"中央政府（国务院）—各国家部委—地方省政府—地方市级政府—地方县级政府—基层乡镇与社区"层层传导与分解的行政发包格局，能够最大程度地节省公共事务的决策成本，同时提高地方政府的行政落实责任边界，在给予地方行政权力的同时又形成了中央政府与地方政府的相对制衡关系。

第二，央地关系的特殊性表现为地方财政分权与行政分权。财政分权，意味着自中央与地方实行分税制改革以来中央政府与地方政府实行两套税收管理制度。中央政府在核定地方财政收支额的基础上，设立了中央政府对地方政府的收税财政转移支付的制度体系，能够有效地弥补落后地区的地方政府财力不足等财政资源缺陷。而行政分权体现为以属地化管理为基础，基于行政发包通过行政权力下放地方政府，赋予地方行政决策的自主权，同时保证地方的战略决策导向符合中央政府的总体导向，以激励地方政府更好地促进本地区的经济与社会发展。从央地关系视角来看，新型举国体制的有效性在一定程度上与中央和地方的分权关系能否合意有关，即一方面能够发挥中央对地方各级政府的动员能力、资源配置能力以及影响力，基于中央政府的顶层制度设计能力为地方政府快速聚焦某一重大创新工程、重大公共社会问题、重大公共突发性社会危机的响应提供顶层设计方案，为地方政府快速调动各类经济性与社会性资源提供制度框架与行为指南；另一方面，需要充分调动地方政府的积极性，强化地方政府基本地区发展战略导向、资源禀赋、产业基础以及创新生态的整合式创新生态系统建设，以地方政府主动性、协同性以及弱耦合性强化地方政府在中央政府顶层制度设计框架下的自主决策能力与动态响应以及资源配置能力，进而实现举国体制下的层层级化的政府主体协同、政策协同、资源协同以及能力耦合，最终实现新型举国体制在解决特定的重大创新与知识工程、涉及国家战略性与安全性的战略性产业、关键核心技术以及面向重大公共社会危机治理等场景中的央地协同能力，提升新型举国体制的价值有效性与合意性。

（四）平衡好对外开放与自主内生能力建设的关系

自改革开放以来，我国基于对外开放充分吸引外资以及扩大出口，实现我国产业链、供应链、价值链充分嵌入全球价值链。在微观层面，我国大量的国有企业与民营企业确立了外向型发展战略，即主动将自身的创新网络、资源网络以及市场网络扩张到整个全球分工体系下，为经济全球化的发展提供微观组织支撑。从40余年的改革开放进程看，我国逐步从计划经济时期的内循环主导发展战略向基于外循环发展战略转变，即寻求国际市场以及外部能力（资源、技术与市场），充分吸收到我国的产业链、创新链、价值链中。我国大量企业存在以市场换技术的粗放型发展模式，导致企业长期忽视自主创新能力建设，整个产业创新生态系统、企业创新生态系统的核心技术支撑能力不足。加之我国在基础研究与应用研究上的投入失衡比例严重，短期难以弥补企业基础研究的短板，在国际关系不确定性加剧、国际科技竞争以及贸易往来日益白热化的现实格局下，我国外循环发展战略受阻，部分涉及国家安全、国家经济的关键产业、关键技术存在严重的外部系统性风险，成为发挥新型举国体制下我国建设世界科技强国的关键障碍。从这个意义上，新型举国体制尽管不是内循环主导下完全依靠自身力量来解决系统重大风险与重大经济社会问题，也不意味着彻底放弃外循环主导下外部力量对我国各类创新主体以及微观企业资源和能力的补充协同作用。在基于新型举国体制解决系列重大战略性创新工程以及公共社会问题、化解重大外部系统性与内部公共社会性危机（社会重大挑战）的过程中，依然需要平衡好内循环与外循环的二元关系，坚持内循环主导下的自主创新等内生能力建设，同时发挥国内国际双循环下外部各类创新主体对我国创新主体的合作效应以及协同效应，真正意义上实现双循环新发展格局下新型举国体制的有效性与合意性。

强化国家战略科技力量

系统性培育和强化国家战略科技力量是新形势下应对国际挑战、服务双循环新发展格局、加快建设世界科技强国的重要抓手。国家战略科技力量作为国家创新体系建设的重要内容，具有丰富内涵。区别于传统高校、科研院所和企业研发机构，国家战略科技力量致力于以"国家意志"为导向，以"引领发展"为目标，面向世界科技前沿领域，从国家战略全局的高度解决事关国家安全、国家发展、国计民生等根本性问题，从整体上提升我国的创新能力、竞争实力与发展潜力。

一、系统布局国家战略科技力量

2013 年 7 月，习近平总书记在中国科学院考察工作时指出，"我们要建成创新型国家，要为世界科技事业发展作出贡献，必须有一支能打硬仗、打大仗、打胜仗的战略科技力量，必须有一批国际一流水平的科研机构"。2013 年 11 月，习近平总书记在视察国防科学技术大学时强调，"随着科学技术不断发展，多学科专业交叉群集、多领域技术融合集成的特征日益凸显，靠单打独斗很难有大的作为，必须紧紧依靠团队力量集智攻关。要加强自主创新团队建设，搞好科研力量和资源整合，健全同高校、科研院所、企业、政府的协同创新机制，最大限度发挥各方面优势，形成推进科技创新整体合力"[1]。2016 年 5 月，《国家创新驱动发展战略纲要》发布，提出到 2020 年进入创新型国家行列、到 2030 年跻身创新型国家前列、到 2050 年建成世界科技强国的"三步走"目标，形成了创新驱动发展战略的顶层设计[2]。2016 年 7 月，国务院印发

1　http://jhsjk.people.cn/article/28398570

2　http://www.gov.cn/xinwen/2016-05/20/content_5074905.htm

《"十三五"国家科技创新规划》，提出"加大持续稳定支持强度，开展具有重大引领作用的跨学科、大协同的创新攻关，打造体现国家意志、具有世界一流水平、引领发展的重要战略科技力量"。"战略科技力量"的提法首次出现在政府文件中。2017 年 10 月，党的十九大报告强调，"加强国家创新体系建设，强化战略科技力量"，标志着国家战略科技力量建设上升为党和国家的意志。

2018 年 5 月，习近平总书记在中国科学院第十九次院士大会、中国工程院第十四次院士大会上指出，"中国科学院、中国工程院要继续发挥国家战略科技力量的作用，同全国科技力量一道，把握好世界科技发展大势，围绕建设世界科技强国，敏锐抓住科技革命方向，大力推动科技跨越发展，勇攀科技高峰"，并强调，"要坚持科技创新和制度创新'双轮驱动'，以问题为导向，以需求为牵引，在实践载体、制度安排、政策保障、环境营造上下功夫，在创新主体、创新基础、创新资源、创新环境等方面持续用力，强化国家战略科技力量，提升国家创新体系整体效能"[1]，首次强调了要明确创新主体在国家战略科技力量中的功能定位。

2019 年 10 月，党的十九届四中全会提出，要"强化国家战略科技力量，健全国家实验室体系，构建社会主义市场经济条件下关键核心技术攻关新型举国体制"，特别指出了新型举国体制与强化国家战略科技力量的重要联系。2020 年 9 月，习近平总书记在科学家座谈会上强调，"要发挥高校在科研中的重要作用，调动各类科研院所的积极性，发挥人才济济、组织有序的优势，形成战略力量"[2]，为高校和科研院所如何在打造国家战略科技力量中发挥作用指明了方向。

2020 年 10 月，党的十九届五中全会审议通过的《中共中央关于制定国民经济和社会发展第十四个五年规划和二〇三五年远景目标的建议》指出，"强化国家战略科技力量。制定科技强国行动纲要，健全社会主义市场经济条件下新型举国体制，打好关键核心技术攻坚战，提高创新链整体效能。加强基础研究、注重原始创新，优化学科布局和研发布局，推进学科交叉融合，完善共

1　习近平. 瞄准世界科技前沿引领科技发展方向　抢占先机迎难而上建设世界科技强国[N]. 人民日报，2018-05-29（01）.

2　习近平在科学家座谈会上的讲话 [N]. 人民日报，2020-09-12（02）.

性基础技术供给体系。瞄准人工智能、量子信息、集成电路、生命健康、脑科学、生物育种、空天科技、深地深海等前沿领域，实施一批具有前瞻性、战略性的国家重大科技项目。制定实施战略性科学计划和科学工程，推进科研院所、高校、企业科研力量优化配置和资源共享。推进国家实验室建设，重组国家重点实验室体系。布局建设综合性国家科学中心和区域性创新高地，支持北京、上海、粤港澳大湾区形成国际科技创新中心。构建国家科研论文和科技信息高端交流平台"。这是首次从任务、领域、目标和举措等方面具体论述如何强化国家战略科技力量。

2020 年 12 月召开的中央经济工作会议将强化国家战略科技力量列为八项重点任务之首。会议提出：要充分发挥国家作为重大科技创新组织者的作用，坚持战略性需求导向，确定科技创新方向和重点，着力解决制约国家发展和安全的重大难题。要发挥新型举国体制优势，发挥好重要院所、高校国家队作用，推动科研力量优化配置和资源共享。要抓紧制定实施基础研究十年行动方案，重点布局一批基础学科研究中心，支持有条件的地方建设国际和区域科技创新中心。要发挥企业在科技创新中的主体作用，支持领军企业组建创新联合体，带动中小企业创新活动。要加强国际科技交流合作。要加快国内人才培养，使更多青年优秀人才脱颖而出。要完善激励机制和科技评价机制，落实好攻关任务"揭榜挂帅"等机制。要规范科技伦理，树立良好学风和作风，引导科研人员专心致志、扎实进取[1]。

2021 年 5 月，习近平总书记在中国科学院第二十次院士大会、中国工程院第十五次院士大会、中国科协第十次全国代表大会上再次强调，要"强化国家战略科技力量，提升国家创新体系整体效能。世界科技强国竞争，比拼的是国家战略科技力量。国家实验室、国家科研机构、高水平研究型大学、科技领军企业都是国家战略科技力量的重要组成部分，要自觉履行高水平科技自立自强的使命担当"[2]。党的二十大报告再次强调，"强化国家战略科技力量"。

1　中央经济工作会议在北京举行 [N]. 人民日报，2020-12-19（01）.

2　习近平. 在中国科学院第二十次院士大会、中国工程院第十五次院士大会、中国科协第十次全国代表大会上的讲话 [N]. 人民日报，2021-05-29（02）.

二、国内外现状与趋势分析

（一）发达国家的国家战略科技力量建设

从世界格局演变看，国家战略科技力量是赢得国际竞争优势的关键。发达国家的国家战略科技力量主要包括国家实验室、国家研究中心、科研院所或联邦实验室等[1]。美国能够长时间保持世界第一强国的地位，正是由于其拥有一批代表国家战略科技力量的、以世界领先的大科学装置集群为核心的、具有强大创新能力的国家实验室，以及由一批研究型大学与重要企业创新研发机构聚集形成的东、西海岸两大创新城市群。目前，以国家实验室为代表的科研院所已成为欧、美、德、日等世界主要科技强国科研体系的重要组成部分、科技竞争力的核心力量、重大科技成果产出的重要载体。

美国国家实验室多发端于曼哈顿计划等国家战略任务。第二次世界大战结束后，美国将战时实验室转制成为国家实验室，使其承担面向国家使命的基础性、前沿性、战略性科研任务，从事高校、企业等其他创新主体难以开展的研究，成为国家战略科技力量的主力军。近年来，美国国家实验室的研究领域已经逐步扩展到能源、空间、信息、材料、生命等科学前沿领域，成为经济社会发展的重要支撑，是支持国家科技创新的持续力量、基础研究成果的摇篮，如劳伦斯伯克利国家实验室至今已产生一大批诺贝尔奖获得者和美国科学院院士，并越来越重视跨学科与领域融合。目前，大部分国家实验室由政府通过合同制委托高校、企业或非营利机构等负责实验室的运营管理，政府主要发挥监管职能，既体现国家意志，又能提高实验室运营的灵活性。为了确保实验室更好地执行国家战略任务，保持全球领先地位，加速科技成果产业化，美国能源部推动了国家实验室体系改革：一是整合能源部科技管理职能，将能源副部长和科学副部长两个职位合并，通过对布局、规划、管理、评估的垂直管理提高研究体系的集成度。二是加大简政放权力度，提高实验室在人才、资金、设备管理等方面的自主权，更好地满足市场需求。三是推动实验室开放共享，提高

1　贾宝余，王建芳，王君婷. 强化国家战略科技力量建设的思考 [J]. 中国科学院院刊，2018，33（6）：12-20.

多元资金利用水平，促进科技成果转移转化和商业化应用。四是加强评估与监管，确保实验室高质高效地服务国家战略和市场需求。2021 年 1 月，美国总统科技顾问委员会在提交给政府的一号报告《未来产业研究所：美国科学与技术领导力的新模式》中正式提出了未来产业研究所的概念，设计了具有使命导向、精益管理、灵活研发、多元协同和分类评价五大特点的组织框架和管理机制，并计划将这种全新的、世界级的、多元参与的研究所打造成为多部门协作推动前沿产业科技创新的范例，成为促进美国国家科研生态系统进一步融合、协同的关键平台，其科研成果将帮助美国维持其在科技领域的全球领导地位，进而确保美国未来的国家安全和经济安全。

日本通过改革科研院所法人制度，确立了国立科研机构的独特地位，赋予包括日本理化学研究所、产业技术综合研究所、物质材料研究所等承担战略性任务、在国际竞争中有望领先全球的科研机构"特定国立研究开发法人"地位，并计划将其打造成为各领域和行业的研发网络中心，发挥其在国家战略科技力量中的核心作用，引领日本未来科技发展。日本政府对国立科研机构给予多方面政策和制度保障，包括实施新型薪酬体系和人事管理模式，确保研究经费和人员薪酬的稳定性和竞争力；通过政策引导企业投资，促进经费投入多元化；在确保机构服务国家战略的基础上，提高机构科技决策和科研规划的独立性和机构负责人的自主权；减轻考核评价对国立科研机构的干扰等。

英、法、德等欧洲发达国家均有国家实验室或全球研究中心形式的国家战略科技力量，以国家重大战略需求和经济社会发展重大需要为导向，承担国家项目和科学前沿探索任务。例如，英国同样高度重视战略科技力量建设，拥有卡文迪什实验室、国家物理实验室以及英国国家海洋学中心等。德国的国家实验室有明确的国家任务导向，致力于服务国家和社会的长期发展目标，由 18 个研究中心组成的德国亥姆霍兹国家研究中心联合会是其中突出代表。该机构以大科学装置为依托，承担周期长、复杂性强、投入要求高、工业界不愿或无力承担的跨学科、战略性、综合性科研任务，致力于为经济、科技和社会的重大难题寻找关键解决方案，多年来为德国的发展做出了重大贡献。比利时微电子研究中心是世界领先的纳米电子和数字技术领域开放式创新中心和公共研发平台，汇聚了全球近 80 个国家的 4000 名研究人员，拥有全球先进的芯片研发技术和工艺，与 ASML、英特尔、三星、ISMC、高通、ARM 等全球半导体产业链巨头有着广泛合作。

（二）中国国家战略科技力量建设

在中华人民共和国成立以来的 70 多年间，中国科学院在国家战略科技力量中扮演着主要角色。一是充分体现集中力量办大事的制度优势，集中有限资源重点突破，引领和提升我国的综合科技实力。二是发挥多学科交叉和大科学装置集聚的综合优势，加速带动我国的重大原创能力和水平。三是发挥改革试验田作用，先行先试，走出一条中国特色自主创新道路。四是有效畅通创新价值链，搭建开放合作创新平台，带动中国特色国家创新体系建设。五是作为我国科技界的主要代表，全面参与了国际科技合作。为了更好适应国家战略科技力量的定位要求，中国科学院率先对办院方针进行了调整，确定了"三个面向""四个率先"的新方针，即"面向世界科技前沿，面向国家重大需求，面向国民经济主战场，率先实现科学技术跨越发展，率先建成国家创新人才高地，率先建成国家高水平科技智库，率先建设国际一流科研机构"[1]。中国科学院自成立以来取得了许多重大科技成果。特别是党的十八大以来，面向世界科技前沿、面向国家重大需求和面向国民经济主战场，通过组织实施先导专项，在若干重大创新领域和重要前沿方向取得了一批重大成果，如"悟空""墨子""慧眼""实践十号"等空间科学系列卫星、万米深海深渊探测、量子纠缠、中微子振荡、体细胞克隆猴、人工创建单条染色体真核细胞等[2]。

三、中国的成功实践

在党的正确领导下，无论是个体、高等院校、科研院所、企业还是创新平台，都涌现出了一批国家战略科技力量的典范。

1　白春礼. 国家战略科技力量的使命担当 [N]. 人民日报海外版，2017-10-20（08）.

2　吴月辉. 中科院成立 70 年成就辉煌——突出原始创新 攻克核心技术 [N]. 人民日报，2019-11-20.

（一）科研英雄立国威

朱光亚院士主要从事核物理、原子能技术方面的教学与科学研究，负责并组织领导中国原子弹、氢弹的研究、设计、制造与试验工作，参与领导了国家高技术研究发展计划的制定与实施、国防科学技术发展战略研究，组织领导了禁核试条件下中国核武器技术持续发展研究、军备控制研究及武器装备发展战略研究等工作，为中国核科技事业和国防科技事业的发展做出了重大贡献。

钱七虎院士是我国现代防护工程理论的奠基人、防护工程学科的创立者、防护工程科技创新的引领者，防护工程和岩石力学专家，中国工程院首届院士。20 世纪 60 年代，钱院士敢为人先，研制成功了国内第一套空中核爆炸压力模拟器，设计了当时跨度最大、抗力最高的飞机洞库防护门，相关成果被列入国家规范。进入 21 世纪，钱院士致力于深部掩体中爆炸效应理论的开创性研究，有效解决了我国抗钻地核武器工程防护结构设计施工等系列重大难题，实现了我国深地下防护工程建设整体科学技术水平的突破。钱七虎院士用毕生心血，为我国铸就坚不可摧的"地下钢铁长城"立下了不朽功勋。

孙家栋院士是我国第一枚导弹总体、第一颗人造地球卫星、第一颗科学实验卫星、第一颗返回式遥感卫星的技术负责人、总设计师，是我国第一颗通信卫星、静止轨道气象卫星、资源探测卫星、北斗一号工程、中国探月一期工程的工程总师，为我国航天科技事业做出了卓越贡献。从没有资料、没有经验、没有专家，几乎一张白纸，到拥有载人航天、探月工程、火星探测，中国航天事业对"独立自主、自力更生"做出了最好的诠释，而这当中的很多重要里程碑，背后都有孙家栋院士的身影。随着我国航天的舞台越来越宽广，中国人探索宇宙的步伐正越迈越稳。像孙家栋院士一样为中国航天事业奉献一生、做出不朽贡献的英雄，党和国家不会忘记，人民不会忘记。

（二）创新主体筑脊梁

高等院校方面，由郭光灿、潘建伟、杜江峰 3 位院士组成的中科大量子科技团队，打造了高校战略科技力量的样板，推动我国量子科技实现全球领先。清华大学核能技术设计研究院始终秉持"建堆报国、建堆育人"的初心使命和"知难而进、众志成城"的"200 号精神"，建院 60 多年以来，为国家培养了大批战略性科技人才，取得了一系列具有世界先进水平的重大战略成果，为推动我国核能技术发展做出了重要贡献。

科研院所方面，西安光机所以改革创新、服务发展、建设创新型国家为己任，承担并圆满完成探月工程等多项国家重大任务，将"硬科技"打造成为西安市建设科技之都、全面实现追赶超越的城市新名片。

企业方面，在航空航天、船舶、深海、高铁、能源、通信、电子信息等领域，以央企为主导的国家战略科技力量在我国发挥着中流砥柱的作用。"天问一号"探测器成功着陆于火星乌托邦平原南部预选着陆区，在火星上首次留下中国人的印迹，实现了从地月系到行星际的跨越。这是我国航天事业又一具有里程碑意义的进展，也标志着以中国航天科技集团公司为代表的中央企业又一次成功主导完成了国家重大创新项目，为加快建设航天强国和科技强国，为探索宇宙奥秘、促进人类和平与发展的崇高事业做出了重大贡献。中国石油突出创新价值，聚焦自立自强，当好科技创新"领头羊"，加强产学研用和产业链上下游企业协同创新，灵活采用"赛马争先""揭榜挂帅"等机制在更大范围内选贤举能。截至2023年末，科技领军人才达384人，其中院士23人、集团公司高层级专家295人、企业总师46人、引进的高层次人才20人，主营业务高技能人才占比达10%。中国电科在商业化浪潮席卷而来的洪流中，坚守"国家队""科技""电子信息"等本质特征，夯实主业，忠诚履行中央赋予的使命和责任，积极承担并圆满完成国家电子信息装备科研生产及保障任务，在国家党政信息化和行业信息系统建设中发挥了重要作用。

（三）创新平台聚合力

国家新能源汽车技术创新中心围绕打造世界级新能源汽车技术创新高地的总体目标，近年来在创新机制体制、突破关键技术、优化产业链条、促进产业融合等方面取得显著成效，为国家打造了一个"中心"、两个"高地"、三个"平台"。"一个中心"即具有全球影响力的新能源汽车共性、前沿关键技术的集成创新中心；"两个高地"即引领全球的新能源汽车研发、制造、服务的技术、标准、模式的输出高地，新能源汽车高端创新人才集聚高地；"三个平台"即国际一流的新能源汽车科研成果转化与产业化平台，面向全球的新能源汽学术交流、专业咨询、高端人才培养与交流平台，立足北京、面向全球地专注于新能源汽车科研转化的金融创投平台[1]。

国家高速列车技术创新中心突出战略导向，围绕国家产业技术创新重大需求，加强重大关键技术源头供给；加强机制创新，在管理运行、人才引进、项目实施、成果共享等方面，鼓励开展目标导向下的先行先试。聚焦现代轨道交通技术领域，重点开展材料及结构、装备智能化、轨道交通系统和新能源融合应用、导向运输系统模式多样化、运维与系统设备健康管理等方向的技术研究，成为强化应用基础研究、突破关键共性技术、开展工程化应用的国家战略平台。中心发挥青岛市在高速列车产业体系上的研发优势，以及当地政策、资金、人才、土地等保障，依托中车四方股份有限公司，在青岛市城阳区建设整合全球轨道交通领域创新资源的产业集聚区，重点打造"三平台、两中心、一基地"，形成开放、国际化、专业化协同创新资源网络。三个"平台"是指面向行业基础共性前沿技术、促进成果转化的高速列车技术与产品研发平台，科研成果产业化平台，大数据与应用服务平台；两个"中心"是指面向全球的高速列车产业技术合作、转移与辐射中心以及设施先进的国际化轨道交通装备检测认证中心；一个"基地"是指具有全球影响力的产业化基地[2]。

四、未来发展展望

根据世界科技发展态势，保持战略定力和战略眼光，发挥新型举国体制优势，通过科技风险研判和预测与清晰的顶层设计和规划布局，优化资源配置和创新要素布局，集中有限的资源放在优先发展的关键科技领域，从主体、基础、资源、环境等方面着手，提高创新链的整体效能，突出竞争性优势，塑造更多依靠创新驱动、更多发挥先发优势的引领型创新，是新形势下建设和强化国家战略科技力量的关键。

1　http://www.china.com.cn/zhibo/content_74518215.htm
2　http://www.gov.cn/xinwen/2016-09/13/content_5107994.htm

（一）着力建设以国家实验室为核心的国家战略科技创新平台

习近平总书记强调，国家实验室要按照"四个面向"的要求，紧跟世界科技发展大势，适应我国发展对科技发展提出的使命任务，多出战略性、关键性重大科技成果，并同国家重点实验室结合，形成中国特色国家实验室体系[1]。当前，我国正加快组建国家实验室，重组国家重点实验室体系[2]。国家战略科技力量的核心载体是以国家实验室为代表的世界一流科研机构，包括依托国家实验室和世界一流科研机构建设的重大科技基础设施条件平台、综合科学中心和集中国家科研优势力量协同攻关的综合集成科研平台。根据任务与职责的差别，国家战略科技力量主要包括国家实验室体系、国家重点实验室体系，以及国家工程研究中心、国家科技创新中心、国家科学数据中心等承载国家使命的科研机构。其中，国家实验室是面向国际科技竞争、开展国际科技合作的创新基础平台，是保障国家安全的核心支撑，在国家战略科技力量组成中处于"龙头"地位。

首先，在若干领域选择精干的科研团队，以稳定、非竞争投入的方式，长期支持一批从事国家基础性、战略性、公益性的科研团队。国家科技和研发力量适当向基础研究团队倾斜，解决这类学科和项目周期长、不确定性大，市场机制有时"失灵"的问题。中央财政研发经费适当向基础研究倾斜，优化投入结构，并为之构建国家牵头、多元投入的基金体系。加大对冷门学科、基础学科和交叉学科领域和方向的长期稳定支持，鼓励广大科技工作者勇闯创新"无人区"[3]。促进资源流动和学科交叉，逐步形成一批稳定服务于国家目标、解决社会发展重大科技问题的重点公益类科研团队和一支高水平的人才队伍。

其次，以国家实验室新建、国家重点实验室重组、国家工程（技术）研究中心改革为契机，组建若干高水平的基础研究团队和关键共性技术研发团队。在若干重点领域加强前瞻布局和战略储备，加快推进国家实验室体系建设，实现国家实验室布局的结构优化、领域优化和区域协同。在重大科学前沿问题领

1　习近平. 在中国科学院第二十次院士大会、中国工程院第十五次院士大会、中国科协第十次全国代表大会上的讲话 [N]. 人民日报，2021-05-29（02）.

2　http://www.gov.cn/xinwen/2021-01/01/content_5576096.htm

3　https://www.chinanews.com/gn/2020/10-21/9318858.shtml

域加快布局一批重大科技项目，以实验室改革为契机，布局可能引发重大变革的基础研究和应用基础研究，稳定支持一批从事高水平基础研究和关键核心技术研发的团队，鼓励其产出更多原创理论和原创发现[1]。

（二）发挥重要科研机构的科技创新"国家队"作用

习近平总书记在中国科学院第二十次院士大会、中国工程院第十五次院士大会、中国科协第十次全国代表大会上指出，"国家科研机构要以国家战略需求为导向，着力解决影响制约国家发展全局和长远利益的重大科技问题，加快建设原始创新策源地，加快突破关键核心技术"。未来应进一步明确中国科学院、中国工程院作为国家战略科技力量的地位和作用，在发挥中国科学院在基础研究和行业技术开发的科技优势的基础上，进一步明确中国工程院作为国家战略科技力量的核心力量。与世界先进国家相比，我国的工程科技能力和水平名列前茅，在航天、电力、能源、轨道交通等领域取得了世界领先水平。为此，发挥工程科技创新的优势，是进一步落实新型举国体制、提升破解行业关键技术"卡脖子"能力的关键。尽快解决行业关键技术问题，就是要逐步恢复行业科研院所的"国家"属性，使之更多地从事战略性、公共性的科技项目。着眼于促进技术进步和增强自主创新能力，瞄准世界先进水平，以世界学科前沿问题和国家经济社会发展中的重大理论与实践问题为中心的基础研究、共性技术研发和工程技术研究为目标导向，大力提升重要院所进行有组织科研和集成攻关的能力，充分发挥其在国家重大科技计划中的牵头作用，组建有国家使命、有集体荣誉感、有团队战斗力的稳定科研团队，形成有生命力的国家战略科技力量。

（三）发挥高等院校在国家战略科技力量中的关键优势

习近平总书记强调："高水平研究型大学要把发展科技第一生产力、培养人才第一资源、增强创新第一动力更好结合起来，发挥基础研究深厚、学科交叉融合的优势，成为基础研究的主力军和重大科技突破的生力军。要强化研究型

---

1 http://www.gov.cn/xinwen/2018-06/27/content_5301344.htm

大学建设同国家战略目标、战略任务的对接，加强基础前沿探索和关键技术突破，努力构建中国特色、中国风格、中国气派的学科体系、学术体系、话语体系，为培养更多杰出人才作出贡献"[1]。高等院校是科技创新的重要力量，未来要进一步发挥高水平研究型大学、行业特色大学的战略力量，强化我国基础研究和产业核心技术开发工作，不断加大高等教育的改革力度，提升"双一流"大学的建设目标，把面向国家利益、面向国家重大需求作为高校科技工作的主攻方向，在鼓励教师从事自由探索的同时，进一步加强高校"有组织"的科研活动，形成一支稳定的能团队协作的战略性科研队伍，如清华的"200"号团队、中科大的量子科技团队等，使高校科研更聚焦国家战略、更鼓励跨学科合作、更支持产学融合。

（四）发挥科技领军企业的创新主导作用

习近平总书记指出，"科技领军企业要发挥市场需求、集成创新、组织平台的优势，打通从科技强到企业强、产业强、经济强的通道。要以企业牵头，整合集聚创新资源，形成跨领域、大协作、高强度的创新基地，开展产业共性关键技术研发、科技成果转化及产业化、科技资源共享服务，推动重点领域项目、基地、人才、资金一体化配置，提升我国产业基础能力和产业链现代化水平"。近年来，我国企业技术创新主体地位不断增强，一批具有国际竞争力的创新型企业加快发展壮大。科创板上市科技企业超过 500 家，总市值超 6 万亿元。要进一步鼓励企业牵头组织实施国家重大科技任务，支持领军企业牵头组建重大创新联合体[2]，大力提升中央企业和优秀民营企业的技术创新能力，以高强度的研发投入、高质量的创新产出、高效率的创新流程，抢占发展主动权，努力实现企业技术创新的自主可控。要积极培育百余家能够面向世界科技前沿、面向国家重大战略需求，具有较大原始创新能力的创新型领军企业，发挥其在前沿科技探索的重要作用，及在承担国家重大科技任务、突破产业关键共性技术、"卡脖子"技术、关键核心技术等方面的重要作用。鼓励科技领军企

1　习近平. 在中国科学院第二十次院士大会、中国工程院第十五次院士大会、中国科协第十次全国代表大会上的讲话 [N]. 人民日报，2021-05-29（02）.

2　http://www.gov.cn/xinwen/2021-01/01/content_5576096.htm

业带动中小企业共同建设创新联合体，建立风险共担、利益共享的协同创新机制，提高创新转化效率。

（五）形成国家实验室、国家科研机构、高等院校、科技领军企业联合攻关的合力

立足现代化全局，加强科技创新整体规划，系统布局国家战略科技力量[1]，明确国家实验室、国家科研机构、高等院校、科技领军企业在创新体系中不同的功能定位，制定在新型国家创新体系下各创新主体的长期规划，实现滚动式、可持续发展。秉承面向国家需求和经济发展的目标，围绕关键核心技术研发谋篇布局，加强跨部门、跨主体、跨学科进行科研协同攻关能力，强化提升科技攻坚和应急攻关的体系化能力，构建系统、完备、高效的国家创新体系，激发各类主体的创新激情和活力，形成自主创新的强大合力，构建功能互补、深度融合、良性互动、完备高效的协同创新格局。

（六）布局综合性国家科学中心和区域性创新高地建设

习近平总书记强调，"各地区要立足自身优势，结合产业发展需求，科学合理布局科技创新。要支持有条件的地方建设综合性国家科学中心或区域科技创新中心，使之成为世界科学前沿领域和新兴产业技术创新、全球科技创新要素的汇聚地"[2]。对此，要加强体制机制创新和要素集聚，大力推进北京、上海、粤港澳大湾区国际科技创新中心建设，在中西部地区构建若干高技术产业集聚区，支持有条件的地方建设区域科技创新中心，明确定位、优化布局，促进区域创新要素流通、打造区域经济增长极。统筹推进国家自主创新示范区和科技创新城等核心科技创新平台建设，强化创新链、产业链精准对接，高标准打造未来科技创新平台。

1　武力. 发挥新型举国体制优势 强化国家战略科技力量 [N]. 中国纪检监察报，2020-12-24.

2　习近平. 在中国科学院第二十次院士大会、中国工程院第十五次院士大会、中国科协第十次全国代表大会上的讲话 [N]. 人民日报，2021-05-29（02）.

（七）着力培育战略型科学家和战略科技人才

首先，构建战略型科学家的发现与有效识别机制，积极发现重用以钱学森、朱光亚等为代表的战略型科学家。积极探索实施重大科技攻关项目"揭榜挂帅"等更开放的选人用人制度，瞄准基础研究、底层技术、颠覆性技术和"卡脖子"技术等设定清单目标，并建立健全符合这些项目特点和规律的人才与项目评价制度，打破国籍、户籍、身份、学历、年龄等限制，形成唯才是举的用人机制，让更多的"揭榜挂帅"战略科学家脱颖而出。

其次，探索构建战略性科技人才与团队的培养与引进体系。明确战略科技人才培养中的战略导向、国际导向、未来产业导向以及创新协同导向，以整合式创新思维为引领，以科研与教育资源的供给、协同、调整与重组为核心，探索构建战略性科技人才的培养体系。加强国际科技交流与合作，通过健全高端人才引进战略来实现战略性科技人才的全球获取，不仅要关注科研环境、设施设备、评价激励等"硬"条件的建设，更应重视打造开放包容、平等沟通的科研"软"环境。

最后，释放人才活力，建立健全战略科技人才成长进步的激励与保障。进一步加大科技创新的机制改革，就要进一步释放人才的创造活力，破除"帽子"的不当限制，健全以创新能力、质量、实效、贡献为导向的科技人才评价体系；适度延长评价周期，让更多的科研人安心从事难度大、周期长、风险高的科技项目，促进真正解决未来产业实际问题的原始创新和源头创新，避免盲目地迎合国际热点；积极探索和落实科研成果的跨学科、跨领域互认机制，切实营造促进交叉研究的友好环境；进一步规范科技伦理，树立良好的科研道德品质，注重更多的有使命的科研、负责任的创新。

培育战略型创新人才

当前形势下，建立健全面向未来产业与关键核心领域的战略型创新人才队伍建设体系迫在眉睫。我国在"十四五"规划纲要中明确指出，要"遵循人才成长规律和科研活动规律，培养造就更多国际一流的战略科技人才、科技领军人才和创新团队"[1]。如何发挥新型举国体制的系统性优势，尊重人才成长规律和科研活动规律，集中力量加快构建战略型创新人才的培养与引进体系，健全人才激励的政策支持，对解决我国在关键核心领域的战略型人才缺口具有重要意义。

一、培育战略型创新人才：思路与方针

（一）人才是科技创新的第一资源

人才是科技创新的第一资源，是实现创新驱动发展、实现伟大中国梦的关键。党和国家素来重视人才的重要性，始终把人才的培育和发展放在社会主义现代化建设事业的优先位置上。2002 年制定的《2002—2005 年全国人才队伍建设规划纲要》首次提出要"着眼于各项事业的长远发展和人才的总体需求，树立发展新理念，实施'人才强国'战略"，从而将人才建设提到国家战略发展的高度。2010 年 6 月，中共中央、国务院印发了《国家中长期人才发展规划纲要（2010—2020）》，进一步明确了新时代我国人才发展的战略目标、总体部署，丰富和发展了人才工作的具体方针和计划。

党的十八大以来，国家对新时代下人才工作顶层设计做出了一系列创新部署。党的十九大更是进一步明确了在新时代"实施人才强国战略"，提出"一

个加快"和"三个更加"的新要求，即"加快建设人才强国"，实行"更加积极、更加开放、更加有效的人才政策"，并明确了人才战略在"科教兴国战略、人才强国战略、创新驱动发展战略、乡村振兴战略、区域协调发展战略、可持续发展战略、军民融合发展战略"等国家战略中的基础性、引领性作用。党的二十大报告进一步强调，"深入实施人才强国战略"，"培养造就大批德才兼备的高素质人才，是国家和民族长远发展大计"。

人才作为一种战略资源，是实现经济增长和社会发展目标的关键，是保障其他战略顺利实施的基础，具有创新能力的人才队伍更是实现创新驱动发展的前提和保障。

（二）新时代战略型创新人才培养

为了在新一轮全球科技革命和产业变革中抢占制高点，各国对人才尤其是极具创新力的高端人才的争夺已进入白热化。为此，进一步加快创新人才的培育和引进，实现由人口大国向人才强国的转变，是国家从事业发展全局高度做出的重大战略部署。

"创新的事业呼唤创新的人才"。习近平总书记为当前与未来一段时间内我国战略型创新人才的培养思路与方针擘画了蓝图，为引领新时代的创新人才战略注入了灵魂、指明了方向。习近平总书记指出，"我国一方面科技人才总量不少，另一方面又面临人才结构性不足的突出矛盾，特别是在重大科研项目、重大工程、重点学科等领域领军人才严重不足"。因此，"我国要在科技创新方面走在世界前列，必须在创新实践中发现人才、在创新活动中培育人才、在创新事业中凝聚人才，必须大力培养造就规模宏大、结构合理、素质优良的创新型科技人才"，"要把人才资源开发放在科技创新最优先的位置，改革人才培养、引进、使用等机制，努力造就一批世界水平的科学家、科技领军人才、工程师和高水平创新团队，注重培养一线创新人才和青年科技人才"[1]。

为了进一步推进重点领域创新领军人才的培养，党的十九大报告中进一步提出，"培养造就一大批具有国际水平的战略科技人才、科技领军人才、青年

---

1 习近平.在中国科学院第十七次院士大会、中国工程院第十二次院士大会上的讲话 [N].人民日报，2014-06-10（02）.

科技人才和高水平创新团队"。尤其是在当下关键核心技术"卡脖子"的困境下，实现科技自立自强，打好关键核心技术攻坚战，需要一批具有爱国精神、战略视野以及专业技术过硬、富有进取精神的科技领军人才。"十四五"规划纲要提出，要"强化国家战略科技力量"，"全方位培养、引进、用好人才，造就更多国际一流的科技领军人才和创新团队，培养具有国际竞争力的青年科技人才后备军"。党的二十大报告进一步强调，"加快建设国家战略人才力量，努力培养造就更多大师、战略科学家、一流科技领军人才和创新团队、青年科技人才、卓越工程师、大国工匠、高技能人才"。可见，创新人才培养，特别是战略型创新人才的培育与引进，是新形势下我国人才战略的核心，是实施新时代创新驱动发展战略的重要抓手，是应对与化解诸多发展难题与"卡脖子"挑战的"元"策略，是构建国家战略科技力量的基础与根本。

（三）战略型创新人才培养的思路与方针

从人才强国战略的实施，到培养造就战略科技人才，习近平总书记关于人才工作的一系列重要论述，是立足于国家发展全局、准确把握国际国内发展大势基础上做出的重要论断，这些重要论断进一步阐释了做好人才工作的战略思维和科学理念，是当下和未来做好人才工作必须要遵循的。

党的二十大报告强调，"全面提高人才自主培养质量，着力造就拔尖创新人才"。在创新人才的培育上，要做好人才的培养工作，就要尊重人才的成长规律。创新人才的培养，要"择天下英才而用之，关键是要坚持党管人才原则，遵循社会主义市场经济规律和人才成长规律"[1]；要"顺木之天，以致其性"，"按照人才成长规律改进人才培养机制"，并要加大对"创新发展规律、科技管理规律、人才成长规律"的认识，只有这样才可为我国科技创新事业的发展提供坚实的基础。

党的二十大报告强调，"加强人才国际交流，用好用活各类人才"。在创新人才的引进上，一方面，要创新人才的聚集方式，"要实行更加开放的人才政策，不唯地域引进人才，不求所有开发人才，不拘一格用好人才，在大力培养

1　http://jhsjk.people.cn/article/28398570

国内创新人才的同时,更加积极主动地引进国外人才特别是高层次人才"[1]。另一方面,要在重点领域、关键学科有针对性地引用人才,"坚持以用为本,按需引进,重点引进能够突破关键技术、发展高新技术产业、带动新兴学科的战略型人才和创新创业的领军人才"[2]。

党的二十大报告强调,"坚持党管人才原则"。在创新人才的管理上,要坚持党管人才,不断提高人才工作的科学化水平。新时代党的组织路线是要"着力培养忠诚干净担当的高素质干部,着力集聚爱国奉献的各方面优秀人才,坚持德才兼备、以德为先、任人唯贤,为坚持和加强党的全面领导、坚持和发展中国特色社会主义提供坚强组织保证"[3]。党管人才,强调了党在创新人才选用和管理过程中的关键作用和统筹协调人才资源、调动人才积极性等方面的主动地位。

新时代培育战略型创新人才更是要进一步发挥党和国家作为重大科技创新组织者的作用,完善战略型创新人才的体制机制改革。"千军易得,一将难求"[4]。要建立更加灵活的人才管理机制,创造适宜创新人才成长发展的环境,完善创新人才发展的激励体制。"要激励更多科学大家、领军人才、青年才俊和创新团队勇立潮头、锐意进取,以实干创造新业绩,在推进伟大事业中实现人生价值,不断为实现中华民族伟大复兴的中国梦奠定更为坚实的基础、作出新的更大的贡献"[5]。要创新激励制度,"建立以信任为前提的顶尖科学家负责制,给他们充分的人财物自主权和技术路线决定权,鼓励优秀青年人才勇挑重担"[6],切实落实好"揭榜挂帅"等机制,使得更多的人才能够脱颖而出。

1　习近平. 在同外国专家座谈时的讲话 [N]. 人民日报,2014-05-24.

2　http://jhsjk.people.cn/article/28398570

3　http://jhsjk.people.cn/article/30302912

4　习近平. 敏锐把握世界科技创新发展趋势　切实把创新驱动发展战略实施好 [N]. 人民日报,2013-10-02(01).

5　习近平. 为实现我国探月工程目标乘胜前进　为推动世界航天事业发展继续努力 [N]. 人民日报,2019-02-21(01).

6　习近平在中央政治局第二十四次集体学习时强调:深刻认识推进量子科技发展重大意义　加强量子科技发展战略谋划和系统布局 [N]. 人民日报,2020-10-18(01).

二、国内外现状与趋势分析

（一）发达国家的战略型创新人才培育现状与趋势

面向当下国际挑战和复杂局势，科技创新人才作为科技创新事业的基础和引擎，是赢得国际竞争优势的关键。美国、英国、德国和日本等科技创新大国无一不是科技人才大国。为了激发科技人才的积极性和创新性，进而提高国家科技创新能力，以美国、日本、英国、法国等为代表的发达国家纷纷推出系统性的人才战略或规划，制定了大量的激励措施和人才政策。

美国能够长时间保持世界第一强国的地位，正是由于其拥有了世界上最多的创新人才储备。美国一直专注于国家安全与战略导向下的科技创新人才培育和激励的顶层设计。自 20 世纪 50 年代以来，美国相继出台了《国防教育法》（1958 年）、《美国 2000 年教育战略》（1991 年）、《美国竞争力计划》（2006 年）和《美国国家创新战略》（2009 年，2011 年和 2015 年）等法规和文件，为未来关键科技人才储备进行了系统性的规划。近些年，美国政府加大了对国家战略需求相关领域的投入。考虑到生命科学等相关领域的前瞻性作用，早在 2004 年，美国联邦政府在生命科学领域投入的研究经费占比就达到 54%[1]。2006 年，聚焦于知识经济时代的科技创新人才培养，美国发布了《美国竞争力计划》（*American Competitiveness Initiative*，ACI），明确指出当下提升国际竞争力的关键是培养具有 STEM[2] 能力和素养的科技人才。针对当下美国正经历的科技人才危机，2018 年 12 月美国政府进一步颁布了《联邦政府 STEM 教育五年战略计划》，旨在为未来发展储备更多的 STEM 人才。此外，美国还加大了政府与地方的合作，大力推进地方尖端人才资源的开发和利用，如组建由州政府、约翰逊宇航中心和州内私立机构共同参与的航天合作联盟，共同促进航天人才合作网络的有效对接。

英国政府于 2000 年推出《卓越与机遇：21 世纪的科学和创新政策》白皮书，全面阐述了英国面向 21 世纪的科学和创新政策，重点讨论了如何通过政

1　http://www.most.gov.cn/gnwkjdt/200506/t20050628_22795.htm

2　Science，科学；Technology，技术；Engineering，工程；Mathematics，数学。

府、科研机构、大学与企业的密切合作和创新协同，以及如何构建适合人才成长发展的科研创新环境和科技创新体制，从而发挥人才在知识积累和技术创新中的重要作用。2008 年 3 月，英国创新、大学和技能部（Department for Innovation，Universities & Skills，DIUS）发布了《创新国家战略》，特别强调要加强对人才培养以及知识生产的投入，发掘各层次的科技创新人才。此外，英国非常重视领军科技创新人才的引进。作为非移民国家典型代表，英国推出"杰出人才签证"网罗世界顶尖人才。从 2011 年 8 月起在第一类签证中增加了1000 个杰出人才签证，吸引科学、人文、工程和艺术等重点领域的国际级领军人才前往英国发展。

继 2009 年《法国研究与创新战略》（*National Research and Innovation Strategy*）出台后，法国为确保其世界一流科研大国的地位，在 2015 年发布第二个国家科研战略——《法国—欧洲 2020》（*French-Europe 2020*）。该战略确定了十大应对法国社会挑战的优先科研方向和五大行动计划，其中重点提出培养大数据管理与数据分析、创新解决气候问题、系统生物学的认知与应用、个性化医疗、服务公共政策的人类行为研究等领域的专业人才。

以色列一直将与国家战略需求相关的高科技人才数量和质量的增长作为国家发展的一项重要任务。以色列非常注重相关领域人才的投入。以生命科学领域为例，以色列创新署每年在该行业投资 5 亿新谢克尔（约合 1.3 亿美元），以高质量和高薪工作吸引更多人才，从而发挥生物医学领域的人才潜力。依据以色列创新署的最新统计数据，2018 年以色列在高科技领域增加了 19000 个职位，高科技领域人才在整体劳动力的占比中达 8.7%[1]。此外，针对出现的国内人才外流现象，以色列实施了国家引才计划、卓越研究中心计划、吉瓦希姆青年引才计划等一系列人才计划吸引人才回流。目前高技术移民已经成为以色列国家科技创新体系中的重要人才力量。

日本在 2008 年推出了"留学生 30 万人计划"，即以 2020 年为目标，将原有在日本学习的留学生人数由 12 万增加到 30 万。截至 2019 年 5 月，日本留学生人数已达到 31.2 万，实现预期目标[2]；此后，2012 年日本法务省制定了《针

1　https://kjt.jiangxi.gov.cn/art/2019/12/6/art_27023_1774523.html
2　陈晓婷.日本达成"留学生 30 万人计划"目标 [J]. 世界教育信息，2020，33（07）：79.

对外国人高级人才积分制的优惠制度基本框架方案》，着重吸引高级学术研究人员、高级专业技术人员、高级企业经营管理人员 3 个领域类别的高级人才。此外，日本推行了一系列以提升人才研究水平为目标的卓越研究支持计划。例如日本提出了"21 世纪 COE"（Center of Excellence）计划，建立了国际水平的教学科研基地，加大了对科技创新人员的创新平台建设和资金资助，不断提升本国人才培养的竞争力。

由上可见，世界各创新强国无不重视科技创新人才，尤其是面向本国科技战略需求的领军创新人才力量的建设，通过宏观政策的顶层设计，从人才培养、人才聚集、人才管理、人才保障四大方面纷纷布局，为最大限度地发挥人才的创新力营造良好的制度环境。

（二）我国战略型创新人才培养的现状与趋势

1. 规模与质量张力下的战略型创新人才培养现状

目前，我国的创新人才培育工作取得了很大发展，人才队伍的规模不断扩大，人才素质不断提高，人才队伍整体实力持续增强，创新人才服务体系逐步健全。仅以专业技术人才队伍建设来看，2022 年全国专业技术人才数量超过 2 亿人。根据《2022 年度人力资源和社会保障事业发展统计公报》：2022 年末，全国享受政府特殊津贴人员累计 18.7 万人，百千万人才工程国家级人选 6500 余人；全国共有博士后科研工作站 4273 个，博士后科研流动站 3352 个，累计招收培养博士后 33 万余人；全国共有留学人员创业园 372 家，入园企业超过 2.5 万家，9 万名留学回国人员在园就业创业。

创新能力提升方面，2022 年全国研发人员总量达到 635.4 万人年，连续多年稳居世界首位，发明专利授权量、国际科学论文被引用数均居世界前列。根据 2022 年 6 月中国科协创新战略研究院发布的《中国科技人力资源发展研究报告（2020）》，截至 2020 年，中国科技人力资源总量达 1.1 亿人，稳居世界第一。目前中国发展成全球规模最宏大、门类最齐全的人才资源大国。

但是，也需看到，我国战略型创新人才队伍存在人才队伍结构性矛盾、高端人才比例不足、人才队伍的国际影响力不足等问题。突出表现为缺乏世界前沿领域的领军人才，缺乏关键核心技术、"卡脖子"技术领域的战略型创新人才，缺乏能够独当一面的各行业领袖人才，缺乏能够引领本领域拔尖人才梯队建设的世界级大师。依据 2022 年 11 月欧洲工商管理学院、波图兰研究所和新加坡人力资本领导力研究所联合发布的"2022 全球人才竞争力指数（GTCI）"，我国上升至第 36 位。中国在 2022 年的突出排名归功于其培养人才的能力（在考察经济体中排名第八位），特别是其世界级的正规教育（第二位）和令人印象深刻的终身学习（第六位）。中国在培养人才（第三十一位）方面也名列前茅，在这个支柱下，有利的市场环境（第十位）是最明显的因素。在人才就业能力方面，中国是全球领先的国家之一（第三位）。中国还拥有更强大的全球知识技能库（第三十九位），这主要归功于创新、创业型经济的人才影响力（第二十五位）。

不过，我国的创新人才培养也存在一些问题。总体来看，我国存在人才结构失衡、创新能力不足、缺乏具有国际竞争力的战略型创新人才的问题。面对上述问题，我们急需通过人才培养的体系化建设来更有效地培养我国改革开放和社会主义现代化建设所必需的战略型创新人才。新时代，进一步加快战略型创新人才队伍建设、实施人才强国战略，以促进创新型国家建设、发挥人才队伍可持续发展在科技创新中的支撑作用，对于解决上述结构性矛盾起着关键性作用。

2. 系统挑战与战略导向下的战略型创新人才培养趋势

战略型创新人才的培育与引进，是新形势下我国人才战略的核心。明确了战略型创新人才在科技新时代科技创新中的重要地位和作用，还需进一步确立其培养理念，从而牢牢把握培育与引进人才的总体思路与战略。

2018 年 11 月，我国发布《战略性新兴产业分类（2018）》报告，列出影响未来发展的战略性新兴产业，涵盖新一代信息技术、高端装备制造业、新材料、生物技术、新能源等领域，国际竞争的"赛道"已悄然升级。我们应认识到，新一轮科技革命和产业变革浪潮，本质上是人类社会从工业经济向知识经济时代转型的产物。受此影响，社会建构的底层逻辑与基本认知不断被重构，社会经济的发展模式迎来了根本性与颠覆性变革，经济增长与社会进步的核心动力已由工业经济时代大量消耗原材料、能源和初级劳动力为代价，转向以创新性技术与颠覆性知识的创造与聚合为支柱。

新经济时代的来临在为人类发展带来机遇的同时，也对创新人才培养的理念提出了新的挑战。在此背景下，任何富有远见的未来社会发展框架都将不可避免地关注科学发现以及与之相关的创新性人才获得等命题，而这些重要命题的共性基础就是科技与教育体系的发展。进入 21 世纪，世界各主要经济体均开始重新审视并调整其人才战略以适应知识经济时代的来临。我国在"十四五"规划纲要中首次将强化战略科技力量作为坚持创新驱动发展的重中之重，并公布了"人工智能、量子信息、集成电路、生命健康、脑科学、生物育种、空天科技、深地深海"等科技前沿领域，明确了国家重大平台的战略导向性、应用支撑性、前瞻引领性和民生改善性等特征，强调"注重依托重大科技任务和重大创新基地培养发现人才"。时代转型背景下，适应人才竞争全球化的趋势和挑战，要进一步把握当下战略型创新人才的培养趋势，做好战略科技人才培养中的战略导向、国际导向、未来产业导向以及创新协同导向的多方协同。

三、中国的成功实践

（一）我国科技创新人才建设取得突破性成就

新时代，以习近平同志为核心的党中央继续将科技创新人才的建设工作作为引领发展、支撑创新的第一资源，始终将建设一支梯队结构合理、人才素质优良、具备创新能力的高层次人才队伍作为人才工作的重点方向。总体来看，党的十八大以来，我国在科技创新人才培育以及创新人才队伍建设方面取得了 3 个方面的突破性成就。

1. 为科技人才创新创业搭建平台

为了进一步完善科技人才创新创业生态，中央于 2017 年和 2018 年相继发布了《关于强化实施创新驱动发展战略进一步推进大众创业万众创新深入发展的意见》《关于推动创新创业高质量发展 打造"双创"升级版的意见》，从国家层面落实了鼓励科技人才创新创业的相关政策。紧扣国家战略性布局，建设完成了若干产业创新或协同创新等科技人才创新创业平台。根据《中华人民共和国 2023 年国民经济和社会发展统计公报》，截至 2023 年末，国家级科技企业孵化器 1606 家，国家备案众创空间 2376 家。各省市也积极参与创新事业发展平台的建设，尤其注重社会、企业多方主体的联合。例如，截至 2023 年末，北京共有各类孵化器和众创空间 500 余家，其中，市级孵化器 106 家，国家级孵化器 71 家，国家级孵化器数量居全国城市首位；孵化器参与的投资基金超过 300 亿元，规模在全国最高；近十年，孵化上市企业 200 余家、独角兽企业 30 余家。为抢抓新一轮科技革命和产业变革重大机遇，探索新时期科技企业孵化器创新发展新范式，2022 年北京在全国率先试点建设 10 家引领类标杆孵化器和 13 家培育类标杆孵化器。经过一年多的建设与发展，23 家标杆孵化器取得显著成效。一是孵化优质的企业成效突出。新增孵化科技企业 348 家，新培育国高新和"专精特新"企业 109 家，累计在孵企业达到了 930 家。二是有力支撑所在园区高质量发展。标杆孵化器 2022 年营业收入 36.64 亿元；在孵的 195 家国高新企业，2022 年实现营收 36.61 亿元，同比增长 45.6%。三是服务能力有显著提升。累计采购专业仪器设备 255 台（套），投入超过 5000 万元；举办创业辅导、早期投资、资源对接等活动 303 场，服务企业 6377 家次；新增融资 83 家，累计完成融资 18.3 亿元[1]。

2. 实施更加开放的人才吸引政策

党的十八大以来，习近平总书记先后多次强调要实行更加开放的人才政策。为破解留学人员回国创业创新的"永居难、落户难、子女入学难、开户融资难、优惠政策享受难、知识产权应用和商标注册难"的"六难"问题，国家发布了《关于印发贯彻落实国务院领导同志解决留学回国人员创业创新"六难"重要批示重点任务分工方案的通知》，并采取了一系列"绿色通道"，吸引更多的国外高层次人才来华就业。其中，在人才的开放政策方面，上海市的创新探索走在全国前列，2020 年上海引进海内外各类人才同比增长 26.7%，并将实施更加开放便利的人才政策。

3. 深化创新人才发展体制机制改革

针对当前科技人才评价中"重学历轻能力、重资历轻业绩、重论文轻贡献、重数量轻质量"[2]的问题，中共中央和国务院于 2016 年和 2018 年相继印

1　https://www.ncsti.gov.cn/kjdt/xwjj/202312/t20231220_144754.html

2　中华人民共和国科学技术部. 中国科技人才发展报告（2018）[M]. 北京：科学技术文献出版，2019：86.

发了《关于深化人才发展体制机制改革的意见》《关于分类推进人才评价机制改革的指导意见》和《关于深化项目评审、人才评价、机构评估改革的意见》（简称"三评"改革），着重提出了人才评价标准的改革方向。一是突出品德评价，加强人才科学精神、职业道德方面的评价，选拔德才兼备的创新人才。二是注重能力、业绩和贡献，克服传统论文评价方式，将社会效益、应用技术开发等纳入评价体系。三是注重个人评价与团队评价的结合，进一步完善科技创新团队的评价办法。四是完善海外人才、特殊科技人才的专门评价标准，对承担国防科技等专门领域的人才开辟特殊通道。为了进一步落实人才评价标准的导向性改革，2018年科技部、教育部等部门联合印发了《关于开展清理"唯论文、唯职称、唯学历、唯奖项"专项行动的通知》，旨在进一步激发科研人员的积极性、创造活力，建立以科技创新能力、贡献等为导向的分类评价体系。

（二）进一步发挥创新领军人才、科技帅才的核心作用

人力资源质量提升仍是未来科技人力资源发展战略的重点。我们需要清醒地认识到，当前面向创新的人力队伍质量与世界一流国家相比还有一定差距，与我国重要战略的目标要求相比，还有不符合、不适应的方面，尤其是关键核心技术人才、高技能人才、战略企业家等高素质人力资源匮乏。近年来，习近平总书记多次提出，"'两弹一星'的成功，有赖于一批领军人才"，"要有一批帅才型科学家"。之所以强调"帅才型科学家"的重要作用，是因为面对未来日益激烈的科技竞争，以帅才型科学家为重要组成的战略科技人才，对加快科技创新、赢得全球竞争具有决定意义、战略意义。

欲治兵者先选将。国家早在2012年便开展了一系列科技领军人才的培养和实践计划，通过选拔、培养和造就更多帅才型科学家，重视人才战略思维的培养，最大限度地发挥他们在科技创新中的领军优势。2012年3月，中共中央组织部发布了《高层次专家国情研修规划（2012—2020年）》。2012—2020年组织1万名左右高层专家人才参与国情研修，以提高高层次人才的思想道德素质，增进对国情的了解，培养人才战略思维能力。其中，教育部、科技部每年分别组织"长江学者奖励计划""创新人才推进计划"入选者参与研修。习近平总书记指出，要"完善战略科学家和创新型科技人才发现、培养、激励机

制，吸引更多优秀人才进入科研队伍，为他们脱颖而出创造条件"[1]。

具体而言，在科技帅才的选拔上，一方面，强调要通过支持世界一流高校、科研院所建设，"瞄准人工智能、量子信息、集成电路、生命健康、脑科学、生物育种、空天科技、深地深海等前沿领域"，聚焦前瞻性、战略性的国家重大科技项目等国家战略需求，在国家重点实验室建设等战略性、前瞻性的科技攻关活动中培养和造就人才。习近平总书记指出，"要围绕量子科技前沿方向，加强相关学科和课程体系建设，造就一批能够把握世界科技大势、善于统筹协调的世界级科学家和领军人才，发现一批创新思维活跃、敢闯'无人区'的青年才俊和顶尖人才"[2]。另一方面，要注重科技帅才的全方位培养和引进，吸引更多的外国高层次科技领军人才来华创新创业。2017年，国家外国专家局、人力资源社会保障局、外交部、公安部联合发布了《关于全面实施外国人来华工作许可制度的通知》，针对符合我国经济社会发展战略需求、"高精尖缺"的科学领军人才、国际企业家等高层次人才，实行"绿色通道"，缩短审批时间。面向"十四五"时期的经济发展目标，更是提出了要"全方位培养、引进、用好人才，造就更多国际一流的科技领军人才和创新团队，培养具有国际竞争力的青年科技人才后备军"。

四、未来发展展望

推进新质生产力要深化人才工作机制创新，正如习近平总书记所说，"要按照发展新质生产力要求，畅通教育、科技、人才的良性循环，完善人才培养、引进、使用、合理流动的工作机制"，"要着力培养造就战略科学家、一流科技领军人才和创新团队"，"更好体现知识、技术、人才的市场价值，营造鼓励创新、宽容失败的良好氛围"。

---

1 习近平.构建起强大的公共卫生体系 为维护人民健康提供有力保障 [N]. 人民日报，2020-06-03（01）.

2 习近平在中央政治局第二十四次集体学习时强调：深刻认识推进量子科技发展重大意义 加强量子科技发展战略谋划和系统布局 [N]. 人民日报，2020-10-18（01）.

（一）探索战略型科学家和战略型创新人才选拔、培养机制

第一，"揭榜挂帅"，探索构建战略型创新人才的发现与有效识别机制。积极探索实施重大科技攻关项目"揭榜挂帅"等更开放的选人用人制度[1]，瞄准基础研究、底层技术、颠覆性技术和"卡脖子"技术等设定清单目标，并建立健全符合这些项目特点和规律的人才与项目评价制度，打破国籍、户籍、身份、学历、年龄等限制，形成唯才是举的用人机制，让更多的"揭榜挂帅"战略科学家脱颖而出。

第二，探索构建战略型创新人才与团队的培养与引进体系。明确战略型创新人才培养中的战略导向、国际导向、未来产业导向以及创新协同导向，以整合式创新思维为引领，以科研与教育资源的供给、协同、调整与重组为核心，探索构建战略型创新人才的培养体系。加强国际科技交流与合作，通过健全高端人才引进战略来实现战略型创新人才的全球获取，不仅要关注科研环境、设施设备、评价激励等"硬"条件的建设，更应重视打造积极开放、大气包容、平等沟通的科研"软"环境。

第三，抓住产业数字化、数字产业化赋予的机遇，围绕数字经济、生命健康、新材料等战略性新兴产业、未来产业开展研究、应用和推广，聚焦第三代人工智能、6G、7G、第三代半导体材料、生命科学等领域，开发出具有完全自主知识产权且具有国际先进水平的仪器设备和实验方法，突破关键技术，解决若干"卡脖子"技术和关键核心技术瓶颈。

（二）长期支持一批从事国家基础性、战略性、公益性研究的科研团队

以国家科技计划等专项计划为依托，发挥国家专项战略计划的聚人育人作用。依托国家科技重大专项、国家重点研发计划，以国家战略目标与产业未来趋势为引导，集中优势资源、协调政策导向、协同各主体力量，培养一批以两院院士为代表、具备为国家发展不同领域实施顶层设计能力的战略型创新人才领袖；孕育一批具备国际竞争优势、拥有前沿性重大科技创新能力，能够领衔攻关"卡脖子"技术等核心科技高地的领军人才；造就一大批甘于奉献、十年

1　陈劲，朱子钦. 揭榜挂帅：从理论阐释到实践方案的探索 [J]. 创新科技，2020（4）：1-7.

磨一剑的"冷板凳"人才和一线研究实践者，为我国实现科技人才梯队建设构筑坚实的基础。

在若干领域选择精干的科研团队，以稳定、非竞争投入的方式，长期支持一批从事国家基础性、战略性、公益性研究的科研团队。国家科技和研发适当向基础研究团队倾斜，解决这类学科和项目团队周期长、不确定性大，市场机制有时"失灵"的问题。中央财政研发经费适当向基础研究倾斜，优化投入结构，并为之构建国家牵头、多元投入的基金体系。加大对冷门学科、基础学科和交叉学科领域和方向的长期稳定支持，鼓励广大科技工作者勇闯创新"无人区"。促进资源流动和学科交叉，逐步形成一批稳定服务于国家目标、解决社会发展重大科技问题的重点公益类科研团队和一支高水平的人才队伍。

（三）建立健全战略型创新人才成长进步的激励与保障机制

要进一步加大科技创新的机制改革，进一步释放人才的创造活力。探索和落实科研成果的跨学科、跨领域互认机制，延长评价周期，让更多的科研人才能安心从事难度大、周期长、风险高的科技项目，促进真正解决未来产业实际问题的原始创新和源头创新，避免盲目地迎合国际热点。规范科技伦理，树立良好的科研道德品质，注重科技创新激励机制设计和知识产权保护。营造良好氛围，引导科研人员专心致志、扎实进取，充分激发人才创新活力。

科技与金融的共生共荣、协同发展

从创意的萌芽孵化到创业的开展落地，从实验室的科学发现到科技成果的开发转化，从技术曲线的跃迁升级到技术范式的传播推广，科技创新的每一环节、每一阶段、每一进程都离不开金融产品的多元支持，金融体系的系统护航，金融机制的全面推进。不论是美国风险投资行业的形成与硅谷信息技术产业的崛起，还是日、德全面金融体系的建立与高端制造业的发展，国外金融行业与科技创新共生共荣的成功案例都充分说明了科技创新进程中金融体制建设的重要性，以及以推动科技创新为导向推进金融市场建设的必要性。回顾我国金融行业与科技创新格局的演化历史，一些具有中国特色的成功经验正在形成，不论是区块链、大数据等新兴技术在我国金融行业的创新应用，还是科创板、创业板、多层次资本市场的健全完善，都体现出当前我国金融行业与科技创新协同并进、共同发展的良好局面。

一、科技与金融的共生共荣、协同发展

（一）科技与金融的共生共荣

党的十八大以来，习近平总书记始终高度重视金融在助力经济发展和科技创新方面发挥的重要作用，在多个场合论述了经济、科技、金融三者间不可分割的紧密关系。2019 年 2 月 22 日，习近平总书记在主持中共中央政治局第十三次集体学习时特别强调，"金融要为实体经济服务，满足经济社会发展和人民群众需要。金融活，经济活；金融稳，经济稳。经济兴，金融兴；经济强，金融强。经济是肌体，金融是血脉，两者共生共荣。我们要深化对金融本质和规律的认识，立足中国实际，走出中国特色金融发展之路"[1]。这一讲话点明

1　习近平. 在中共中央政治局第十三次集体学习上的讲话 [N]. 人民日报，2019-02-24（01）.

了金融工作的核心主旨和开展重心，突出了金融在激发经济活力、维系经济稳定、促进经济发展、夯实经济基础等方面发挥的关键作用。2023 年 10 月，习近平总书记在中央金融工作会议上再次强调，"坚持把金融服务实体经济作为根本宗旨"，并指出，"优化资金供给结构，把更多金融资源用于促进科技创新、先进制造、绿色发展和中小微企业，大力支持实施创新驱动发展战略、区域协调发展战略，确保国家粮食和能源安全等"。

作为实体经济肌体当中的重要血脉，金融工作的开展要"回归本源，服从服务于经济社会发展。金融要把为实体经济服务作为出发点和落脚点，全面提升服务效率和水平，把更多金融资源配置到经济社会发展的重点领域和薄弱环节，更好满足人民群众和实体经济多样化的金融需求"[1]。因为只有疏通了金融进入实体经济，特别是中小企业、小微企业的管道，企业才能发挥在技术创新中的主体作用，并成为创新要素集成、科技成果转化的生力军，才能打造科技、金融、经济紧密融合且正向循环的创新体系。

著名演化经济学家卡萝塔·佩蕾丝在《技术革命与金融资本》一书中，从技术范式、金融资本、经济社会体制三者的共同演化出发，深刻论述了科技创新、金融市场与实体经济间的紧密联系。从演化经济学的理论视角看，任何新技术的早期崛起都离不开金融资本的支持，金融资本可以大力推动新技术的应用开发和配套基础设施的建设，以帮助创新科技在经济中牢牢扎根；金融市场体系以及经济社会制度能否在这一阶段与技术范式的变革相互适应，则决定着技术创新的成果能否进一步推动经济进入黄金发展时期，并最终形成技术、金融、经济的共生共荣。事实上，历史上多次重大的科技革命和产业变革都一一印证了这种"科技—金融—经济"范式的存在——以现代商业银行为特征的第一次金融革命为第一次工业大革命提供了大资金支持，以现代投资银行为特征的第二次金融革命为第二次工业革命重构了资本基石，以创业投资体系为特征的第三次金融革命为第三次工业革命缔造了新的推动力量。每次从科技革命到经济社会活动革新的过程中都必然伴随着金融市场的周期性起伏发展和共同演化[2]。

1　习近平. 在 2017 年 7 月全国金融工作会议上的讲话 [N]. 人民日报，2017-07-16（01）.

2　卡萝塔·佩蕾丝. 技术革命与金融资本 [M]. 田方萌，译. 北京：人民大学出版社，2007.

因此，技术创新体系与金融市场是"创新型国家"发展实体经济、创造社会财富不可或缺的两翼，只有形成科技与金融的协同发展，实体经济才能焕发勃勃生机，科技、金融、经济才能共生共荣。

（二）科技与金融的协同发展

早在 2013 年 9 月 30 日的中共中央政治局第九次集体学习中，习近平总书记就指出，"要引导金融机构加强和改善对企业技术创新的金融服务，加大资本市场对科技型企业的支持力度"[1]。在 2019 年 2 月 22 日的中共中央政治局第十三次集体学习中，习近平总书记专门作出"深化金融供给侧结构性改革"的指示，并强调，"要以金融体系结构调整优化为重点，优化融资结构和金融机构体系、市场体系、产品体系，为实体经济发展提供更高质量、更有效率的金融服务"。同年 7 月召开的中共中央政治局会议和 12 月召开的中央经济工作会议则进一步作出重要部署并指出，金融供给侧结构性改革重点需要"引导金融机构增加对制造业、民营企业的中长期融资"，并"缓解民营和中小微企业融资难融资贵问题"[2]。要想更高效地为科技创新、实体经济服务，我国金融体系的确需要有针对性地进行协调优化，才能在保障风险可控的前提下，提升科技创新活动融资的便利度、资源配置的效率性，从而降低实体经济高质量发展的相对成本。

由多元化金融机构、多层次金融市场、高匹配度和创新性金融产品构成的金融体系，将通过筛选、投资并赋能那些最有可能成功开发新技术、生产新产品的企业来推动科技创新，进而推动宏观经济增长。金融体系对科技创新的作用机制具体体现在以下方面：第一，科技创新充满着高度的不确定性，金融体系可以为其提供规避、防范和化解风险的工具。第二，科技创新充满着高度的信息不对称性，金融体系中的各类机构能够发挥中介功能，帮助科技创新进程中的相关主体降低获取信息的成本、提高利用信息的效率。第三，科技创新需要大量的资金投入，金融体系可以通过吸储、融资等手段直接为科技创

---

1 中共中央文献研究室. 习近平关于科技创新论述摘编 [M]. 北京：中央文献出版社，2016.

2 习近平. 在 2019 年 12 月中央经济工作会议上的讲话 [N]. 人民日报，2019-12-13（01）.

新带来大量资金，盘活资金流动和资本市场。第四，金融体系能够构建便利的资源、信息交换渠道，从而促进各区域、各产业、各创新主体间的交流协作和科技创新。

这种以服务科技创新为导向、与创新体系协同共建的金融体系，将在科技创新的各阶段发挥不同作用。一是对具有商业化潜力的科技成果进行孵化，真正兑现其创新价值。从国内外经验来看，政府及大企业的研发投入、孵化器和天使投资等早期创新创业投资模式有助于加快科技成果从实验室走向产业的商业化进程。二是对初具形态的商业化创新产品提供融资，加速其商业化进程。风险投资、担保融资、科技保险、知识产权质押等丰富的金融融资手段可以在这一过程发挥作用。三是对处在高成长期的商业化创新成果提供融资，放大科技创新的规模化效应。科技信贷、企业 IPO 是这一阶段的主要金融工具。每一阶段环环相扣，不同类型的金融主体参与其中，通过不同金融市场中有针对性的金融产品为科技创新保驾护航。

一方面，科技创新需要金融体系的支持，金融体系通过自身功能的日益完善发挥其对科技创新的良好促进作用；另一方面，科技创新为金融发展带来了广阔的市场，提供了强有力的技术支持，为解决制约金融发展的交易成本、信息不对称等问题提供了必要的解决手段和方法，不断推动传统金融行业向前迈进。因此，只有兼顾金融体系对科技创新的促进作用和科技创新对金融体系的支持作用，科技与金融才能在相互结合、协同创新中获得共同发展。

二、国内外现状与趋势分析

当前，受历史条件、文化及政治环境等因素的影响，各国（地区）服务于科技创新的金融体系在制度安排和政策实践上存在一定差异，大致可分为以美国为代表的由市场主导的金融体系和以日德为代表的由政府主导的金融体系。其中，前者主要通过充分发挥金融市场的配置功能，为科技创新和产业发展提供积极的创新机制和充裕资金，从而促进科技创新；后者主要是在政府主导下发挥银行体系的融资功能，为科技创新提供资金支持，甚至通过政策性金融工具为创新主体直接提供金融资助。两种金融体系以不同的金融主体、金融市场、金融产品支持促进着科技创新，可为我国构建多主体、多层次金融体系和探索金融改革方向提供一定参照。

（一）美国科技创新金融支持体系：风险投资业与灵活的债券发行市场

美国科技创新金融支持体系以资本市场为中心，同时辅以政府政策引导和商业银行信贷支持，呈现多元化、多层次特点。

1. 发达的风险投资体系

美国风险资本热衷于投资初创期和成长期的高新技术企业，这孵化并推动了美国高新技术的研究开发和商业化、产业化。自 1946 年第一家风险投资公司成立以来，美国政府围绕扩大资金来源、减少税赋、增加退出渠道等方面推出一系列支持性政策（如表 23-1），催生了资金来源充裕、退出渠道丰富的美国风险投资体系的发展。

表 23-1 推动美国风险投资行业发展的重要历史事件及其影响

时间	重要事件	影响
1946 年	波士顿联邦储备银行行长拉尔夫·弗兰德斯和被称为"创业投资基金之父"的美国哈佛大学教授乔治·多里特在波士顿发起成立美国研究与发展公司（被公认为全球第一家风险投资公司）	风险投资逐渐专业化、机构化
1958 年	美国政府推出"小企业投资公司"（SBIC）计划并成立小企业管理局（SBA），为风险投资吸收大量社会资本	扩大风险投资资金来源
1971 年	纳斯达克成立	增加风险投资退出渠道
1978 年	对《雇员退休收入保障法》进行修订，允许养老基金进入风险投资领域	扩大风险投资资金来源
1978 年	资本收益税降低	为风险投资减税
1993 年	SPAC（特殊目的收购公司）这种借壳上市的新型金融工具出现	增加风险投资退出渠道
1995 年	纳斯达克逐步放开对上市企业盈利的要求，大量获得风险投资支持的高新技术企业在纳斯达克上市	增加风险投资退出渠道

2. 完善的信贷担保体系

美国形成了覆盖全国、区域、社区的多层次中小企业信用担保体系。其中，最具特色的当属由小企业管理局直接管理的全国性信用担保体系和以硅谷银行为代表的区域性信用担保体系。小企业管理局通过政府贷款担保计划，为中小企业 15.5 万美元以下的贷款提供 90% 的担保、15.5 万—75 万美元的贷款提供 85% 的担保，从而为中小企业争取到商业银行最长达 25 年且利率优惠的贷款。而硅谷银行通过专注服务高新技术企业、吸纳科技企业和风险投资公司存款、突破债券投资和股权投资边界、提供投后赋能服务、设计信贷与股权业务的风险隔离机制等开创性手段，探索出了一条为科技创新服务的信贷金融之路。

3. 灵活的证券与债券发行市场

美国政府对企业发行债券融资实行注册制，即美国证券交易委员会（SEC）只对发行登记注册的材料进行形式上的审核，而不附加价值评判的实质审查。美国的债券发行市场同样较为宽松，企业与承销商在对债券发行的总额、条件达成一致后即可做出发行决定；科技创新型企业能够在活跃的"垃圾债券"包销市场中方便地发行低等级或无等级债券。美国灵活的证券与债券发行市场为面临高风险和高不确定性的科技创新型企业提供了便捷的融资平台和广阔的资金来源。

（二）日、德的科技创新金融支持体系：商业银行业与完备的政策性金融工具

日、德的科技创新金融支持体系是以政策性金融和"关系型"银行融资为主，但两国分别进行了不同的以服务科技创新为导向的金融创新尝试。

1. 日本以科技创新为导向的金融创新尝试

日本在 20 世纪 90 年代末解除了对金融机构混业经营的限制，在政策推动和银行主导下，金融行业出现大规模重组与整合，各金融机构资金实力增强，分散高新技术投资风险和服务科技创新全周期的能力均得到提升。同时，银行推出贷款证券化的金融工具，以分散自身投资高新技术企业的风险并为科技创新筹集到更多更稳定的资金。此外，在日本政策性银行引导下，日本银行业积极提供以专利权等知识产权为担保的融资服务，从而疏解了新创企业缺乏传统抵押担保物的难题。

2. 德国以科技创新为导向的金融创新尝试

首先，德国政府与产业界合作，直接将大量财政资金注入新创企业的研发环节中。其次，德国政府通过向政策性银行提供利息补贴，引导并支持其为科技型中小企业提供低利率的中长期贷款。最重要的是，德国政府发起设立了以行业为基础的信用保证协会（即担保银行）并对其提供长期低息贷款，担保银行为中小企业向银行提供信用担保，极大程度地降低了科技创新融资的抵押担保成本，并化解了商业银行的潜在风险。

（三）我国科技创新的金融支持体系：深化金融改革开放，助力创新

在 1993 年我国社会主义市场经济体制建设正式开启以后，我国社会主义市场金融体制的基本框架也逐步确立并跟随我国改革开放步伐不断发展。近年来，随着我国全球经济地位和全球贸易参与度的不断提升、上海合作组织和"一带一路"倡议等国际交流机会的增加、自由贸易区战略等新一轮对外开放举措的提出，我国持续深化金融改革开放的重要性也日益突出。正如习近平总书记在 2019 年 2 月 22 日举行的中共中央政治局第十三次集体学习时强调，"要把金融改革开放任务落实到位，同时根据国际经济金融发展形势变化和我国发展战略需要，研究推进新的改革开放举措"，"要提高金融业全球竞争能力，扩大金融高水平双向开放，提高开放条件下经济金融管理能力和防控风险能力，提高参与国际金融治理能力"[1]。我国在深化金融改革开放方面的实践经验主要体现在以下方面：

1. 境外投资的逐步放开

表 23-2 梳理了我国在引进外资以及金融业改革开放方面的重要政策、法规及相关举措，改革开放初期的《中华人民共和国中外合资经营企业法》《中华人民共和国外资企业法》和《中华人民共和国中外合作经营企业法》构成了我国外商投资领域的基础性"外资三法"，这 3 部法律指导了改革开放 40 多年间我国的外商引进工作。随着 2000 年之后金融业对外资的逐步放开（特别是 2001 年起将外资引进风险投资行业），我国实际使用的外资金额不断攀升。

1　习近平. 在中共中央政治局第十三次集体学习上的讲话 [N]. 人民日报，2019-02-24（01）.

2019 年接连颁布的《中华人民共和国外商投资法》和金融业对外开放"国 11 条"则进一步精简了外商投资准入负面清单，减少了外商投资限制，提升了投资自由化水平，放宽了外资金融机构设立限制，扩大了外资金融机构在华业务范围，拓宽了中外金融市场合作领域，增加了利用外资为实体经济与科技创新发展助力的可能性。根据商务部发布的《中国外资统计公报 2023》，截至 2022 年 12 月，我国累计设立的外商投资企业达 112.67 万家，2022 年全年实际使用外资为 1891.3 亿美元。

表 23-2　逐步放开境外投资的关键政策法规及重要举措

颁布时间	政策法规及重要举措
1979 年 7 月	《中华人民共和国中外合资经营企业法》，有条件地允许中外资共同投资设立有限责任公司
1986 年 4 月	《中华人民共和国外资企业法》，有条件地允许外资设立独资企业
1988 年 4 月	《中华人民共和国中外合作经营企业法》，有条件地允许中外资合作经营企业（为确立和完成一个项目而签订契约进行合作生产经营的企业），中外合作者对双方的权利和义务进行共同协商即可
2001 年 9 月	《关于设立外商投资创业投资企业的暂行规定》，允许外资参与风险投资行业
2019 年 3 月	《中华人民共和国外商投资法》，全面替代"外资三法"
2019 年 7 月	《关于进一步扩大金融业对外开放的有关举措》，即金融业对外开放"国 11 条"，2020 年起逐步放开证券行业、基金行业、期货行业、银行业和保险业中的外资参与门槛和股比限制
2023 年 8 月	《关于进一步优化外商投资环境 加大吸引外商投资力度的意见》

从有条件地允许、有针对性地引进外资参与特定行业的合营企业，到基本放开外资在船舶、飞机、汽车等少数行业之外的大部分制造业行业中的股比限制，从金融改革开放在风险投资行业的初步试水，到证券、基金、期货、银行和保险业由部分到全面的逐步放开，我国对外资市场准入标准的大幅度放宽，一方面彰显出我国进一步拥抱全球化的决心，另一方面也说明我国各行各业在历经改革开放 40 多年后已获得飞速发展，具备了开放基础。

图 23-1　我国历年实际使用外资金额

2. 投资环境的不断改善

在外资进入门槛逐步放开的同时，改善投资环境的重要性也日益凸显。习近平主席在博鳌亚洲论坛 2018 年年会开幕式上的主旨演讲中曾特别强调，"投资环境就像空气，空气清新才能吸引更多外资。过去，中国吸引外资主要靠优惠政策，现在要更多靠改善投资环境"。2023 年 8 月，国务院发布《关于进一步优化外商投资环境 加大吸引外商投资力度的意见》，为进一步优化外商投资环境、加大吸引外商投资力度指明了方向。该《意见》提出了 6 方面 24 条政策措施，要求更好统筹国内国际两个大局，营造市场化、法治化、国际化一流营商环境，充分发挥我国超大规模市场优势，更大力度、更加有效吸引和利用外商投资。

近些年，我国投资环境的改善主要体现在以下方面：第一，加强同国际经贸规则对接，增强透明度，特别是全面完善并落实准入前国民待遇加负面清单管理制度。第二，强化产权保护，坚持依法办事，鼓励竞争、反对垄断。第三，继续取消和下放行政审批事项，深入推进财税金融体制改革，积极稳妥推进资源性产品和环境价格改革，抓好综合配套改革试点[1]。第四，组建国家市场监督管理总局等新机构，对现有政府机构做出大幅度调整，坚决破除制约使市

---

[1]　http://jhsjk.people.cn/article/22383865

场在资源配置中起决定性作用、更好发挥政府作用的体制机制弊端[1]。第五，加快实施自由贸易区战略，在自贸区内加大金融改革创新力度，增强服务我国经济发展、配置全球金融资源能力，进一步解放思想、大胆实践，披坚执锐、攻坚克难，加强整体谋划、系统创新，着眼国际高标准贸易和投资规则，使制度创新成为推动发展的强大动力[2]。

3. 多边金融的创新之举

放眼国际，和平与发展是各国的统一诉求、是全人类的共同愿望。正如习近平主席 2017 年 1 月 18 日在联合国日内瓦总部的演讲中提到的，"经济全球化是历史大势，促成了贸易大繁荣、投资大便利、人员大流动、技术大发展"。在共同构建人类命运共同体的使命驱使下，我国在不断引进利用外资促进改革开放、科技创新的同时，还致力于通过设立多边金融机构的创新举措将自身发展机遇同世界各国分享，进一步深化互利共赢的开放战略。其中，中国首倡创立的亚洲基础设施投资银行（简称"亚投行"），承载着广大发展中国家经济腾飞的梦想，截至 2023 年 9 月，亚投行累计批准融资总额超 448 亿美元，惠及 36 个成员。亚投行通过创新发展理念、业务模式、机构治理并发展灵活多样的融资产品，促进了中非、中亚、中欧等国在技术进步、绿色发展方面的互联互通。

（四）我国科技创新的金融支持体系：完善直接融资机制，护航创新

2017 年习近平总书记在全国金融工作会议上强调，"要把发展直接融资放在重要位置，形成融资功能完备、基础制度扎实、市场监管有效、投资者合法权益得到有效保护的多层次资本市场体系"[3]。目前扩大融资结构中的直接融资比例并加快建设完善与直接融资相配套的体制机制，是我国建设科技金融体系、激发金融在推动科技创新方面所发挥作用的主要方向。

金融体系对实体经济的资金支持主要通过债权融资和股权融资两种形式实

1　陈晨. 中国外商投资环境更清新 [N]. 光明日报，2018-05-23.

2　http://jhsjk.people.cn/article/28176685

3　习近平. 深化金融改革　促进经济和金融良性循环健康发展 [N]. 人民日报，2017-07-16（01）.

现。前者以银行贷款为主，后者以风险投资和资本市场直接融资为主。开展创新活动的通常是科技型中小企业。传统银行通常无法承担投资中小企业的不确定性和风险，更缺乏获取和识别有效投资信息的相关专业技能和经验。因此，仅依靠基于传统银行的债权融资模式难以解决科技创新活动中的融资难问题，发展具有专业科技洞察和企业管理经验的风险投资、推广直接融资手段成为更适合创新型中小企业的选择。

直接融资模式对科技创新的重要作用从风险投资在 IPO 里面的渗透率变化就可见一斑。2006 年我国 IPO 企业中仅有 3% 接受了风险投资，但到了 2020 年上半年渗透率已超过 70%，特别是在科创板，VC 和 PE 的渗透率已超过 90%。根据中国证券投资基金业协会发布的数据，截至 2023 年年底，存续私募基金管理基金规模达到 20.58 万亿元，我国金融业机构总资产为 461.09 万亿元。然而，目前中国整体的社会融资结构中间接融资仍占 80% 以上，这极大增大了地方政府的债务风险和银行体系的系统性金融风险。因此，我国亟须大力发展市场主导、政府引导的高效、可持续的直接融资体系，提高社会融资结构中的直接融资比例。

我国资本市场经过 30 多年的发展，已形成涵盖主板、中小板、创业板、科创板、新三板和区域性股权交易市场的多层次资本市场体系。尤其是科创板注册制的推出，为更多科技创新企业带来社会资本的支持。面向"十四五"时期，多层次资本市场要在协调发展的基础上进一步突出对科技创新的支持，科学把握各层次市场定位，支持不同发展阶段科技企业发展。提高直接融资比重、完善配套机制建设、构建多层次资本市场体系的手段将主要从以下方面切入：

1. 稳步规范发展区域性股权市场

在多层次资本市场改革进程中，区域性股权市场已初步迈上规范发展的轨道。截至 2020 年 6 月底，34 家区域性股权市场共有挂牌企业 3.11 万家，展示企业 11.48 万家，累计实现股权融资 0.23 万亿元。区域性股权市场作为资本市场的"塔基"，拓宽了中小微企业和民营企业融资渠道，促进了这些企业规范运作和持续发展，增强了金融服务的普惠性。但同时也要看到，我国区域性股权市场基础比较薄弱，自身业务模式不够成熟，股权融资功能不强，仍存在市场生态不完善、部分地方支持性政策尚未配套落实等问题。目前证监会支持私募投资基金积极参与区域性股权市场规范发展，促进融资端和投资端平衡发展。2020 年 7 月 15 日召开的国务院常务会议指出，证监会正在稳步推进在区域性股权市场开展股权投资和创业投资份额转让试点。

2. 逐步推行注册制改革

2018 年 11 月 5 日，习近平总书记在首届中国国际进口博览会开幕式上宣布设立科创板并试点注册制的重大决策，标志着注册制改革进入启动实施阶段，在我国资本市场发展史上具有里程碑意义。经过 8 个多月的努力，2019 年 7 月 22 日，首批科创板公司上市交易。此后，党中央、国务院决定推进创业板改革并试点注册制，2020 年 8 月 24 日正式落地。从 2019 年设立科创板并试点注册制，到创业板改革并试点注册制，我国的注册制改革稳步推进，全市场推行注册制的条件也逐步具备。

2020 年，证监会坚持市场化、法治化的改革方向，把握好尊重注册制基本内涵、借鉴国际最佳实践、体现中国特色和发展阶段 3 个原则，推动形成了从科创板到创业板再到全市场的“三步走”注册制改革布局，一揽子推进板块改革、基础制度改革和证监会自身改革，开启了全面深化资本市场改革的新局面。在定位上，科创板突出“硬科技”特色，主要服务符合国家战略、突破关键核心技术、市场认可度高的科技创新企业，重点支持新一代信息技术、高端装备、新材料、新能源、节能环保以及生物医药等高新技术产业和战略性新兴产业。而创业板进行改革后，适应发展更多依靠创新、创造、创意的大趋势，定位于主要服务成长型创新创业企业，支持传统产业与新技术、新产业、新业态、新模式深度融合。

两个板块改革落地以来，上市资源充足，流动性明显超过其他板块，资本市场服务科技创新和实体经济的能力大幅提升。截至 2023 年 8 月 16 日，科创板上市公司已达 554 家，总市值达到 6.35 万亿元；截至 2023 年 8 月 24 日，创业板注册制上市公司共有 500 家，募集资金 4940.79 亿元，总市值超过了 3 万亿元。

三、中国的成功实践

（一）特色的科技金融：开发性金融与政府引导基金

自 2008 年国际金融危机以来，我国经济已向以国内大循环为主体、国内国际双循环相互促进的新发展格局转变。在构建新发展格局、实现高质量发展的过程中，习近平总书记特别提出，"坚持供给侧结构性改革这个战略方向"，"实现依靠创新驱动的内涵型增长"，"大力提升自主创新能力，尽快突破关键核心技术"是"关系我国发展全局的重大问题，也是形成以国内大循环为主体的关键"[1]。金融市场作为经济社会发展的重要基础，也需要贯彻落实新发展理念，调整优化自身体系结构，服务于供给侧结构性改革，提供更高质量、更有效率的服务。

习近平总书记曾多次强调，金融供给侧结构性改革"要适应发展更多依靠创新、创造、创意的大趋势，推动金融服务结构和质量来一个转变。要更加注意尊重市场规律、坚持精准支持，选择那些符合国家产业发展方向、主业相对集中于实体经济、技术先进、产品有市场、暂时遇到困难的民营企业重点支持"[2]，且关键在于"增加制造业中长期融资，更好缓解民营和中小微企业融资难融资贵问题"[3]。在开展金融供给侧结构性改革的过程中，开发性金融和政府引导基金两种金融创新形式成为重要的战略部署支点。

1. 开发性金融

开发性金融是政策性金融的深化和发展，以服务国家发展战略为宗旨，以国家信用为依托，以市场运作为基本模式，以保本微利为经营原则，以中长期投融资为载体，在实现政府发展目标、弥补市场失灵、提供公共产品、提高社会资源配置效率、熨平经济周期性波动等方面具有独特优势和作用，是经济金

1　习近平在经济社会领域专家座谈会上的讲话 [N]. 人民日报，2020-08-25（02）.

2　习近平.深化金融供给侧结构性改革　增强金融服务实体经济能力 [N]. 人民日报，2019-02-24（01）.

3　中央经济工作会议在北京举行　习近平李克强作重要讲话 [N]. 人民日报，2019-12-13（01）.

融体系中不可替代的重要组成部分。我国开发性金融最典型的代表是国家开发银行。2013年开始，在"部委推荐—政策支持—国家开发银行融资"合作模式和"园区＋产业链"融资模式的统领下，国家开发银行在光伏、半导体、平板显示等国家战略性新兴产业的发展布局中发挥了重要作用。例如，京东方第8.5代薄膜晶体管液晶显示器件的研发、以陕西电子为代表的陕西半导体产业发展规划的落地、中芯国际在各地集成电路芯片生产线项目的建设、光伏产业多家龙头企业系统性危机的应对等国家战略性新兴产业发展的重要环节均在很大程度上受益于国家开发银行专项信贷政策和中长期贷款的支持。

2. 政府引导基金

政府引导基金是由政府出资设立，吸引有关地方政府和社会资金进入，通过投资机构的市场化运作，以股权投资的方式，支持创新创业和产业发展的资金。政府引导基金的任务主要在于"引导"，具体体现在引导社会资本进入股权投资领域、发挥财政资金的杠杆放大作用和引导资本进入国家重点扶持产业两个维度。例如，国务院国有资产监督管理委员会发起的引导基金以国企结构调整为主要目标；工业和信息化部发起的引导基金则更专注于发展工业自动化、集成电路等工业领域的发展；科技部发起的引导基金主要致力于实现科技成果的转化与产业化；国家发展和改革委员会发起的引导基金则是落实战略性新兴产业发展的实践。这些政府引导基金的出现极大地破解了创新型中小企业的融资难题，也促成了我国战略性新兴产业的发展。

（二）前沿的金融科技：基于大数据的普惠金融与基于区块链的供应链金融

1. 基于大数据的普惠金融

为了"更大力度推进改革创新，让市场主体特别是中小微企业和个体工商户增加活力"[1]，强化普惠金融服务一直是我国金融改革的重点工作。随着大数据时代的到来，近年来信息技术迅速发展，普惠金融有了更丰富的创新形式，并获得了更多的发展机遇。基于大数据和云计算的互联网金融具有低成本、易操作的特点，能够有效解决融资中的信息不对称困境，最大程度地将金融资源开

---

1 习近平.在2020年12月中央经济工作会议上的讲话[N].人民日报，2020-12-19（01）.

放、高效地惠及科技型小微企业，是科技创新赋能金融创新的完美体现。以基于电商大数据的小额信贷为例，电商平台企业依据交易数额、次数、履约情况等资金流、信息流和物流数据信息对科技型小微企业进行信用评价，并据此发放小额信贷。这种基于大数据和云计算的金融服务改变了传统金融机构强调抵押和授信额度的局限性。

总而言之，大数据的多样性、巨量性、高速性和价值性极大地降低了普惠金融开展过程中事前决策的信息获取成本，有助于金融机构便捷掌握更全面的信息和多维度的信用情况，在降低金融服务开展风险的同时还能更准确地为下一步战略决策做出预判。此外，基于大数据的云计算技术能够帮助普惠金融提供更加个性化、定制化的创新服务，提升金融体系运转效率。

2. 基于区块链的供应链金融

中央始终保持着对技术前沿的关注，2019 年 10 月 24 日中共中央政治局就区块链技术发展现状和趋势进行了专门学习，习近平总书记在主持学习时强调，"要推动区块链和实体经济深度融合，解决中小企业贷款融资难、银行风控难、部门监管难等问题。要利用区块链技术探索数字经济模式创新，为打造便捷高效、公平竞争、稳定透明的营商环境提供动力，为推进供给侧结构性改革、实现各行业供需有效对接提供服务，为加快新旧动能接续转换、推动经济高质量发展提供支撑"。基于区块链的供应链金融是一种运用区块链解决中小微企业融资过程中担保问题的金融创新手段。区块链具有去中介化、不可篡改性、共识机制、开放性、匿名性的特点，中小企业完整财务经营数据及信用情况（票据、信用额度或应付账款确认权）可以转换为数字权证、形成动态数字化资产，从而实现供应链金融体系的信息交叉验真和信用渗透，为金融机构创造出高质量动态资产池，还可以通过智能合约的形式实现供应链上下游企业的资金分离和流通，大大提高中小企业的资金周转速度，解决其面临的融资难问题。

基于区块链的供应链金融优势主要体现在：降低整个行业的融资成本，即通过区块链构建的多层次供应商融资系统，形成全链信息共享，实现供应链财务可视化，降低中小企业融资成本，提高资金流通效率；解决企业间信息不对称问题，即区块链能够确保资金以真实交易为基础流转并满足整个产业链上企业的安全融资，最终使金融机构更加高效、便捷、稳定地为中小企业服务；提升了供应链金融的风险控制能力，即基于区块链的分布式账本和可追溯的特点，监管部门对供应链金融风险监管的渗透度和时效性大大增强，有助于供应链金融的健康稳定发展；吸引资金进入实体经济，即供应链金融和区块链的价值连接将引导更多资金回流实体和服务实体，推动制造业供应链和价值链的转型升级。

四、未来发展展望

"十四五"规划和 2035 年远景目标纲要指出，完善资本市场基础制度、健全多层次资本市场体系、提高直接融资特别是股权融资比重，是金融领域下一步深入改革的重点工作。党的二十大报告中提出，"深化金融体制改革，建设现代中央银行制度，加强和完善现代金融监管，强化金融稳定保障体系"。中国未来高新技术产业的高质量发展和科技自立自强的高水平实现亟须更加充分地发挥直接融资，特别是股权融资风险共担、利益共享机制的突出作用，需要加快创新资本形成并促进科技创新与金融资本的紧密融合。但是，目前直接融资特别是股权融资在整个金融体系中的占比仍然偏低。截至 2020 年末，我国直接融资存量仅占社会融资规模存量的 29%；其中，"十三五"时期新增直接融资 38.9 万亿元，占同期社会融资规模增量的 32%[1]。因此，要想进一步提高直接融资比重、增加创新导向投资并推进科技金融的长足发展，围绕多层次投资主体的募、投、管、退环节打造良好的投融资循环机制并建立起覆盖创新全生命周期的直接融资体系是关键所在。

（一）种子投资：国有资本补空白、破痛点

种子投资应关注科研院所、高等院校、科技企业的实验室和孵化器，重点推进科研成果的转化工作。在该层次，国有资本应发挥积极的引导效应和撬动作用。一方面，通过"基金"模式填补股权投资体系格局中市场化基金的"空白"，并力争吸引更多社会资本共同参与其中，鼓励引导早期投资机构投小、

1　http://www.xinhuanet.com/mrdx/2021-03-23/c_139830135.htm

投早、投科技；另一方面，借助"基地"模式不断提升为创新型小微企业开展投后管理服务的专业化运作水平，从而有效破解创新种子期资本与科技对接的"痛点"，激发更多科研人才及团队将科研成果商业化、产业化，从源头上支持创新型小微企业的发展以及战略性新兴产业的聚集。

（二）天使投资：税收政策助力健康发展

天使投资主要有公司制天使投资和个人天使投资两种形式。过去几年虽陆续推广施行天使投资个人所得税优惠政策，在一定程度上助力了天使投资的健康发展，但是高税率、双重征税、普惠范围有限等问题仍在一定程度上困扰着天使投资机构或个人，不利于促进天使投资参与到高风险的早期创新创业领域。例如，公司制天使投资存在的企业所得税与个人所得税双重征税、以天使投资单笔投资退出时间和金额进行征税而不考量基金整体盈利情况的不合理激励、资本利得税制度缺失等问题均亟待解决。只有推行更加合理完备、友好优惠的税收政策，天使投资面临的风险才能在一定程度上得到纾解，才能激励、壮大天使投资这一群体，为孕育创新创业提供适宜的土壤。

（三）创业投资：引入"长线资金"，丰富退出渠道，实现投融资良性循环

2016 年国务院发布的《关于促进创业投资持续健康发展的若干意见》从投资主体、资金来源、政策引导、退出机制等多个方面对创业投资发展进行了全方位的顶层设计。正如《意见》所说，作为一种实现技术、资本、人才、管理等创新要素与创业企业有效结合的投融资方式，创业投资要想实现良好的投融资循环，首先离不开长期、稳定、理性的资金供给。只有积极拓宽服务于科技创新的创业投资机构的资金来源，才能从源头畅通其募、投、管、退各个环节。未来，在风险可控、安全流动的前提下，应进一步鼓励中央企业、地方国有企业、保险公司、大学基金等各类具备"长线资金"特质的机构投资者为创业投资注资，甚至应逐渐放开支持具有风险识别和风险承受能力的个人参与投资创业投资企业或基金。同时，退出机制也是构成良好投融资循环的重要一环。应充分发挥主板、创业板、科创板、全国中小企业股份转让系统以及区域性股权市场功能，同时完善上市和交易机制，畅通创业投资的市场化退出渠

道，改善市场流动性。只有兼顾资金入口的扩大与退出渠道的顺畅，创业投资才能吸引聚集更多资金，为高新技术创业企业服务，并最终带来创业投资的蓬勃发展和科技创新的不断涌现。

（四）产业投资：发挥引导基金的杠杆作用

随着各级政府引导基金的成立，区域产业扶持将由过去以财政为主的模式向以财政资金为杠杆、撬动社会力量和民间资本的新模式转变。这一转变有助于以市场为导向，因地制宜地转方向、调结构，推动产业资本的聚集，有助于切实发挥政府在引导区域优势特色产业方面的作用，并提升政策扶持资金的利用效率，从而形成产业滚动发展、创新持续蓄力的良性循环机制。政府在通过引导基金发挥产业投资杠杆作用的过程中，应注意对传统的绩效评价方式进行革新，将之与宏观政策导向、政府出资产业投资基金服务实体经济的能力和水平、行业社会信用体系建设等有机结合，如此才能有效引导更多社会资本投入政府鼓励支持的重点领域和薄弱环节，并推动产业投资在支持创新发展和产业升级方面发挥更大作用。

（五）证券投资：科创板的试验田作用

作为为科技创新量身定制的新证券融资渠道，科创板相继吸引了超500家高新技术企业上市。这些企业集中在新一代信息技术、生物医药、高端装备等战略性新兴产业，且绝大多数拥有关键核心技术和突出科技创新能力。这凸显了科创板"面向世界科技前沿、面向经济主战场、面向国家重大需求"的定位。在科创板中，注册制、市场化定价等资本市场制度创新亮点也接受了市场的"初检"。今后，科创板还将继续充分发挥试验田作用，优化审核与注册制衔接机制，坚持稳中推进注册制改革，扎实做好注册制试点工作，总结、完善、推广行之有效的市场基础制度安排，为全市场注册制改革积极创造条件。对此前单一的"唯市盈率论"的逐渐脱离以及退市制度等一系列基础制度的不断完善，也将进一步助力改善上市公司整体质量，引导更多企业利用直接融资实现高质量创新发展。

扎根中华优秀传统文化：推动中国创新的不竭动力

　　党的二十大报告指出："全面建设社会主义现代化国家，必须坚持中国特色社会主义文化发展道路，增强文化自信，围绕举旗帜、聚民心、育新人、兴文化、展形象建设社会主义文化强国，发展面向现代化、面向世界、面向未来的，民族的科学的大众的社会主义文化，激发全民族文化创新创造活力，增强实现中华民族伟大复兴的精神力量。"中华文明具有突出的创新性，要守好传统文化正气，更要保持创新锐气，建设中华民族现代文明，使中华民族最基本的文化基因与当今时代相适应、与中国式现代化进程相协调，为中国的科技创新注入强大精神动能。

一、创新是中华民族最深沉的民族禀赋

（一）中华优秀传统文化为中国特色社会主义道路筑基

1. 中华优秀传统文化是中国特色社会主义植根的文化沃土

　　习近平总书记在党的二十大报告中指出："中华优秀传统文化源远流长、博大精深，是中华文明的智慧结晶，其中蕴含的天下为公、民为邦本、为政以德、革故鼎新、任人唯贤、天人合一、自强不息、厚德载物、讲信修睦、亲仁善邻等，是中国人民在长期生产生活中积累的宇宙观、天下观、社会观、道德观的重要体现，同科学社会主义价值观主张具有高度契合性。"

　　中华优秀传统文化是我们最深厚的文化软实力，也是中国特色社会主义植根的文化沃土。每个国家和民族的历史传统、文化积淀、基本国情不同，其发展道路必然有着自己的特色。一个国家的治理体系和治理能力与这个国家的历史传承和文化传统密切相关。数千年来，中华民族走着一条不同于其他国家和民族的文明发展道路。我们开辟了中国特色社会主义道路不是偶然的，是我国

历史传承和文化传统决定的。我们推进国家治理体系和治理能力现代化，当然要学习和借鉴人类文明的一切优秀成果，但不是照搬其他国家的政治理念和制度模式，而是要从我国的现实条件出发来创造性前进。

实现中华民族伟大复兴的中国梦，必须要有中国精神，而中国精神必须在坚持社会主义核心价值体系的前提下，积极深入中华民族历久弥新的精神世界，把长期以来我们民族形成的积极向上向善的思想文化充分继承和弘扬起来，使之为培育和践行社会主义核心价值观服务，为建设社会主义先进文化服务，为党和国家事业发展服务。

2. 坚持和发展马克思主义，必须同中华优秀传统文化相结合

习近平总书记在党的二十大报告中指出，"坚持和发展马克思主义，必须同中国具体实际相结合"，"只有把马克思主义基本原理同中国具体实际相结合、同中华优秀传统文化相结合，坚持运用辩证唯物主义和历史唯物主义，才能正确回答时代和实践提出的重大问题"。2023 年 6 月，习近平总书记在文化传承发展座谈会上再次指出，"在五千多年中华文明深厚基础上开辟和发展中国特色社会主义，把马克思主义基本原理同中国具体实际、同中华优秀传统文化相结合是必由之路。这是我们在探索中国特色社会主义道路中得出的规律性认识"，"是我们取得成功的最大法宝"。

中华优秀传统文化为马克思主义的发展提供了丰沃的土壤，马克思主义作为现代思想资源，用真理的力量激活了中华文明，对中华传统精神价值进行拓展、重构和超越，赋予其新的时代意义和实践价值。习近平总书记指出：两者"'结合'的前提是彼此契合。马克思主义和中华优秀传统文化来源不同，但彼此存在高度的契合性。相互契合才能有机结合"；"'结合'的结果是互相成就，造就了一个有机统一的新的文化生命体，让马克思主义成为中国的，中华优秀传统文化成为现代的，让经由'结合'而形成的新文化成为中国式现代化的文化形态"[1]。

习近平总书记指出了两个"结合"的深远意义。一是筑牢了道路根基，让中国特色社会主义道路有了更加宏阔深远的历史纵深，拓展了中国特色社会

---

[1] 习近平在文化传承发展座谈会上强调 担负起新的文化使命 努力建设中华民族现代文明 [N]. 人民日报，2023-06-03（01）.

主义道路的文化根基。中国式现代化赋予中华文明以现代力量，中华文明赋予中国式现代化以深厚底蕴。二是打开了创新空间，让我们掌握了思想和文化主动，并有力地作用于道路、理论和制度。更重要的是，"第二个结合"是又一次的思想解放，让我们能够在更广阔的文化空间中，充分运用中华优秀传统文化的宝贵资源，探索面向未来的理论和制度创新。三是巩固了文化主体性，创立新时代中国特色社会主义思想就是这一文化主体性的最有力体现。

（二）中华优秀传统文化与科技创新互相促进

怀着高度的文化自觉和文化自信，习近平总书记深刻指出：中华文明具有突出的创新性，从根本上决定了中华民族守正不守旧、尊古不复古的进取精神，决定了中华民族不惧新挑战、勇于接受新事物的无畏品格。中华优秀传统文化为科技创新注入强大精神动能，科技创新也在传承中华优秀传统文化、推动其创造性转化和创新性发展中发挥着支撑和引领作用。

1. 科技与文化相互联系、辩证统一

推动人类社会进步的伟大力量，科技与文化相互联系、辩证统一。首先，科技是推动文化发展的第一动力。科技作为人类认识世界、改造世界的成果与工具，不仅为文化建设提供重要的技术手段，而且充实了文化的内涵，不断创造新的文化形式，奠定坚实的物质基础，推动文化产业发展与进步。其次，文化使科技更具人性。文化为科技进步提供精神动力和智力支持，是科技创新的思想基础，是主导科学家的价值取向、激发其创新力、提高其思维水平的关键力量。实际上，"高技术"更需要靠"优秀文化"来支撑，"高技术人才"必须通过"优秀文化"凝聚起来才能发挥更大的作用。科技与文化的融合程度，体现着一个国家整体的创新能力和综合竞争实力。

2. 科技创新与中华优秀传统文化彼此交融、互促发展

中华优秀传统文化为科技创新注入强大精神动能，在思维方式、价值观念、行为准则等方面作用于创新主体。首先，中华优秀传统文化具有的强大凝聚力有益于科技创新活动。这种凝聚力表现为自我认同感和归属感。科技创新是基于创新主体的文化与价值取向而进行的实践活动，是一个高度复杂的系统工程，需要各领域、各层级的创新主体共同协作完成。中华优秀传统文化所承

载的凝聚力使得创新主体有着共同的目标、道德规范和行为准则。其次，中华优秀传统文化所倡导的精神、思想等与科技创新的要求相一致。中华文明具有连续性、创新性、统一性、包容性、和平性等突出特性。例如，中华优秀传统文化所倡导的自强不息精神符合创新要求，所倡导的"重人伦"思想与科技创新的"以人为本"思想相一致，要求创新主体正确处理人与自然之间、人与人之间的各种关系。

科技创新是中华优秀传统文化发展的重要引擎。科技创新一方面在传承中华优秀传统文化的过程中发挥支撑作用，另一方面在推进文化创新的过程中发挥引领作用。科技创新赋予中华优秀传统文化新的科学特性和创造活力。科技创新是生产力发展的第一要素和现代经济发展的强大驱动力。更重要的是，科技创新形成的科学精神——包括现代科学思维方式、科学态度、科学价值观念等，为中华优秀传统文化赋予了崭新的科学特性，指导民族文化不断创新和发展，使其永葆生机和活力。

二、国内趋势和理论分析

（一）当今系统科学、大科学的时代更契合中华传统文化的思维特征

当今科学已经发展到系统科学与大科学的时代。系统科学是以系统现象、系统问题为研究对象的科学。古往今来，科学范式的发展经历了不同的变化。古代科学的思维方式多是整体的、动态的、平衡的；近代兴起的新科学范式则以还原论的、分析的、静态的思维方式为主导，这种科学范式后来几乎成了人们眼中科学范式的唯一标准。到了现当代，随着相对论、量子力学、生态文明等新科学范式的兴起，对古代和近现代科学思维方式进行综合和发展的系统科学应运而生，取得了大发展。系统科学从孤立地研究事物转向研究相互联系、相互作用中的事物，从以静止的观点研究事物转向以动态演化的观点研究事物，从还原、分析的研究视角转向关注事物整体性、涌现性的视角。

除了系统科学的兴起，20世纪以来世界科学研究的形态也正在逐渐弱化单打独斗式、手工作坊式的研究方式，进入分工协作、整体协同的"大科学"时代。当今世界，面对国际科学前沿领域的一些重大难题以及环境保护、卫生

健康、消除贫困等世界性难题，科学研究的结构越来越复杂、更新速度越来越快、实验规模和范围越来越大，需要全世界科学家的智慧共享和协同合作。"曼哈顿计划"、人类基因组计划等都是现代科学进入大科学时代的重要标志。

系统科学和大科学时代的到来必将给相对更擅长整体思维和整合创新的中华民族带来取得科技大突破的机遇。整体、动态、平衡的思维方式是中华传统文化的思维特质，中央统筹下的高效分工协作是中华传统组织方式的典型特征。耗散结构论的创始人普利戈金说："中国传统的学术思想是着重于研究整体性和自发性，研究协调和协合，现代新科学的发展，近些年物理和数学的研究，如托姆的突变理论、重正化群、分支点理论等，都更符合中国的科学思想。"[1] 在这个系统科学、大科学、大联通的时代，中国人必将在而且正在科技创新中发挥更大的影响力。

（二）当今大数据时代让中华传统文化的庞大数据资源成为创新的独特源泉

当今社会已进入大数据时代，大数据不仅强调数据巨量，更强调从海量数据中快速挖掘高价值的信息和知识。数据已经成为国家基础战略性资源和重要生产要素。

我国在大数据战略和政策的制定上也先后进行了多次顶层设计。2020年12月23日，国家发改委等部门联合发布了《关于加快构建全国一体化大数据中心协同创新体系的指导意见》，形成了数网、数纽、数链、数脑、数盾五位一体的大数据建设体系。加快构建全国一体化大数据中心协同创新体系的总体思路是，"加强全国一体化大数据中心顶层设计"。具体而言："优化数据中心基础设施建设布局，加快实现数据中心集约化、规模化、绿色化发展，形成'数网'体系；加快建立完善云资源接入和一体化调度机制，降低算力使用成本和门槛，形成'数纽'体系；加强跨部门、跨区域、跨层级的数据流通与治理，打造数字供应链，形成'数链'体系；深化大数据在社会治理与公共服务、金融、能源、交通、商贸、工业制造、教育、医疗、文化旅游、农业、科研、空间、生物等领域协同创新，繁荣各行业数据智能应用，形成'数脑'体系；加快提升大数

1　传统文化与中国科技发展 [N]. 光明日报，2012-05-14.

据安全水平，强化对算力和数据资源的安全防护，形成'数盾'体系。"[1]

中华传统文化中跨越数千年的、遍及各领域的、浩如烟海的文献记载为我国的大数据建设提供了取之不尽、用之不竭的独特资源优势。大数据是涵盖了全时空、全领域的数据，在全时空方面，中华传统文化中绵延数千年的不间断的文献记载，从旧石器文化到清末民国的历史久远、地域广大的文物体系，能够为时空大数据的分析发掘提供更长时段、更广地域的数据支撑。在全领域方面，中华传统文化的文献与文物囊括了天文地理、政治历史、文化教育、宗教传说、医疗卫生、农林牧渔、水利交通、建筑建材、冶金矿产、饮食服装等行业门类齐全、细分领域众多的资料记载，为行业大数据的挖掘分析提供了丰厚的历史积累。

三、中国的成功实践

（一）传统大生命观与人类命运共同体的创造性提法

人类命运共同体正是中华传统文化核心价值观在当代的创造性表述。中华传统文化一直视天地万物为一个有着密切联系、休戚相关的共同体。例如，《庄子·齐物论》认为，"天地与我并生，而万物与我为一"；《礼记·礼运》提倡"以天下为一家，以中国为一人"；北宋理学家程颢也认为"仁者以天地万物为一体"；北宋理学家张载在其名篇《西铭》中提出"民，吾同胞；物，吾与也"的民胞物与（民众是我同胞、万物是我伙伴）的大生命观；明代思想家王阳明也认为《大学》里讲的"明明德"就是回复到人与天地万物为一体的本然状况。

由共同体的理念出发，中国人也萌发了对"大同社会"这一理想社会的向往。《礼记·礼运》描述大同社会的图景是："大道之行也，天下为公，选贤与能，讲信修睦。故人不独亲其亲，不独子其子，使老有所终，壮有所用，幼有所长，矜寡孤独废疾者皆有所养，男有分，女有归。货恶其弃于地也，不必藏于己；力恶其不出于身也，不必为己。是故谋闭而不兴，盗窃乱贼而不作，故

---

1 https://www.ndrc.gov.cn/xxgk/zcfb/tz/202012/t20201228_1260496.html

外户而不闭。是谓大同。"大同社会是一个大道行于天下、天下为公、人人各得其所又和平相处的社会，习近平总书记提出的人类命运共同体所描绘的持久和平、共同繁荣、开放包容、清洁美丽的世界，可以说正是大同社会在当代发展所呈现的新图景、新形式。

（二）传统的商业文明与中国企业管理的创新之路

2020 年 7 月 21 日，习近平总书记在企业家座谈会上的讲话中指出要弘扬企业家精神，具体包括增强爱国情怀、勇于创新、诚信守法、承担社会责任、拓展国际视野[1]。

弘扬企业家精神，中国的企业家也正从中华传统文化源远流长的商业文明中走出自己的特色。在企业管理方式上，中国公司一般都采用西方模式，奉西方模式为圭臬，但随着文化自信的增强，随着中国人对更符合自己国情及文化传统的管理文化的探索，中国企业管理的创新之路也逐渐脱颖而出。新时代的儒商、道商乃至佛商的探索与建设，便取得了不少创新和成就。

儒家提倡"天下一家""民胞物与"的精神，因此拟家庭化组织可以说是儒商企业的典型特征。企业的拟家庭化就是要把企业乃至企业所构建的商业生态系统建设为一个让员工、客户乃至合作伙伴有归属感、成就感、能帮助实现自我的幸福大家庭，乃至最终形成生死相依、休戚与共的命运共同体。儒商企业越来越成为一种学习型组织、修炼型组织、成长共同体组织。道家提倡无为而治、顺其自然、上善若水等理念，无为的、水式的管理方式是道商的典型特征。无为管理方式是指无为而治，适当约束领导者的权力，并充分激发员工的创新能力乃至创业热情。水式管理方式是指打造像水一样可以灵活应对环境变化的动态组织，内有组织、有韧性，外能随顺市场变化。从印度传入中国、融入中国并最终完成中国化而成为中华传统文化重要组成部分的佛家提倡慈悲喜舍，高度重视慈善是佛商企业的典型特征。佛商企业认为"企业即布施"，注重长养员工的慈悲心，培育慈悲济世的精神，积极承担企业责任，热衷社会公益事业，用财富来创造人间善的循环，帮助建造人间净土。

---

1 http://jhsjk.people.cn/article/31792294

（三）传统全领域、全时空的文献记载为中国的科技创新提供了源源不断的数据资源

科学研究的范式包括数理实验科学与博物学科学等。中国古代的数理实验科学没有像西方近代以来的数理实验科学那么发达，但在博物学科学方面，中国古代一直保持着世界领先的水平，这为当代中国的科技创新提供了源源不断的数据和经验支撑。博物学（自然志，natural history）这种知识类型更注重对具体事物的具体探究和历史观测，而不只是研究事物的一般本质。很多中国传统的博物学科学内容在今日依然发挥着巨大价值和创新意义。例如在天文学方面，古希腊人更重视不生不灭的本质世界或者理念世界，因此像太阳黑子、新星、彗星、流星等天象都未有记载或者未有系统记载。但中国古代敬畏上天、注重天人感应，对天空的任何变化几乎都有记载。中国科学院院士、科学史家席泽宗充分利用中国古代在天象观测资料方面完备、持续和准确的巨大优越性，考订了从殷代到公元1700年间的90次新星和超新星爆发纪录，对现代天体物理学关于射电源的研究产生了深远影响。又如在地学方面，中国古人也因为重视灾异记录而留下了全面而系统的记录，国内科学家编写的《中国地震资料年表》《中国地震历史资料汇编》等资料，对现代地震学的发展以及地震预测产生了影响，做出了贡献。专家们从资料中勾画出我国的地震区，确定历史上地震的活跃期和平静期，并总结地震规律。例如，通过分析华北地区近1000年来的地震史料，可以发现华北地震的活跃期和平静期是周期性变化的，900多年以来，已经历了3个活跃期和3个平静期，目前正处于第4活跃期，而且活跃期的持续时间有越来越长的趋势。

四、未来发展展望

（一）"大一统"观和王道思想将带来现代政治文明的创新

作为中华传统政治制度基因的多元一体的"大一统"观以及作为中华传统政治文化基因的王道思想，正在帮助中国人开辟一条不盲目照搬西方的、政治现代化创新之路。多元一体的"大一统"一直是中华传统政治制度的主要追求，中国历代王朝虽然分分合合，但"大一统"始终是各个王朝治国平天下的

主要目标之一，《春秋》甚至直接将"大一统"作为其核心的政治纲领。"大一统"并不是利益或思想的一元化，而是统一权威下的内部多元和合。在"大一统"的强大基因传承下，中国人较为自然地接受了现在这种一党主导下内部多元主义的开放性政党制度。从实践来看，这种"大一统"观已产生巨大力量，是中国现代政治文明的创新道路乃至竞争优势。中国式创新道路以"党的领导、举国体制、群众路线、开放包容"为主要特色。政府治理在一定程度上可以避免西方多党制"为了否定而否定"的政治困境以及由此导致的社会撕裂与对立的社会困境，能够集中力量办大事，形成新型举国体制。

王道思想也一直是中国人的政治理想。《孟子》继承了孔子的仁政思想，对王道与霸道进行了区分，认为依靠武力、假行仁义的为政方式叫霸道，以德义来行仁政的政治方式叫王道，"以力假仁者霸，霸必有大国；以德行仁者王，王不待大——汤以七十里，文王以百里。以力服人者，非心服也，力不赡也；以德服人者，中心悦而诚服也，如七十子之服孔子也"[1]。孟子明确反对霸道而提倡王道，认为只有行王道的国家才能真正与民同乐、乐以天下、忧以天下。"乐民之乐者，民亦乐其乐；忧民之忧者，民亦忧其忧。乐以天下，忧以天下，然而不王者，未之有也"[2]。此后，王道政治一直成为中国人的政治理想，可以说人类命运共同体就是以德义行仁政、实现与民同忧乐的王道政治在当代的创新性表述。

（二）"整合式创新"范式将带来现代科技发展的创新

中华传统文化思维方式的根本特征之一是整体思维。清华大学陈劲教授等首次提出的"整合式创新"范式，契合了中国人更擅长的整体思维，作为一种具有中国特色的新兴创新范式，充分运用了东方智慧和西方创新理论成果，正在企业界的不断实践中逐渐崛起。

整合式创新是战略视野驱动下的创新范式，是战略创新、协同创新、全面创新和开放创新的综合体，体现了中国情境和东方文化的智慧。整合式创新是一种总体创新的创新思维范式，其精髓在于整体观、系统观和着眼于重大创

---

1 见《孟子·公孙丑上》。

2 见《孟子·梁惠王下》。

新，突破传统创新理念中的源于原子论的思维方式，建立三角思维方式、突破并超越二元逻辑，通过战略引领和战略设计，将创新各要素有机整合，为企业和国家实现重大领域、重大技术的突破和创新提供理论支撑。

整合式创新的研究源起于东西方在制度、哲学和文化价值观上的差异。西方原子式、还原论的思维方式，强调研究过程中的"分"和"析"，将事物分解、切片到最小单位并作为切入点；中国"观照整体、系统思考"的思维方式，则是强调局部与整体、个体与集体、战略与文化、过去与未来等多个维度的整体思考和兼顾，形成万物一体、三才之道的整合观。整合式创新为中国本土创新范式理论框架的提炼和形成提供了一种视角，并能够有效地应用在大科学、大工程、大发展之中。

（三）更具人文关怀的东方管理学的兴起将带来现代商业文明的创新

马克思早就一针见血地指出了资本逐利的本性，西方次贷危机的背后也正是人性的贪婪。中国从先秦之时就十分注重义利之辨。孔子说"君子喻于义，小人喻于利"[1]，说"君子义以为上"[2]"君子义以为质"[3]，说要"见利思义"[4]，把"义"作为生命崇高的原则，融入生命的本质，化为自己的血肉。孟子也认为，"义"是"人之正路"[5]，当义与利冲突时甚至要舍生取义，"生，亦我所欲也；义，亦我所欲也；二者不可得兼，舍生而取义者也"[6]。但是，古贤也并非主张不要利，"正德"和"利用"都很重要，只是追求利必须取之有道，"不义而富且贵，于我如浮云"[7]。

当今时代，各种财富与名利场都大为增长，面对社会逐利现象的日益严重，管理学和商业文明也越来越提倡道义担当与人文关怀。如果说第一代管理学相对更重视提高效率，第二代管理学相对更重视质量管理，第三代管理学相

1　见《论语·里仁》。
2　见《论语·阳货》。
3　见《论语·卫灵公》。
4　见《论语·宪问》。
5　见《孟子·离娄上》。
6　见《孟子·告子上》。
7　见《论语·述而》。

对更重视知识时代的创新管理的话，那么第四代管理学必将融会更多儒商、道商、佛商等东方管理学的精义，更加聚焦于"效率、创新、幸福"三位一体的价值和目标。这里的幸福是广义上的幸福，包括实现人的全面发展，包括科技与人文的协调发展，也包括人与社会、人与自然的和谐发展。第四代管理学将是一种有效率、有创新的幸福管理，将通过效率与创新来更好地帮助人类追求幸福，实现人的全面发展，实现科技与人文的协调发展，实现人与自然的和谐发展。

"一带一路"倡议下的科技创新与合作

党的二十大报告进一步指出,"推动共建'一带一路'高质量发展"。自2013 年"一带一路"倡议提出以来,"创新"始终是各方聚焦的高频词汇,科技创新与合作一直备受重视。科技创新与合作对"一带一路"高质量发展发挥着重要的支撑和引领作用,不仅为"一带一路"共建国家和地区的发展注入强劲动能,而且惠及民生福祉。我国与共建国家坚持创新驱动发展,加强科技创新与合作,不断优化创新环境,加速集聚创新资源,共同拥抱新一轮科技革命和产业变革带来的机遇,为促进共同发展、实现共同繁荣注入强劲动力。

一、科技创新与合作支撑引领"一带一路"高质量发展

(一)科技创新与合作对"一带一路"高质量发展的重要作用

创新是推动发展的重要力量。习近平总书记指出,"我们要将'一带一路'建成创新之路",强调"'一带一路'建设本身就是一个创举,搞好'一带一路'建设也要向创新要动力"。科技创新与合作在"一带一路"高质量发展中发挥着重要的支撑和引领作用。

1. 科技创新与合作增强中国以及共建国家和地区的发展韧性

科技创新与合作促进了中国与"一带一路"共建国家和地区之间实现创新要素合理流动、创新资源高效配置,从技术共享、产业共生、市场共建三条主要路径形成互惠互利的共生关系,从而增强中国以及共建国家和地区的发展韧性。

就技术共享而言,科技创新与合作有利于实现技术共享,建立双边多边技术互动和彼此依存关系。一方面,相比大多数"一带一路"共建国家和地区,我国企业具有明显的技术优势,可通过外向型开放创新,与共建国家和地区

的企业开展技术合作或技术转移，根据共建国家和地区的产品需求进行技术改进，以此提高自身创新能力与技术水平。另一方面，共建国家和地区可通过与中国企业开展技术创新与合作，学习中国较为先进的知识技术和管理经验，并在此基础上模仿、吸收、消化和再创新，提高本国和本地区企业的创新能力和国际竞争力。

就产业共生而言。科技创新与合作有助于推动双边多边产业链和价值链融合升级。一方面，依托完备的产业体系和强大的供应链网络优势，我国与"一带一路"共建国家和地区具有国际产能合作的广阔空间。通过构建创新联合体、产业技术研发联盟等新型组织，促进跨国、跨界创新链紧密联结，形成高效运行的开放创新生态体系，有助于我国扩大全球生产网络，优化国内外产业分工网络，促进更多生产要素集中到价值链中高端环节，有利于实现自身产业链和价值链融合升级。另一方面，就共建国家和地区而言，与中国进行产能合作会带动其快速融入全球产业链，利用自身资源禀赋优势和开放创新，不断提升产业链的创新能力。

就市场共建而言，科技创新与合作有益于实现双边多边市场融合和产品创新。一方面，我国在共建"一带一路"中积极创造各类科技成果转化应用场景，推动创新链和产业链、资金链融合对接，打造科技、产业、金融紧密融合的开放创新生态体系，加速科技成果向现实生产力转化。随着国际市场规模不断扩大，愈加丰富的产品创新应用场景会应运而生，市场规模经济优势会愈发明显，有利于企业降本增效，促进价值链升级。另一方面，共建国家和地区可通过市场融合和产品创新更好地满足本国人民的消费需求，同时所生产的产品有机会进入中国市场，有利于扩大其市场规模，提升本国产品的创新力和竞争力。

2. 科技创新与合作助力解决共性基础科学问题和实施国际性科学工程

新时期和新形势下，在"一带一路"框架下开展健康、绿色、数字、创新等领域的务实科研合作，有助于建立全球科技创新与合作新的连接点，通过科研项目合作助推共同解决基础科学问题。例如卫生与健康领域的联合技术攻关，如疫苗开发、新药研制、临床试验、市场准入等的全方位合作。而信息技术的飞速发展，特别是互联网、数字技术、人工智能等新技术在产业领域的应用研究，也为国际科技合作方式和路径的创新提供了可能。

共性基础科学合作的重要方式是合著论文，以 2010—2021 年国家自然科学基金委员会和中国科学院资助的中国与共建国家合著论文为对象分析可发现，2013 年后合著论文数量急剧上升，反映出中国通过科技创新支撑"一带一路"的鲜明特色和成果。中国与共建国家和地区合作论文的研究主题主要聚焦在材料科学、电子电路、化学物理、应用物理、化学、纳米科学、环境科学等学科，领域分布较广；这些基础科学的研究成果，必将引领共建国家在科学技术和工业层面的快速发展。

同时，科技创新与合作也让中国与"一带一路"共建国家和地区承担了更多国际性的大科学计划和大科学工程，向全球输出了更多来自"一带一路"的科技创新技术产品、知识经验和解决方案。例如，中国规划并建设了全球最大的 500 米口径球面射电望远镜（FAST）、空间环境地基监测、大型光学红外望远镜等一批具备高水平的科研基础设施。"一带一路"共建国家和地区在与中国的合作中推动了 5G 网络、数据中心、人工智能等新型基础设施的建设，同时在导航定位、智慧农业、生命健康、减灾防灾、能源环境、气候变化等领域形成持续深入、优势互补的合作模式；近年在研发投入、论文产出、发明专利申请量、发明专利授权量等指标中成绩凸显，具备了科技创新优势，为承接全球性的研发项目和建设任务提供了技术支持。

3. 科技创新与合作促进民心相通

民心相通是共建"一带一路"的社会根基。我国与共建国家和地区广泛开展多层次、多领域人文交流，有力地推动了文明互学互鉴和文化融合创新。国际科技合作可以不断强化我国与共建国家和地区的人员往来和交流，有助于促进相互了解和民心相通。同时，联合设立科技合作项目和海外联合研究中心，有利于增强对共建国家和地区长期性、全方位的认识和了解，为增加"一带一路"民心相通提供基础保障[1]。

大多数共建国家和地区处于工业化初期，其工业化水平、科技发展水平与发达国家存在较大差距，应对气候变化、实现可持续发展的能力较弱。在"一带一路"建设过程中，中国与共建国家和地区聚焦共同面临的经济、社会、环

1　白春礼. 科技创新与合作支撑"一带一路"高质量发展 [J]. 中国科学院院刊，2023，38（9）.

境和气候变化等挑战，开展民生科技合作，有助于共建国家和地区获得关键适用技术，探索解决问题的新途径，促进实现绿色、惠民生的高质量发展，从而不断提升共建国家和地区民众的获得感和幸福感。

综上，科技创新与合作为共建国家和地区的发展提供了新的战略、技术和知识的支撑，为提高各国的社会生产力和国际竞争力带来新的途径；同时，科技创新与合作也促进了中国以更科学合理的方式建立国际合作机制、协调国际利益关系、完善国际服务体系、整合国际要素资源，在稳步建设国内大循环的基础上，加速国内国际双循环。而"一带一路"共建国家和地区的强大会带来更多的发展机遇，进而增强中国与共建国家和地区应对全球性经济社会风险的能力，逐渐升级为高质量可持续的发展模式。

（二）"一带一路"科技创新与合作的主要模式

"一带一路"科技创新与合作可以归纳为科技人文交流、共建联合实验室和技术转移中心、共建科技园区、推动重大工程建设四种模式。各模式内涵丰富，通过对沿线国家进行技术转移和技术帮扶，多维度引领和支撑沿线国家经济发展，直接提高了沿线国家的技术能力、技术水平和生产效率，对经济高质量发展意义重大。

1. 科技人文交流

科技人文交流包括人才联合培养、扩大杰出青年科学家来华研修、在沿线国家建立科技培训基地、实施国际科技特派员计划、举办各类科技博览会等。多层次的人文交流助推了沿线国家与中国科技人员的深入互动，促进了知识的交互传递，也实现了资源和技术的交汇，为共同克服技术难题提供了便利。

2. 共建联合实验室和技术转移中心

汇聚国内外的研究专家和技术人才，配备完善的科研仪器，瞄准沿线国家的重大科技需求，发挥各自的技术和人才优势，联合推进科学研究，解决经济发展、民生改善、资源环境中的重大科技问题。科技人文交流和共建联合实验室在促进隐性知识传递的同时，增强了研发人员对知识和技术的理解、掌握、应用与拓展，提高了沿线国家的研发能力，有利于其创新能力、技术水平和经济发展质量的提高。通过共建技术转移中心，沿线国家可以直接利用我国的专有或专利技术，突破技术瓶颈，提升产业技术和生产效率，融入国际分工体系。

3. 共建科技园区

引导我国高新区、自主创新示范区、农业科技园区、海洋科技园区、环保产业园区等与沿线国家主动对接，推动有实力企业与沿线国家共建科技园区，在沿线国家创新创业。通过共建科技园区，沿线国家可直接借助我国的经验和技术发展本国科技，在提高技术水平的同时，将科技转化为生产力，为"一带一路"共建国家和地区乃至全球各国提供科技创新服务，打造中国科学技术服务发展的国际名片。

4. 推动重大工程建设

推动重大工程建设包括与沿线国家开展铁路、公路、港口、航运、能源、信息等领域的技术合作，推动重大工程项目落地，以及促进科研仪器与设施、科研数据、科技文献等科技资源互联互通等。一方面，通过技术帮扶改善沿线国家的基础设施条件和质量；另一方面，推动工程技术的跨国流动和共享。

二、国内外现状与趋势分析

（一）助推科技创新与合作支撑"一带一路"高质量发展的政策制度基础

从顶层设计到行业倡议，到国际合作，到地方规划，一系列政策、方案、规划和意见的出台，使得共建"一带一路"总体布局越来越明晰。2016年10月，我国科技部、国家发展和改革委员会、外交部、商务部联合发布《推进"一带一路"建设科技创新合作专项规划》，明确了在农业、能源、交通、信息通信、资源、环境、海洋、先进制造、新材料、航空航天、医药健康、防灾减灾等重点领域，推进"一带一路"建设科技创新合作，并提出了具体的战略目标和主要举措。在共建"一带一路"倡议的长期探索和实践基础上，2017年5月，习近平总书记在"一带一路"国际合作高峰论坛上提出"一带一路"科技创新合作行动计划。该计划从科技人文交流、联合实验室、科技园区合作、技术转移四个方面进行了全面规划，旨在把科技创新与"一带一路"倡议紧密结合，使"一带一路"真正成为科技合作之路、创新之路。同期，科技部发布

《"十三五"国际科技创新合作专项规划》，提出以科技合作引领和支撑"一带一路"建设，打造"一带一路"创新共同体。在各级联动下，"一带一路"共建国和地区间的科技合作迅速推进。2019年4月，科技部与泰国、俄罗斯、南非、斯里兰卡等国的科技创新部门共同发起《"创新之路"合作倡议》，明确提出推动共建"一带一路"创新共同体，加强各国在科技创新领域的务实合作，以创新驱动经济社会可持续发展，不断提升各国发展动力与活力，形成区域创新发展合作新格局，将"一带一路"打造成"创新之路"。2020年9月，科技部发布了《创新创业国际合作共同行动倡议》等战略规划，相继提出科技人文交流、共建联合实验室、科技园区合作、技术转移等行动，并探索可持续的科技创新合作模式。2021年11月，习近平总书记在第三次"一带一路"建设座谈会上指出，"要稳妥开展健康、绿色、数字、创新等新领域合作，培育合作新增长点"，"要实施好科技创新行动计划"，这为科技战线高质量共建"一带一路"指明了方向。2023年10月，习近平总书记在第三届"一带一路"国际合作高峰论坛开幕式上宣布中国支持高质量共建"一带一路"的八项行动，表示中国将继续实施"一带一路"科技创新行动计划，举办首届"一带一路"科技交流大会，未来五年把同各方共建的联合实验室扩大到100家，支持各国青年科学家来华短期工作。

根据2023年10月国务院新闻办公室发布的《共建"一带一路"：构建人类命运共同体的重大实践》白皮书，截至2023年6月底，中国已与五大洲的150多个国家、30多个国际组织签署了200多份共建"一带一路"合作文件，共建"一带一路"倡议拉动了近万亿美元投资，形成3000多个合作项目，为沿线国家创造42万个工作岗位，让将近4000万人摆脱贫困。其中，截至2023年6月底，中国与80多个共建国家签署《政府间科技合作协定》，"一带一路"国际科学组织联盟成员单位达58家。多层次的"一带一路"科技创新与合作局面已初步形成，合作领域进一步扩大，合作框架进一步深化。同时，中国与世界知识产权组织签署《加强"一带一路"知识产权合作协议》及修订与延期补充协议，共同主办两届"一带一路"知识产权高级别会议，并发布加强知识产权合作的《共同倡议》和《联合声明》；与50余个共建国家和国际组织建立知识产权合作关系，共同营造尊重知识价值的创新和营商环境。

（二）新时期"一带一路"科技创新与合作面临的外部挑战

新一轮科技革命和产业变革与共建"一带一路"形成历史性交汇，共建国家和地区开展科技创新与合作既有机遇，也有挑战。

1. 国际环境的挑战

"一带一路"科技创新与合作面临的外部环境正经历复杂而深刻的变化，不稳定性和不确定性明显增加。一方面，目前全球经济复苏依旧乏力，发展动力不足，国际市场需求不振、全球产业链供应链重构、全球金融市场风险上升等。后疫情时代的经济衰退给发展中国家带来了严重打击，减弱了部分共建国家的科技合作意愿和能力。另一方面，经济全球化和科技全球化遭遇逆流，科学人文交流和技术创新合作受到不利影响。部分西方国家基于自身利益，不断唱衰"一带一路"乃至全球化，并加快了对中国的技术封锁，增大了我国"一带一路"国际科技合作交流的难度。此外，"一带一路"建设面临复杂的地区安全环境。中东、中亚、非洲等地区的部分共建国家和地区可能出现的政局和社会动荡，也对地区经济发展和国家间合作造成冲击。气候变化、网络安全、生物安全等非传统安全问题也给"一带一路"建设带来挑战。因此，需要处理好"发展"与"安全"二者的辩证关系。

2. 顶层设计与机制的挑战

"一带一路"科技创新与合作机制有待健全，合作保障措施有待加强和完善。共建国家和地区在政治、经济、创新能力等方面存在较大差异，所面临的发展任务和发展目标处于不同层次。大量共建国家和地区受限于自身经济发展水平和创新能力，尚不能形成政府力量和社会资源协调推进的机制，导致在合作需求、资源调配等方面增加了科技创新与合作方案的对接难度。此外，当前我国"一带一路"科技和教育行动方案主要由科技部、教育部等部委提出，尚未形成国家层面的总体规划，从而使政策的约束性不足，政策制定与执行不可避免地存在碎片化和分散化现象。为此，亟须通过顶层设计加强"一带一路"科技创新与合作规划，建立科技合作与各区域战略的科学衔接，推动"一带一路"科技合作走深、走实。

3. 创新合作模式的挑战

中国与共建国家和地区的技术合作多由政府主导，由公立性科研机构实施，亟须强化以企业为创新主体的科技合作。尽管我国在"一带一路"建设中倡导"政府搭台、企业唱戏"，但是科技创新与合作带来的短期经济效益提升相对有限，加之缺少完善的机制与政策促进企业、科研机构等创新主体在国际科技合作中各施所长，因此企业、科研机构等主导的民间国际科技合作仍显不足，各类创新主体参与国际科技合作的积极性有待挖掘。此外，中国与"一带一路"共建国家和地区的科技合作主要采取引进技术进行二次开发，以技术输出类合作为主实现科技成果的产业化和落地，"产学研用"协同研发攻关类合作较少。

4. 科技人才合作的挑战

当前我国与"一带一路"共建国家和地区的科技人才合作模式主要集中在职业教育、技能培训、留学生培养等，满足产业化需求的综合型、实用型科技人才合作十分缺乏。高层次人才、机构间联合开展科技研发、早期技术突破合作较少。科研人员跨境合作在税收征收、科研资金跨境流动、科研设备等物资进出口等方面的合作机制还有待完善。涉及国际科技合作的项目管理、中介服务、知识产权、风险管理和涉外谈判等方面的人才仍较为短缺。

三、中国的成功实践

中国持续推进与"一带一路"共建国家和地区的创新合作，携手打造开放、公平、公正、非歧视的科技发展环境。一个个落地的项目为"一带一路"共建国家和地区的经济发展和可持续发展带来了更多机遇和创新动力，科技创新已成为新时代"一带一路"闪亮的新名片。自2013年以来，特别是2017年共建"一带一路"科技创新行动计划启动以来，从扩大科技人文交流到共建联合实验室，从加强科技园区合作到推进技术转移中心建设，科技创新与合作助力"一带一路"高质量发展取得了丰硕成果。

1. 科技人文交流

"一带一路"科技合作人才交流互通不断深化。近年来，中国科协主办了数量众多的国际科技交流会议，"引进来、走出去"一大批高质量的科学普及和科学传播活动，促成众多"一带一路"共建国家和地区间的科学文化交流。

世界顶尖科学家论坛、世界青年科学家峰会、世界女科学家论坛、世界科技与发展论坛等国际科学盛会，汇聚了来自世界各地的科学家，他们的顶尖智慧碰撞出思想的火花；世界公众科学素质促进大会、国际科普作品大赛、流动科技馆国际巡展、"一带一路"青少年创客营等科普活动，通过带动一批国际科技组织、科研人员特别是青少年参与，促进人的全面发展，弥合科学素质鸿沟；广泛宣传"一带一路上的中国工程师"，讲好海外项目建设中的点滴故事，绘制大国科技和工匠精神、丝路精神兼容并蓄的新时代画卷。

2013 年以来，中国支持逾万名共建国家青年科学家来华开展短期科研工作和交流，累计培训共建国家技术和管理人员 1.6 万余人次，我国多次举办面向非洲、东盟、南亚等地区国家科研人员的"创新中国行"活动，累计帮助 50多个非洲国家建成 20 多个农业技术示范中心，在农业、新能源、卫生健康等领域启动建设 50 余家"一带一路"联合实验室。"一带一路"共建国家和地区人才流动的数量和路径在迅速增加，其中我国和俄罗斯处于人才流动网络的核心位置。"一带一路"多层次科技人文交流体系初步形成。

2. 联合实验室共建取得进展

自 2019 年以来，结合共建国家和地区的重大个性化发展需求，我国已与"一带一路"共建国家和地区在农业、新能源、卫生健康等领域共同建设了50 余家联合实验室，实施联合研究项目 1000 多项，累计投入 30 亿元人民币。"一带一路"联合实验室是参照国家重点实验室建设的国家对外科技合作创新最高级别平台。以联合实验室 / 研发中心为抓手，我国在产学研融合互动方面积极发挥引领及辐射作用，强化资源共享与优势互补，开展科技人才交流与培养，联合攻关解决共建国家和地区在发展中面临的重大挑战和问题，有效提升共建国家和地区的科技创新能力；同时，推动中国标准、技术和装备走出国门，进一步增强中国科技"软实力"的国际影响力。

随着"一带一路"科技创新与合作顶层设计的不断完善，"一带一路"联合实验室在诸多领域取得了亮眼成绩。依托"一带一路"联合实验室，中外合作伙伴围绕基础前沿领域开展联合研究，在农业、新能源、卫生健康、数字等领域填补多项研究空白，推动相关国家的科技创新发展，也为解决全人类共性难题贡献力量。例如，农业领域的中国—肯尼亚作物分子生物学联合实验室，基于双方合作基础，整合优势，围绕粮食、园艺等开展深入的学术、人才交流，推进优良品种及先进技术落地非洲，致力于保障全球食物供应安全。先进制造领域的中国—奥地利人工智能与先进制造联合实验室，将中国数字经济及人工智能技术与奥地利传统制造技术深度融合，研发了滑坡地质灾害协同监测系统、基于 5G 通信及物联网技术的城市公共安全—化工园区安全监测管理—企业安全生产管理系统等多项先进成果。可再生能源领域的中国—埃及可再生能源联合实验室，基于中国成熟的太阳能技术，充分开发埃及丰富的太阳能光照和硅矿资源，实现了埃及可再生能源产业"从无到有"的突破[1]。

3. 科技园区合作稳步推进

我国科技园区立足"走出去""引进来"，与"一带一路"共建国家和地区形成虚实结合的多元科技合作交流路径。所谓"引进来"，即在国内科技园区引进与其他国家合作的实体"园中园"，常州武进高新区内的中以（以色列）创新园、长春中白（白俄罗斯）科技园等。所谓"走出去"，包括建设境外实体园区、与国外科技园区结为"姊妹园区"、建设离岸高层次人才工作站和孵化器等机构、与同类机构建立对口合作关系四条路径，如联投集团、聚星科技两家企业投资开发中国比利时科技园，成都高新区与法国索菲亚科技园结为姊妹园区。此外，我国高新区还通过举办国际合作发展论坛、科技创新交流会、双创周等多种活动，持续加强与"一带一路"共建国家和地区的合作，如成都高新区承办 CES Asia（亚洲国际消费类电子产品展览会）、中国—欧盟投资贸易科技合作洽谈会等，加速创新要素双向流动。

"一带一路"共建国家和地区在科技园区方面与我国的合作意愿较高，提出了"学习经验、引进企业、参与建设、放大优势"四方面合作诉求。具体而言，学习中国科技园区建设运营经验，以提升本国园区的运营管理效率；吸引中国高科技企业入驻，以提升产业水平；希望中国参与园区的开发建设；与中国园区和科研机构交流，以放大本国既有的科技优势等。例如，蒙古国、泰国、伊朗、老挝、埃及等共建国家相继明确提出开展科技园区合作需求。泰国提出学习中国科技园区发展经验，部署泰国工业 4.0 与东部经济走廊战略；伊

1 何宏艳，吴树仙，辛加余，等."一带一路"科技创新合作现状、挑战与发展方向 [J].中国科学院院刊，2023，38（9）.

朗帕尔迪斯科技园、埃塞俄比亚德雷达瓦工业园、巴西科技园孵化器协会等科技园均对我国提出较强的招商引资需求；南非、老挝、埃及、蒙古等国均表达了与中方共建科技园的诉求，如昆明高新区在老挝万象与老方共建了赛色塔工业园。

目前中国已与白俄罗斯、以色列、伊朗、蒙古、埃及、菲律宾、印度尼西亚等国家合作建立科技园区。科技园区已成为我国高技术产业发展的一张国际名片。

4.技术转移协作网络基本形成

技术转移转化是"一带一路"建设的重要方面，对推进技术成果向共建国家和地区转移及应用具有重要意义。为促进区域技术转移、产学研深度融合，2016 年 6 月我国科技部发起成立"一带一路"技术转移协作网络的倡议，通过科技伙伴计划助力建设共建国家和地区的科技创新能力，带动区域经济的可持续发展。截至 2023 年 10 月，我国面向东盟、南亚、阿拉伯国家、中亚、中东欧国家、非洲、上合组织、拉美等建设了 9 家跨国技术转移中心[1]，并鼓励地方建立区域性技术转移中心。面对发展中国家可能遇到的技术壁垒，我国支持共建国家和地区建立完善的技术交易市场，与联合国开发计划署组建"技术转移南南合作中心"，有力推动先进适用技术成果在共建国家和地区转移转化。"一带一路"技术转移协作网络基本形成。

实践证明，技术转移中心充分发挥了中国与共建国家和地区在技术转移转化等方面的务实作用，已成为将科技成果推向应用的重要平台。例如，中国—阿拉伯技术转移中心自 2015 年成立以来，围绕农业物联网应用、马铃薯高产机械化种植等领域，与约旦、阿曼、迪拜、埃及等国家共建了一批联合实验室和科技示范园区，搭建了中阿技术转移协作网络，共建了一批技术转移、国外双边中心、国内分中心和工作基地；依托阿盟、沙特、阿联酋、约旦、阿曼、埃及、摩洛哥、苏丹共 8 个技术转移、国外双边中心，常态化与阿方开展技术对接推介活动；建成的中阿技术转移综合信息服务平台和东西部科技合作成果

---

1 中国—蒙古国技术转移中心、中国—泰国技术转移中心、中国—白俄罗斯国际技术转移中心、中国—东盟技术转移中心、中国—南亚技术转移中心、中国—阿拉伯技术转移中心、中国—中亚科技合作中心、中国—中东欧国家技术转移虚拟中心、中非创新合作中心。

展示中心，持续为中阿供需双方提供成果展示、技术对接、政策咨询等"线上＋线下"服务，有效促进了中阿技术人才对接；举办"一带一路"沿线国家技术人才培训班 20 多期，培养了 800 多名具有"种子效应"的阿拉伯国家技术人才；历经 10 多场培训，培养了一支在科技交流合作和技术转移领域有一技之长的专业人才队伍，为深入实施"一带一路"科技创新行动计划提供了人才智力保障。截至 2023 年 9 月，中阿技术转移中心已支持 30 多项中阿科技合作和技术转移项目，有效推动了马铃薯种薯繁育、标准化种植、卫星遥感数据监测、跨境电商、跨境电子支付、矿物资源利用、循环利用 7 个领域 16 项技术走出国门，成为推动中国与阿拉伯国家及"一带一路"沿线国家深入开展科技交流合作的重要平台[1]。

5. 科技支撑产业创新合作取得成效

地方省市陆续建设多家海外中医药中心或中医学院，持续开展中医诊疗、义诊、教育培训等，扩大了中医药在海外的"朋友圈"；中国科研机构与哈萨克斯坦林业委员会实施哈首都圈生态林建设技术示范项目，减少草原大风天气对居民生活的影响；中国积极参与空间与重大灾害国际宪章机制，开展卫星应急监测服务，针对 15 个国家的 17 次重特大灾害事故启动应急监测，就 2018 年阿富汗大旱、2019 年莫桑比克台风等向受灾国相关部门提供监测产品服务。

值得关注的是，2023 年 10 月初，东南亚首条高速铁路——印尼雅万高铁的启用，见证了令人惊叹的"中国速度"。作为共建"一带一路"倡议的标志性项目，中国—印尼雅万高铁项目建设运用了精密测量控制系统、地震预警监测等多项前沿技术，实现了一系列技术创新，不仅保障列车的高效安全运行，也进一步推动了中国技术的国际化[2]。

---

1 https://www.chinanews.com.cn/m/gn/2023/09-06/10073207.shtml

2 李禾，刘垠，崔爽，等. 惠及全人类的伟大创举 [N]. 科技日报（数字报），2023-10-17（02）.

四、未来发展展望

当前世界科技创新秩序面临重构、国内外政治经济格局新变化和新形势对"一带一路"高质量发展提出了更高要求。纵观全球科技发展大势，协同创新、合作创新、开放创新已成主流，推动全球科技创新与合作对于应对人类面临的全球性挑战具有重要意义。党的二十大报告提出，"扩大国际科技交流合作，加强国际化科研环境建设，形成具有全球竞争力的开放创新生态"。科技创新与合作是支撑服务"一带一路"共建国家和地区互联互通、深化科技开放合作的桥梁纽带，已成为"一带一路"共建国家和地区应对新技术革命、解决发展挑战的共同选择。

（一）落实科技创新与合作的基本原则

深入贯彻落实习近平总书记"一带一路"系列重要讲话精神，以及党的十八大、十九大、二十大会议精神，以"和平合作、开放包容、互学互鉴、互利共赢"为理念，以推进"一带一路"高质量发展和打造人类命运共同体为核心目标，充分发挥科技合作对"一带一路"的支撑和引领作用，从共建国家和地区科技合作的实际需求出发，以民生科技、适用技术、数字科技、生态环境和应对气候变化等领域及科技人员交流等为重点，通过增加政府科技合作投入、集成民间科技资源、设立相关大科学计划、发展区域性国际合作网络等重大举措，打造"一带一路"创新共同体，全面提升科技合作的层次和水平，共享科技成果和科技发展经验，开创"一带一路"科技合作新局面，推动"一带一路"可持续发展和共同繁荣。

坚持开放合作，实现互利共赢。秉持开放精神，充分尊重共建国家和地区发展的实际需求，积极对接共建国家和地区的发展战略，加强第三方市场合作，共享科技成果和科技发展经验，共同打造科技利益共同体和命运共同体，促进共建国家和地区共同发展、共同繁荣。

坚持科技引领，推动共同发展。面向共建国家和地区发展的关键共性科技问题，通过科技人文交流、平台建设和基础设施互联互通等措施，共同提升科技创新能力，促进共建国家和地区技术转移转化和产业化，全面增强科技对"一带一路"高质量发展的引领能力，共同促进共建国家和地区可持续发展。

坚持以人为本，促进民心相通。以提高共建国家和地区人民的获得感和参与感为出发点和落脚点，深化科技人文交流，突出科技人才在人文交流中的关键核心作用，构建多层次的科技人文交流平台，促进互信理解、民心相通。

坚持精准施策，聚焦重点区域。以周边国家为重点，聚焦民生科技、适用技术、数字科技、生态环境、能源安全、人口健康、粮食安全和自然灾害等重点领域，科学谋划分类施策，有力有序推进，集中力量精准发力，尽早取得突破，形成示范带动效应。

坚持政府引导，强化多方参与。充分发挥政府在科技合作中的引导、规划和协调作用。充分释放各类创新主体在科技创新与合作中的主动性，引导更多社会力量积极参与，形成强大合力，打造"跨领域、多主体、全方位"的合作开放平台，建立"政府主导、企业参与、民间促进"的立体格局[1]。

（二）拓展科技创新与合作的新领域

"一带一路"科技创新与合作需要不断拓展新领域，未来应聚焦绿色、健康、数字和创新四大领域。

1. 面向"绿色丝绸之路"的科技创新与合作

"绿色丝绸之路"建设的重点包括气候变化、生态环境、灾害防治、普适技术等。面向"绿色丝绸之路"建设的科技创新与合作，应聚焦绿色低碳发展技术前沿。例如，强化绿色技术相关基础研究和前沿技术布局，加强绿色技术的研发、推广和应用；开展低碳、节能、节水、环保等相关领域科技合作，推动清洁能源项目合作，积极帮助有需要的共建国家和地区推广应用先进绿色能源技术；实施绿色技术转移专项行动，推动绿色科技合作网络与基地建设；加强绿色基建、绿色产业、绿色技术、绿色金融领域的科技合作。

2. 面向"健康丝绸之路"的科技创新与合作

健康问题是人类发展过程中面临的全球性挑战。面向"健康丝绸之路"建

---

1 白春礼.科技创新与合作支撑"一带一路"高质量发展 [J].中国科学院院刊，2023，38（9）.

设的科技创新与合作，可重点在重大传染病应对、医疗援助、先进医疗技术与健康产业、信息化建设与传统医药合作等领域，开展全方位深化技术合作。例如，构建健康丝绸之路合作机制，组织一批以我国为核心的卫生合作网络；在国际药品、医疗器械、检测要素方面，与共建国家和地区建立更为高效共赢的研发合作模式，共同构建人类卫生健康共同体；推动中西医结合，提高中医药在共建国家的认可度。

3. 面向"数字丝绸之路"的科技创新与合作

"数字丝绸之路"正成为推动新型全球化的数字桥梁。为拓展数字经济领域的合作，2023 年 10 月第三届"一带一路"国际合作高峰论坛发布了《"一带一路"数字经济国际合作北京倡议》，从 20 个方面提出未来深化数字经济国际合作的设想，包括加强数字互联互通，促进在数字政府、数字经济和数字社会等方面的合作，提升农业现代化水平，推动工业数字化转型，提升公共服务数字化水平等。面向"数字丝绸之路"建设的科技创新与合作，可围绕提升区域数字前沿科技水平推进，在物联网、5G、人工智能、云计算、大数据应用以及标准更新等前沿技术方面加强合作。例如，推进新型数字基础设施互联互通；提升跨境电商智慧化水平；推动数字化创新突破与深度合作；探索建立共建国家和地区合作创新治理新机制；多渠道开展数字化能力建设科技合作等。

4. 面向"创新丝绸之路"的科技创新与合作

以"创新丝绸之路"建设服务区域科技创新发展需求。面向"创新丝绸之路"的科技合作，可围绕打造发展理念相通、要素流动畅通、科技设施联通、创新链条融通、人员交流顺通的创新共同体来开展。例如，加强在数字经济、人工智能、量子科技、5G 通信、先进制造和生物技术等前沿领域合作，建立相关科技术语和标准体系，推动大数据、云计算、智慧城市建设；瞄准可再生能源、先进核能、氢能、储能技术为代表的关键技术，促进科技同产业深度融合，优化创新环境，集聚创新资源[1]。

---

1 白春礼.科技创新与合作支撑"一带一路"高质量发展 [J]. 中国科学院院刊，2023，38（9）.

（三）完善科技创新与合作的机制体制

科技创新与合作支撑"一带一路"高质量发展是一项复杂的系统工程，需要优化顶层设计、完善机制体制。

1. 创新国际科技创新与合作的体制机制

目前中国的国际科技创新与合作主要围绕发达国家开展，相应的体制和机制也基于此而定，难以适用于与"一带一路"共建国家和地区的科技创新与合作。应根据"一带一路"共建国家和地区的实际情况，在充分调研的基础上，完善部门间协商机制，建立双边和多边交流机制，发展协同合作的工作制度与体系，充分发挥已建立的各类国际组织、联合实验室和委员会等的作用。各科技管理部门在一定框架内，有组织地与共建国家和地区相关部门对接，签订科技创新合作协议，协调推动相关项目的高效实施，为科技资源、创新要素在"一带一路"共建国家和地区中合理顺畅流动扫除障碍，促进科技创新共同体的建设。

2. 建立"引进来"与"走出去"动态合作机制

科技人文交流是促进"一带一路"共建国家和地区合作的基础。应优化科技人文交流的国别布局，明确科技人文交流的重点领域，从而有目标地推动对重点领域优秀科学家的吸引和培育；通过留学生培养、师资交流、竞赛交流及学术会议等方式，大力吸引国外高层次人才；进一步完善人才激励机制，对在"一带一路"建设中作出突出贡献的高端技术人才，给予应有的社会荣誉和薪酬待遇，留住人才、用好人才。同时，建议设立相应基金支持，鼓励国内科学家"走出去"开展实地调研、深度访谈，加强了解各地的国情、法律体系、重点发展领域等[1]。

面向未来，中国将以更加开放的思维和举措，持续推进与"一带一路"共建国家的科技创新与合作，坚持创新驱动发展，把握数字化、网络化、智能化发展机遇，探索新业态、新技术、新模式，探寻新的增长动能和发展路径，助力各方实现跨越式发展。

---

1 何宏艳，吴树仙，辛加余，等."一带一路"科技创新合作现状、挑战与发展方向 [J]. 中国科学院院刊，2023，38（9）.

创新与构建人类命运共同体

构建人类命运共同体理念，是以习近平同志为核心的中国共产党人，为全球生态和谐、国际和平事业、全球治理体系变革、全球公平正义的新秩序贡献的中国智慧和中国方案，充分体现了中国共产党和中国政府的世界情怀和责任担当。它继承和发展了新时代中国不同时期重大外交思想和主张，反映了中外优秀文化和全人类共同价值追求，适应了新时代中国与世界关系的历史性变化，指明了世界发展和人类未来的前进方向。正如党的二十大报告所指出的，"中国始终坚持维护世界和平、促进共同发展的外交政策宗旨，致力于推动构建人类命运共同体"。

一、以创新引领人类命运共同体构建

党的十八大以来，面对"建设一个什么样的世界、如何建设这个世界"等关乎人类前途命运的重大课题，习近平总书记站在人类历史发展进程的高度，在众多国际国内场合，对构建人类命运共同体的时代背景、重大意义、丰富内涵和实现途径等重大问题进行深刻阐述。在联合国舞台上，"构建人类命运共同体"理念一次次被写入重要决议。在"世界怎么了、我们怎么办"的普遍困惑面前，中国智慧、中国理念照亮了人类发展前程。

（一）构建人类命运共同体理念的形成过程

构建人类命运共同体经历了概念提出—理念发展—完善的过程。

2011 年，《中国的和平发展》白皮书提出了"命运共同体"概念，这是人类命运共同体概念首次被提及，但表述并不是很完整。2012 年，"人类命运共同体"这一概念在党的十八大报告中得到完整表述，"合作共赢，就是要倡导人类命运共同体意识，在追求本国利益时兼顾他国合理关切，在谋求本国发展中促进各国共同发展，建立更加平等均衡的新型全球发展伙伴关系，同舟共济，权责共担，增进人类共同利益"[1]。2013 年，习近平主席在出访俄罗斯时首次向世界提出人类命运共同体理念，阐述了对世界文明发展趋势的中国判断，表明了我国处理与世界关系的价值目标。2015 年，习近平主席在参加第70 届联合国大会一般性辩论时发表《携手构建合作共赢新伙伴 同心打造人类命运共同体》的讲话，对如何处理和对待国与国之间的关系提出了建议，从政治、安全、经济、文化和生态 5 个主要方面全面阐述了构建人类命运共同体的总体框架和实践路径。这些观点的提出使人类命运共同体的含义有了基本轮廓。2017 年 1 月，习近平主席在联合国日内瓦总部发表题为"共同构建人类命运共同体"的主旨演讲，再次昭告全世界，"中国愿同广大成员国、国际组织和机构一道，共同推进构建人类命运共同体的伟大进程"[2]，并进一步提出"对话协商、共建共享、合作共赢、交流互鉴和绿色低碳"5 个构建人类命运共同体的基本原则。同年 10 月，党的十九大报告第十二部分以"坚持和平发展道路，推动构建人类命运共同体"为标题，对构建人类命运共同体理念的内涵及其时代价值进行了进一步阐述，提出要"建设持久和平、普遍安全、共同繁荣、开放包容、清洁美丽的世界"[3]。党的二十大报告进一步强调，"推动构建人类命运共同体"是中国式现代化的本质要求之一，"构建人类命运共同体是世界各国人民前途所在"。

2018 年 3 月 11 日，经十三届全国人大一次会议第三次全体会议表决通过的《中华人民共和国宪法修正案》规定："中国的前途是同世界的前途紧密地联系在一起的。中国坚持独立自主的对外政策，坚持互相尊重主权和领土完整、互不侵犯、互不干涉内政、平等互利、和平共处的五项原则，坚持和平发展道路，坚持互利共赢开放战略，发展同各国的外交关系和经济、文化交流，推动

1　胡锦涛. 坚定不移沿着中国特色社会主义道路前进 为全面建成小康社会而奋斗——在中国共产党第十八次全国代表大会上的报告 [N]. 人民日报，2012-11-18（01）.

2　http://jhsjk.people.cn/article/29034230

3　习近平. 决胜全面建成小康社会 夺取新时代中国特色社会主义伟大胜利——在中国共产党第十九次全国代表大会上的报告 [M]. 北京：人民出版社，2017.

构建人类命运共同体……"推动构建人类命运共同体的理念，由此上升为神圣的国家意志。2018 年 12 月，习近平总书记在庆祝改革开放 40 周年大会上的讲话中提出，要"积极推动建设开放型世界经济、构建人类命运共同体，促进全球治理体系变革，旗帜鲜明反对霸权主义和强权政治"[1]。习近平总书记以全球化视野提出了全球治理观和共同利益观，进一步丰富和发展了构建人类命运共同体理念。

构建人类命运共同体理念被提出后，多次被写入联合国文件。2017 年 2 月，在联合国社会发展委员会第 55 届会议通过的决议中，"构建人类命运共同体"首次被写入其中，随后又陆续被写入联合国安理会、联合国人权理事会等通过的多份联合国决议。构建人类命运共同体理念首次以联合国的名义得到国际社会的正式承认。至此，构建人类命运共同体成为全人类的共同愿景，也得到世界上越来越多的国家的承认和认同，逐渐从中国理念、中国话语转变为世界话语和世界共识。

（二）构建人类命运共同体理念的内涵

构建人类命运共同体理念的内涵极其丰富、深刻，其核心就是党的十九大报告所指出的，"建设持久和平、普遍安全、共同繁荣、开放包容、清洁美丽的世界"。习近平总书记用了 5 个"要"，从政治、安全、经济、文化、生态 5 个方面，系统阐述了怎样构建人类命运共同体。

政治上，"要相互尊重、平等协商，坚决摒弃冷战思维和强权政治，走对话而不对抗、结伴而不结盟的国与国交往新路"；安全上，"要坚持以对话解决争端、以协商化解分歧，统筹应对传统和非传统安全威胁，反对一切形式的恐怖主义"；经济上，"要同舟共济，促进贸易和投资自由化便利化，推动经济全球化朝着更加开放、包容、普惠、平衡、共赢的方向发展"；文化上，"要尊重世界文明多样性，以文明交流超越文明隔阂、文明互鉴超越文明冲突、文明共存超越文明优越"；生态上，"要坚持环境友好，合作应对气候变化，保护好人类赖以生存的地球家园"。

1　习近平在庆祝改革开放 40 周年大会上的讲话 [N]. 人民日报，2018-12-19（02）.

（三）创新与构建人类命运共同体的关系

1. 构建人类命运共同体理念是理论创新与实践创新的结合

（1）构建人类命运共同体理念蕴含诸多理论创新。首先，构建人类命运共同体理念是马克思主义理论的继承和发展。人类命运共同体理念继承了马克思主义"自由人联合体"思想。"命运共同体"是对马克思主义"真正共同体""自由人联合体"的继承和发展。马克思曾明确提出并系统阐释了共同体思想，把作为无产阶级奋斗目标的共产主义社会命名为"自由人联合体"。马克思的共同体思想经历了从前资本主义时代的"自然的共同体"到资本主义的"虚假的共同体"再到"自由人联合体"这一"真正共同体"的历史演进过程。人类命运共同体是对马克思共同体思想的创造性继承与发展，是马克思"真正共同体"思想的当代表达。同时，人类命运共同体理念的价值内涵与马克思的人类解放目标具有同理性，强调各国地位的平等性，倡导国际关系民主化，与马克思"自由人联合体"思想的价值追求高度一致[1]。

其次，构建人类命运共同体理念是对中华优秀传统文化的继承和发展。构建人类命运共同体是中国"和"文化在中国特色社会主义进入新时代的创造性转化和创新性发展。中华民族历来崇尚"和为贵""和而不同""协和万邦""兼爱非攻"等思想。人类命运共同体理念从中汲取理论营养，认为国际社会虽然存在多样文明、多种文化，但各国都是一荣俱荣、一损俱损的命运共同体，可以多元共生、和平相处，从而实现优势共享、资源共享、发展共享。

最后，构建人类命运共同体理念是对马克思主义国际关系理论的继承和发展。构建人类命运共同体理念是继中国提出和平共处五项原则之后处理国际关系的又一个重要指导思想。和平共处五项原则自 1953 年首次提出后，已逐渐被国际社会普遍接受，是中国奉行独立自主和平外交政策的基础和完整体现，已成为规范国际关系的重要准则。习近平新时代中国特色社会主义思想明确了中国特色大国外交要推动构建相互尊重、公平正义、合作共赢的新型国际关系，推动构建人类命运共同体。这一重要思想进一步升华了马克思主义中国化的国际关系观[2]。

1　周宗敏. 人类命运共同体理念的形成、实践与时代价值 [N]. 学习时报，2019-03-29（02）.

2　何云峰. 构建人类命运共同体思想蕴含的理论创新 [N]. 江西日报，2018-06-25（B03）.

（2）构建人类命运共同体理念是优秀的实践创新，其实践创新性体现在以下方面：

一是提出"一带一路"倡议。共建"一带一路"倡议是我国参与全球开放合作、改善全球经济治理体系、促进全球共同发展繁荣、推动构建人类命运共同体的中国方案。"一带一路"倡议秉持和遵循共商共建共享原则，努力实现政策沟通、设施联通、贸易畅通、资金融通、民心相通，是发展的倡议、合作的倡议、开放的倡议。这一倡议的核心内涵是促进基础设施建设和互联互通，加强经济政策协调和发展战略对接，促进协同联动发展，实现共同繁荣。"一带一路"倡议把我国发展同沿线国家和世界其他国家发展结合起来，把中国梦同沿线国家和世界其他国家人民的梦想结合起来，赋予了丝绸之路以全新的时代内涵。习近平总书记形象地指出，"一带一路"就像一对腾飞的翅膀，正飞向和平、发展、合作、共赢的远方。

二是对全球治理进行了创新性规划。首先，中国强调共同与平等治理。传统的全球治理理念强调大国在国际事务中发挥主导性作用，主张通过制度约束和权力政治思维解决全球性问题，未能给予广大发展中国家足够重视，经常弱化甚至无视发展中国家在国际事务中的主体性地位，仅将其作为被治理和被约束的对象。中国强调世界各国都是平等成员，全球治理不应该由少数几个国家和国际组织垄断，治理的成果也不应该由少数几个国家和国际组织独享。因此，中国在推动全球治理体系改革的一个重要方面就是提升发展中国家在全球治理体系中的代表性和话语权，以调动全球力量。其次，中国强调过程治理。这样的例子在国际关系实践中也较为常见。例如，在"一带一路"倡议的推进过程中，所有的合作行为并不都是事先预设好的，很多是在互动过程中由合作双方通过不断学习、不断调整实现的，是在大的"一带一路"框架下的"一国一策"实践。再次，中国强调关联治理。例如，在防止核扩散方面，中国提出标本兼治、外交解决、维护国际防扩散机制、提高各国防扩散能力的四点原则。针对世界经济复苏乏力问题，在二十国集团杭州峰会上，中国明确提出把完善货币、财政等短期政策与长期的结构性改革联系起来，以达到长期治理效果。最后，中国强调发展治理。二十国集团杭州峰会首次在全球宏观政策框架中突出了发展问题，首次制定了落实 2030 年可持续发展议程行动计划，首次就支持非洲国家和最不发达国家工业化提出具体发展措施，如提高能源可及性、发展普惠金融、鼓励青年创业等。再如，"一带一路"倡议也与发展问题密切相关，旨在通过互联互通让其他国家更好地分享中国的发展带来的机遇。此外，在参与联合国维和行动时，中国主张和平发展，主张在政治和社会稳定的前提下，以经济建设为中心，通过经济发展带动国家的全面发展，进而消除东道国国内冲突的根源[1]。

三是强化了发展中国家的话语权。新时代中国话语体系建设，既包括话语体系本身的完善和发展，也包括话语权的有效掌握。构建人类命运共同体理念体现了中国对人类未来和社会发展趋势和规律的科学认识，设置的"和平发展、共同繁荣"议题易理解、可接受，加强了国际规则的博弈和国际机制的重塑，推动了国际社会良性互动，是中国在新时代提出的融通中外的新话语。同时，构建人类命运共同体理念回应全球治理危机，直面全球重大议题，是中国参与全球治理发出的中国声音，为世界社会主义发展贡献的东方概念，为解答后发展国家难题提供的中国表述，具有很强的创新性。此外，以共同利益关切为纽带，实现了中外两个话语体系的对接，是中国特色对外话语体系建设的伟大创举和重要实践。

2. 创新发展与人类命运共同体构建紧密相连

首先，创新发展激发了构建人类命运共同体的内生动力。和平与发展是当今时代的两个主题。创新对和平与发展的贡献主要可以体现在经济增长和社会发展两个方面。20 世纪末已有大量的经济学文献检验技术创新与经济增长的关系，证明了研发和创新可以显著提高国家的经济生产力。现代创新学者已为创新驱动经济发展提供了重要的理论框架[2]。而人类社会发展的历史，就是一部创新的历史。特别是人类经济在近几百年里产生了奇迹般的巨大飞跃：14 世纪的文艺复兴开启了新思维的解放；15 世纪的大航海拓展了人类文明的疆域；16 世纪启动的科学革命奠定了技术革命的基础；17 世纪初资本市场的出现延伸了

1　孙吉胜."人类命运共同体"视阈下的全球治理：理念与实践创新 [J]. 中国社会科学评价，2019（3）：121-130.

2　陈劲，黄江. 创新、和平与发展：和平创新研究初探 [J]. 学习与探索，2017（12）：105-111.

社会金融活动的空间；18 世纪开始的工业革命推动了经济的飞速增长……虽然目前的经济学理论和其他学说很难完全解释这个现象，但许多学者从这个历史发展轨迹中发现了一个共同的元素——创新 [1]。构建人类命运共同体是符合世界和平与发展潮流的重要战略思想，而创新则是激发构建人类命运共同体的内生动力。

以科技创新为例。当代科技创新对全球经济结构的重塑、国家前途命运和人民生活福祉的影响，是形成构建人类命运共同体理念的重要现实背景之一。在和平与发展成为时代主题的历史前提下，当代科技创新带来的新挑战使得构建人类命运共同体具有必要性。正如习近平总书记指出："人类也正处在一个挑战层出不穷、风险日益增多的时代。世界经济增长乏力，金融危机阴云不散，发展鸿沟日益突出，兵戎相见时有发生，冷战思维和强权政治阴魂不散，恐怖主义、难民危机、重大传染性疾病、气候变化等非传统安全威胁持续蔓延。" [2] 这些新挑战直接或间接地与对科技创新的不合理运用相关。在这种情况下，一方面，所有国家和社会群体都需要高度关注科技研究方向的设定以及创新成果的应用中所隐含的社会风险，从而对科技活动的研究方向、规模和应用加以调控 [3]。另一方面，任何一个国家都不可能孤立地依靠自己的力量解决所有科技创新难题，各国的科技创新只有在全球合作层面才能高效进行，况且科学技术本身也并不能解决社会发展中出现的所有问题。全球性问题的公共性要求解决这些问题不能以市场为导向，否则易引发"公地悲剧"，需要引入符合人类共同价值诉求的、更高层次的理念和治理架构，也就是构建人类命运共同体。人类命运共同体理念超越了肤色、种族、国籍和文化传统的隔阂，承认全人类的"共同价值"，将人类视作一个价值共同体、利益共同体、安全共同体、行动联合体 [4]。所以，构建人类命运共同体理念是对不合理使用科学技术而带来各领域的冲突广泛化的必要应对。

1 陈劲，郑刚.创新管理：赢得持续竞争优势 [M]. 3 版.北京：北京大学出版社，2016.

2 习近平谈治国理政（第二卷）[M].北京：外文出版社，2017：538.

3 陈锡喜.人类命运共同体：以科技革命为维度的审视 [J].内蒙古社会科学（汉文版），2018，39（5）：23-28.

4 郝立新，周康林.构建人类命运共同体——全球治理的中国方案 [J].马克思主义与现实，2017（6）：5.

其次，构建人类命运共同体要以创新发展为重要抓手。作为经济社会发展的重要驱动力，创新正成为被广泛认可的全球战略。进入 21 世纪，全球创新环境与创新格局发生重大变化。在创新全球化和多极化日益凸显的同时，全球经济增长对科技创新依赖度大幅提高。面对全球经济增长动力不足、不确定性因素增加的现实境况，世界各国必须在创新中寻找出路。唯有通过创新，才能突破全球经济增长和发展的瓶颈；唯有依靠创新，才能为全球经济开辟新的增长点和增长源。2019 年 10 月 16 日，习近平总书记在向首届世界科技与发展论坛的贺信中指出："当前，新一轮科技革命和产业变革不断推进，科技同经济、社会、文化、生态深入协同发展，对人类文明演进和全球治理体系发展产生深刻影响。以科技创新推动可持续发展成为破解各国关心的一些重要全球性问题的必由之路"[1]。因此，构建人类命运共同体必然要以创新发展为重要抓手，强化创新在人类文明进程中的重要地位，着力推进世界各国在科技、人才和政策等方面的创新，在培育全球经济增长新动能和打造全球经济增长新模式的同时，不断为构建人类命运共同体提供科技支撑、智力支持和政策保障。

二、国内外现状与趋势分析

（一）当前世界总体格局及其挑战

分析当前世界总体格局及其挑战，有助于理解构建人类命运共同体理念产生的时代背景。

1. 全球性相互依赖促使人类命运紧密相连

"这个世界，各国相互联系、相互依存的程度空前加深，人类生活在同一个地球村里，生活在历史和现实交汇的同一个时空里，越来越成为你中有我、我中有你的命运共同体"[2]。高度相互依赖是当今时代的一个主要特征，这种相互依赖突出体现在 3 个方面：国家发展相互依赖，各国必须融入全球大发展体系中，奉行开放发展、包容增长的理念与政策，将本国的发展战略与他国的发展

1　习近平向首届世界科技与发展论坛致贺信 [N]. 人民日报，2019-10-17（01）.

2　让历史的灯塔照亮未来——记习近平主席出席俄罗斯纪念卫国战争胜利 70 周年庆典 [N]. 人民日报，2015-05-11（02）.

战略很好地对接，才能实现发展；风险与挑战具有跨国性和联动性，全球气候变化、生态环境恶化、恐怖主义、粮食安全、核危机、难民潮等全球性挑战需要全人类共同应对，没有哪个国家能够独自应对，也没有哪个国家能够独善其身；议题相互交融，政治、经济、安全、社会、文化、科技等不同议题领域的边界日益模糊，其交融性和交换性明显增强，极易引发"共振效应"。在这种情况下，世界各国需要以负责任的精神同舟共济，共同维护和促进世界和平与发展[1]。

2. 全球治理体系需要变革与发展

当今世界多极化、经济全球化、社会信息化、文化多样化深入发展，以中国为代表的新兴市场和发展中国家的群体性崛起，从根本上改变了国际力量对比，也日益重塑国际关系理论和实践。国际格局以西方占主导、国际关系理念以西方价值观为主要取向的"西方中心论"已难以为继，西方的治理理念、体系和模式越来越难以适应新的国际格局和时代潮流，各种弊端积重难返，甚至连西方大国自身都治理失灵、问题成堆[2]。当前全球治理体系面临的诸多挑战主要表现在两个方面。

一是现有全球治理体系无法反映国际政治经济发展的现实。以全球经济治理为例。目前新兴市场国家和发展中国家对全球经济增长的贡献率已达80%，是名副其实的全球经济增长驱动器与主力军。然而，在全球经济治理体系的架构中，新兴市场国家与发展中国家的代表性和发言权与它们对世界经济增长做出的贡献明显不匹配。以国际货币基金组织的投票权为例。美国占有17.4%的投票权，在重大事项决议中拥有一票否决权。发达国家，例如德国、日本的投票权分别为6.5%、5.6%。作为新兴经济体代表的中国的投票权也仅为6.4%。对于全球治理体系"包容性与代表性很不够"的问题，这一体系的主要建构者们却漠然置之，并以各种方式阻挠、迟滞对现有全球治理机制进行必要的、与时俱进的改革与调整，从而使得全球治理体系的滞后性、失衡性更为凸显，这一现象需要改变。

二是现有全球治理体系无法有效应对当前人类面临的共同挑战，甚至还使

1 陈积敏. 构建人类命运共同体思想的时代背景 [N]. 学习时报，2018-07-02（02）.
2 杨洁篪. 推动构建人类命运共同体 [N]. 人民日报，2017-11-19（06）.

经济不平等、发展失衡、气候变化等问题进一步扩大化，全球治理失灵的现象屡屡发生。当前国际格局正处于深刻变动中，矛盾性、复杂性与不可预期性凸显，主要体现在4个方面：大国战略博弈日趋激烈；全球民粹主义抬头，逆全球化现象出现；地缘政治因素错综复杂，地区热点问题难以破解，安全困境日渐深化，恐怖主义、极端主义扩张以及技术进步带来的复合影响，传统安全和非传统安全风险的相互交织与叠加，都增加了未来世界发生冲突的危险；国际秩序存在失范的风险，在国际体系中占据主导地位的西方国家政策内顾倾向加重，保护主义抬头，甚至推卸、逃避国际责任，全球安全、繁荣等"公共产品"的供给有出现严重危机的风险。

"面对世界经济的复杂形势和全球性问题，任何国家都不可能独善其身、一枝独秀，这就要求各国同舟共济、和衷共济，在追求本国利益时兼顾他国合理关切，在谋求本国发展中促进各国共同发展，建立更加平等均衡的新型全球发展伙伴关系，增进人类共同利益，共同建设一个更加美好的地球家园"[1]。有鉴于此，国际社会迫切呼唤新的全球治理理念，构建新的更公正合理的国际体系和秩序，开辟人类更加美好的发展前景。

（二）中国构建人类命运共同体的实践路径

一是坚持和平发展道路，建设相互尊重、公平正义、合作共赢的新型国际关系。推动建设新型国际关系，是构建人类命运共同体的基本路径。要高举和平、发展、合作、共赢的旗帜，恪守维护世界和平、促进共同发展的外交政策宗旨，坚定不移在和平共处五项原则基础上发展同各国的友好合作。坚定维护国际公平正义，反对霸权主义和强权政治。坚决捍卫国家利益，永远不称霸，永远不搞扩张。

二是不断完善外交布局，打造新型全球伙伴关系网络。推动构建人类命运共同体，必须积极发展全球伙伴关系，扩大同各国的利益交汇点。以周边和大国为重点，以发展中国家为基础，以多边为舞台，以深化务实合作、加强政治互信、夯实社会基础、完善机制建设为渠道，全面发展同各国友好合作，不断

---

1 习近平同外国专家代表座谈时强调：中国是合作共赢倡导者践行者 [N]. 人民日报，2012-12-06.

完善我国全方位、多层次、立体化的外交布局。具体而言，推进大国协调和合作，构建总体稳定、均衡发展的大国关系框架；按照亲诚惠容理念和与邻为善、以邻为伴周边外交方针深化同周边国家关系；秉持正确义利观和真实亲诚理念，加强同发展中国家的团结合作。

三是坚持不懈地推进"一带一路"倡议，进一步深化全方位对外开放格局。坚持对外开放的基本国策，坚持打开国门搞建设，把"一带一路"与构建人类命运共同体更加紧密结合起来，与落实 2030 年可持续发展议程紧密结合起来，打造国际合作新平台，增添共同发展新动力。遵循共商共建共享原则，弘扬和平合作、开放包容、互学互鉴、互利共赢的丝路精神，加强同沿线国家的政策沟通、设施联通、贸易畅通、资金融通、民心相通，把"一带一路"建成和平之路、繁荣之路、开放之路、创新之路、文明之路。

四是积极参与引领全球治理体系改革和建设，积极引导国际秩序变革方向。秉持共商共建共享的全球治理观，坚定维护以《联合国宪章》宗旨和原则为核心的国际秩序和国际体系，推进国际关系民主化，支持扩大发展中国家在国际事务中的代表性和发言权。建设性参与国际和地区热点问题的解决进程，积极应对各类全球性挑战，维护国际和地区和平稳定。积极维护多边贸易体制主渠道地位，促进国际贸易和投资自由化便利化，反对一切形式的保护主义。推动全球治理理念创新发展，发掘中华文化中积极的处世之道、治理理念同当今时代的共鸣点，努力为完善全球治理贡献中国智慧、中国力量[1]。

三、中国的成功实践

要构建人类命运共同体，不能只停留在口头上，而是要进一步落实到行动上，通过脚踏实地的努力，将这一重要理念转化为现实实践。中国构建人类命运共同体，既有郑重庄严的承诺，更有实实在在的实践行动。

1　杨洁篪. 推动构建人类命运共同体 [N]. 人民日报，2017-11-19（06）.

（一）助力共建"一带一路"国际合作

共建"一带一路"是中国构建人类命运共同体的伟大实践。由理念变为行动，由愿景化为现实，促进发展，造福人民。自共建"一带一路"倡议提出以来，中国根据有关国家发展需要，积极开展发展合作，在深化政策沟通、加快设施联通、推动贸易畅通、促进资金融通、增进民心相通上发挥作用，为各国发展培育空间、创造机遇，推动高质量共建"一带一路"。

1. 深化政策沟通

政策沟通是共建"一带一路"国家加强政治互信、开展务实合作、深化利益融合的基础。本着求同存异、聚同化异的理念，中国通过举办官员研修、派遣专家顾问等方式，促进与共建国的双向交流和了解，推动共建"一带一路"国家发展同向发力、协同增效。

（1）为共建"一带一路"倡议对接各国发展战略搭建平台。例如，围绕基础设施互联互通合作、国际产能和装备制造标准化、贸易便利化、技术标准化等与共建"一带一路"相关的主题，为相关国家举办 4000 余期官员研修项目。

（2）为区域经贸融合发展创造机遇。派遣专家顾问赴相关国家开展技术咨询服务，通过深化对共建国国情和政策法律制度的了解，提出切实可行的发展方案，为开展有效合作奠定基础。

2. 加快设施联通

互联互通是共建"一带一路"的关键。中国积极支持共建"一带一路"国家公路、铁路、港口、桥梁、通信管网等骨干通道建设，助力打造"六廊六路多国多港"互联互通大格局。

（1）支持打通"六廊六路"建设。支持共建"一带一路"国家基础设施互联互通项目建设，让古老丝绸之路焕发新生机。例如，配合中巴经济走廊建设，在巴基斯坦先后实施了白沙瓦—卡拉奇高速公路、喀喇昆仑公路等相关路段改扩建等项目，促进了中巴陆路贸易繁荣。

（2）支持 21 世纪海上丝绸之路物流航道。中国以 21 世纪海上丝绸之路的重点港口为节点，支持建设通畅、高效的运输大通道。例如，中国支持建设的毛里塔尼亚友谊港扩建项目，显著提高了港口的吞吐能力，缓解了货船积压滞港现象，成为 21 世纪海上丝绸之路的贸易物流节点。

（3）支持空中枢纽建设。为满足日益增长的航空运输需求，中国帮助巴基斯坦、尼泊尔、马尔代夫、柬埔寨、赞比亚、津巴布韦、多哥等国实施机场升级扩建项目，提高了机场运营能力和安全性，增加了客货运吞吐量，带动了当地旅游业发展，为跨境人员流动和贸易往来带来更多便利，为融入"一带一路"创造了更多机遇。

3. 推动贸易畅通

中国通过促贸援助，帮助相关国家改善贸易条件、提升贸易发展能力，为共建"一带一路"国家间实现贸易畅通夯实基础。

（1）促进贸易便利化。为增强发展中国家在全球供应链布局中的竞争力，积极帮助共建"一带一路"国家改善贸易基础设施，推进贸易流通现代化。例如，向格鲁吉亚、亚美尼亚、坦桑尼亚、肯尼亚、菲律宾等20多个国家援助了集装箱检查设备，加快货物通关速度和效率，更好地打击走私犯罪。

（2）提升贸易发展能力。例如，2013—2018年为相关国家举办300多期与贸易相关的专题研修项目，推动相关国家贸易政策对接协调，畅通自由贸易网络；在世界贸易组织、世界海关组织设立基金，开展贸易能力建设，支持发展中经济体特别是最不发达国家更好地融入多边贸易体制。

4. 促进资金融通

中国积极帮助有关国家完善金融体系、搭建融资合作平台，为资金融通提供保障。

（1）支持完善金融体系。支持共建"一带一路"国家优化金融环境，为参与国际金融体系创造条件。例如，与国际货币基金组织建立联合能力建设中心，为共建"一带一路"国家完善宏观经济金融框架提供智力支持。成立"一带一路"财经发展研究中心，为加强资金融通领域能力建设搭建了重要智库平台。

（2）搭建多边融资合作平台。同世界银行、亚洲基础设施投资银行、亚洲开发银行、拉美开发银行、欧洲复兴开发银行、欧洲投资银行、美洲开发银行、国际农业发展基金等共同成立多边开发融资合作中心，通过信息分享、支持项目前期准备和能力建设，推动国际金融机构及相关发展伙伴基础设施互联互通，为"一带一路"建设聚集更多资金红利。

5. 增进民心相通

中国通过实施民生援助，加大人文交流、文化合作，形成相互欣赏、相互理解、相互尊重的人文格局，筑牢共建"一带一路"的社会基础。

（1）实施民生工程。例如，在共建"一带一路"国家实施一批住房、供水、医疗、教育、乡村道路、弱势群体救助等民生项目，帮助补齐基础设施和基本公共服务短板。

（2）深化民间交流。例如，邀请斯里兰卡、巴基斯坦、哈萨克斯坦等共建"一带一路"国家的代表来华交流，增进对中国国情和文化的认知和了解。

（3）加强文化合作。例如，截至2023年12月，中国已与17个共建"一带一路"国家开展33个文物援助项目；完成在非洲20个国家建设"万村通"项目。

（二）支持发展中国家增强自主发展能力

中国秉承授人以渔的理念，继续加大技术和人力资源开发合作等方面援助力度，不断丰富援助内容、创新援助方式，为发展中国家能力建设贡献中国经验和中国方案，帮助提升治理能力、规划水平和行业发展能力，为发展中国家的发展事业培养治理人才和技术力量。

1. 提高治理能力

中国帮助其他发展中国家制定规划，分享治理经验，并通过双多边合作机制开展能力建设。

（1）实施规划援助。中国积极帮助其他发展中国家科学谋划发展蓝图，派出高级规划咨询专家，帮助相关国家制定经济发展、基础设施、电力等领域发展规划和政策法规，增强规划和统筹发展能力。例如，与古巴共同开展工业中长期发展规划建议联合编制，提出了机械工业、冶金与回收、化工等领域发展思路和路径等。

（2）分享治理经验。例如，通过举办系列研修研讨和学历学位项目，积极分享法治政府建设、政府"放管服"改革、产业创新升级、数字经济等国家治理的实践和经验，帮助提高其他发展中国家公共部门官员政策制定能力。

（3）开展多边能力建设。中国积极与国际机构合作，支持其他发展中国家能力建设。例如，同联合国设立统计能力开发信托基金，为59个发展中国家的近 900 名政府统计人员提供培训。

2. 推动技术进步

科学技术是第一生产力。中国加强技术转移转化，帮助发展中国家提升科技创新能力和产业职业技能。

（1）共享科技成果。中国积极向其他发展中国家分享在科技领域取得的成果，开展以航天及卫星应用、3D 打印技术、计量技术、海洋生物技术等为主题的培训项目。例如，实施千余项政府间科技交流项目，通过国际杰出青年计划，邀请埃及、巴基斯坦、缅甸、印度等国 755 名青年科学家来华开展科研工作，培训来自 100 多个发展中国家和地区的学员 7700 余人。

（2）推动技术转移。例如，为使技术能够真正落地、产生实效，中国面向东盟、南亚、阿拉伯国家建立跨国技术转移中心，通过技术对接、示范培训等，推动先进适用技术转移转化。

（3）提升职业技能。为保障发展中国家可持续发展的人才支撑，组织开展农林牧渔、加工制造、建筑、科教文卫、手工技艺等领域培训，为其他发展中国家培养更多具有一技之长的技术人才[1]。

（三）深度参与全球性难题的解决

"十三五"时期，我国积极融入全球创新网络，推动中国科技界和世界各国科学家在基础研究、全球性问题等多个领域开展科技交流合作，与多个国家建立创新对话机制、开展联合研究，形成了全方位、多层次、广领域的科技开放合作格局，目前已与 160 多个国家和地区建立了科技合作关系。

1. 聚焦全球性可持续发展重大问题，开展多边科技创新合作

中国聚焦事关全球可持续发展的重大问题，通过开展多边科技创新合作，促进世界经济增长和完善全球治理贡献科技创新方案。

多年来，我国通过积极参与二十国集团（G20）、全球绿色目标伙伴峰会（P4G）、世界经济论坛、金砖国家合作、清洁能源和创新使命机制、北极合作、亚太经合组织（APEC）科技创新政策伙伴关系机制（PPSTI）等多边治理机制

1　见国务院新闻办公室发布的《新时代的中国国际发展合作》白皮书。

实现了：一是提升了中国在多边机制的话语权和引领力；二是参与并构建了全球创新治理新格局，以服务国家整体外交；三是向世界分享中国发展经验，阐述中国机遇与主张，贡献中国智慧和中国方案。

例如，2014 年，科技部主办亚太经合组织科技创新政策伙伴关系机制会议（APEC-PPSTI 会议），经过竞选中方担任 2015—2016 年机制主席、2017—2018 年机制副主席，主导机制议程设置和规则制定；2015 年，时任科技部部长万钢作为习近平主席特使出席巴黎气候变化大会创新使命倡议启动仪式，中国成为创新使命倡议创始国之一；2016 年，科技部主办首届二十国集团科技创新部长会议，是在二十国集团框架下首次由中国倡议召开并建立的科技创新部长级会议机制，彰显了中国在二十国集团科技创新领域的议程设置力和影响力；2017 年，科技部主办第八届清洁能源部长级会议和第二届创新使命部长级会议，为全球清洁能源发展注入正能量；主办第五届金砖国家科技创新部长级会议，努力拓展合作共识，将中国理念、中国方案上升为金砖共同理念、共同方案；2018 年，时任科技部部长王志刚应丹麦首相邀请，出席首届全球绿色目标伙伴峰会并在开幕式上致辞，分享中国绿色发展经验，为加快实现联合国 2030 年可持续发展目标贡献中国方案。

目前我国参加的国际组织和多边机制已超过 1000 个，其中政府间国际组织就有 200 余个。国际竹藤组织、亚太空间合作组织和联合国亚太经社会亚太农业工程与机械中心三个国际组织更是把总部设在中国。

2. 组织大科学计划，共享全球创新资源

全球性问题的科技治理，本质上是如何有效寻求全球公共产品提供的科技解决方案。当前，国际大科学计划和大科学工程是世界科技创新领域重要的全球公共产品，是人类开拓知识前沿、探索未知世界和解决重大全球性问题的重要手段，是世界科技强国利用全球科技资源、提升本国创新能力的重要合作平台，也是一国综合实力和科技创新竞争力的重要体现。国际大科学计划在全人类的高度上以实现重大科学问题的原创性突破为目标，对于推动世界科技创新与进步、应对人类社会面临的共同挑战具有重要支撑作用。

党的十八届五中全会提出我国应积极提出并牵头组织国际大科学计划和大科学工程。2018 年 1 月，《积极牵头组织国际大科学计划和大科学工程方案》

（以下简称《方案》）经中央全面深化改革领导小组会议审议并原则通过。3月14日，国务院发布《方案》。该方案的提出具有划时代意义。牵头组织国际大科学计划是我国践行人类命运共同体的伟大实践，为解决世界性重大科学难题贡献中国智慧、提出中国方案、发出中国声音，为世界文明和人类科学的发展做出积极贡献[1]。

我国牵头组织国际大科学计划和大科学工程是基于多年参与的基础上提出的。改革开放40多年来，我国积极支持大学、科研院所、产业界参与了国际热核聚变实验堆（ITER）计划、国际地球观测组织（GEO）、国际大洋发现计划（IODP）、平方公里阵列射电望远镜（SKA）建设准备阶段等国际大科学计划和大科学工程，通过在参与的核心议题上主动发挥引导作用，维护我国国家利益。例如，为实现和平利用核聚变，彻底解决能源问题，中国、美国、欧盟等7个国家和组织共同参与国际热核聚变实验堆计划项目，这是当今世界最大的多边国际科技合作项目，中国作为重要的参与者和建设者，在核能技术发展和国际化管理能力等方面做出了重要贡献：

（1）作为四个联合主席国之一，中国参与建立国际地球观测组织多边合作机制，致力于建立综合、协调和可持续的全球综合地球观测系统，为全球提供从原始观测数据到信息服务的全流程公共平台。

（2）作为创始国，中国在平方公里阵列射电望远镜这一典型的国际大科学工程的核心天线技术包中贡献了唯一设计方案，并当选为联盟新任主席国，体现了中国实力。

（3）相继启动建设同步辐射光源、全超导托克马克核聚变实验装置、500米口径球面射电望远镜等数十个国家重大科技基础设施，积极探索以我为主的国际合作[2]。

1　为解决全球性难题贡献中国力量——中国与国际组织及多边机构科技创新合作卓有成效 [N]. 科技日报，2018-12-18（10）.

2　我国牵头组织国际大科学计划和大科学工程明确"三步走"发展目标 [N]. 解放军报，2018-04-12.

四、未来发展展望

2018 年 5 月 28 日，习近平总书记在中国科学院第十九次院士大会、中国工程院第十四次院士大会上提出："深度参与全球科技治理，贡献中国智慧，着力推动构建人类命运共同体"[1]。2021 年 5 月 28 日，习近平总书记在中国科学院第二十次院士大会、中国工程院第十五次院士大会、中国科协第十次全国代表大会上提出，"要深度参与全球科技治理，贡献中国智慧，塑造科技向善的文化理念，让科技更好增进人类福祉，让中国科技为推动构建人类命运共同体作出更大贡献"。这既是时代发展的要求，也是我国科技崛起的必然。对此，习近平总书记指出："要深化国际科技交流合作，在更高起点上推进自主创新，主动布局和积极利用国际创新资源，努力构建合作共赢的伙伴关系，共同应对未来发展、粮食安全、能源安全、人类健康、气候变化等人类共同挑战，在实现自身发展的同时惠及其他更多国家和人民，推动全球范围平衡发展"[2]。

围绕深度参与全球科技治理、贡献中国智慧、着力推动构建人类命运共同体，习近平总书记从 3 个方面做出部署：一是坚持以全球视野谋划和推动科技创新，全方位加强国际科技创新合作，积极参与和主导国际大科学计划和大科学工程，鼓励我国科学家发起和组织国际科技合作计划；二是把"一带一路"建成创新之路，为各国共同发展创造机遇和平台；三是最大限度用好全球创新资源，全面提升我国在全球创新格局中的位势，提高我国在全球科技治理中的影响力和规则制定能力。

（一）加强国际科技合作

2020 年，中共中央、国务院发布《关于构建更加完善的要素市场化配置体制机制的意见》，支持国际科技创新合作。具体而言：①深化基础研究国际合作，组织实施国际科技创新合作重点专项，探索国际科技创新合作新模式，扩

1　习近平在中国科学院第十九次院士大会、中国工程院第十四次院士大会上的讲话 [N]. 人民日报，2018-05-29（02）.

2　习近平. 努力成为世界主要科学中心和创新高地 [J]. 求是，2021（6）.

大科技领域对外开放。②加大抗病毒药物及疫苗研发国际合作力度。③开展创新要素跨境便利流动试点，发展离岸创新创业，探索推动外籍科学家领衔承担政府支持科技项目。④发展技术贸易，促进技术进口来源多元化，扩大技术出口。

（二）深化"一带一路"创新合作

面对新型冠状病毒感染疫情冲击下的全球新趋势、新变化，应深化"一带一路"创新合作。

1. 加强统筹规划，推动"一带一路"创新合作走深走实

编制中长期规划，把"一带一路"国际合作列入"十四五"国家科技计划；强化外交、科技与经贸政策协同，针对沿线国家不同体制、不同发展阶段，实施有区别的合作方式，形成全方位、多层次、跨领域的科技创新合作格局，加强发展战略、政策实施、科技管理等方面的沟通与协调。

2. 加快行动实施，为"一带一路"创新合作提供有力支撑

科技创新合作是"一带一路"创新之路建设的核心内容和重要驱动力，应以此为契机加快"一带一路"科技创新行动计划实施，深化科技创新合作。要加强科技人文交流，提高规模和质量，推进我国与沿线国家高等教育学历学位互认，进一步扩大沿线国家科技人员来华学习培训。推动共建联合实验室加速资源集聚，结合沿线国家和地区重大科技发展需求和科研基础条件，共建联合实验室，提高高水平科学研究和产业前沿共性关键技术研发。促进科技园区建设，培育产业创新集群。打造一批主体功能突出，企业参与活跃的国际创新园和孵化园，在农业、医疗健康、新材料、新能源、环境保护等领域，与沿线国家深化科技合作。完善技术转让体系，推动创新成果转化，广泛开展技术推介与产业对接，支持沿线国家地区与机构建立完善跨区域、行业性技术转让市场，提升知识产权保护协同水平。

3. 着眼前沿领域，为"一带一路"创新合作挖掘增长动力

在人工智能、生命科学、高端制造、现代农业等前沿领域超前部署合作项目，为各国经济转型和产业结构调整提供新的科技动力，紧抓窗口机遇，探索建立"一带一路"工业互联网国际合作组织。更好激发工程科技创新潜力，聚

焦基础设施建设、能源与资源开发、生态环境监测等重点领域，与沿线国家合作开展重大工程科技攻关。

4. 完善制度保障，助力"一带一路"创新合作行稳致远

强化政府监管职能，做好前期风险排查、风险评估和相应预案，完善救济制度和善后机制，加大重点合作领域经费投入，探索建立多元融资体制，更好满足"一带一路"创新合作资金需求，重视推动创新合作规则和标准建设，促进沿线国家规则标准对接，更好实现"软联通"。

（三）让科技创新筑基人类命运共同体

一是增进互信。要彼此尊重文化差异和价值观，在价值中寻找共同点，在危机中寻找新机遇。要建立无障碍、无歧视的科学共同体，就要坚持尊重科学、尊重事实、增进互信的理念，为科技工作者之间自由交流搭建桥梁、创造条件、凝聚力量，推进国际科技界的交流与合作，科技与经济、文化、社会跨界的交流与合作以及不同国家、不同地区、不同文化之间的交流与合作更加通畅、更加稳固、更有力量。

二是聚集创新力量。要发挥科学共同体的特殊优势，继续高举和平发展、合作共赢的旗帜，凝聚科学界力量，为人类的健康与和平发展发出共同的声音，为当前不确定的世界增加更多确定性。要更加努力地拓展青年科技人才合作交流新格局，激活青年人才创新活动的新动能。

三是开展联合研究。要推动各国在涉及人类命运与前途的领域深入开展联合研究，使科学和技术成为推动发展的内生动力，促进企业、高校、研究机构深度融合，共同推动全球创新发展，为世界经济绿色复苏和可持续发展增添不竭动力[1]。

---

1 万钢. 使科技成为推动人类社会发展的内生动力 [J]. 科技导报，2021，39（2）：1.